ERZIEHUNG ZUR FREIHEIT

ERZIEHUNG ZUR FREIHEIT

DIE PÄDAGOGIK RUDOLF STEINERS

BILDER UND BERICHTE AUS DER INTERNATIONALEN WALDORFSCHULBEWEGUNG

Text: Frans Carlgren
Vorworte: Rudolf Grosse und Ernst Weißert
Bildredaktion: Arne Klingborg

VERLAG FREIES GEISTESLEBEN STUTTGART

«Menschenkunde und Erziehung» Band 25
Schriften der Pädagogischen Forschungsstelle
beim Bund der Freien Waldorfschulen

Einband und Typographie: Arne Klingborg

ISBN 3 7725 0225 3

3. Auflage 1977

Druck: Greiserdruck Rastatt. Reproduktionen: Otterbach Repro KG Rastatt. Bindearbeiten: Spinner Ottersweier. Papier: Schneider & Söhne Ettlingen. Leinen: Heinz Ziegenbein KG Stuttgart.

INHALT

Vorworte

DIE SCHULE ALS GEISTIGE HEIMAT DER KINDER

«Wie ist es in der Schule gewesen? Was hat der Lehrer gesagt? Was habt ihr gelernt? Hast du auch etwas gekonnt? Ist es schön gewesen?» Mit diesen Fragen werden unzählige Kinder empfangen, wenn sie aus der Schule wieder nach Hause kommen und den Eltern erzählen sollen, was sie alles erlebt haben. Wenn das Kind ein spontaner Erzähler ist, dann nehmen die Eltern an einem Leben teil, das auch ihnen eine Fülle von Anregungen vermittelt.

«Wie vielseitig die Schule die Interessen weckt! Was unsere Kinder alles tun! Wie frei und zwanglos, wie gütig und hilfsbereit diese Schulatmosphäre ist! Und wie künstlerisch ist das ganze Schulleben gestaltet!» Das sind die Empfindungen vieler Eltern, wenn ihr Kind aus der Waldorfschule nach Hause kommt und erzählt, zeigt und vormacht: So ist es in der Schule gewesen.

Frage und Antwort jedoch bleiben innerlich vor den Eltern stehen, und sie fragen sich selbst: Wie ist es denn bei uns in der Schule gewesen? Die Erinnerung wird wach, und im Gemüt geht das Forschen weiter, das Bewußtsein vertieft das Problem, und unversehens ist die Schulfrage zu einer weithin wirkenden Lebensfrage geworden. Die Zeit, welche das Kind in der Schule zubringt, um in das Leben eingeführt zu werden, ist im späteren Lebenslauf oft eine entweder es lähmende, es sich selbst entfremdende Macht oder aber ein beglückend lebendiger, durchwärmender und vertiefender Daseinsimpuls.

Wenn Eltern, deren Kinder die Rudolf-Steiner-Schule besuchen, zu einem Elternabend gehen, dann sehen und erleben sie beinahe etwas Ähnliches wie ihre eigenen Kinder im Unterricht: Sie hören den Klassenlehrer vom Unterricht erzählen, von den menschenkundlich-pädagogischen Einsichten, die ihn leiten. Sie erfahren vom Verhalten, vom Fortschritt, von der Veränderung der Schüler durch die Unterrichtsfächer, und sie sehen an den ausgestellten Schülerarbeiten, an den Bildern, Schulheften und an den verschiedenen Handarbeiten, Schnitzereien und Modellierarbeiten, was die Kinder leisten, wie sie geschickt werden und welche künstlerischen Fähigkeiten geweckt worden sind. Da gibt es wohl kaum einen Vater oder eine Mutter, die nicht die starke Empfindung in der Seele spüren, daß aus ihnen etwas ganz anderes geworden wäre, wenn sie eine solche die inneren Kräfte weckende Schulzeit hätten erleben dürfen!

Noch eindrucksvoller zeigt sich dieser pädagogische Impuls, wenn die großen Gesamtausstellungen der Schülerarbeiten an den Rudolf-Steiner-Schulen stattfinden, wenn die Schüler bei den öffentlichen Schulfeiern ihre künstlerischen Aufführungen in Eurythmie, dramatischen Spielen und Theaterstücken und im Schülerorchester zeigen, wenn die Lehrer auf den pädagogischen Tagungen aus der Schulpraxis, aus der Menschenkunde und Pädagogik Rudolf Steiners, vom lebendigen Wesen des Menschen in seinen Entwicklungszusammenhängen sprechen – da zeigt sich eine Zukunft des Schulwesens, die den allertiefsten Eindruck hinterläßt, weil sie aus der Quelle der Menschennatur selber ihre Richtlinien erhält. Wir sind Zeugen des Durchbruchs eines neuen Menschenbildes!

Auf der ganzen Erde breitet sich heute eine tiefe Unzufriedenheit und ein kaum zu bewältigendes Mißtrauen der Schule gegenüber aus. Auch die besten und modernsten Schul- und Bildungspläne und die hervorragend ausgearbeiteten organisatorischen Einrichtungen nehmen nichts davon weg. So wie man heute hellwach geworden ist für die dringende Notwendigkeit eines Umweltschutzes, der nach den wahren biologischen Gesetzen sich richten muß, damit die Menschheit ihre Gesundheit wiederfinden kann, so ist man im pädagogischen Felde nicht mehr einverstanden, wenn man nur von *außen,* von der Nützlichkeit, der scheinbaren Modernität her, mit Laboratorien und ausgeklügelten Apparaturen an die Erziehungsfragen herangeht. Es überfällt die Eltern ein Grauen, wenn sie die Tendenz wahrnehmen, daß man mehr und mehr die Kinder zu kleinen, aber frühreifen Studenten und die Schulen zu Universitäten macht. Sie schrecken davor zurück, daß heute in allen Reformen ein naturwissenschaftlich-materialistisches Denken zur Führung drängt und die Schule je länger je weniger noch etwas vom Wesen des Menschen kennt und sich nach seinem Geiste richtet.

Darum erscheint zur rechten Zeit, als ein Aufruf an die Öffentlichkeit, diese Dokumentation der internationalen Waldorfschulbewegung. Da werden keine Theorien und lebensfremden Pläne entwickelt, sondern es wird gezeigt, was aus der Pädagogik Rudolf Steiners seit über fünfzig Jahren geworden ist. Es wird gezeigt, daß eine Pädagogik, die ihre Richtlinien, Erkenntnisse und ihre praktischen Methoden aus dem lebendigen Wesen des Menschen selbst bezieht, immer modern bleibt und daß sie in der Lage ist, durch Steigerung ihrer erzieherischen Fähigkeiten mit dem Kind und durch das Kind zu wachsen. Es ist das Leben selber, das sich hier ausspricht, es ist der pädagogische Geist, der seinen eindringlichen Ruf ertönen läßt, daß man hinsehen lernen möge, was Schule und Pädagogik in Wahrheit sein können.

Rudolf Grosse

Leiter der Pädagogischen Sektion am Goetheanum, Dornach/Schweiz

ERZIEHUNGSKUNST ALS SOZIALE ERNEUERUNG

Die Waldorfschulbewegung fühlt sich eng verbunden mit den pädagogischen Schicksalen und Wandlungen unseres Jahrhunderts. In den politischen und sozialen Wirren nach dem Ersten Weltkrieg ist sie aus der sozialen Dreigliederung Rudolf Steiners erwachsen. Ihr Begründer, Emil Molt, bat den Geistesforscher Rudolf Steiner um die Einrichtung und Leitung einer freien Schule in Stuttgart im Zusammenhang mit seinem Betrieb. Dieser bildete und schulte das erste Lehrerkollegium. Er leitete über fünf Jahre die neue Schule, die ein lebendiges Sozialmodell sein sollte: Erziehung soll sich wie künstlerisches Tun in einem freien schöpferischen Raum abspielen.

Diese Schule kann nicht autoritär, sondern nur in kollegialem Zusammenwirken geführt werden; sie gestaltet sich in einem vertrauensvollen Zusammenwirken der Schüler und Lehrer, der Eltern und Freunde.

Die Schüler dieser Schule sollen, wenn irgend möglich, vom Kindergarten bis zum 18. Lebensjahr in koedukativem Zusammensein diesen Lebensraum ihrer Kindheit und Jugend erleben – unabhängig von sozialen und finanziellen Voraussetzungen.

Es soll eine Schule der Gegenwart und nächsten Zukunft sein, deren Curricula sich nicht an traditionelle Schulformen anlehnen, sondern aus den Anforderungen des modernen Lebens entstehen.

Die Lehrerschaft soll lehrend und erziehend wirken durch die starke Einbeziehung des praktisch-handwerklichen und des künstlerischen Elements in den Unterricht. In ihren wöchentlichen Konferenzen begleitet sie ihr Tun durch ein forschendes Verhalten; diese Konferenzen werden zu einer permanenten Weiterbildung und Erneuerung.

Diese Schule betreibt statt Leistungs- und Prüfungszwang individuelle Förderung. Das Lernen widmet sich in gleichem Maße wie dem erkenntnismäßigen (kognitiven) Eindringen dem tätig-schöpferischen Erleben und Erfahren. Solche freien Schulen wollen Übungsstätten eines praktischen Sozialverhaltens sein. Aus solchen Institutionen kommen heilende Anregungen in das 20. Jahrhundert.

Das Stuttgarter Modell von 1919 fand bald in Deutschland und im benachbarten Ausland Nachfolge. Durch eine rege Vortragstätigkeit der Lehrer in vielen Städten und durch die seit 1923 von Steiner begründeten großen Erziehungstagungen breiteten sich seine pädagogischen Ideen aus. In Deutschland entstanden zwischen 1921 und 1931 zehn weitere Schulen; Schwesterschulen wurden schon in den zwanziger Jahren in Holland, in England und in der Schweiz gegründet. Eine sorgenvolle Zeit des Verteidigens und Bewahrens eröffnete das Jahr 1933. In ihr verwirklichte sich aber ein beglückendes Zusammenwachsen von Schülern, Eltern, Freunden und Lehrern. Ostern 1938 wurden die Waldorfschulen in Deutschland und Österreich, seit 1940, in Verbindung mit der Besetzung, auch in anderen europäischen Ländern verboten.

Bei den schmerzvollen Schulabschieden war oft von der Unzerstörbarkeit dieser pädagogischen Jahrhundert-Ideen gesprochen worden. Im Frühjahr 1945 konnte man die Wahrheit dieses Vertrauens feststellen: Die Schulbewegung hatte sich unterirdisch ausgebreitet und verzweigt. Die «alten» Schulen entstanden wieder, neue kamen hinzu. In Deutschland waren es innerhalb von fünf Jahren zwanzig neue Gründungen – für weitere Realisierungen fehlten zunächst die Lehrer.

Die großen pädagogischen Veränderungen seit dem Eintritt in das letzte Drittel des Jahrhunderts und besonders seit dem Beginn der siebziger Jahre drängen überall auf die Neueröffnung solcher Übungsorte für die Erziehungskunst Rudolf Steiners, für freie kooperative Schulgemeinden. Wir zählen 1972 über 100 Waldorfschulen über den Erdball hin, in der Bundesrepublik nehmen in diesem Sommer vier neue Schulen die Arbeit auf (insgesamt sind es dann hier 36).

Erfreulich ist seit einigen Jahren das Anwachsen der Waldorf-Kindergärten und die damit verbundene Zusammenarbeit von jungen Eltern und Kindergärtnerinnen. Im Bund der deutschen Waldorfschulen hat sich ein alle rechtlichen und finanziellen Sorgen mittragender Elternrat gebildet, wie in jeder Schule neben dem Schulverein der Elternvertrauenskreis kräftig wirkt. Seit Jahren sind die großen Eltern-Lehrer-Tagungen ein wesentlicher Beitrag zum pädagogischen Leben in Deutschland – durch das Hinzutreten der Schülerschaften erhalten sie einen neuen Akzent.

Auch die Lehrerbildung für die Waldorfschulen, die dafür abgehaltenen Seminarkurse, Arbeitswochen usw. und die Arbeit der Pädagogischen Forschungsstelle treten in eine neue Größenordnung ein. Zuletzt erlebten wir bei der 22. Öffentlichen Pädagogischen Arbeitswoche (neu begründet 1951) ein Herbeiströmen von hunderten begeisterter junger Lehrer.

Der erste Gedanke an eine umfassende Veröffentlichung aus dem Leben der Waldorfschulbewegung stammt von unserem Stuttgarter Kollegen Gerhard Schnell. Er gestaltete in den fünfziger Jahren große internationale Wanderausstellungen von Schülerarbeiten aus allen Altersstufen, vom Kindergarten bis zur 12. Klasse. Bei einer solchen Ausstellung in Stockholm verstarb er im Januar 1956. Die Vorarbeiten blieben zunächst liegen.

Bei der Vorbereitung auf das 50-Jahr-Jubiläum der Mutterschule in Stuttgart war in der Pädagogischen Sektion am Goetheanum die Herausgabe dieses Buches erneut besprochen worden. Den schwedischen Kollegen Frans Carlgren und Arne Klingborg wurde die Aufgabe übertragen, in Zusammenarbeit mit vielen Waldorflehrern über die Erde hin dieses Buch zu gestalten. Es sollte ein Handbuch für die Waldorf-Eltern und ein lebendiger Ausdruck für die weiterwirkende Erziehungskunst Steiners werden. Die Freunde übernahmen gern diese Aufgabe; herzlicher, bleibender Dank strömt zu ihnen hin, er geht auch zu den vielen Kollegen, mit deren Rat und Hilfe das Buch nun in seiner Vielfalt und Farbigkeit der Öffentlichkeit übergeben werden kann.

Die Drucklegung wurde unterstützt durch großzügige Hilfe der Mahle-Stiftung in Stuttgart; auch ihr sei ein herzlicher Dank ausgesprochen.

Ernst Weißert

Vorsitzender des Bundes der Freien Waldorfschulen e. V., Stuttgart

ZUR ENTSTEHUNG DES BUCHES

Das Bildmaterial

Anfang der 50er Jahre ergriff Gerhard Schnell, Lehrer an der Freien Waldorfschule in Stuttgart, die Initiative zu einer Ausstellung von Schülerarbeiten aus Waldorfschulen der ganzen Welt. Er wollte damit Zeugnis ablegen von der Erziehungs- und Unterrichtskunst Rudolf Steiners, wie sie im Schulalltag täglich in allen Fächern ausgeübt wird; es ging ihm um methodische Gesichtspunkte, nicht um eine «Kunstausstellung». Er sammelte ein reiches Material aus allen zwölf Alters- oder Klassenstufen der einheitlichen und doch mannigfach differenzierten Waldorfschule. Überall, wo die Ausstellung gezeigt wurde, erregte sie Aufsehen und Interesse. An mehreren Orten wurden fruchtbare pädagogische Initiativen ausgelöst; Entschlüsse reiften, die Gründung einer Waldorfschule vorzubereiten.
In Stockholm wurde die Ausstellung im Januar 1956 in repräsentativen Räumen im Stadtzentrum gezeigt. Sie fand ein gutes Echo in der Öffentlichkeit und förderte die Weiterentwicklung der 1949 gegründeten Kristofferskolan, der Stockholmer Waldorfschule.
Von der vielseitigen und schönen Ausstellung beeindruckt, fragte die Leitung einer der größten Druckereikonzerne in Stockholm, ob man nicht das Material für ein mehrsprachiges Bilderbuch über die Waldorfpädagogik verwenden könnte. In kurzer Zeit entstand ein Layout mit einer vorläufigen Auswahl aus dem vorhandenen Bildmaterial. Die Arbeit an einem Text wurde in Angriff genommen.
Die Idee eines internationalen Bilderbuches der Waldorfpädagogik wurde an manchen Orten begeistert aufgenommen, aber trotz energischer Arbeit erwies es sich als unmöglich, die notwendigen finanziellen Garantien zu erhalten. So mußte schweren Herzens der Druckerei abgesagt und das Bildmaterial an die vielen Leihgeber zurückgeschickt werden. Doch die Idee lebte weiter.
Im Beratungskreis der pädagogischen Sektion der Freien Hochschule am Goetheanum wurde im Jahre 1967 der Vorschlag gemacht, im Hinblick auf das fünfzigjährige Bestehen der Waldorfschulbewegung eine reich illustrierte Veröffentlichung vorzubereiten. Arne Klingborg wurde gebeten, die Redaktion zu übernehmen, Frans Carlgren erhielt den Auftrag, für den Text zu sorgen.
In vielen Waldorfschulen begrüßte man die neue Initiative, und nach einem Aufruf strömte wieder ein umfassendes Bildmaterial zusammen. Bei der endgültigen Auswahl konnte natürlich nur ein kleiner Teil hiervon verwendet werden. Im Bestreben, ein vollständiges, möglichst gut auf die Texte abgestimmtes Material zu erhalten, begann eine besonders enge Zusammenarbeit mit den Schulen, die leichter besucht werden konnten. So hat das Material aus Skandinavien in einigen Abschnitten ein gewisses Übergewicht bekommen. Wer Waldorfschulen näher kennenlernt, weiß, daß jede größere Schule über Bilder verfügt, die für mehrere Publikationen ausreichen könnten; aber man merkt auch, wie jede Schule ihren eigenen Stil entwickelt und auch ihre Besonderheiten auf bestimmten Gebieten besitzt. So hoffen wir, daß die Schülerarbeiten in diesem Buch sowohl das Gemeinsame aus dem täglichen Leben und Arbeiten der Waldorfschulen als auch die Eigenart verschiedener Schul-Individualitäten zum Ausdruck bringen.

Der Text

Im Februar 1968, kurz vor Beginn der Niederschrift des Textes, wurde die Stockholmer Waldorfschule in einem Fernseh-Film angegriffen. Dem Publikum wurde ein verfälschtes Bild von den Bestrebungen der Waldorfpädagogik vermittelt. Da kam von dem angesehenen schwedischen Verlag Bonniers das Angebot, die Schule und ihre Pädagogik in einem sachlich geschriebenen Buch der schwedischen Öffentlichkeit darzustellen. Gewisse Partien des nun notwendigerweise rasch entstehenden schwedischen Manuskriptes – das im Februar 1970 als Buch erschien – wurden durch den 1972 verstorbenen Dr. Hans Mändl laufend für das deutsche Buch übertragen. Andere Abschnitte wurden direkt in deutscher Sprache geschrieben.
Das deutsche Manuskript, das im Jahre 1969 vorlag, bedurfte einer sprachlichen und auch – soweit es im Hinblick auf schwedische Verhältnisse geschrieben war – einer inhaltlichen Bearbeitung. Diese übernahm Dr. Helmut von Kügelgen. Sie führte im Laufe der Zeit zu vielen Änderungen und Ergänzungen im Kleinen und Großen. Hans Rudolf Niederhäuser machte weitere Vorschläge, die eine Neufassung einiger Abschnitte veranlaßten. Die Kapitel über die humanistischen Fächer in der Oberstufe wurden von Dr. Sonja Berger bearbeitet.
Einzelne Kapitel des Buches sind von anderen Verfassern geschrieben: Walter Liebendörfer («Chemie»), Margareta Lundmark («Dramatische Spiele»), Bengt Ulin («Mathematik und Geometrie») und Hans Rohrwacher («Physik»). Wesentliche Anregungen gaben auch Margareta Lundmark, Eric Westerberg und andere erfahrene Kollegen verschiedener Waldorfschulen, z.B. aus der Rudolf-Steiner-Schule in Basel, aus Michael Hall in Forest Row, England, und natürlich aus der Stockholmer Schule selbst. Walter Liebendörfer hat durch seine fachlichen Ratschläge zu den naturwissenschaftlichen Kapiteln Wesentliches beigetragen.
Schließlich muß betont werden, daß die Gestaltung des ganzen Buches bis in viele Einzelheiten hinein aus der Zusammenarbeit der beiden Autoren hervorgegangen ist.
Ursprünglich war beabsichtigt, dieses Buch 1969, 50 Jahre nach der Gründung der ersten Waldorfschule, herauszubringen. Die Entstehungsgeschichte erklärt, weshalb dies nicht möglich war. Jetzt, da es nach einem wechselvollen Schicksal fertig vorliegt, soll allen ein herzlicher Dank ausgesprochen werden, die durch ihre Hilfe die Arbeit gefördert haben.
Ein ebenso warmer Dank geht an die vielen Lehrer und Schüler in aller Welt, die im Alltag des Schullebens, ohne jeden Gedanken an eine Veröffentlichung, das Bildmaterial erarbeitet haben.
In dem hier beschriebenen Sinn hat die ganze Waldorfschulbewegung an diesem Buch mitgewirkt.

Frans Carlgren *Arne Klingborg*

Bild aus dem altindischen Sagenschatz (5. Klasse Stuttgart).

Rudolf Steiner und seine Pädagogik

Einige biographische Daten

Rudolf Steiner wurde im Jahre 1861 an der Grenze zwischen Österreich und Ungarn als Sohn eines einfachen österreichischen Eisenbahnbeamten geboren. Nachdem er die Realschule absolviert und das Abitur in Wiener Neustadt abgelegt hatte, studierte er Mathematik und Naturwissenschaften an der Technischen Hochschule in Wien. Nebenher hörte er an der Universität Philosophie, Literatur und auch Psychologie und Medizin. Gleichzeitig beschäftigten ihn Experimente und Naturbeobachtungen, die ihn mit Goethes naturwissenschaftlicher Forschungsmethode vertraut machten. Joseph Kürschner forderte den Einundzwanzigjährigen auf, im Rahmen des großen Sammelwerkes «Deutsche Nationalliteratur» Goethes naturwissenschaftliche Schriften herauszugeben und zu kommentieren. Im Jahre 1889 wurde er an das Goethe-Schiller-Archiv in Weimar berufen, um die Herausgabe eines Teiles von Goethes naturwissenschaftlichem Werk im Rahmen der Weimarer Sophien-Ausgabe zu besorgen. Als eine Frucht seiner Goethestudien und seiner philosophisch-methodischen Bemühungen, die Kluft zwischen neuzeitlichem Denken und geistiger Anschauung zu überwinden, schrieb er 1886 «Grundlinien einer Erkenntnistheorie der Goetheschen Weltanschauung mit besonderer Rücksicht auf Schiller». 1891 erschien «Wahrheit und Wissenschaft», seine erweiterte Doktorarbeit, ebenfalls ein erkenntnistheoretisches Thema. Im Jahre 1894 kam sein philosophisches Hauptwerk heraus, «Die Philosophie der Freiheit». Als er seine Arbeit an den Goethe-Ausgaben abgeschlossen hatte, übersiedelte Steiner nach Berlin, um dort die Kulturzeitschrift «Magazin für Literatur» zu redigieren.

Neben seinem Studium und seiner Tätigkeit als Forscher und Autor übernahm er immer wieder die verschiedenartigsten pädagogischen Aufgaben. Schon von seinem vierzehnten Lebensjahre an finanzierte er seinen Schulbesuch und später sein akademisches Studium durch Privatunterricht auf allen möglichen Fachgebieten. Als er sein Studium abgeschlossen hatte, nahm er sich als Hauslehrer eines Knaben mit Hydrocephalus (Wasserkopf) an, der von mehreren Fachärzten als nicht bildungsfähig bezeichnet worden war. Steiner gelang es jedoch, durch pädagogische Maßnahmen in der Einteilung des Tages und durch seinen konzentrierten Unterricht eine so radikale Besserung zu erzielen, daß der Knabe nach zwei Jahren in einer gewöhnlichen Schule als Schüler in eine Klasse seiner Altersstufe aufgenommen wurde. Später bestand er das Abitur und wurde Arzt.

In Berlin wirkte Steiner von 1899 bis 1904 als

Lehrer an der von Wilhelm Liebknecht d. Ä. gegründeten «Arbeiter-Bildungsschule»; seine Schüler haben später seinen Einsatz auf dem Gebiet der Erwachsenenbildung begeistert geschildert.

Schon in einem Alter von sieben Jahren begannen sich bei Rudolf Steiner innere Erfahrungen einzustellen, die sein ganzes späteres Leben prägen sollten: er erlebte den übersinnlichen Bereich als eine ständig gegenwärtige Realität. Da sein Vater Freidenker war und niemand in seiner Umgebung das mindeste Verständnis für etwas gehabt hätte, was alle nur als Aberglauben betrachteten, schwieg er über seine Erfahrungen. Obwohl er außerordentlich gesellig veranlagt war und sich im Laufe der Jahre ein großer Freundeskreis um ihn sammelte, sprach er mit keinem Menschen über diese Seite seines Innenlebens. Aber er verfolgte neben seiner vielseitigen öffentlichen Tätigkeit in der Stille jene systematische geistige Schulung, die er später in seinen grundlegenden Werken, vor allem in «Wie erlangt man Erkenntnisse der höheren Welten?» und in vielen Vorträgen geschildert hat. Denn um die Jahrhundertwende hatte er seine Fähigkeit, Übersinnliches zu beobachten, so in der Kontrolle und zu solcher Exaktheit gesteigert, daß es ihm berechtigt schien, sie als wissenschaftliche Forschung, als «Geisteswissenschaft» vertreten zu können. Er faßte nun den keineswegs leichten Entschluß, seine Einsichten – wenn sich Gelegenheit dazu bot – solchen Menschen vorzutragen, die nach solchen Erkenntnissen fragten.

Anthroposophische Tätigkeit

Im Herbst 1900 begann Steiner, in kleineren Kreisen Vorträge zu halten, in die er behutsam etwas von seinen übersinnlichen Erfahrungen einfließen ließ. Am 8. Oktober 1902 sprach er in Berlin vor dem «Giordano-Bruno-Bund», einer wissenschaftlichen Gesellschaft, der er selbst als Mitglied angehörte, und stellte öffentlich seine zukünftige Lebensaufgabe dar: «Neue Methoden der Seelenforschung auf wissenschaftlicher Grundlage zu finden.» Eine Woche später leitete der stellvertretende Vorsitzende des Bundes eine Diskussion über dieses Thema ein. Er referierte zunächst Steiners Vortrag und bedauerte, daß er nur von 250 bis 300 Menschen angehört worden war und nicht von den «2000 bis 3000 Personen, die das geistig-öffentliche Leben in Deutschland ausmachen.» Als Steiner diesen für sein weiteres Leben entscheidenden Schritt tat, besaß er einen geachteten Namen bei den führenden wissenschaftlichen Kreisen in Deutschland und stand in persönlichem Briefwechsel mit bekannten Persönlichkeiten des Kulturlebens wie Eduard von Hartmann und Ernst Haeckel. Er machte sich keinerlei Illusionen darüber, wie seine nunmehr vorgelegten Anschauungen in jener Welt der akademischen Forschung aufgenommen werden würden, der er ja selbst bisher angehört hatte und die es als eine Selbstverständlichkeit betrachtete, daß sie allein das Recht habe zu entscheiden, was Wissenschaft ist und was nicht.

Seine Befürchtungen bewahrheiteten sich. Steiner wurde von nun an als «Theosoph» betrachtet, und die offiziellen Kulturträger in Deutschland übergingen ihn viele Jahre hindurch mit Schweigen. Seine Vortragstätigkeit spielte sich zwar tatsächlich seit Oktober 1902 formell im Rahmen der Theosophischen Gesellschaft ab, weil er dort die Menschen fand, die Sinn hatten für spirituelle Forschung. Er trug jedoch nur seine eigenen Forschungsergebnisse vor.

Sachliche Differenzen führten 1913 zur Trennung von der Theosophischen Gesellschaft. Schon seit 1902 bezeichnete Steiner mitunter seinen Weg der Forschung mit dem Namen, den er später konsequent anwenden sollte; weil diese Forschung zum Bewußtsein vom wahren Wesen des Menschen führt, nannte er sie «Anthroposophie» (von griechisch «anthropos», Mensch, und «sophia», Weisheit). Steiner trug zunächst in kleinen Kreisen suchender Menschen, dann innerhalb der Anthroposophischen Gesellschaft und immer mehr auch in der interessierten Öffentlichkeit seine grundlegenden Forschungsresultate vor. Außerdem entstanden seine wichtigsten und meist gelesenen Werke: «Das Christentum als mystische Tatsache und die Mysterien des Altertums» (1902), «Theosophie. Einführung in übersinnliche Welterkenntnis und Menschenbestimmung» (1904), «Wie erlangt man Erkenntnisse der höheren Welten?» (im gleichen Jahre) sowie «Die Geheimwissenschaft im Umriß» (1909).

Fragen und Aufforderungen aus der wachsenden Schar seiner Mitarbeiter und Schüler beantwortete Steiner in diesen Jahren durch Initiativen, die den anthroposophischen Impuls in immer neue Tätigkeitsfelder trug. Er schrieb und inszenierte vier Mysteriendramen und schuf eine neue Bewegungskunst, in der Laut- und Tonqualitäten durch Gebärden ausgedrückt werden: die Eurythmie. Als Heimstätte für die verschiedenen Arten künstlerischer Tätigkeit und als Zentrum für die geisteswissenschaftliche Arbeit und die anthroposophische Bewegung baute er nach eigenen architektonischen Entwürfen in Dornach bei Basel den Doppelkuppelbau, dem er den Namen «Goetheanum» gab. Er leitete selbst die Ausführung des Baues und beteiligte sich persönlich vor allem an der künstlerischen Ausgestaltung. So malte er zum Beispiel die Decke in der kleinen Kuppel aus; große Teile des gewaltigen, kühn geformten Holzbaues wurden nach seinen Anweisungen durch Angehörige von siebzehn verschiedenen Nationen geschnitzt – mitten im Weltkrieg.

Im Laufe dieser Jahre entstanden innerhalb der anthroposophischen Bewegung keine Initiativen auf dem sozialen und pädagogischen Gebiet. Noch war die Zeit nicht reif für Impulse, die Rudolf Steiner in diesen Fragen durch einzelne Artikel und Vorträge zu geben versuchte. So enthielt der Vortrag «Die Erziehung des Kindes vom Gesichtspunkte der Geisteswissenschaft», den er im Jahre 1907 in verschiedenen Orten Deutschlands hielt, die Waldorf-Pädagogik wie in einem Samenkorn. Entgegen seiner sonstigen Gewohnheit sah Steiner das Stenogramm dieses Vortrages durch und gab es als Buch heraus. In den abschließenden Sätzen betonte er, daß solche geistigen Impulse sich bis in ihre praktischen Konsequenzen hinein verwirklichen müßten. «Sonst wird man fortfahren, die Anthroposophie für eine Art religiösen Sektierertums einzelner sonderbarer Schwärmer zu halten. Wenn sie aber positive nützliche Geistesarbeit leistet, dann wird der geisteswissenschaftlichen Bewegung die verständnisvolle Zustimmung auf die Dauer nicht versagt werden können.»

Im Zuge der ungeheueren Umwälzungen, die aus der Katastrophe des ersten Weltkrieges hervorgingen, entstanden neue Bedürfnisse und erschlossen sich Möglichkeiten, die Geisteswissenschaft in diesem Sinne für weitere Kreise fruchtbar zu machen.

Die soziale Frage

Im Frühling 1919 drohte Deutschland der Bürgerkrieg. Die Kanonen an den Fronten waren zwar verstummt, aber die Blockade von seiten der Ententemächte ging weiter. Das Wirtschaftsleben brach zusammen, Hunger und Epidemien breiteten sich aus, – Arbeitslosigkeit, Demonstrationen und Aufruhr gehörten zur Tagesordnung. Viele Menschen schlossen sich in der Politik und im Kulturleben extremistischen

Richtungen an. Aber gerade die Besonnenen aller Lager ergriff oft eine tiefe Ratlosigkeit. Das Kaiserreich mußte fallen – wo sollten sie nun ein Ziel finden, das die Klassengegensätze überbrückt? Eine Vielfalt von Stimmen ließ sich über die Zukunft Deutschlands und der Welt hören. Da beschloß Rudolf Steiner, von anthroposophisch orientierten Staatsbeamten, Industriellen und Wissenschaftlern aufgefordert, seine Konzeption einer sozialen Neuordnung öffentlich darzulegen. Damit durchbrach er die Isolierung, in der sich seine Tätigkeit bisher vollzogen hatte. Im März erschien sein Aufruf «An das deutsche Volk und die Kulturwelt», der von einer langen Reihe hervorragender Persönlichkeiten des Kulturlebens unterzeichnet war. Im April gab er das Buch «Die Kernpunkte der sozialen Frage» heraus. Vor Industriellen in kleinen Vortragssälen, vor gewaltigen Scharen von Arbeitern in Fabrikhallen und verräucherten Bierlokalen hielt er eine Reihe von Ansprachen und Vorträgen.

Manche der Beispiele, die er damals in Wort und Schrift darlegte, mögen zeitbedingt erscheinen; vieles wirkt aber heute noch aktueller als damals. Einige Grundgedanken sollen nachfolgend skizziert werden.

Da die moderne pädagogische Wissenschaft begonnen hat, ihr Bild von der Schule soziologisch zu begründen, erscheint es nicht überflüssig zu zeigen, wie die Erziehungskunst Rudolf Steiners in seinen sozialen Intentionen wurzelt. Das Beispiel für eine Pädagogik der Zukunft, das er in der ersten Waldorfschule zu verwirklichen suchte, zielt auf eine zukünftige Gesellschaft, von der er in jener Zeit ein Bild entwarf. Die Rolle, die Erziehung und Ausbildung nach Steiners Auffassung in der Menschheitsentwicklung spielen, kann man nicht verstehen, wenn man sie nicht in einem umfassenden Zusammenhang erblickt.

Konzeption der «dreigegliederten» Gesellschaft

Mit der Idee der Dreigliederung des sozialen Organismus wird von Rudolf Steiner kein Parteiprogramm und keine abstrakte Forderung ausgesprochen. Die Anschauungen, die er sich erarbeitet hat, sind durchaus den bestehenden Verhältnissen und dem Wesen des Menschen abgelesen.

Im Dasein der Gesellschaft und des Einzelmenschen können drei «Lebensgebiete» unterschieden werden, von denen jedes seine eigenen spezifischen Gesetzmäßigkeiten aufweist: die Sphären des geistig-kulturellen, des wirtschaftlichen und des rechtlich-politischen Lebens. Seit etwa dem 15. Jahrhundert, da moderne «Staaten» in Westeuropa sich zu entfalten begannen, haben wir uns nach und nach daran gewöhnt, daß diese drei Sphären wenigstens weitgehend von einem Zentrum aus und in einem einheitlichen Sinne verwaltet werden. Als die selbstverständliche soziale Lebensform erscheint uns der «Einheitsstaat», in dem der Fürst – oder in späterer Zeit ein Kreis von verantwortlichen Politikern – nicht nur in den Angelegenheiten der Außenpolitik und der Rechtspflege, sondern auch in den Fragen des Geistes- und Wirtschaftslebens, in manchen Staaten bis in die kleinsten Einzelheiten hinein, die Entscheidung zu fällen hat. Von den Problemen und Gefahren, die nicht nur in den totalitären, sondern auch in den als demokratisch betrachteten Staaten durch diese Zentralisation hervorgerufen werden, soll im folgenden die Rede sein. Hier sei nur hervorgehoben, daß Rudolf Steiner eintrat für eine soziale «Dreigliederung», die die Gebiete des Wirtschafts-, Rechts- und Geisteslebens als drei nebeneinander bestehende, in gegenseitiger Unabhängigkeit verwaltete Gesellschaftsfunktionen betrachtet und behandelt. Er war – in bewußtem Gegensatz zu vielen damaligen und heutigen Zeitgenossen – der Überzeugung, daß die Situation der modernen Menschheit eine solche Dezentralisation des Gesellschaftslebens verlangt.

Freiheit, Gleichheit, Brüderlichkeit

Die menschlichen Bedürfnisse, die nach Steiners Auffassung nur durch eine dreigegliederte Gesellschaftsordnung befriedigt werden können, lassen sich in knapper, formelhafter Weise zusammenfassen. Es ist kein Zufall, daß die Worte «Freiheit, Gleichheit, Brüderlichkeit» in den Zeiten der Französischen Revolution und später immer wieder so viele Menschen enthusiasmieren konnten. Diese drei Ideale entsprechen, näher besehen, tiefen instinktiven Empfindungen, die wir alle mehr oder weniger bewußt in uns tragen. Jedes von ihnen kann aber nur auf einem begrenzten Gebiet des Gesellschaftslebens verwirklicht werden, was zunächst an einem einzigen Beispiel veranschaulicht werden soll: vor dem Gesetz können und müssen wir alle gleich sein, aber eine gesetzlich erzwungene Anpassung unserer geistigen und materiellen Bedürfnisse an die Forderung nach ebensolcher Gleichheit würde – wie viele Beispiele aus älterer und neuerer Geschichte lehren – eine verhängnisvolle Nivellierung bewirken. Rudolf Steiner erstrebte hier eine Begriffsklärung, indem er als erster diese drei Ideale in konsequenter Weise bestimmten Funktionen des menschlichen Zusammenlebens zuordnete. Die Zielsetzungen, die seiner Arbeit für soziale Dreigliederung zugrunde lagen, können in drei kurzen Formulierungen zum Ausdruck gebracht werden: geistige Freiheit im Kulturleben, demokratische Gleichheit im Rechtsleben, soziale Brüderlichkeit im Wirtschaftsleben.

Aus einer «Summe von praktischen Impulsen», mit deren Verwirklichung nach Steiners Aussage «an jedem Punkt des Lebens begonnen werden kann», seien hier einige Beispiele herausgegriffen.

Vom Kulturleben

Freiheit ist eine Grundbedingung für die Existenz schöpferischen Geisteslebens. Wir leben aber in einem Zeitalter, in dem das Streben nach möglichst umfassender staatlich-industrieller Planung – die an sich notwendig ist – immer tiefer in das Gefüge des Unterrichts- und des Forschungswesens und damit in das gesamte Kulturleben hineingreift. In immer höherem Maße werden Schulen, Universitäten und wissenschaftliche Labore als Faktoren eines internationalen wirtschaftspolitischen Konkurrenzkampfes betrachtet und behandelt; die Lehrpläne, die Gestaltung des Unterrichts, die Examensbestimmungen, die Forschungsprogramme und die Untersuchungsmethoden werden immer konsequenter den Bedürfnissen der Industrie, der Staatsverwaltung oder gar des Militärs angepaßt. Daß hierdurch auch in den Nationen, die sich als «frei» bezeichnen, die Freiheit des Kulturlebens gefährdet ist, kann nicht bestritten werden.

Erziehung und Unterricht spielen in diesem Zusammenhang eine entscheidende Rolle. Die Zukunft des Menschengeschlechts tritt bereits in den Kindern in Erscheinung. Alle Neuerungen in der Welt, alles Schöpferische geht letzten Endes auf individuelle Leistungen und deren Steigerung in der Gemeinschaft zurück. Aber die Chancen des Individuums, seine inneren Quellen zu erschließen, sind von der Pflege abhängig, die es durch Erzieher und Lehrer erfährt. Individuelle Begabungen zu fördern und sozial fruchtbar werden zu lassen – nicht das Heranziehen des Nachwuchses für die geradlinige Fortsetzung schon festgelegter technisch-wirt-

schaftlicher Entwicklungsbahnen – ist die wichtigste Aufgabe des Erziehers.
Nach der Auffassung Steiners soll der Mensch frei von den Forderungen der Staatsmacht und des Wirtschaftslebens aufwachsen, bis er selbst als tätiger Mitbürger an der Gestaltung dieser Gesellschaftszweige teilnehmen kann. Wenn die Forderungen des modernen Industriestaates in allzu hohem Maße das Arbeitstempo und die Examensforderungen des Unterrichtswesens beeinflussen, sind Jugend- und Studentenrevolte die unausbleiblichen Folgen. (Weiteres zu diesen Fragen im Kapitel «Die industrialisierte Schule», S. 196 ff.)
Das Recht der heranwachsenden Generation auf eine in diesem Sinne freie Ausbildung, die ihre Impulse und Anlagen möglichst vielseitig zur Entfaltung bringt, damit sie die bestehende Gesellschaft einst umgestalten kann, ist wohl der wichtigste Grund, den Rudolf Steiner für die Errichtung freier Schulen und freier Universitäten anführt. Diese können durch Stiftungen und Spenden sowie durch gesetzlich festgelegte Beiträge von seiten des Wirtschaftslebens finanziert werden. Die Lehrer der Schulen und Universitäten bilden freie Korporationen, die – in selbstverständlichem Zusammenwirken mit ihren Schülern und ihrer Umwelt – für Lehrernachwuchs sorgen und in allen Fragen der Lehrpläne, der Unterrichtsmethoden und der gesamten Arbeitsgestaltung autonom zu entscheiden haben.
Die gleiche Art der Unabhängigkeit muß auch auf dem Gebiet der Wissenschaft gelten. Der Machtmißbrauch, der hier von Staat und Industrie in vielen Staaten (ganz besonders innerhalb der Großmächte für ihre militärischen Zwecke) betrieben wird, läßt sich nunmehr bis in viele Einzelheiten hinein belegen. Daß einflußreiche Kreise von Politikern und Wirtschaftsleuten mit Hilfe der Geldmittel, die ihnen zur Verfügung stehen, im Hinblick auf ihre besonderen Zwecke Forscher, Forschungsprogramme und sogar Forschungsergebnisse «bestellen» können, was heute weitgehend geschieht, kann in radikaler Weise nur dadurch verhindert werden, daß sich der ganze Bereich der Wissenschaft in ähnlicher Art wie das Unterrichtswesen unabhängig und autonom verwaltet. Es ist selbstverständlich, daß die Forscher bei einer solchen Form der Finanzierung – auch wenn die Spenden und Beiträge, die ihnen zukommen, durchaus ohne spezifische Bedingungen gegeben werden – in vielfacher praktischer Hinsicht von ihrer Umwelt abhängig bleiben. Aber ebenso selbstverständlich müßte es werden, daß die letzte Entscheidung über die Auswahl von Projekten und Untersuchungsmethoden nur innerhalb der Gremien der Forscher selber gefällt werden kann.
Als eine Konsequenz der Unabhängigkeit ergibt sich, daß es den Institutionen der Ausbildung und Forschung frei steht, ohne Rücksicht auf Staatsgrenzen über die ganze Erde hinweg miteinander zu verkehren und zusammenzuarbeiten.
Dieselben Möglichkeiten der Finanzierung, der Selbstverwaltung und des internationalen Zusammenwirkens würden in ähnlicher Art allen Korporationen des unabhängigen Geisteslebens zustehen (zum Beispiel religiösen Gemeinschaften, dem Kunstleben, den Informationsmedien).
Aus dem Obigen ist wohl ersichtlich, welche Funktion ein autonomes Geistesleben in der modernen Gesellschaft erfüllen kann. Im Räderwerk des heutigen Daseins sind Institutionen nötig, die es als ihre öffentlich anerkannte Aufgabe übernehmen, die Sphäre des «Rein-Menschlichen», ohne alle Rücksicht auf wirtschaftliche oder politische Interessen, in allen Lagen zu vertreten und zu verteidigen. Ohne völlige, gesetzlich garantierte Freiheit kann diese Aufgabe nicht erfüllt werden.

Vom Staats- und Rechtswesen

So wie der einzelne die Institutionen des freien Geisteslebens zur Pflege gewisser rein individueller Bedürfnisse braucht, so hat er die Organe der Staatsmacht nötig, um für diejenigen Rechte, die für alle Menschen die gleichen sein müssen, den gebührenden Schutz zu erhalten. Die Instanzen des rechtlich-politischen Lebens – die durch freie, demokratische Wahlen berufen werden – stehen innerhalb einer dreigegliederten Gesellschaftsordnung vor Aufgaben, die groß und teilweise neuartig sind. So muß zum Beispiel dafür gesorgt werden, daß die Spenden und Beiträge, die von Einzelpersonen oder Industrien zur Förderung von Ausbildung, Forschung usw. ausgegeben werden, nicht mit Bedingungen verknüpft sind, die die Freiheit des Geisteslebens gefährden. Es muß darauf geachtet werden, daß die Unabhängigkeit des Wirtschaftslebens – von der gleich die Rede sein soll – nicht eine Konservierung und Verstärkung jener gewaltigen Machtmittel herbeiführt, die (vor allen Dingen in den «kapitalistischen» Staaten) schon jetzt in den Händen der führenden industriellen Kreise ruhen.
Wer diese Aufgaben als unlösbar bezeichnet, mag sich daran erinnern, daß sie vor allen Dingen in solchen Ländern vorliegen, wo die Denkgewohnheiten, die Gesetzgebung und die Verwaltungspraxis eine Beherrschung oder wenigstens Beeinflussung sowohl des gesamten Kulturlebens als auch des Parlaments und der Regierungsmacht ermöglichen oder gar begünstigen. Ist die Notwendigkeit einer «Dreigliederung» des ganzen Gesellschaftsorganismus einmal eingesehen, können – was bisher niemals konsequent geschah – ohne Zweifel Gesetze geschaffen werden, die nach und nach eine effektive Scheidung zwischen staatlichen, wirtschaftlichen und geistig-kulturellen Funktionen herbeiführen. Zu den Gebieten, wo die Beschlüsse demokratisch gewählter Staatsorgane – und nicht die Interessen des Wirtschaftslebens – in letzter Instanz maßgeblich sein müssen, gehören nach der Auffassung Steiners z. B. die Normen, die für den Vollzug der Arbeitsleistungen, für die Sozialfürsorge und für die Einkommensbildung gelten sollen. Daß der Staat sich grundsätzlich enthält, unmittelbar in die Angelegenheiten des Kulturlebens oder des Unternehmertums einzugreifen, braucht keine Schwächung der Rechtsfunktionen herbeizuführen, die er unbedingt erfüllen muß. Im Gegenteil. Innerhalb eines Staatswesens, das durch keine Eigeninteressen in die Verzweigungen des übrigen Gesellschaftslebens hineinverflochten ist, kann besonders gut für objektive, unparteiische Richtlinien und Maßnahmen gesorgt werden. Ohne alle anderen Hilfsmittel als diejenigen, die ihm als Rechtspfleger zustehen, kann der Staat zur Überwindung sozialer Gegensätze und Übelstände entscheidende Beiträge leisten.

Vom Wirtschaftsleben

Um seine materiellen Bedürfnisse zu befriedigen, ist der Bewohner eines industrialisierten Gebietes ganz und gar von den Leistungen seiner Mitmenschen abhängig. Wie fest der einzelne auch glauben mag, daß er nur arbeitet, um Geld zu verdienen, er ist innerhalb der heutigen Wirtschaftsordnung doch darauf angewiesen, durch seine Tätigkeit anderen Konsumenten zu dienen. Die Lebensweise des Selbstversorgers ist in diesen Teilen der Welt überwunden. Man kann hier von einer aus dem modernen Produktionsprozeß unmittelbar hervorgehenden Art der «Brüderlichkeit» sprechen, ohne diesem Wort irgendeine moralische Bedeutung beilegen zu müssen.
Da wir nun grundsätzlich eine Ware immer von dort kaufen wollen, wo sie am besten und billig-

sten hergestellt wird, hat das Wirtschaftsleben die natürliche Tendenz, ein Netz von Verbindungen zu schaffen, das im Zeitalter der modernen Verkehrsmittel die ganze Welt umspannt. Diese Tendenz wird in der Gegenwart durch Zölle, Einfuhrsperren, Devisenbestimmungen usw. gehemmt. Gäbe man ihr aber Gelegenheit, sich frei zu entfalten, müßten unabhängig von allen staatlichen Grenzen wirtschaftliche Assoziationen gebildet werden, in denen die an Produktion, Verteilung und Konsum Beteiligten selbst oder durch ihre gewählten Vertreter miteinander beraten über die vorliegenden Bedürfnisse und die Möglichkeiten ihrer Befriedigung. Die Assoziationen können der gestellten Aufgabe den Umständen entsprechend gerecht werden, wenn sie hier mehr lokalen Charakter tragen oder dort unsere ganze Welt umspannen. Das Wesentliche ist nur, daß sie sich aus rein ökonomischen Voraussetzungen entwickeln, ohne daß sich dabei politische Ansprüche einmischen. Auf diesem Wege zeigen sich auch Möglichkeiten zu ganz neuen Formen wirtschaftlicher Verbindungen zwischen den Bewohnern industrialisierter und unterentwickelter Länder.

Ob nun die einzelnen Assoziationen in größere organisatorische Einheiten zusammengefaßt werden oder nicht, sie sind zusammen auf einem selbständigen Arbeitsgebiet tätig, das als solches ein Glied innerhalb der «dreigegliederten» Gesellschaft ist. Dieses Arbeitsgebiet umfaßt die Produktion und Verteilung von Waren aller Art, die der Befriedigung der unterschiedlichsten Lebensbedürfnisse dienen. Ein solches System ist nicht durchführbar in Ländern mit staatseigenen Produktionsmitteln oder mit vom Staat gelenkter Unternehmerschaft. Andererseits sind staatliche Maßnahmen notwendig, um der Problematik, die mit einem im herkömmlichen Sinn gestalteten Privatbesitz von industriellen Unternehmungen verknüpft ist, vorzubeugen. Hier schlägt Rudolf Steiner eine eigentumsrechtliche Lösung vor, die in gewisser Weise einen Mittelweg zwischen Kommunismus und Kapitalismus darstellt. Will man das Überhandnehmen der Bürokratie vermeiden und die Initiativkraft der einzelnen Individualität ins Spiel bringen, muß tüchtigen Einzelpersonen Gelegenheit gegeben sein, während ihrer produktivsten Lebensjahre Kapital und Produktionsmittel in Freiheit zu verwalten; wenn sie aber von ihren Posten abtreten, wird das Verfügungsrecht über das von ihnen aufgebaute oder weitergeführte Unternehmen – nachdem ein sachkundiges Organ des freien Geisteslebens seine Zustimmung gegeben hat – an andere Persönlichkeiten oder Gruppen übertragen, die befähigt sind, eine solche Tätigkeit zu übernehmen. Durch eine in diesem Sinne eingerichtete Gesetzgebung wird es unmöglich gemacht, daß große Vermögen durch Erbschaft in unproduktive Hände übergehen.

Ist der Dreigliederungsgedanke utopisch?

Der Aufbau einer dezentralisierten Gesellschaftsordnung, in der jeder Mensch gleichzeitig Anteil hat an drei voneinander unabhängigen Lebensgebieten mit ihren verschiedenen Institutionen, würde ohne Zweifel tiefgehende Änderungen im sozialen Zusammenleben der Menschheit bewirken. Eine besonders einschneidende Konsequenz wäre die, daß die Vertreter von Staaten und Staatenbündnissen nicht ohne weiteres damit rechnen können, daß ihre außenpolitischen und militärischen Bestrebungen durch die weltoffenen, international orientierten Institutionen des Kultur- und Wirtschaftslebens unterstützt werden. Es liegt auf der Hand, daß die Staatsorgane über alle Hilfsquellen verfügen müßten, die sie brauchen, um innerhalb ihrer Gebiete für soziale Gerechtigkeit sorgen zu können. Die Rechtsfunktionen des Staates wären wichtiger denn je. Aber darüber hinaus hätte er keine weiteren Machtbefugnisse. Seine Gewaltmittel wären aufs äußerste beschränkt.

Ist es nun nicht utopisch zu glauben, daß verantwortliche Politiker jemals zur Herbeiführung einer solchen Ordnung der Dinge mitwirken würden?

Werfen wir einmal einen Blick auf die jetzige Weltlage. Eine ganze Reihe der modernen industrialisierten Einheitsstaaten, vor allem die «Supermächte», besitzen eine Kriegsmaschinerie von geradezu unfaßbarer Stärke. Wie diese Zerstörungskräfte einmal abgebaut werden sollen, weiß noch niemand. Die gegenseitige Bedrohung der Staaten und Staatenbünde beruht auf einer ungeheuren Zusammenballung von politischer, geistiger und wirtschaftlicher Macht, die in den «totalitären» Staaten immer, in den «demokratischen» wenigstens in Unruhe- und Kriegszeiten in den Händen weniger Staatsfunktionäre konzentriert ist. Dies ist ein hauptsächlicher Grund, weshalb ein großer Teil der Menschheit in dauernder Kriegsgefahr schwebt. Die fast überall zunehmende Zentralisierung und die enorme Vielfalt des dadurch geschaffenen Wirkungsfeldes erzeugt manchmal – vor allem in Gebieten mit wirtschaftlicher Armut und instabilen sozialen Verhältnissen – bei Politikern und militärischen Befehlshabern die fast unwiderstehliche Sucht, die Macht (die ja mit einem Schlag in ihrer Totalität erobert werden kann) mit Gewalt an sich zu reißen.

Erst insofern die Funktionen des Geisteslebens (Erziehung, Ausbildung, Forschung, öffentliche Meinungsbildung) und des Wirtschaftslebens (Industrie, Landwirtschaft, Bankwesen) aus dem unmittelbaren Machtbereich des Staates herausgelöst werden, können diese Gefahren vermieden werden. Eine der meistverbreiteten sozialen Utopien unserer Zeit ist, daß der über die ganze Welt bestehende Wunsch nach Friede und Sicherheit jemals *ohne* solch weitgehende Dezentralisierung befriedigt werden kann.

Wenn die außerordentlich kraftvolle, bis in die Diktaturen hinein sich erstreckende internationale Meinungsbildung, die allein eine soziale Umgestaltung in dieser Richtung ermöglichen könnte, zustande kommen soll, sind vielseitige Informationen, viel Zeit und vielleicht auch viele Leiden nötig.

Rudolf Steiner hoffte 1919, daß die erforderlichen gesellschaftlichen Maßnahmen aus Einsicht, in friedlicher Entwicklung und auf demokratischem Wege, durch verantwortungsbewußte Staatsmänner herbeigeführt, sich vollziehen würden. Aber die erhofften Umgestaltungen kamen nicht zustande. Und so sagte er voraus, daß der Weg der Menschheit durch Staatsstreiche, Revolutionen und Kriege hindurchführen würde, so lange die Forderung nach einer zeitgemäßen sozialen Ordnung nicht erfüllt sei.

Seine Schilderung der Zustände, die man auf dem Wege einer Dreigliederung erstreben könnte, war durchgehend nüchtern. Er betonte immer wieder, daß einzelne Maßnahmen ganz anders gestaltet werden könnten, als er sie skizzierte. In bewußtem Gegensatz zu vielen reformistischen und revolutionären Denkern hob er hervor, daß die Lebensform, die er fördern wollte, durchaus nicht zu einem sozialen Paradieseszustand führen würde. Er hegte keinerlei Illusionen über die moralischen Fähigkeiten der politischen und wirtschaftlichen Machthaber oder der Menschen im allgemeinen. Das Ziel, für das er wirken wollte, war keine Utopie, sondern ein Gesellschaftssystem, das von der Erkenntnis des Menschen in seinen sozialen und antisozialen Impulsen ausgeht und in seiner Verwirklichung diejenigen sozialen Fähigkeiten fördert, die mitten in aller Schwäche und Selbstsucht erwachen können, wenn sie durch gesunde, zeitgemäße, wahrhaft menschliche Formen des Zusammenlebens entwickelt werden. Wer die Pädagogik Rudolf Steiners aus den Fundamenten heraus verstehen will, kann nicht umhin, sich mit den Ideen der Dreigliederung auseinanderzusetzen. Denn eines der grundlegenden Ziele seiner Erziehungskunst ist das Bestreben, jene sozialen Fähigkeiten schon in der Kindheit und der Jugend des Menschen zu wecken und zu pflegen.

Die erste Waldorfschule als Frucht der Dreigliederungsbewegung

Die Dreigliederungskampagne, die nach dem ersten Weltkrieg unter Rudolf Steiners Leitung durchgeführt wurde, fand innerhalb der Arbeiterschaft echten Anklang, strandete jedoch an dem entschlossenen Widerstand der parteipolitisch denkenden Funktionäre der Arbeiterorganisationen. Von den Samen, die durch die «Bewegung für soziale Dreigliederung» gesät wurden, schlug eigentlich nur einer ernsthaft Wurzel. Er aber bewies eine starke Lebenskraft. Es war die erste Waldorfschule.

Der Anfang wurde am 23. April 1919 im «Tabaksaal» der Waldorf-Astoria Zigarettenfabrik in Stuttgart gemacht. Die Arbeiter drängten sich auf Bänken und Stühlen, zum Teil saßen sie auf den großen Tabaksäcken an der Hinterwand des Raumes. Der Chef des Unternehmens, Kommerzienrat Emil Molt, hatte Steiner als «Sozialphilosophen» eingeführt. Was konnte wohl ein solcher – noch dazu aus der neutralen, satten Schweiz kommend – von den Bedürfnissen einfacher Menschen mitten in Nachkriegselend und Hungersnot verstehen? Das Auditorium verhielt sich deutlich reserviert, bis der Redner auf Erziehungsfragen einging. Er schilderte – so beschreibt es Herbert Hahn in seinem Buch «Rudolf Steiner, wie ich ihn sah und erlebte» –, wie jährlich Tausende und Tausende von Menschen in dem Alter, in dem ihre geistigen und seelischen Kräfte ganz besonders der Pflege und der Entfaltung bedürfen, in ihren besten Kräften eingeengt werden, weil sie dem wirtschaftlichen Zwang unterliegen, in das Berufsleben hinausgehen zu müssen. Er begann von etwas zu sprechen, was es noch nicht gab, was aber eine Zeitforderung war: *eine zwölfjährige Einheitsschule*, die Volks- und höhere Schule umfaßt und für jeden Menschen offensteht, unabhängig davon, welcher sozialen Schicht er angehört. Jetzt gewann Rudolf Steiner die Herzen seiner Zuhörer.

Herbert Hahn beschreibt diesen Augenblick als die «eigentliche Geburtsstunde der Waldorfschule» («Wir erlebten Rudolf Steiner», hrsg. von M. J. Krück von Poturzyn). Der deutlich geäußerte Wunsch der Arbeiter nach einer solchen Einrichtung schuf die Grundlage für ihre Entstehung. Am nächsten Tage kamen einige von ihnen und fragten, ob ihre Kinder nicht in die Schule gehen dürften, die Steiner beschrieben hatte.

Emil Molt hatte sich schon länger mit Gedanken an eine Schule getragen, jetzt wollte er sie verwirklichen. Seine erste Maßnahme war, Rudolf Steiner zu bitten, die pädagogische Leitung zu übernehmen. Sein Ziel war, mit der Schule im September zu beginnen. Er kaufte ein Restaurantgebäude, das auf der Höhe über dem Stuttgarter Tal zum Verkauf stand, baute es um und schaffte die nötige Einrichtung an.

Schon zwei Tage nach dem Vortrag im Tabaksaal fand das erste grundlegende Gespräch zwischen Steiner, Molt und zwei künftigen Lehrern der Schule statt. Es war spät am Abend. Steiner hatte, wie gewöhnlich, einen intensiven Arbeitstag hinter sich und kam direkt von einem Vortrag vor Arbeitern der Daimler-Werke. «Rudolf Steiner streifte bald die letzten Spuren der vorangegangenen ungeheuren Anstrengung ab. Immer strömender, immer frischer wurde das, was er uns zu sagen hatte.» (Hahn in «Wir erlebten Rudolf Steiner».) Er gab eine Reihe von Ratschlägen zur Vorbereitung und teilweise schon in Einzelheiten gehende Gesichtspunkte für die Stundeneinteilung und den Lehrplan der gedachten Schule.

Der volkspädagogische Kurs

Zum ersten Mal schilderte Rudolf Steiner ausführlicher die von ihm entwickelte Erziehungskunst im «volkspädagogischen Kurs», in drei Vorträgen, gehalten im Mai und Juni 1919. Dieser Schulimpuls für alle Volksschichten hatte nichts mit den sozialen Ambitionen und konfessionellen Sonderinteressen zu tun, die man gewöhnlich mit dem Begriff «Privatschule» verbindet; er umfaßte alle Menschen, war unabhängig von ihrer Weltanschauung und ihrer Stellung innerhalb der Gesellschaft. Die Grundgedanken des «volkspädagogischen Kurses» sprechen die sozialen Intentionen der Waldorfschule aus und zeigen sich heute doppelt aktuell, da man daran geht, die Schulform des Bürgertums zu zerbrechen. Wenige Stellen seien im folgenden wörtlich zitiert:

Die Schule der Zukunft muß auf eine vertiefte Menschenkunde gebaut sein. «Wenn man von dieser Unterlage ausgeht, kann sich nichts anderes ergeben als eine Einheitsschule für *alle* Menschen; denn selbstverständlich: diese Gesetze, die sich abspielen in der menschlichen Entwicklung zwischen dem ungefähr siebenten und ungefähr dem vierzehnten bis fünfzehnten Jahr, diese Gesetze sind für alle Menschen die gleichen.» In höherem Alter muß der Unterricht differenziert werden. «Vor allen Dingen aber muß . . . ein gewisser Grundstock der Bildung für die Menschen aller Klassen derselbe sein . . . man muß Gelegenheit haben, dieselbe allgemeine Bildung aufzunehmen, ob man geistiger oder Handarbeiter wird.» Die Zeit bis gegen das zwanzigste Lebensjahr sollte jeder Mensch in einer solchen differenzierten Schule zubringen dürfen, um eine eigene, verantwortungsfähige Urteilskraft auszubilden.

«Wenn in der Zukunft in den Bildungsanstalten zusammensitzt der Tischler- und Maschinenlehrling mit demjenigen, der vielleicht selber Lehrer wird, dann wird sich auch da etwas ergeben, was zwar eine spezialisierte, aber doch noch immer eine Einheitsschule ist.»

In einem Vortrag für Lehrer vom Januar 1922 ergänzte Rudolf Steiner diesen Vorschlag, indem er eine vorbereitende Berufsausbildung in Werkstätten im Rahmen der Schule schilderte, die für solche Jugendliche einzurichten wären, die sich einem praktischen Beruf zuwenden wollen. – In den für alle Kategorien *gemeinsamen* Unterricht müßten folgende Elemente mit aufgenommen werden: «Es wird kein Mensch durch dieses Lebensalter hindurchgehen dürfen, ohne daß er eine Ahnung bekommt von dem, was beim Ackerbau, im Handel, in der Industrie, im Gewerbe geschieht. Diese Dinge werden aufgebaut werden müssen als Disziplinen, die unendlich viel notwendiger sind als vieles Zeug, das jetzt den Unterricht dieser Lebensjahre ausfüllt.» Gemeinsamer Unterricht müßte vor allem in Geschichte, Geographie und Naturwissenschaften stattfinden, «aber immer mit Bezug auf den Menschen, so daß der Mensch den Menschen aus dem Weltall heraus kennenlernen wird.»

Es gibt nur ein einziges Ziel für eine solche Schule: *Menschenbildung*. Die erste Bedingung, um dieses Ziel zu erreichen, ist eine durchgreifende Reform der Lehrerbildung. «Wenn heute der Lehrer geprüft wird, so ist es oftmals nur so, daß man konstatiert, ob er dasjenige weiß, was er, wenn er ein bißchen geschickt ist, auch wenn er es nicht weiß, später im Konversationslexikon oder Handbuch nachlesen kann. Das kann man ganz auslassen bei der Lehrerprüfung ... zu konstatieren wird sein bei dem, was an die Stelle der heutigen Examina zu treten hat, ob der Mensch, der es zu tun hat mit der Erziehung und dem Unterricht werdender Menschen, ersprießliche Beziehung zu diesen werdenden Menschen herstellen kann, ob er mit seiner ganzen Mentalität ... untertauchen kann in die Seelen und in die ganze Wesenheit des werdenden Menschen.»

Vorbereitungen zur Schulgründung

Das Recht der freien Schule, sich ihre Lehrer selbst zu wählen, mußte Rudolf Steiner als eine Voraussetzung ihrer Unabhängigkeit im freien Geistesleben ansehen. Sowohl in den Verhandlungen mit süddeutschen Schulbehörden als auch in seiner weiteren Tätigkeit für die Schule akzeptierte er Kompromisse mit den staatlichen Lehrplänen und Prüfungsordnungen, aber nicht mit dem Prinzip der freien Lehrerwahl. Sobald seine Intentionen in diesem Punkte erfüllt waren, sah er den Weg zur Schulgründung frei.

Jetzt sollte die Grundlage der Pädagogik gelegt werden – und das war und ist eine Menschenkunde, die den Menschen aus drei Blickrichtungen als leibliches, seelisches und geistiges Wesen schildert – eine geisteswissenschaftliche Darstellung, wissenschaftlich und zugleich Liebe zum Menschen erweckend.

Am Morgen des 21. August versammelten sich die Lehrer, die Rudolf Steiner gebeten hatte, den Unterricht in die Hand zu nehmen. Die meisten, nicht alle, hatten schon pädagogische Erfahrung. Heute sieht man es als fast unumgänglich an, daß ein werdender Waldorflehrer zu seinen fachlichen Qualifikationen eine zusätzliche mindestens einjährige Seminarausbildung in Waldorfpädagogik durchmacht. Rudolf Steiner hielt als Ersatz für ein solches Seminar einen fünfzehntägigen Kurs ab.

Von 9 bis 11 Uhr sprach er jeden Tag über «Allgemeine Menschenkunde»: konzentrierte Beschreibungen der wichtigsten Seelenfunktionen des Menschen in ihrem Zusammenhang mit physiologischen Prozessen. Wie nahezu alle Vorträge Rudolf Steiners wurden auch diese mitstenografiert und veröffentlicht. Die «Allgemeine Menschenkunde als Grundlage der Pädagogik» ist kein leicht zugängliches Buch, aber ein ganz besonders inhaltsreiches. Man kann es ein Übungsbuch, einen wissenschaftlichen Meditationstext nennen, aus dem man ein ganzes Leben lang immer neuen Gewinn zu ziehen vermag. Es enthält die Essenz von Rudolf Steiners pädagogischer Weisheit.

Um 11 Uhr begann der anderthalbstündige «methodisch-didaktische Kurs», in dem der Lehrplan von der ersten bis zur achten Klasse in lebendigen zusammenfassenden Darstellungen entwickelt wurde. Hier findet man die Grundzüge der Waldorf-Methodik. Die lange Reihe pädagogischer Vortragsserien, die Rudolf Steiner später hielt, sind als Variationen der Motive zu betrachten, die er hier skizzierte. Der methodisch-didaktische Kurs ist ein unerschöpfliches, ganz auf die Praxis eingestelltes Handbuch, zu dem man immer wieder zurückkehrt.

Im Seminarkurs an den Nachmittagen machten die Teilnehmer Sprechübungen, hielten Referate und führten Gespräche über die Temperamente, über Unterrichtsbeispiele und methodisch-didaktische Übungen, wobei Rudolf Steiner äußerst detaillierte Vorschläge zur Behandlung menschlicher und fachlicher Probleme im täglichen Unterricht machte.

Am 6. September wurde ein Fest gefeiert, an dem Lehrer, Eltern und Schüler der zu gründenden Schule teilnahmen. Die Schüler wurden bei dieser Gelegenheit durch Rudolf Steiner mit ihren künftigen Lehrern zusammengeführt.

Aus Steiners Tätigkeit in der Schule

Am 7. September wurde die Schule durch Rudolf Steiner eröffnet. In konzentrierter Form schilderte er die pädagogische Zielsetzung und hob abschließend hervor, daß die Waldorfschule keine Weltanschauungsschule sei: «Derjenige, der da sagen wird: die anthroposophisch orientierte Geisteswissenschaft gründe die Waldorfschule und wolle nun ihre Weltanschauung hineintragen in diese Schule – ich sage das jetzt am Eröffnungstage –, der wird nicht die Wahrheit sprechen. Uns liegt gar nichts daran ... unsere Prinzipien, den Inhalt unserer Weltanschauung dem werdenden Menschen beizubringen. Wir streben nicht danach, eine dogmatische Erziehung zu bewirken. Wir streben danach, daß dasjenige, was wir haben gewinnen können durch die Geisteswissenschaft, lebendige Erziehungstat werde.» («Rudolf Steiner in der Waldorfschule. Ansprachen für die Kinder, Eltern und Lehrer».)

Als die Schule begann, hatte sie acht Klassen und etwa 300 Schüler. Sie trug den Namen der Fabrik, mit der die meisten Eltern im Anfang verbunden waren: «Freie Waldorfschule». Rudolf Steiner nahm intensiv an der Arbeit der Schule Anteil, obwohl er in Dornach wohnte und ständig durch andere Aufgaben überlastet war.

Caroline von Heydebrand, die zu den ersten Lehrern dieser Schule gehörte, hat in dem Buch «Rudolf Steiner in der Waldorfschule» farbige Bilder aus der Anfangszeit gegeben:

«Es hatten am Anfang der Waldorfschule Lehrer und Kinder viel Schwierigkeiten. Den Kindern wurde etwas ganz Neues gegeben. Bis in die obersten Klassen lebten Schüler aus allen Ständen zusammen. Die Waldorfschule war die erste Einheitsschule in Deutschland, die dieses Prinzip bis in die obersten Klassen hinein fortführte. Gymnasiasten, Mittelschüler und Volksschüler waren in ihren Klassen beisammen; Knaben und Mädchen waren beisammen. Das waren die Kinder nicht gewöhnt. Auch die Lehrer nicht. Es bedeutete eine Schwierigkeit, sich zusammenzuleben.»

Disziplinschwierigkeiten kamen selbstverständlich vor. Rudolf Steiner – der bei seinen häufigen Besuchen in Stuttgart viel Zeit in der Waldorfschule zuzubringen pflegte – kam eines Tages in eine laute und undisziplinierte Klasse. «Dann fing er an, der ganzen Klasse eine Geschichte zu erzählen: Er kenne eine Stadt, in der Stadt eine Schule, in der Schule eine Klasse, in der Klasse seien die Kinder so und so geartet, sie täten allerlei. Da fingen die Kinder an, sich zu puffen: Das sind wir. Er meint uns! Aber sie nahmen ihm das nicht übel, denn er hatte ja nichts Strafendes direkt zu ihnen gesagt. Es wurde nun von ihm geschildert, wie das, was jene Kinder taten, für deren Lehrer die Folge haben würde, daß seine Gesundheit Schaden nehmen würde usw. Am Schlusse erzählte er dann, wie jene Klasse sich gebessert hätte. Da waren die Kinder tief befriedigt. Immer war es so, daß man das Gefühl hatte, wenn Dr. Steiner in den Klassen war, daß eine außerordentlich tiefe Befriedigung im wahrsten Sinne des Wortes eintrat. Es breitete sich ein Friede über die Kinder. Sie waren ganz unbefangen, ganz munter, auch nicht einmal besonders still, sie machten ihm gar nicht vor, daß sie besonders artig wären; aber man spürte die Befriedigung, die über der Klasse lag.»

« ... es war so, daß, wenn man zu Dr. Steiner in den Konferenzen von irgendeinem Kinde aus einer der Klassen der Waldorfschule sprach, er zu fragen pflegte, wo das Kind in der Klasse seinen Sitz hätte. Und wenn man dann den Platz des Kindes bezeichnete – am Fenster, in der Mitte der dritten Bank, an der Ecke, an der Tür usw. – dann wußte er ganz genau um das Kind Bescheid. So war es, als die Waldorfschule noch kleiner war. Später, als die Schule immer größer wurde, ließ er sich einzelne Kinder vorführen.»

An schwierigen Kindern, vor deren Problemen die Lehrer ratlos waren, zeigte sich die Vielfalt unerwarteter pädagogischer Ratschläge besonders deutlich. Darum seien einige Beispiele aufgeführt.

Für einen besonders schwierigen Knaben gab er einmal an, daß man ihn Schuhe machen oder flicken lassen sollte. Der Junge besserte sich daraufhin zusehends.

Herbert Hahn schildert einen Jungen, der eine gutherzige Mutter hatte, aber sonst erbärmlich schwere häusliche Verhältnisse. Durch seine Zappeligkeit und beinahe krankhafte Geschwätzigkeit störte er den Unterricht; der Klassenlehrer war um seine Entwicklung sehr besorgt. Rudolf Steiner gab den Rat, während mehrerer Wochen täglich dem Knaben eine Frage zu stellen, die Antwort darauf aber erst am nächstfolgenden Tag abzufordern. Der Lehrer folgte dieser Anregung und wurde auf den Blick aufmerksam, wenn dieser Knabe seine wohlüberlegte Antwort auf eine Frage gab, die ihm am vorhergehenden Tage gestellt worden war. «So etwas Ruhiges, Offenes, Ernstes wie es sonst nie hervortrat, hatte auf einmal darin gelegen. Und das ganze Gesicht des Knaben hatte etwas vom Wesen dieses Blickes angenommen.» So ging es eine Zeitlang weiter. «Und merkwürdig: Die Tatsache, daß er so von Tag zu Tag gefragt wurde und von Tag zu Tag eine Antwort bringen durfte, wirkte gesundend auf das Seelenleben des Kindes zurück. Das Selbstvertrauen des Knaben, das bislang schwach war, begann ganz langsam zu wachsen.» Er änderte sich, und zwar auf die Dauer.

Rudolf Steiners Beobachtungen und Ratschläge wuchsen in einer vollkommen selbstverständlichen Weise aus der täglichen Arbeit heraus. In den Konferenzen berichtete er detailliert und unerbittlich sachlich über Beobachtungen, die er konkret am Wesen bestimmter Kinder gemacht hatte, und wie er durch sie den Weg zu Diagnosen und zu therapeutischen Maßnahmen gewiesen bekam. Um wenigstens andeutungsweise zu zeigen, wie Rudolf Steiner vorging, soll hier ein konkreter Fall erwähnt werden.

Der Schularzt Dr. Eugen Kolisko schilderte einen siebenjährigen Jungen, der gerade in die Schule eingetreten war und spezielle Schwierigkeiten bereitete.

«Sein Gang war linkisch und schwankend ohne sicheren Halt. Er war sehr blaß, sein Gesicht langgezogen, der Unterkiefer hing herunter, die Stirn war finster zusammengezogen. Ich glaube nicht, daß er bis dahin sehr viel in seinem Leben gelacht hatte. Beim geringsten Anlaß geriet er in ein unmäßiges Toben. Das ganze Gesicht war wie eine Art Maske, die vom Seelischen her nicht recht durchdrungen werden konnte.» An dem regulären Unterricht konnte er nicht teilnehmen, sondern besuchte die Hilfsklasse. Zum Erstaunen der Lehrer und des Arztes hoffte Rudolf Steiner zuversichtlich auf seine Gesundung. Er beschrieb, wie die formenden, bildenden Kräfte, die in jedem lebenden Organismus tätig sind und mit Hilfe übersinnlicher Wahrnehmung beobachtet werden können, bei diesem Knaben nicht die Fähigkeit hatten, mehr als einen Teil des Kopfes zu durchdringen. Steiner riet zu einer Reihe medizinischer und pädagogischer Maßnahmen. – «Schon nach ein paar Monaten konnte der Junge lachen, bekam eine richtige menschliche Physiognomie, wachte auf, hörte auf zu toben und zeigte sich schließlich als ein ganz lieber Junge, von dessen Existenz man vorher gar nichts gemerkt hatte. ... Nachdem er diese Kur durch drei Jahre mitgemacht hatte, fügte er sich ganz gut in die Schar der übrigen Kinder ein, die mit ihm gleichen Alters waren. Seine Eltern wurden dann an einen anderen Ort versetzt, und heute, mit etwa elf Jahren, ist er in einer anderen Schule unter seinen Altersgenossen. Ich bin ganz überzeugt, daß er ohne diese Behandlung niemals irgendwie in den regulären Unterricht hätte eingegliedert werden können. Rudolf Steiner hat ihn ein- oder zweimal gesehen. Was er beim ersten Male gewahr wurde und aussprechen konnte, hat dieses Kind gerettet.» (Aus «Rudolf Steiner in der Waldorfschule».)

Berichtet man von solchen Schülerfällen, die zeigen, wie jedes Schicksal individuell aufgenommen wird, mag der Eindruck entstehen, die erste Waldorfschule sei vor allem für «schwierige» Kinder eingerichtet worden. Das war durchaus nicht der Fall. Schüler mit speziellen Schwierigkeiten kamen in die Hilfsklasse, die von einem außerordentlich geschickten Lehrer geführt wurde, dessen Tätigkeit Rudolf Steiner mit besonderer Aufmerksamkeit verfolgte. Auch die heutigen Waldorfschulen sind für gesunde und «normale» Kinder gegründet. Da es keine Auslese gibt und jede Frontbildung zwischen der Lehrer- und Schülerschaft vermieden wird – die Disziplin muß ja aus Vertrauen und Zusammenarbeit entstehen –, können die selbständigen initiativen Kinder besonders gut zu ihrem Recht kommen.

Verhältnis zwischen Lehrern und Schülern

Die Art, in der die erste Waldorfschule geführt wurde, war für die damaligen Zeitverhältnisse sehr locker. Rudolf Steiner war kein Freund von zwangsmäßigen Hausaufgaben in den unteren Klassen. Er empfahl freiwillige Aufgaben, die so gestellt werden sollten, daß sie das Interesse anregen; erst in der sechsten oder siebenten Klasse gewann die nur pflichtmäßige Arbeit ihre Bedeutung. Die strenge, rein von außen erzwungene Disziplin lehnte er ab. Die Beschäftigung mit Pinseln und Farben, Arbeitsheften, Rezitation, Theaterspiel, Gesang und Musik machte das Leben im Klassenzimmer bunt und bewegt. Nach dem üblichen Maßstab beurteilt, war der Ton in der Schule reichlich ungezwungen. Besonders in den höheren Klassen nahmen sich die Schüler Freiheiten heraus, von denen Gleichaltrige in den staatlichen Gymnasien sich kaum etwas hätten träumen lassen. Rudolf Grosse, später selbst viele Jahre lang Waldorflehrer, kam mit siebzehn Jahren 1922 in die zehnte Klasse und berichtet in seinem Buch «Erlebte Pädagogik» von seinen ersten Eindrücken: «Für einen Schüler, der gleich mir aus einem üblichen Gymnasium herkam, war alles an der Waldorfschule bestürzend neu. Als ich in meine Klasse kam, mit der ich aufs engste verwachsen sollte, befand ich mich einer Gruppe von jungen Menschen gegenüber, die eine Offenheit, Geradheit und Freiheit in ihrem Sichdarleben hatte, die meine sprachlose Bewunderung hervorrief, da jeder die Grenze seines Verhaltens selber zu ziehen schien.» In den unteren Klassen gab es natürlich gewisse Regeln der Ordnung, aber nur so wenige wie möglich. Im großen und ganzen war die Kraft, welche die ganze Schularbeit zusammenhielt, eine einzige: der unmittelbare menschliche Kontakt zwischen Lehrern und Schülern. Wenn dieser Kontakt einmal gestört war, entstanden sehr schnell Probleme, die die Lehrer zu erhöhter innerer Anstrengung aufriefen.

Oberstufenfragen

Rudolf Steiner hatte beobachtet, daß in der höchsten Klasse der Abstand zwischen den Schülern und einem Teil der Lehrer im Zunehmen begriffen war; der Ton des Unterrichts war seiner Meinung nach allzu dozierend gewesen, zu wenig getragen von Gespräch und unmittelbarer Menschlichkeit. Allmählich brach ein Konflikt aus, vor dem er vergebens gewarnt hatte. Eines der Mädchen schrieb einen Brief an Rudolf Steiner, der daraufhin die ganze Klasse zu einem Gespräch ins Zimmer des Verwaltungsrates bestellte. Rudolf Grosse berichtet: «Er saß hinter dem großen Schreibtisch, um den wir uns im Halbkreis aufstellten, und auf seine Aufforderung hin fingen einige zu sprechen an. Es waren vier oder fünf Schüler, die sich äußerten, und jedem hörte Rudolf Steiner ruhig und ernst zu. Er selber sprach kein Wort. . . . Was hatte die Schüler bewegt? Daß z. B. ein Lehrer sich im Unterricht nicht durchzusetzen vermöge, sich im Nu vom Unterricht ablenken lasse, was weidlich ausgenützt würde, aber man lerne dann nicht genug, daß die Lehrer einen nur im Unterricht kennen, außerhalb davon aber nichts von einem wüßten usw. Das Gespräch hatte keine halbe Stunde gedauert, und schon waren wir freundlich entlassen, ohne daß irgendeine Diskussion stattgefunden hätte. Als die Schule nach den Ferien wieder anfing, stellten wir mit Verwunderung fest, daß wir in zwei wesentlichen Fächern andere Lehrer bekommen hatten und der ganze Unterricht so war, wie wir ihn uns schon lange gewünscht hatten.» (Rudolf Grosse, «Erlebte Pädagogik». Dornach 1968.) Es muß vielleicht hinzugefügt werden, daß die Veränderungen im besten Einvernehmen zwischen Rudolf Steiner und den betroffenen Lehrern vorgenommen wurden.

Die Probleme der Klasse waren trotzdem noch nicht ganz gelöst. Ein milieugeschädigter Junge, der aufgrund eines nicht genügend überlegten Beschlusses als Schüler aufgenommen worden war und eine Menge Kümmernisse verursachte, mußte schließlich zusammen mit zwei anderen Kameraden ausgeschlossen werden, die er in eine ganze Reihe ernster Streiche mit hineingezogen hatte. Rudolf Steiner – der ja nur zeitweise in Stuttgart wohnte – wurde seltsamerweise weder von der Aufnahme noch von der Verweisung unterrichtet. Zwei Lehrer waren im Laufe der Ereignisse von neuem mit der Klasse in Konflikt geraten; der eine versuchte nun die Situation dadurch zu verbessern, daß er außerhalb der Schulstunden mit den Schülern in etwas krampfhaften demokratischen Formen zusammenkam. In einer Konferenz klagte er sich selbst und seine Kollegen an, daß sie sich «über die Schüler gestellt hatten und nicht neben sie». Die Antwort Rudolf Steiners war sehr scharf: er hob hervor, daß der Lehrer so auftreten müsse, daß die Kinder ihn von selbst über sich stellen. Das unmittelbar menschliche Verhältnis müsse in einen Respekt einmünden, der selbstverständlich und nicht aufgezwungen sein dürfe. Die ganze Pädagogik sollte Wege zeigen, wie man ein solches Verhältnis zu den Schülern aufbaut.

Ein anderes Beispiel: zwei Jungen der neunten Klasse, also mitten im Pubertätsalter, hatten einen obszönen Text an die Tür der Lehrertoilette geschrieben und diesen so unterschrieben, wie offizielle Schreiben der Schulverwaltung gezeichnet wurden. Rudolf Steiner sprach selbst mit ihnen und brachte sie dahin, tiefe Scham wegen ihres Streiches zu empfinden. In der darauf folgenden Konferenz bemerkte er, daß dieses Ereignis zum Ausdruck bringe, daß die Lehrer im Schulunterricht die reifenden Intelligenzkräfte nicht genügend in Anspruch genommen hätten, was eine Aufgabe von zentraler Bedeutung in den höheren Klassen einer Waldorfschule sei. Seine Kritik richtete sich also keineswegs gegen die Schüler – «dazu braucht man Humor, sonst kriegen einen die Jungen unter» –, sondern gegen die Lehrer, die immer noch in einer allzu «akademischen» Weise unterrichteten und sich nicht genügend darum mühten, die Schüler kennenzulernen und sich beim Unterrichten an ihre innere Lebenslage anzupassen. Um einen solchen Kontakt zu erreichen, ist es erforderlich, daß der Lehrer den Stoff vor der Klasse souverän gestaltet und nicht wegen eigener Probleme unfrei ist. «Die Disziplinfrage ist in erster Linie eine Frage der guten methodischen Vorbereitung.» (Vortrag vom 31. 7. 1923)

Alle Schilderungen, die aus den Anfangsjahren der ersten Waldorfschule vorliegen, bezeugen, in wie hohem Maße die damaligen Lehrer selber Lernende waren. Der Unterricht, der ihnen durch das tägliche Schulleben und durch Rudolf Steiner zukam, war erhebend – im eigentlichen Sinne des Wortes – aber manchmal auch sehr herb. Wer sich in ihre Lage hineinversetzen möchte, muß auch bedenken, daß sie diesen Lernprozeß nicht in stiller Abgeschlossenheit, sondern in einer Fülle der mannigfaltigsten Arbeitsaufgaben durchzumachen hatten.

Die Arbeitssituation der Lehrer

Die Waldorfschule wuchs rasch. Am Anfang war sie von Emil Molt nur für die Kinder der Arbeiter und Angestellten der Waldorf-Astoria-Zigarettenfabrik gedacht. Bald drängten sich Schüler aus ganz Stuttgart zur Schule und mußten aufgenommen werden. Beim Tode Rudolf Steiners im Frühling 1925 zählte die Schule bereits an die 900 Schüler. Die Pflege des Kontaktes mit Eltern und Schülern nahm viel Zeit in Anspruch. Der Lebensorganismus der Schule, die künstlerische Durchdringung des ganzen Unterrichts – alles war neu und mußte von Grund auf erarbeitet werden. Durch die kollegiale Verfassung ohne Schulleiter wurden die Lehrer auch von Verwaltungsaufgaben stark in Anspruch genommen.

Dazu kamen andere, über die Schule im engeren Sinn hinausgehende Aufgaben. Die Bewegung für soziale Dreigliederung ging in veränderter Form weiter; eine Reihe von Unternehmungen hatte sich zu einer Organisation zusammengeschlossen, die es sich zur Aufgabe machte, freie Kulturinstitutionen zu stützen, unter anderen zwei Forschungslaboratorien und die Waldorfschule. Eine Anzahl anthroposophisch orientierter Ärzte hatte mit Rudolf Steiners Hilfe eine medizinische Bewegung ins Leben gerufen; sie gründeten, angeregt durch seine Kurse für Ärzte, eine eigene Heilmittelherstellung und eine Klinik. Der Bau des Goetheanums, die soziale Dreigliederungsbewegung, das Wirken der anthroposophischen Ärzte erregten in der Öffentlichkeit wachsendes Interesse für Rudolf Steiner und sein Werk. Seine Vorträge und Kurse wurden von immer mehr Menschen besucht. Berichte in der Presse, Mißverständnisse und publizistische Angriffe häuften sich. Die Waldorflehrer mußten bei der Information der Öffentlichkeit mitwirken, indem sie Referate und Vorträge sowohl über die Pädagogik als auch über allgemeine Kulturzusammenhänge hielten. Um unterrichtet zu sein, was auf den verschiedenen Gebieten vor sich ging, und um eigene Beobachtungen beitragen zu können, fühlten sie sich gedrängt, an Sitzungen in den verschiedensten Kreisen teilzunehmen. Die Arbeitsfülle wuchs gleich einer Lawine; vor allem galt das für Rudolf Steiner selbst.

Nach Herbert Hahns Schilderung sah das Programm an einem der «normalen» Arbeitstage Rudolf Steiners in Stuttgart während der Jahre 1919 bis 1924 etwa so aus (nach: «Rudolf Steiner, wie ich ihn sah und erlebte»):

21.00 (unmittelbar nach der Ankunft von der Autofahrt Basel–Stuttgart): Pädagogische Konferenz mit den Waldorflehrern.

23.30 (ohne dazwischenliegende Pause): Sitzung in einem Kreise von Wirtschaftlern, Industriellen, Ärzten, naturwissenschaftlichen Forschern und Waldorflehrern.

6.00 Die Sitzung wird abgeschlossen, der Redakteur einer der anthroposophischen

Zeitschriften erinnert Rudolf Steiner an einen versprochenen Artikel, den dieser auch sogleich niederzuschreiben beginnt.

7.30 Der Artikel wird dem Redakteur abgeliefert.

8.00 Besuch in den Klassen der Waldorfschule mit Beiträgen zum Unterricht, Skizzen an der Tafel; Gespräche mit Lehrern usw.

12.00 Besuch in einer anthroposophisch geleiteten Klinik, wo die Ärzte ihn mit einigen der schwersten Fälle konfrontieren und bis in kleine Einzelheiten Rat bei der Diagnose und Behandlung erhalten.

Am Nachmittag bis zum Abend Gespräche über Finanzierungsfragen in einem Kreis von Wirtschaftlern.

20.00 In einem der großen Säle der Stadt ein öffentlicher, stark besuchter Vortrag, der mit stürmischem Beifall aufgenommen wird.

Nach dem Vortrag längere Essenspause.

Später am Abend: gemäß früherer Übereinkunft eine Reihe von Gesprächen, die bis in die Nacht hinein dauern.

Wie man sieht, waren die Waldorflehrer nur in einen Teil des Programmes mit eingespannt. Ihre Arbeit und Lebensführung war auch so anstrengend genug. Rudolf Steiner zeigte ihnen aber mit Rat und Tat, wie man durch disziplinierte Führung seines Lebens und durch ausgewogenes Studium seinen Unterricht und die Vorträge sorgsam vorbereiten kann, auch wenn man in der bedrängenden Aufgabenfülle nur wenig Zeit zur Verfügung hat.

Kulmination der Ereignisse

In den Jahren 1922–1924 erreichte das Lebensdrama Rudolf Steiners seine Kulmination in einer Folge von markanten Ereignissen. Er nahm das dringliche Angebot einer bekannten deutschen Konzertagentur an, die für ihn im Januar und Februar 1922 zwei Vortragstourneen durch die größten Städte Deutschlands arrangierte. In den ersten beiden Wochen dieser Tournee sprach er vor insgesamt 20 000 Zuhörern. In dem Maß, wie das Interesse für Rudolf Steiner und die Anthroposophie zunahm, wuchs auch die Gegnerschaft. Die zweite Tournee im Mai desselben Jahres setzte Rudolf Steiner bedrohlichen Situationen aus. In zwei Städten – in München und Elberfeld – brachten Unruhestifter ihn in Lebensgefahr. Die Anstifter, die sich übrigens später dem Nationalsozialismus zuwandten, sahen in Steiner mit seinen kosmopolitischen sozialen Ideen und seiner Freiheit begründenden inneren Haltung einen entschiedenen Gegner. In der Neujahrsnacht von 1922 zu 1923 wurde der Holzbau des Goetheanum durch Brandstiftung vernichtet. Parallel zu diesen Ereignissen ging die anthroposophische Bewegung, die auf so vielen sozialen, wissenschaftlichen und künstlerischen Gebieten mit kulturerneuernden Impulsen zu arbeiten begonnen hatte, durch eine innere Krise. Diese beruhte zum großen Teil darauf, daß Rudolf Steiners Mitarbeiter Aufgaben auf sich genommen hatten, die sie nicht mehr sach- und geistgemäß meistern konnten; er war gezwungen, in langen Gesprächen und Sitzungen die begangenen Fehler und Versäumnisse zu klären und neue Impulse zu geben. Er entschloß sich schließlich Weihnachten 1923, durch die Gründung der «Allgemeinen Anthroposophischen Gesellschaft», deren Vorsitz er selbst übernahm, die ganze anthroposophische Arbeit auf eine neue Grundlage zu stellen.

Die Waldorflehrer lebten intensiv dieses ganze Geschehen mit, wobei die tägliche Schularbeit ja ungestört weitergehen mußte. Sie konnten zu all dem nur dadurch die Kraft aufbringen, daß sie über sich selbst hinauswuchsen. Grosses Urteil ist bezeichnend: «Wenn man ihre Leistungen vom heutigen Standpunkt aus beurteilt, muß man ihnen allen ein glänzendes Zeugnis ausstellen. Ich habe keine Lehrerschaft je gekannt, die sich so rückhaltlos hingebend ihrer pädagogischen Aufgabe gewidmet hat, wie das damalige Kollegium der Waldorfschule.» Auch die offizielle Inspektion der württembergischen Schulbehörde vom 19. Oktober bis 13. November 1925 führte in einem ausführlichen Bericht im wesentlichen zu Anerkennung und Lob für die Arbeitsweise dieser Schule und gipfelte in bezug auf die Lehrer in dem Urteil, daß «dieses geistig und moralisch hochstehende Lehrerkollegium» der Waldorfschule ihre Eigenart und ihr bedeutendes Niveau verleihe.

Rudolf Steiner selbst ist in all diesem Geschehen das größte Rätsel. Man konnte ihm oft deutlich anmerken, daß ihm der dreifache Druck aus übermenschlicher Arbeitslast, harten öffentlichen Angriffen und Ungeschicklichkeiten seiner Mitarbeiter schwer zu tragen war. Er verlor jedoch niemals weder seine Produktivität noch seine Selbstkontrolle. Am Neujahrstag 1923, am Abend nach der Brandkatastrophe, die mit dem Goetheanum das Ergebnis seiner künstlerischen und architektonischen Arbeit von zehn Jahren vernichtete, trat er in einem provisorischen Saal an das Rednerpult, kommentierte das Ereignis mit einigen ergriffenen, aber ruhigen Worten und hielt den naturwissenschaftlich orientierten Vortrag, der für diesen Abend auf dem Programm stand. Während des ganzen Jahres 1924, als sein Arbeitseinsatz in einer ununterbrochenen Folge von bedeutenden Vortragsreihen, Kursen und Besprechungen kulminierte, war er bereits schwer krank. Unter anderen Gebieten praktischer und sozialer Tätigkeit, für die er damals den Grund legte, hoben sich bald die biologisch-dynamische Landwirtschaft und die anthroposophische Heilpädagogik besonders hervor. Nach übereinstimmenden Aussagen von Mitarbeitern vermochte er gerade in diesem Jahr mehr denn je Lebensfreude und unmittelbare menschliche Güte in seine Umgebung auszustrahlen.

Arbeit mit dem Kollegium

Rudolf Steiner hat die Lehrer wissen lassen, daß er täglich an alle Schüler dachte. Wenn er in Stuttgart weilte, spürte es das Kollegium, wie verpflichtend er seine Arbeit innerhalb der Waldorfschule auffaßte. Die Protokolle über die Konferenzen berichten von einer konzentrierten Beschäftigung mit pädagogischen Alltagsproblemen, Stunden- und Lehrplanfragen, methodischen Problemen und immer wieder mit Gesichtspunkten für die Behandlung der einzelnen Schülerpersönlichkeiten. Rudolf Steiner war außerordentlich gut über die Einzelheiten der laufenden Schularbeit orientiert. In dieser Phase der Begründung einer neuen Pädagogik lag die Rolle eines Schulleiters mit Fug und Recht in seinen Händen. Sein rasches Auffassungsvermögen und seine Sachkenntnis bei der Behandlung schwieriger Fachfragen, wie z. B. in Geschichte, Literatur- und Kunstgeschichte, Biologie, Physik, Chemie und Mathematik, war einfach verblüffend. Sein überlegenes Können wirkte jedoch niemals bedrückend auf seine Mitarbeiter. «Nichts von Selbstbespiegelung, nichts von Eitelkeit, nichts von der Befriedigung, andere Menschen durch ein überlegenes Können zu beherrschen, war hier spürbar. Man erlebte: in Demut und dienend steht dieser Mann den Geistesquellen gegenüber, die sich ihm erschlossen haben; und er achtet und schätzt jede einzelne Menschenindividualität, die ihm gegenübertritt. ... Auch wenn er das Größte brachte, atmete man in seiner Gegenwart völlig frei. Man fühlte sich in der eigenen Sprache angeredet und erlebte das Glück, ganz natürlich von Mensch zu Mensch verkehren zu dürfen.» (Herbert Hahn in «Wir erlebten Rudolf Steiner».)

Unter der Leitung Rudolf Steiners wurden die Konferenzen des Kollegiums zu einer fortlaufenden Seminarausbildung. Vor allem schulte er die Lehrer dazu, in jedem einzelnen Kind eine Frage zu sehen, ein göttliches Rätsel, das der Erzieher durch die in Liebe geübte Erziehungskunst zu lösen habe, bis der junge Mensch sich selbst findet.

In diesem Zusammenhang mag erwähnt werden, daß es zu den wichtigsten Aufgaben des Waldorflehrers gehört, die Wesensbilder seiner Schüler – mit all den Möglichkeiten und all den Problemen, die ihnen eigen sind – immer wieder in vertiefter innerer Betrachtung vor sich lebendig zu machen.

Die Schüler

Das liebevolle menschliche Interesse, dem die Schüler im Leben der Schule begegneten, trug – so scheint es – stark dazu bei, ihr Bestes hervorzurufen. Wenn Rudolf Steiner bei Schulfesten sprach und dabei zu fragen pflegte: «Habt Ihr Eure Lehrer lieb?» antwortete stets ein begeistertes «Ja». Das war kein Ergebnis von Massensuggestion. Die von ehemaligen Schülern in so reichem Maße der Schule und ihren Lehrern entgegengebrachte Dankbarkeit zeigt mit aller Deutlichkeit, daß ihr Ja-Ruf der Ausdruck für ein echtes Gefühl gewesen ist. Wie stark die innere Verbindung war, erfuhr Rudolf Steiner während seines letzten Lebensjahres, als die Schüler der ersten Abgangsklasse ihr tiefes Bedürfnis ausdrückten, den Kontakt mit ihm und mit ihren Lehrern aufrecht erhalten zu dürfen durch Gespräch, Berufs- und Studienberatung, auf Ehemaligentreffen und bei persönlichen Begegnungen. Die Erfahrung zeigte, daß im allgemeinen die Liebe der früheren Schüler zur Schule weiterbestand, daß aber die Denkungsart der jungen Leute konsequent ihre eigenen Wege ging. «Daß so wenige Waldorfschüler später zur Anthroposophie gelangten, dürfte genügend zeigen, daß die Lehrerschaft ihre Aufgabe als eine rein pädagogische erfüllt hat.» (Rudolf Grosse, «Erlebte Pädagogik».)

Von den sozialen Zielen der Waldorfpädagogik

Das eigentliche Ziel der Bewegung für soziale Dreigliederung war, wie wir gesehen haben, das Hervorrufen und die Pflege bestimmter menschlicher Fähigkeiten, die für ein einigermaßen harmonisches Zusammenleben auf Erden unerläßlich sind. Es ging um die sozialen Qualitäten, die wir als die «inneren Organe» für Freiheit, Gleichheit und Brüderlichkeit bezeichnen können. Als Rudolf Steiner die Hoffnung aufgeben mußte, daß sich schon nach dem ersten Weltkrieg eine diesen Qualitäten entsprechende Dreigliederung des ganzen Gesellschaftslebens vollziehen könne, ergab sich ihm die Möglichkeit, eine Pädagogik zu begründen, durch die soziale Fähigkeiten in Erziehung und Unterricht gefördert werden konnten.

Die untenstehenden Aussagen mögen wie willkürliche Behauptungen aussehen. Sie enthalten aber ein Konzentrat von dem, was in der Folge dieses Buches in seinen Einzelheiten ausgeführt werden soll. Sie entstammen einer wirklichen Lebensbeobachtung. Rudolf Steiner war der erste, der in umfassender Weise hingewiesen hat auf die Gesetze des Seelenlebens, um die es hier geht. Aber jeder, der sich die Mühe machen will, kann ihre Gültigkeit in seiner eigenen Umgebung und im ganzen Gesellschaftsleben der Menschheit nachprüfen und bestätigt finden.

Im Vorschulalter überwiegt der Trieb der Nachahmung. Nicht nur die sichtbaren Taten, auch die Gesinnung der Menschen, die das kleine Kind dauernd um sich hat, werden von ihm durch Nachahmung zu einem Bestandteil des eigenen Lebens und Handelns gemacht. Die moralischen Qualitäten, die es aus der Umgebung in dieser Weise aufnimmt, sind für sein künftiges Dasein entscheidend. Derjenige, bei dem dies Bedürfnis des frühen Kindheitsalters, vor allem durch mangelnden seelischen Kontakt mit den Eltern, vernachlässigt wird, bleibt immer Nachahmer – ein haltloser, unbefriedigter Mensch, der nicht selten den allerprimitivsten Vorbildern, die ihm durch das Leben gerade zugespielt werden, nachläuft. In extremen Fällen – die in vielen industrialisierten Ländern immer häufiger zu werden scheinen – wird er moralisch defekt. Psychiater und Kriminalbeamte wissen viel zu erzählen von Menschen, die durch frühe Verwahrlosung zu einem von mehr oder weniger animalischen Instinkten beherrschten, in tiefstem Sinne des Wortes unfreien Dasein verurteilt wurden. Der Sinn für das Einzigartige jedes Menschen-Ichs und für sein Recht auf persönliche Integrität beruht im Grunde auf der Fähigkeit, die eigenen niederen Triebe bis zu einem gewissen Grade zurückzusetzen. Dieser Sinn wird im allgemeinen nur bei solchen Erwachsenen zu finden sein, die selber in früher Kindheit genügend Pflege erhielten für das Innerste, Rein-Menschliche ihres eigenen Wesens.

Im Alter von etwa sieben Jahren erwacht ein anderer Trieb. Das Kind will in die Schule gehen, will lernen – aber eigentlich nur in einer bestimmten Weise: es möchte sich innerlich anlehnen, es möchte dem Lehrer in dem, was er sagt und tut, volles Vertrauen schenken. Mit anderen Worten: es braucht das, was Rudolf Steiner eine «Autorität» nennt. Eine wirkliche Autorität wird nie mit Härte oder gar Gewalt erobert. Der einzig haltbare Respekt ist derjenige, der durch die Zuneigung der Kinder wie von selbst erwacht. Bei Kindern, die für ihren Nachahmungstrieb in ihren ersten Jahren genügend Nahrung fanden, tritt dieses Bedürfnis nach Autorität wie selbstverständlich auf. Wenn es nicht befriedigt wird, können auch hier Mangelerscheinungen im späteren Leben beobachtet werden. Bei Kindern, die allzufrüh ihrem eigenen Urteil und ihren eigenen Entscheidungen überlassen wurden, zeigt sich nicht selten eine gewisse Unsicherheit: ihr Mißtrauen, ihre dauernde Oppositionslust zeugen nicht von Seelenstärke, sondern von innerer Schwäche und bleiben unproduktiv. Weil das Bedürfnis nach Anlehnung in der frühen Kindheit nicht befriedigt wurde, suchen sie sich, besonders in den Jugendjahren, manchmal sonderbare «Ersatz-Autoritäten» aus, Popsänger etwa, Wild-West-Helden oder politische Diktatoren. Der Mangel an Stabilität, der oft in ihrem Gefühlsleben herrscht, macht es ihnen im späteren Leben sehr schwer, mit anderen Menschen in natürlicher Weise zusammenzuarbeiten.

In der Epoche der Pubertät erwacht ein weiteres Bedürfnis: der Trieb, das äußere Dasein, das volle Menschenleben an allen Ecken und Enden zu prüfen und verstehen zu lernen. Mit anderen Worten, der Mensch hat das Alter erreicht, in dem er reif ist, wirklich tiefgehende Interessen auszubilden. Damit dies geschehen kann, braucht er im allgemeinen Menschen, die in unautoritärer Weise, aber in gutem gegenseitigem seelischem Kontakt ihm den Weg weisen zu den Erkenntnissen und Tätigkeiten, durch die das Dasein mitten in der unpersönlichen Öde, die so weite Gebiete des modernen Arbeitslebens kennzeichnet, sinnvoll werden kann. Wenn er

«Wenn ich über die Straße gehe». Selbstbildnis eines vierjährigen Mädchens (Kindergarten Göteborg).

Rechts: Phantasiegeschöpfe eines Vorschulkindes.

sich in der Schulbank langweilt oder in einen Beruf hinausgeht, der ihm keine Inhalte für sein Denken und seine Geschmacksbildung bietet, ist er – besonders wenn er in einer Großstadt lebt – vielen Gefahren ausgesetzt. Bei Jugendlichen, die durch ihre bisherige Erziehung genug an innerer Lebendigkeit und Sicherheit aufgenommen haben, tritt das Bedürfnis nach vertiefter Welt- und Menschenerkenntnis in diesen Jahren meistens wie von selbst hervor.
Die sozialen Fähigkeiten, die auf dem hier beschriebenen Wege gefördert werden können, sind also – in schlagwortartiger Kürze formuliert – die folgenden:
durch Nachahmung im Vorschulalter: der Sinn für die Freiheit und Integrität anderer Menschen;
durch Autorität im Volksschulalter: das Gefühl der Lebenssicherheit und damit die Fähigkeit des demokratischen Zusammenarbeitens;
durch unautoritäres, in nahem menschlichem Kontakt mit den Lehrern sich abspielendes Lernen in den Jugendjahren: vertieftes Interesse für die Welt und für die Lebensverhältnisse der Mitmenschen.

In einem Vortragskurs, den er im August 1919 in Dornach hielt («Die Erziehungsfrage als soziale Frage»), hat Rudolf Steiner hingewiesen auf die weiten Zusammenhänge, die hier vorliegen. Er beschreibt, wie jeder Mensch in der frühen Kindheit für die Teilnahme an einem freien Geistesleben, in den Volksschuljahren für das Respektieren einer gleichmäßigen Rechtsordnung und in der Jugendzeit für das Beitragen zu einem wirklich sozialen Wirtschaftsleben auf dem Wege einer zeitgemäßen Erziehungs- und Unterrichtskunst vorbereitet werden kann.

Die Gliederung des vorliegenden Buches ergibt sich aus dem Einblick in die Bedürfnisse und Möglichkeiten, die in den hier kurz beschriebenen Altersstufen auftreten. Der Entwicklungsgang des werdenden Menschen wird in drei Hauptabschnitten geschildert:

Das Kind vor der Schulreife
Die ersten acht Schuljahre
Die letzten vier Schuljahre

Die Abschnitte über «Einige Grundzüge der Pädagogik» und «Weltfragen» schließen sich diesen Darstellungen an.

Das Kind vor der Schulreife

DAS KIND ALS SINNESORGAN

Wenn ein Neugeborenes an der Mutterbrust saugt, zuckt das Körperchen oftmals in dem Augenblick zusammen, in dem die Milch in den Mund fließt. Es empfindet auch nicht nur der Mund; das Kind reagiert, als wäre der ganze Körper das Organ seines Geschmackssinnes. Dasselbe beobachten wir während der ersten Lebensjahre auch bei anderen Wahrnehmungen des Kleinkindes: der ganze Körper zuckt zusammen, wenn es plötzlich etwas sieht oder hört; selbst wenn danach nichts Schlimmes geschieht, kann die Folge eines starken Eindrucks überwältigend sein und einen heftigen Weinanfall auslösen.

Auch feinste Regungen werden wahrgenommen. Viele Eltern haben wohl schon erlebt, wie schwierig es bei den eigenen Kindern ist, sich eine momentane Gemütsstimmung nicht anmerken zu lassen. Selbst wenn man versucht, seine Gereiztheit zu verbergen, wird sie von den Kindern doch sofort empfunden, die sich plötzlich heftiger und «störrischer» als üblich gebärden. So passierte einem Vater folgendes: Nach einem äußerst ärgerlichen Auftritt, in den er durch das Verschulden anderer hineingezogen wurde, kam er nach Hause. Er mußte dort durch ein Zimmer gehen, in dem seine drei Monate alte Tochter im Bettchen lag. Gewöhnlich lächelte sie, wenn er sich über sie beugte. Als er dieses Mal die Tür öffnete, war er noch immer voller Zorn, nahm sich jedoch vor, seine Wut zu kaschieren und so zu tun wie immer. Als er sich über sein Töchterchen neigte, fing es sofort zu weinen an.

Das Nachahmen des Kindes

Daß Kinder nachahmen, was um sie herum geschieht, ist bekannt. Wir haben wohl alle schon beobachtet, wie kleine Kinder neben Erwachsenen stehen und deren Gesten nachahmen: sie bewegen das Bein, die Hände und räuspern sich genau wie diese. Das Nachahmen erfolgt zunächst vollkommen unbewußt. Allmählich erst wird es bewußter und kommt beim Spiel zum Ausdruck, wenn sich Erlebnisse in der Straßenbahn, im Wartezimmer des Arztes, im zoologischen Garten oder aus dem Familienleben im Spiel der Kinder wiederholen.

Das Nachahmungsbedürfnis sitzt unglaublich tief. Wird es von verständnislosen Erwachsenen verhindert, können gefährliche Auswirkungen die Folge sein. Der englische Psychologe J. A. Hadfield berichtet ein typisches Beispiel: «Im Augenblick behandle ich einen vierzehnjährigen, asozialen Jungen; wenn er in der Schule mit anderen Jungen zusammen ist, wird er gewalttätig und bekommt oft Weinanfälle. Das Verhalten des Jungen entstand dadurch, daß er

dauernd daran gehindert wurde, das zu tun, was er mit Freude tun wollte; vor allem aber wurde ihm verwehrt, das zu tun, was seine Eltern taten. Seine Mutter war ein Bulldoggentyp. Sie duldete keine Unarten. Der Junge war ihr ähnlich. Weil er nicht so ohne weiteres aufgeben wollte, was er sich gerade vorgenommen hatte, herrschte ein ständiger Kriegs- und Aufruhrzustand. Wenn sie z. B. Blumen pflanzte, wurde er von den Beeten wegkommandiert. Er widersetzte sich, wurde geschlagen und begann, seine Mutter und schließlich alle Menschen zu hassen. Wie leicht wäre so ein Fall zu vermeiden gewesen, wenn ihm nur die Mutter erlaubt hätte, was sie tut, mitzumachen, wenn sie ihm gezeigt hätte, wie man gräbt, ohne die Pflanzen zu beschädigen; er wollte es ihr doch nachahmen.»

Hadfield legt auf die Bedeutung des Nachahmens größten Wert: «Abnormitäten entstehen vor allem dadurch, daß Kinder das schlechte Beispiel ihrer Eltern nachahmen. Arrogante Eltern erziehen ein arrogantes Kind.» («Childhood and adolescence»)

Das Nachahmen ist für das Kind ebenso wichtig wie das Atmen: Die Sinneseindrücke werden eingeatmet, das Nachahmen folgt wie das Ausatmen.

Moralische Auswirkungen der Kindheitseindrücke

Die Zeit bis zum siebenten Lebensjahr wird von Rudolf Steiner auch das «Nachahmungsalter» genannt. Er betont für den Erzieher, daß die *Worte,* die er zum Kinde sagt – Ermahnungen, Erklärungen und andere an den Verstand gerichtete Äußerungen – eine geringe oder gar keine Rolle gegenüber der dinglichen Umwelt und den tatsächlichen Handlungen spielen. Das Kind ist aufnahmefähig für Gebärden, für Gesten im weiteren Sinn. Auch die Sprachgeste des schimpfenden Erwachsenen beeindruckt tiefer als der Inhalt seiner Worte. Steiner hat sich selten so radikal wie bei einem Vortrag am 13. 8. 1924 ausgedrückt: «Was Sie dem Kind sagen, was Sie das Kind lehren, das macht noch keinen Eindruck. Aber wie Sie sind, ob Sie gut sind und diese Güte in Ihren Gesten zum Vorschein bringen, oder ob Sie böse sind, zornmütig sind, und das in Ihren Gesten zum Vorschein bringen, kurz, alles, was Sie selber tun, setzt sich in dem Kinde drinnen fort. Das ist das Wesentliche. Das Kind ist ganz Sinnesorgan, reagiert auf alles, was durch Menschen als ein Eindruck in ihm hervorgerufen wird. Daher ist das Wesentliche, daß man nicht glaubt, das Kind könne (über den Verstand) lernen, was gut, was schlecht ist, . . . sondern daß man weiß: alles, was man in der Nähe des Kindes tut, setzt sich im kindlichen Organismus in Geist, Seele und Leib um. Die Gesundheit des ganzen Lebens hängt davon ab, wie man sich in der Nähe eines Kindes benimmt. Die Neigungen, die das Kind entwickelt, hängen ab davon, wie man sich in der Nähe des Kindes benimmt.»

Rudolf Steiner war wohl einer der ersten Pädagogen, die in umfassender Art die entscheidende Bedeutung der ersten Jahre für die künftige innere Entwicklung des Menschen dargestellt haben. Seither sind Ärzte, Psychologen und Lehrer und neuerdings insbesondere die Vorkämpfer der Vorschuldidaktik auf den Wirkungsbereich und die Möglichkeiten, die sich hier eröffnen, immer mehr aufmerksam geworden.

Einige psychiatrische Forschungsergebnisse

Einer der Pioniere auf dem Gebiet der Kinderpsychiatrie ist der Engländer John Bowlby, der im Auftrag der Weltgesundheitsorganisation die Beziehung zwischen den Lebensverhältnissen des Kindes und seiner psychischen Entwicklung untersucht hat. Das Resultat wurde nach einer Umarbeitung und Erweiterung 1951 unter dem Titel «Childcare and the growth of love» veröffentlicht. Gestützt auf ein umfangreiches Material (Berichte englischer Ärzte) stellte Bowlby fest, daß die häufigste Ursache psychischer Vernachlässigung des Kindes – im Gegensatz zu früheren Annahmen – nicht in materieller Armut, einer zu großen Familie, schlechten Wohnverhältnissen, Berufstätigkeit der Mutter oder ähnlichen äußeren Faktoren zu suchen sei, sondern in einer ganz bestimmten inneren Haltung. Seine Beschreibung der Verhältnisse, in denen die betroffenen Kinder aufwachsen, ist in vielen Fällen erschütternd. *Seelische Vernachlässigung der Kinder,* das kennt heute jeder Lehrer, kommt oft gerade in den Häusern des Wohlstandes vor.

Bowlby berichtet: «Unstabilität im Temperament, die häufig als Hilflosigkeit, Verantwortungslosigkeit, Mangel an Voraussicht und Disziplin im Heim erscheint, ist oft bei einem oder beiden Eltern zu beobachten, meistens jedoch bei der Mutter . . . Hier gibt es kein Papier, keine Bücher, keine Uhr oder andere Zeichen der Ordnung, dort finden sich keine Ansätze zum Planen oder Sparen. Geld wird sinnlos ausgegeben, oft für teure Delikatessen . . . es hat den Anschein, als ob schlechte Wohnverhältnisse mit dem Problem sehr wenig zu tun hätten – der *unveränderliche, nicht wandlungsfähige* Charakter ist der eigentliche Kern des Problems.»

Die Auswirkungen der psychischen Vernachlässigung wurden von Bowlby drastisch beleuchtet. Er faßt das Ergebnis einer Untersuchung folgendermaßen zusammen: «Achtzig Mädchen im Alter von zwölf bis sechzehn Jahren, die kriminell belastet waren, wurden sechs Jahre lang psychologisch behandelt. Nur bei fünfzig Prozent der Fälle war die Behandlung erfolgreich. . . . Der Erfolg stand aber keineswegs in Beziehung zur Intelligenz oder zu Erbfaktoren. Dagegen war der Zusammenhang mit den früheren Familienverhältnissen der Mädchen eindeutig. Das Mißlingen der Behandlung bei allen Kindern, die darunter litten, daß sie verstoßen wurden oder nie in einem liebevollen Verhältnis zu irgendeinem Menschen standen, ruft in der Erinnerung die Behauptung Dr. Goldfarbs wach, daß er kein einziges Beispiel einer erfolgreichen Behandlung mit Hilfe traditioneller kinderpsychiatrischer Methoden gesehen hätte.»

Nach Bowlby ist «deprivation» (Gefühlsarmut, Mangel an Liebe) während der ersten Lebensjahre sowohl psychisch als auch biologisch gesehen ebenso verheerend wie Rachitis. Auf sein umfangreiches Beobachtungsmaterial gestützt, weist er auf die grundlegende Bedeutung ein und derselben Muttergestalt hin, die das Kind während des ersten Lebensjahres pflegt. Dabei braucht diese «Muttergestalt» mit der biologischen Mutter nicht identisch zu sein. Bowlby behauptet, die Mutterliebe sei für die Entwicklung des Kindes von entscheidender Bedeutung.

In einer Zusammenstellung der vorliegenden Literatur schreibt der bekannte schwedische Kinderpsychiater Hans Curman in der Zeitschrift «Psykisk hälsa» («Psychische Gesundheit») (Nr. 4/1965): «Eine Reihe von Untersuchungen bestätigen die Auffassung, daß sehr frühe Deprivation, wobei das Kind nie Verbindung mit *einer* einzigen Muttergestalt hatte, zu einer allgemein gefühlsmäßigen und intellektuellen Verarmung führt. Diese Kinder sind in bezug auf allgemeine Intelligenz, sprachliche Entwicklung, Begriffsbildung und vor allem in ihrem Vermögen, engere Kontakte herzustellen und sich in andere Menschen einzufühlen, anderen gegenüber im Nachteil. Sie waren unkonzentriert, unruhig und zeigten eine rastlose und wahllose Suche nach Liebe.»

Die amerikanische Kinderpsychiaterin Prof. Selma Fraiberg hat einen großen Teil ihres Lebens dem Studium von «diseases of non-attachement» gewidmet, von Krankheiten aus Mangel an Hingabe. In dem ungewöhnlich humorvollen und ergreifenden Buch «The Magic Years» hat sie das umfangreiche Material ihrer Beobachtungen vorgelegt. Sie faßt die Ergebnisse ihrer Forschungen über die Entwicklung des Kindes während der ersten Jahre in folgenden Sätzen zusammen:

«Wir haben gelernt, daß die psychischen Eigenschaften, die wir menschliche nennen, nicht ein Bestandteil der mitgegebenen Ausrüstung des Kleinkindes sind . . . Sie sind nicht instinktmäßig . . . und sie werden nicht einfach durch zunehmende Reife erworben. Diejenige ‹menschliche› Liebe, die mehr als Eigenliebe ist, entsteht als ein Erzeugnis der menschlichen Familie und durch die Gefühlsbande, die innerhalb der Familie geknüpft werden. Die menschliche Intelligenz ist in weitem Maße davon abhängig, Symbole anwenden zu können; vor allem ist die Sprache nicht etwa nur ein Produkt des menschlichen überlegenen Gehirns und Sprechorgans: sie wird durch frühen *gefühlsmäßigen* Kontakt erworben. Auch das Bewußtsein des Menschen von sich selbst als Individuum, der Begriff ‹Ich›, die persönliche Identität, wird durch frühen Gefühlskontakt zwischen Eltern und Kindern erworben. Der Triumph des Menschen über seine Instinktnatur, seine Bereitschaft, die eigenen Triebe zu hemmen, ihnen Grenzen zu setzen, ja sogar gegen sie zu handeln, wenn sie mit höheren Zielen und Vorsätzen in Konflikt geraten, muß auch *gelernt* werden, und wird nur gelernt durch Liebe in den frühen Entwicklungsjahren. Sogar das Gewissen, die größte Eroberung in der kulturellen Entwicklung [in den Bewußtseinsfortschritten] der Menschheit, ist nicht ein Teil unserer konstitutionellen Ausrüstung, sondern ein Produkt der elterlichen Liebe und Erziehung.»

Physiologische Auswirkungen der Kindheitseindrücke

Die Wirkungen der Sinneseindrücke in früher Kindheit kommen aber nicht nur im seelischen Bereich zum Ausdruck. Sie gehen bis ins Physische hinein. Die vielleicht frappantesten Beispiele hierfür sind die Kinder, die von Tieren aufgezogen wurden. Die «Wolfskinder» von Midnapore, die im Jahre 1920 von dem eingeborenen protestantischen Missionar J. A. L. Singh aufgefunden wurden, waren bei dieser Gelegenheit schätzungsweise zwei und acht Jahre alt und wiesen eine Reihe eigentümlicher Kennzeichen auf: «Die Schneidezähne waren länger und spitzer, als beim Menschen üblich ist. Die Mundhöhle war blutrot. Die Kinder konnten am Boden hocken, stehen konnten sie nicht. Ihre Knie- und Hüftgelenke waren dazu nicht eingerichtet. . . . Die Augen waren beinahe rund. Während des Tages fiel es ihnen schwer, die Augen gegen den Schlaf offenzuhalten, aber nachts, nach 12 Uhr, waren sie weit offen und glänzten im Dunkeln wie die Augen von Katzen und Hunden. Sie sahen nachts weitaus besser. Die fleischigen Nasenflügel bewegten sich beim Schnüffeln . . . Hände und Arme waren lang und muskulös; sie reichten fast bis zu den Knien und zeugten von Kraft und Beweglichkeit. Die Hände waren im Verhältnis länger als sonst üblich, Finger- und Fußnägel waren nach innen gebogen. Die Kinder nahmen die Nahrung zu sich wie Hunde. Sie schliefen auf dem Boden, eng zusammengekauert, in einer Ecke. Sie zeigten in der Dunkelheit keine Furcht, wohl aber bei Licht und gegenüber Feuer.» (J. A. L. Singh, «Die ‹Wolfskinder› von Midnapore», Heidelberg 1964). Die Kinder wurden eingefangen und zur Missionsstation mitgenommen, wo sie in liebevoller Kleinarbeit gepflegt und erzogen werden sollten. Das jüngere Mädchen starb ein Jahr nach seiner Entdeckung, das ältere lebte noch neun Jahre, lernte im ganzen etwa fünfzig Wörter und zeigte am Ende seines Lebens deutliche Zeichen von Intelligenz und heranreifenden Seelenfähigkeiten.

An einem solchen erschütternden Beispiel kann die Kraft der physischen Prägung, die den frühen Kindheitseindrücken beiwohnt, besonders deutlich erkannt werden. Die physiologischen Besonderheiten, die bei von Menschen erzogenen Kindern als Folge ihrer Früherlebnisse – und eben nicht erblicher Anlagen – auftreten, sind natürlich viel weniger stark bemerkbar. Aber sie sind da. Rudolf Steiner betont, daß die Organe des physischen Leibes beim Menschen sich bis zum siebenten Jahr in eine gewisse Form bringen: «Später findet Wachstum statt, aber dieses Wachstum geschieht in aller Folgezeit auf Grund der Formen, die sich bis zu der angegebenen Zeit herausgebildet haben. . . . Wie die Natur vor der Geburt die richtige Umgebung für den physischen Menschenleib herstellt, so hat der Erzieher nach der Geburt für die richtige physische Umgebung zu sorgen. Was in der physischen Umgebung vorgeht, das ähmt das Kind nach, und im Nachahmen gießen sich seine physischen Organe in die Formen, die ihnen dann bleiben. Man muß die Umgebung nur in dem denkbar weitesten Sinne nehmen. Zu ihr gehört alles, was sich in des Kindes Umgebung abspielt, was von seinen Sinnen wahrgenommen werden kann, was vom physischen Raum aus auf seine Geisteskräfte wirken kann. Dazu gehören auch alle moralischen oder unmoralischen, alle gescheiten und törichten Handlungen, die es sehen kann. Es bildet sich ein gesundes Sehen aus, wenn man die richtigen Farben- und Lichtverhältnisse in des Kindes Umgebung bringt, und es bilden sich in Gehirn und Blutumlauf die physischen Anlagen für einen gesunden moralischen Sinn, wenn das Kind Moralisches in seiner Umgebung sieht. Wenn vor dem siebenten Jahre das Kind nur törichte Handlungen in seiner Umgebung sieht, so nimmt das Gehirn solche Formen an, die es im späteren Leben auch nur zu Torheiten geeignet machen.» («Die Erziehung des Kindes»)

Zu einer Zeit, in der die Bedeutung der ersten Kindheitseindrücke noch gar nicht voll erkannt war, muß eine solche Aussage Rudolf Steiners als völlig unglaubhaft erschienen sein. Das außerordentlich reiche Material, das zu diesem Thema im Laufe der letzten Jahrzehnte durch Forscher und Erzieher gesammelt worden ist, bestätigt aber durchaus das Bild, das er vom «Kind als Sinnesorgan» gegeben hat.

In vielen Kleinkinderbildern wird sichtbar, wie sich eine Wahrnehmung der Außenwelt mit dem Erleben der eigenen Organe mischt. Ein Kind, das auf einmal alle Nasen riesengroß malt, hatte vielleicht gerade Schnupfen und wurde dadurch auf die Welt der Nasen aufmerksam.

DIE ERSTEN DREI JAHRE

Die ersten drei Jahre besitzen eine einzigartige Stellung im ganzen Lebenslauf, nicht nur im Dasein des Kindes. Daß wir die Erinnerung an sie nicht im Bewußtsein tragen, ändert an dieser Tatsache nichts: in unserem Menschsein, unserem Schicksal lebt diese dem Gedächtnis entzogene Lebensepoche. Nie waren wir so den Eindrücken aus der Umwelt ausgesetzt. Nie wieder dürfen wir den Vorgängen im eigenen Körper so hingegeben sein. Nie erwerben wir in zäh übender Willensanstrengung so grundlegende Fähigkeiten, die wir dann in unserem ganzen folgenden Leben täglich anwenden, wie diese drei: Gehen, Sprechen und Denken.

Gehen, Sprechen und Denken

Beobachten und verstehen zu lernen, was eigentlich vor sich geht, wenn Kinder diese elementaren Fähigkeiten erüben, gehört zu den wichtigsten Aufgaben aller Menschen, die Kinder zu erziehen und zu pflegen haben. Aus solchen Einsichten mag der moderne Mensch die Kraft gewinnen, das Notwendige zu tun, die behütende Geduld, zärtliche Wärme und einsichtsvolle Sicherheit aufzubringen, die das Kind als Lebensatmosphäre noch notwendiger als Hygiene braucht.
Das Gehen erinnert uns an physikalische Phänomene wie die Schwerkraft: unsere längliche Körperform mit ihrem hoch nach oben verlagerten Schwerpunkt und die unbedeutende Tragfläche unserer Fußsohlen lassen es durchaus nicht selbstverständlich erscheinen, daß wir stehen und gehen können. Unser aufrechtes Dasein, zu dem die Kette der Wirbel zur Säule aufgerichtet wird, ist ein beständiger komplizierter Balance-Akt. Ein tiefes Erstaunen ergreift auch die Kinder, wenn sie als etwa Einjährige zum ersten Male der neuen Fähigkeit inne werden. Ihre triumphierende Miene spiegelt nicht nur den Reflex der Freude wider, den die Erwachsenen bei diesem Ereignis empfinden. Das Entzücken kommt von innen und zeugt jubelnd davon, daß das, was sich soeben ereignet hat, wirklich einer der großen Augenblicke im Leben des Menschen ist. Der ganze Organismus wird in den Raum hinein orientiert.
Daß wir später einen Menschen an seiner Haltung, seinem Schritt, seinen Gesten so unmittelbar erkennen können, zeigt an, wieviel er von seinem Wesen in seinen Bewegungen offenbart. Das verborgene Geheimnis des Willens wird sichtbar.
Nach wenigen Monaten wird normalerweise die nächste Entwicklungsphase eingeleitet. Die neugewonnene Überschau über die Umgebung läßt nun ein tief im Menschen liegendes Be-

dürfnis hervortreten. Das Kind geht einher wie Adam im Paradies und gibt den Dingen ihre Namen. Die Laute der Begierde und des Wohlbehagens, der unartikulierte Ausdruck für Schmerz und Freude sowie das eifrig geübte kindliche Lallen beginnen sich nun zu sinnvollen Einheiten zusammenzufügen. Innerhalb der kurzen Zeit eines halben Jahres lernt das Kind oft viele hundert Wörter. Als Drei- und Vierjährige beherrschen die Kinder schon eine Reihe verwickelter grammatikalischer Gesetze, die erst viel später ihrer logischen Bedeutung nach begreiflich werden. In der praktischen Anwendung wissen sie perfekt mit Geschlecht, Zahl, Fall und Zeit umzugehen, Eigenschaftswörter zu steigern und Haupt- und Nebensatz zu verwenden. Nie mehr im Leben kann man so schnell und mühelos in eine Sprache eindringen.

Das Sprechen offenbart die im Gefühl wurzelnde Verbindung des Menschen mit den Dingen und Wesen seiner Umwelt. Mit der Sprache erwacht das Denken. Wenn der Zweijährige sich am Mittagstisch umsieht und ausruft: »Papa Löffel, Mama Löffel, Teta Löffel, Putte Löffel – *alle* Löffel», dann hat das Kind eine gewaltige Entdeckung gemacht. Alle Löffel haben etwas gemeinsam, was in der Namengebung, was im Geheimnis des Wortes verborgen liegt: den Begriff. Wenn das Erlernen des aufrechten Ganges und der artikulierten Sprache Geschehnisse sind, die an der physischen Außenwelt entstehen und sich durch eine gewisse Dramatik auszeichnen, so zeugen die ersten Versuche zu denken von einer allerersten Distanzierung gegenüber den Erscheinungen, von der aufkeimenden Fähigkeit, stille zu werden und sich in sich selbst zu vertiefen. Die deutsche Kinderpsychologin E. Köhler gab eine feinsinnige Schilderung eines zweieinhalbjährigen Kindes im ersten Augenblick des Nachdenkens: «Wenn A. etwas nicht ganz versteht und nachdenkt, stellt sie sich ruhig hin und legt die Hände auf den Rücken; die Augen werden groß und sind in die Ferne gerichtet, der Mund zieht sich ein wenig zusammen, das Kind schweigt; oft tritt nach dieser Anstrengung eine leichte Ermüdung ein; der Ausdruck verliert sich; die Natur sorgt für Entspannung.» (Zitiert aus K. König, «Die ersten drei Jahre des Kindes».) Das Denken öffnet das Tor zu allen Erfahrungen des Bewußtseins und des Selbstbewußtseins, es ist unser vornehmstes Hilfsmittel der Orientierung und des Wachbleibens in der Welt.

Die Zeitpunkte, an denen die neuen Fähigkeiten des Gehens, Sprechens und Denkens erworben werden, können variieren; gewisse Verzögerungen brauchen die Eltern noch nicht zu beunruhigen. Nur wenn die Reihenfolge nicht eingehalten wird, ist Aufmerksamkeit geboten. *Was* wir wollen, stellen wir uns in wachem Denken vor; wenn wir uns einem Gefühl hingeben, sind wir in einem dem Traum vergleichbaren Zustand. Da der Wille sich in einem Bewußtseinszustand vollzieht, der an unser Bewußtsein im Schlaf erinnert, können Kinder mit starken, aber dumpfen Willenskräften «verschlafen» erscheinen und sich in den ersten Lebensjahren auffallend langsam entwickeln. Später, manchmal erst als Erwachsene, zeigen sie ihre Kraft. Manche Kinder wollen sich keiner Kritik aussetzen oder sich lächerlich machen; sie zögern darum, mit dem Sprechen anzufangen. Eines schönes Tages können sie sich plötzlich nahezu fehlerfrei und mit erheblichem Wortschatz ausdrücken.

Gehen, Sprechen und Denken gehen eines aus dem anderen hervor. Geste und Motorik übertragen sich auf die Ausbildung des Sprachzentrums im Gehirn und auf die ganze Kopforganisation. Dieser Zusammenhang kann ersichtlich werden, wenn Linkshänder umgewöhnt werden. Das zu gewaltsam von der Linkshändigkeit auf Rechts umgestellte Kind beginnt zu stottern. Das Leben ist zuerst Geste, und diese überträgt sich in das Motorische der Sprache. Für den Erzieher gelten dabei drei eherne Grundsätze: Tauche alle Hilfeleistung beim Gehenlernen in *Liebe* – bemühe dich um *Wahrhaftigkeit* beim Sprechenlernen deines Kindes – verwirre nicht durch unbedachte Anordnungen die Lebenssituationen deines Kindes, sei *klar* in deinem eigenen Denken! Denn: «Verwirrung hervorzurufen durch (unklares) Denken in der Umgebung des Kindes, das ist der eigentliche Urheber desjenigen, was wir in der heutigen Zivilisation die Nervosität des Menschen nennen.» (Steiner, Vortrag vom 10. 8. 1923)

Eigentlich gibt es nur *eines*, was bei gesunden, normalen Kindern ernste Entwicklungsstörungen hervorrufen kann: mangelnder Kontakt mit anderen Menschen. Wachsen Kinder in Instituten und nicht in einer Familie auf, lernen sie meistens später als andere sitzen, gehen, sprechen und denken. Sie können durch mangelhaften Kontakt in ihrer ganzen Entwicklung gehemmt oder verwirrt werden.

Die Behauptung, daß der «Geh-Reflex» des Menschen etwas Angeborenes sei, stützt sich auf die Beobachtung, daß ein neugeborenes Kind, dessen Oberkörper etwas vornüber geneigt ist und dessen Füße auf einer ebenen Fläche ruhen, versucht, kleine Schritte zu machen. Demgegenüber ist es aber eine Tatsache, daß diese Reaktion während des ersten Halbjahres mehr oder weniger verschwindet. Das Kind erarbeitet sich erst mühsam die Fähigkeit, den Kopf zu heben und zu kriechen, zu sitzen und stehen zu können, bevor es aufs neue die Kunst erlernt, die Füße auf dem Boden nach vorwärts zu bewegen. Alfred Nitschke untersuchte ein beinahe dreijähriges Mädchen, das eine sehr merkwürdige Art zu gehen hatte, ohne daß irgendeine krankhafte Veränderung festzustellen war. Es stellte sich heraus, daß das Mädchen seinen Vater imitierte, der ein versteiftes Hüftgelenk hatte und mit Hilfe einer Prothese ging. – In einem Kinderheim in Teheran mit zu wenig Personal wurde festgestellt, daß 60 % der Einjährigen nicht sitzen und 84 % der Dreijährigen nicht gehen konnten. Ein Kind, das keine Gelegenheit hat, Menschen mit aufrechtem Gang nachzuahmen, wird sich – wie die Wolfskinder – überhaupt nicht aufrichten.

Auch wenn wir von der alles überragenden Bedeutung der Nachahmung für die Entwicklung der Kleinkinder wissen, so fehlen in der Praxis doch oft das Vertrauen und der Mut, die Erziehung ganz auf dieses Prinzip aufzubauen. Statt dessen versuchen wir, in die Entwicklung des Kindes auch noch mit ganz anderen Mitteln einzugreifen.

Unnötige Eingriffe

Kleine Kinder sind liebenswert. Viele der netten und lustigen Dinge, mit denen wir sie beschäftigen, zielen bewußt oder unbewußt darauf ab, Lernprozesse der Kleinen in einer bestimmten Richtung zu beeinflussen. Wir strecken ihnen zum Beispiel die Finger entgegen und helfen ihnen so beim Sitzen- und Stehenlernen. Wenn das aber geschieht, bevor sich ihre Knochen und Muskeln dafür genügend ausgebildet haben und sie solchen Anstrengungen gewachsen sind, können Knochen- und Rückenschäden die Folge sein. Oder man kann beobachten, daß die gleichen Menschen, die in pädagogischem Ehrgeiz ein entsprechendes Bilderbuch kaufen, um das Kind zu dressieren, damit es in kürzester Zeit möglichst viele neue Begriffe lernt, in einer anderen Stimmung mit ihm in lallender Kindersprache sprechen, weil die in unvollkommener Weise ausgesprochenen Worte ja so reizend klingen. Damit halten wir aber in Wirklichkeit die Entwicklung der Kinder auf. Am Vorbild einer wahrhaftigen Sprache wollen sie sich entwickeln und orientieren. Oft sind sie selber nicht gerade davon entzückt, infantile Ausdrücke zu hören. Eine wohlmeinende «Tante» bezeichnete einem Dreijährigen gegenüber einen Hund mehrfach mit «Wau-Wau»; nach langem, düsterem Schweigen sagte der Junge trocken: «Hund heißt er nämlich!»

Das Kind mag ruhig eine Weile seine reizvolle, sprachschöpferische Kleinkindersprache plappern – die Nachahmung führt es den rechten Weg. Aber der Erwachsene darf nicht plappern! Er soll seine Sprechweise von Sentimentalität und Getue frei halten. Das Kind übernimmt durch ein kultiviertes Vorsprechen Wahrhaftigkeit, Klarheit, Formkraft und prägt sie nicht nur der Seele, sondern auch den Sprachorganen, ihrer Form und Beweglichkeit ein.

Kann man Verbote umgehen?

Es gibt noch andere Beweggründe, aus denen gedankenlos in die Entwicklung des Kleinkindes eingegriffen wird.

Kleinkinder verursachen oft ungeheure Beschwerlichkeiten. Oft sind die Mütter erschöpft, und zumeist haben sie keine Hilfskraft. Unser alltägliches, kompliziertes Leben ist voll von Dingen, die zerbrechlich oder gefährlich sind. Wie sollen wir nur verhindern, daß die Kleinsten das Tischtuch herunterreißen, Bücher aus dem Regal räumen, Blumentöpfe vom Fensterbrett herunterstürzen, Streichhölzer anzünden, Zigarettenstummel kauen oder das Auto in Gang setzen, wenn versehentlich der Zündschlüssel stecken blieb? Nun wissen nicht nur Psychologen, daß beständige Warnungsrufe und Verbote dazu führen können, die Initiativkräfte des Kindes zu dämpfen und in extremen Fällen für immer zu lähmen. Ein Hilfsmittel ist selbstverständlich, die Steckdosen mit Sicherungskappen zu verschließen, möglichst viele zerbrechliche und gefährliche Gegenstände aus dem Wege zu räumen usw. Aber es gibt so manches Risiko, das sich auf diese Art nicht vermeiden läßt; außerdem würde das Leben im Wohnzimmer ärmlich und unnatürlich werden, wenn wir alle nicht für die Kleinen bestimmten Gegenstände aus ihrer Reichweite entfernten. Auch wäre es nicht gut, wenn sie mit den übriggebliebenen Dingen umgehen dürften, wie sie wollen.

In seinem Buch über «Die Strafe in der Selbsterziehung und in der Erziehung des Kindes» schildert der Waldorflehrer Erich Gabert an einem Beispiel, wie dem Entwicklungsstadium des Kleinkindes entsprochen werden kann. Ein Kind soll davor bewahrt werden, sich am Ofen zu verbrennen: «Da wurde in den Wochen, bevor der Ofen wieder angezündet werden sollte, mit dem Kinde ein kleines Spiel aufgeführt und viele Male wiederholt, in dem ein Erwachsener sich mit der Hand dem Ofen näherte, sie dann aber im schnellen Schrecken wieder zurückzog, ohne ihn zu berühren. ‹Au! das ist heiß! Das fassen wir ja nicht an!› Das Kind machte es nach, auch immer wieder und wieder, bis sich die Scheu vor dem Ofen in ihm zu einer selbstverständlichen, sicheren Gewohnheit entwikkelt hatte.»

Solche vorbeugenden Spiele kann man natürlich bis ins Unendliche erfinden. Aber haben wir genügend Zeit dazu?

Die Eigenart des Kleinkindes

Die Besinnung darauf, wie weit wir in der Bemühung um das Kleinkind gehen sollen, führt uns schließlich zu der größten und tiefsten Frage: Welche Forderungen stellen Wesen und Eigenart des Kindseins? Es gibt nur wenige Menschen, die sich der seltsam tief berührenden Wirkung der Kinder in den ersten Lebensjahren entziehen können. Es kann sich gewiß nicht bloß um jene Merkmale handeln, die nach Ansicht der Biologen unsere Schutz- und Pflegeinstinkte hervorrufen: geschmeidiges Haar, rundliche Körperformen, unbeholfene Bewegungen usw. Alle diese Kennzeichen, die wir als «goldig» empfinden, kann man auch bei jungen Hunden und Katzen finden. Einem kleinen Kinde gegenüber können wir aber von wirklicher Andacht ergriffen werden: Wir können fühlen, daß wir vor etwas stehen, das unser gewöhnliches Fassungsvermögen übersteigt.

Die Situation des Kleinkindes ist eigentlich paradox. In einem Alter, in dem Aufgaben wie sich an- und ausziehen, ein Bett machen, mit Messer und Gabel essen noch fast unübersteigbare Schwierigkeiten bereiten, nehmen diese Kinder Eindrücke auf, die sie mit Leichtigkeit lehren, sich zwei der schwersten Fähigkeiten des Menschen anzueignen: sprechen und denken. Es gibt kein Tier, das wahrhaft aufrecht geht, das ein Gespräch zu führen vermag über seelische Erfahrungen, das sich von der Außenwelt distanzieren kann, um über sie in Begriffen zu denken, die in Worten formuliert werden. Das Kind jedoch lernt dieses alles in einem Stadium, in dem es hilfloser ist als irgendein Tier. Nach langjährigem Studium der Entwicklungsphasen des heranwachsenden Menschen hat der berühmte amerikanische Psychologe Arnold Gesell seine Erfahrungen zusammengefaßt in Sätzen voll tiefer Achtung vor den Gesetzmäßigkeiten, die er gefunden hat: «Diejenigen Eltern und Lehrer, die ein Kind für so plastisch gestaltbar halten, daß man es durch beharrliche äußere Eindrücke allein formen könnte, sind noch nicht zur Erkenntnis der wahren Natur der Psyche vorgedrungen. Die Psyche kann einer Pflanze verglichen werden, aber nicht einem Lehmklumpen. Denn der Lehm kann nicht wachsen – er wird ganz und gar von außen her geformt. Eine Pflanze erhält dagegen ihre Form von innen her, nämlich von ihren inneren Wachstumskräften. Diese Kräfte sind es, auf welche dieses Buch die Aufmerksamkeit lenken will.» (A. Gesell u. a., «Das Kind von fünf bis zehn.»)

Arnold Gesell sieht sich vielleicht nicht gerade neben Steiner stehen – aber es muß doch gesagt werden, daß beide dieselben Kräfte beschreiben, der eine ihre physische Manifestation, der andere das übersinnliche Phänomen dieser Kräfte selbst. Steiner schildert, wie Kinder in ihren ersten drei Lebensjahren in einer anderen Beziehung zur geistigen Welt stehen als später. Mächtige übersinnliche Kräfte wirken in dem Kind, die nicht mehr in gleicher Weise zur Geltung kommen, sobald das Seelenleben bewußter wird. «Diese Kräfte sind es, welche den Menschen in Stand setzen, in ein bestimmtes Verhältnis zur Schwerkraft zu gelangen. Sie sind es auch, welche seinen Kehlkopf formen, die sein Gehirn so bilden, daß es ein lebendiges Werkzeug für Gedanke, Gefühl und Willen wird.» Gewiß erleben die kleinen Kinder in der Regel übersinnliche Welten nicht unmittelbar und bewußt. Es gibt allerdings Dichter und Denker, die mit Bestimmtheit behaupten, daß sie in ihrer frühesten Kindheit solche Erfahrungen gemacht haben. Aber die intensive Verbindung mit einer geistigen Welt braucht durchaus nicht eine bewußte zu sein. Steiner spricht mit einem drastischen Bild von einem zurückbleibenden «Telephonanschluß» mit dem Dasein, in dem sich das Kind vor der Geburt befand. So direkt wie nie mehr später ist der Mensch in den drei ersten Lebensjahren «der Führung jener geistigen Welt unterstellt, welcher er angehört.» («Die geistige Führung des Menschen und der Menschheit»)

Aber zu dieser geistigen Welt gehören auch – vom Kinde aus gesehen – die Mutter, der Vater und die anderen Menschen der allernächsten Umgebung. Das ist der Grund, warum deren

Stimmungen und Gedanken so direkt und so stark auf das Kind einwirken. Das ist auch der Grund für das Gefühl der Abhängigkeit besonders zwischen Kind und Mutter, mit der es zunächst am tiefsten verbunden ist und die meiste Berührung hat. Darum ist das Kind auch so empfindlich für Eindrücke, die von fremden Menschen kommen.

Wenn jemand diese Art, das Kind anzusehen, ernst nimmt, wird er wohl kaum umhin können, daraus einige durchgreifende Konsequenzen zu ziehen.

Die Vorgänge, durch die das Kind alles Grundlegende erlernt, stellen sich ihm als von tiefer Weisheit gewirkt dar. In diese Prozesse darf man nicht eingreifen. Wir sollen nur da sein, so daß das Kind uns nachahmen kann. Wir müssen versuchen, Menschen zu werden, die würdig sind, nachgeahmt zu werden.

In diesem Sinn sei das Bild vollendet, das Gesell von der Seele des Kindes als einer Pflanze malt: was das Erdreich, der Regen und Sonnenschein für die Pflanze, das sollten für das Kind seine Umgebung sein und die Erwachsenen, die darin leben.

Steiners Beschreibung der ersten drei Jahre stimmt mit einer der wichtigsten Entdeckungen der modernen Kinderpsychiatrie überein. Als Bowlby und andere Forscher die Reaktion der Kinder auf die verschiedenen Formen seelischer Unterernährung untersuchten und dem Wechsel zwischen mehreren «Muttergestalten» nachgingen, fanden sie, wie bereits erwähnt, daß die Empfindlichkeit des Kindes während der drei ersten Jahre entschieden am größten ist und dann später abnimmt; das tiefste aller seelischen Bedürfnisse des Kindes sei es, in diesem Lebensalter von ein und derselben Mutter gepflegt zu werden.

Ich-Erlebnisse

Etwa im dritten Lebensjahr ändert sich das Benehmen des Kindes oft sehr stark. Wir wissen alle, daß ganz kleine Kinder gerne von sich selbst in der dritten Person sprechen: «Karl will mehr Marmelade haben», «Anna ist traurig». Dann gehen sie dazu über, sich selbst als «ich» zu bezeichnen. Selma Fraiberg hebt hervor, daß der Zeitpunkt für diese Veränderung bei amerikanischen Kindern ins Alter von etwa zweieinhalb Jahren fällt. Die Ursachen, die dieser manchmal wirklich rätselhaften Umwandlung zugrunde liegen, hat Rudolf Steiner in der folgenden Weise geschildert.

Sich selbst als ein Ich zu erleben, ist ein tief eingreifendes Ereignis, das manche Kinder dramatisch in der Erinnerung behalten. Ein kleines Mädchen von drei Jahren, das gerade diese Entdeckung gemacht hatte, rief: «Ich bin ich, ich bin ich!» In allen Ländern sind Berichte von Menschen bekannt, die ähnliche Ereignisse aus ihrem eigenen Leben geschildert haben. Am schönsten hat es vielleicht der Dichter Jean Paul beschrieben: «An einem Vormittag stand ich als ein sehr junges Kind unter der Haustür und sah links nach der Holzlege, als auf einmal das innere Gesicht, ich bin ein Ich, wie ein Blitzstrahl vom Himmel auf mich fuhr und seitdem leuchtend stehen blieb: da hatte mein Ich zum ersten Mal sich selber gesehen und auf ewig. Täuschungen des Erinnerns sind hier schwerlich denkbar, da kein fremdes Erzählen sich in eine bloß im verhangenen Allerheiligsten des Menschen vorgefallene Begebenheit, deren Neuheit allein so alltäglichen Nebenumständen das Bleiben gegeben, mit Zusätzen mengen konnte.» («Selberlebensbeschreibung»)

Was da geschieht, ist eine Art Einkapselung: ein Teil der übersinnlichen Kräfte, die früher die Verbindung mit den übersinnlichen Welten vermittelten, trennen sich ab, werden zum «Inneren» des Kindes und ermöglichen sein Ich-Erlebnis. Das vielleicht zornmütige, eigensinnige Kerlchen, das sich nun zu zeigen beginnt und mit List das Wörtchen «nein» ausprobiert, erscheint den Eltern nicht selten wie eine ganz neue Bekanntschaft: Das Trotzalter ist es, das nun beginnt.

Um das Bild aus dem ersten Buch Mose zu benutzen: der Mensch hat zum ersten Male vom Baume der Erkenntnis gegessen, und die Pforte des Paradieses hat sich hinter ihm geschlossen. Aber nicht ganz; sie steht noch angelehnt.

WENIGE DINGE – VIEL PHANTASIE IM KINDERGARTENALTER

Von den inneren Fähigkeiten, die einem erwachsenen Menschen zur Verfügung stehen können, ist die schöpferische Phantasie eine der wichtigsten. Es ist kein Zufall, daß amerikanische Großindustrielle von ihren Psychologen raffinierte Testmethoden ausarbeiten ließen, um gerade diese Qualität aufzudecken, wenn neue Mitarbeiter gesucht werden. Aber Phantasie ist nicht nur dazu erforderlich, um in der Technik weiterzukommen. Wir brauchen sie in unserem täglichen Leben. Der Lebensweg des phantasielosen Menschen ist an Marschrouten gebunden, die andere vorzeichnen: er kann seinen Weg nicht selbst finden, ist ohne Einfälle und Initiative. Er ist unfrei.

Was ist eigentlich «schöpferische Phantasie»? Definitionen helfen uns wenig bei dieser Fähigkeit, die aus den allertiefsten Schichten des Menschen aufsteigt und ihm aus fernsten Höhen Kunde bringt. Phantasie gibt ihm die Kraft, über alles, was *ist*, hinauszugehen und sich – durch eigene Tätigkeit – mit dem zu verbinden, was im Begriffe ist zu *werden.* Sie weist in die Zukunft. Sie paßt sich an die bestehende Wirklichkeit an, aber sie macht auch Entwürfe, um das Gewordene zu verändern.

Die Grundlage für diese Fähigkeit wird schon in frühem Alter gelegt – oder verdorben. Kinder sind phantasievolle Menschen – und die Künstler auch. Der auf irgendeinem Gebiet künstlerisch Tätige hat sich besonders viel von der spontanen Produktivität bewahrt, mit der alle gesunden Kinder ausgerüstet sind. Nur verlieren diese als Erwachsene ihre kostbare Mitgift unter dem Druck der Trivialitäten des Daseins und dem ewigen Schielen nach Vorteil und Nützlichkeit – zum Schaden ihrer Arbeitsfreude und ihrer Lebensenergie.

Eltern, die Eigenschaften wie Phantasie und Gestaltungskraft bei ihren Kindern fördern wollen, können das auf vielerlei Weise tun – sie können aber auch, ohne es recht zu bemerken, die Quelle zuschütten.

Was Eltern tun können

Ein Säugling hat kein Bedürfnis, «schöpferisch» zu sein. Die Allerkleinsten beherrschen ja ihre Ausdrucksmittel noch gar nicht. Aber im Alter von zwei bis drei Jahren zeigen sich die ersten Ansätze.

Man gibt dem Kind Kreide oder Stifte und ein Papier auf den Tisch oder Packpapier auf den Fußboden, an die Tür oder Wand, und schon geht es los: Willensäußerung, ein unbändiges Bedürfnis, Bewegung als Bild sichtbar zu machen. Das Urmotiv wird niemals fehlen: der Wirbel. Er ist gleichsam der Anfang eines Weltsystems. – Während das Kind gehen, laufen, springen, hüpfen lernt, entstehen auf einmal die ersten graziösen Pirouetten. Die Freude des Erwachsenen am Entstandenen trägt das Kind in eine reich sich entwickelnde Produktion hinein. (Nur soll er nie vorzeichnen, das Kind nicht mit seinen Klischees von Mensch und Haus belasten!)

Das Kind sitzt in seinem Bettchen, lallt und plaudert. Eines Morgens singt es plötzlich die erste kleine Melodie, eintönig und gleichsam schwebend, beinahe immer im Rahmen der fünftonigen – pentatonischen – Skala. Wenn die Eltern verstehen, wie wichtig solche seelischen Äußerungen sind, wird ihre Freude und Aufmerksamkeit ihre Kleinen beflügeln. Können die Eltern selbst Flöte, Leier oder gegebenenfalls Klavier spielen, werden die Kinder dazu tanzen: wer nie erlebt hat, mit welcher Leidenschaft Kleinkinder tanzen können, ahnt nichts von der Intensität ihres Gefühls für Rhythmus. Statt der bloß Geräusch machenden Spielzeuge sollten die Kinder ein kleines Blasinstrument aus Ton bekommen (in Schweden Ton-Kuckuck genannt) und vielleicht ein Xylophon (am besten mit einem weichen und «runden» Ton). Sie brauchen jetzt viele Reime, Lieder, Spiele und Märchen.

Nicht zu viele Dinge

Zu dem Wichtigsten gehört, daß sie nicht zu viele Dinge bekommen und vor allem nicht lauter «fertige» Sachen.

Warum?

Man könnte die Gegenwart auch das Zeitalter des «Krams» nennen: es liegt in der Natur des Industrieprozesses, viele fix und fertig gemachte Dinge zu erzeugen, die sofort zu ihrem speziellen Zweck verwendet werden können und nicht haltbar sein sollen. In der Natur des Kindes liegt es aber, schnell eines Spielzeugs müde zu werden, das spezialisiert ist und nur für einen besonderen Zweck gebraucht werden kann.

Ein praktisches Beispiel sei hier angeführt. Drei Kinder im Alter von sieben, zehn und zwölf Jahren waren durch die Macht der Umstände in eine Umgebung versetzt, in der sie längere Zeit Mangel an Spielsachen und Spielkameraden, aber viel Platz im Freien hatten. Als die mitgebrachten Spielsachen «verbraucht» waren, fingen sie an, ein Lebensmittelgeschäft zu bauen. Ein armseliger Geräteschuppen wurde zum Geschäftslokal, zwei Bretter und ein Tisch, dem ein Bein fehlte, dienten als Ladentisch, große runde Steine verwandelten sich in Brotlaibe, kleine in Bohnen und Linsen, weggeworfene Konservengläser mit aufgeklebten Etiketten reihten sich als Behälter für Waren, verschiedene Blättersorten wurden als Salat und Spinat angeboten und mit vollgeschriebenen Papierzetteln als Geld gekauft. Ein weiterer Betrieb, ein Friseurladen für Damen, wurde in einem alten Gewächshaus aufgemacht. Außerdem folgte in ständigem Wechsel die Vielfalt der Spiele: Verstecken, Drittenabschlagen, Ballspiele; auch die Erwachsenen wurden mit einbezogen. Die Kinder weigerten sich, Ausflüge zu machen – sie wollten zu Hause bleiben und spielen. Zweifellos hatte gerade der Mangel an Spielzeug ihre Erfindungsgabe besonders angeregt.

Um es geradeheraus zu sagen, auch wenn die Spielzeugfabrikanten empfindlich reagieren: es bekäme der Einbildungskraft der jüngeren Kinder weit besser, wenn sie in einem Milieu aufwüchsen, in dem ihnen keine anderen Spielsachen zugänglich wären als Boote aus Baumrinde, Kühe aus Tannenzapfen und handgemachte primitive Puppen aus Holz oder Stoff und Wolle. Aber ein solches Erziehungsprinzip scheint in einem industrialisierten Land eine Utopie zu sein. Alle Eltern, die ihm folgen woll-

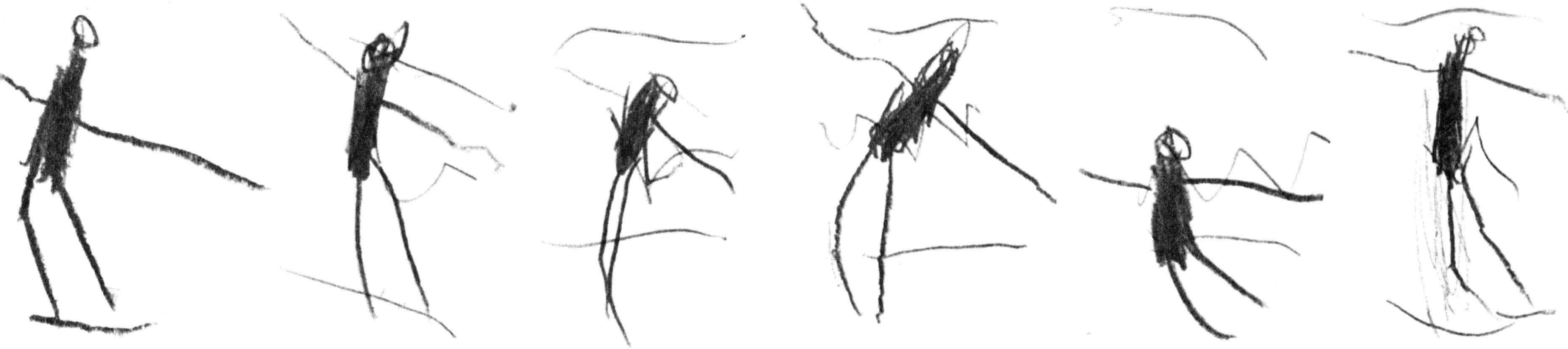

ten, müßten bald merken, daß ihre Pläne systematisch von lieben, aufrichtig wohlmeinenden Großeltern, Onkeln, Tanten, Cousinen und Freunden durchkreuzt werden; denn diese bringen doch mindestens Plastikspielzeug mit, wenn sie auf Besuch kommen, und die sach-reicheren Spielkameraden zeigen gern und stolz ihr neugeschenktes Zeug. Es ist deshalb wichtig, daß die Eltern auch mitunter bedacht gewählte Spielsachen schenken, die haltbar sind und die Phantasie möglichst wenig in Fesseln halten.

Was der Kindergarten leisten kann

Hier kann der Kindergarten ein guter Helfer sein.
An den meisten Waldorfschulen gibt es Kindergärten, und es wird – wenigstens in Deutschland – neuerdings kaum eine Schule der Steiner-Pädagogik gegründet, der nicht durch den Kindergarten der Boden des Elternverständnisses vorbereitet worden ist.
Ein solcher Kindergarten besitzt so wenig Fertiges wie möglich. Natürlich muß es Stifte, Kreide, Farbe, Pinsel und Modellierton geben und gewiß auch schöne Stühle und Tische und einige einfache formschöne Spielsachen. Vor allem aber gibt es da Steine, Muscheln, Holzstücke aller möglichen Art, lustig geformte Zweiglein und Stümpfe, verschieden geformte Klötze von einer Tischlerei, alles natürlich fein sauber und glatt, so daß man beim Hantieren keine Splitter in die Finger bekommt. Mit Dingen dieser Art kann ein Kind beinahe unbegrenzt viel tun.
Natürlich sind «richtige» Dinge wie Bilder, Gegenstände aus Ton und Ziergegenstände, dann Stofflappen, Tücher, Wolle und Garn, Pappe und Holz auch sehr wichtig. In Verbindung mit den Jahresfesten werden sie besonders gebraucht: Osterküken, Osterhasen, Adventskalender, Weihnachtsmännchen, Weihnachtskrippen usw. Am wichtigsten aber bleiben die nur «zum Schein» vorgestellten Dinge, die im freien Spiel der einzelnen oder gemeinsam in einer Gruppe auftauchen. Da kann man Beeren pflücken, einmachen und Saft kochen, alle möglichen Gerichte bereiten und alle erdenklichen Haushalts- und Handwerkerarbeiten nachahmend verrichten. Man kann Kioske und Kaufläden, aber auch Einfamilienvillen und Hochhäuser bauen. Aus Stühlen, Bänken und Tischen läßt man Dampfschiffe und Eisenbahnzüge, Autos und Düsenflugzeuge entstehen, mit denen kleine Reisegesellschaften in ferne Länder fahren, in denen es Krokodile, Löwen und Elefanten gibt. Die Abreise vom Bahnhof oder Flughafen mit Reisegepäckaufgabe, Zollkontrolle und Winken ist von fröhlichem Abschiedsweh begleitet. Man fliegt aber auch auf dem Zauberteppich ins Märchenland, um mit Riesen und Drachen zu kämpfen.
Eine Kindergärtnerin baute ein seltsames Telefon, das genaugenommen allem anderen als einem richtigen Apparat glich, aber die Kinder waren Feuer und Flamme. Einige Jungen legten die Leitung aus Klötzen und anderen Gegenständen zum «Telefon» und erklärten entzückt: «Das ist der Draht».
Kleinste Lieder einfachster Art werden improvisiert: «Wir backen Kuchen heute – für alle guten Leute.» Die erfundenen Melodien schwingen innerhalb der pentatonischen Skala; ein neuer Tag braucht ein neues Lied.
Eine Kindergärtnerin erfreute Rudolf Steiner mit folgender Geschichte. Sie hatte nicht viel mehr als Holzschachteln und verschieden gefärbte Tücher. Daraus baute sie mit den Kindern eine Menge Häuser an einer Dorfstraße. Als hungriger fremder Wandersmann kam sie nun durch das Dorf gewandert. Die Kinder luden den Hungerleider zu sich ein und tischten Brot und Essen auf, das aus bloßer Luft bereitet war, und er lobte die Speisen und bedankte sich herzlich. Dieses Spiel war besonders beliebt und mußte oft wiederholt werden.

Keine Erde, kein Horizont – nur ein schwebender Mensch, von einem etwa zweieinhalbjährigen Kind hingezeichnet.

Einige praktische Beispiele

Erika hat während ihrer ganzen Zeit im Kindergarten fast nur stillgesessen, mit dem Finger im Mund. Aber sie ist ein guter Beobachter. Eines Tages begann Agneta mit einer spannenden Geschichte. Vor zwei Jahren hatte sie im Kindergarten ein Spiel mit einer Ziege erlebt, die auf der Weide vom Schnee überrascht wurde, heimgehen mußte und sich an der niederen Stalltür den Kopf anschlug und noch andere Unglücksfälle erlitt. Nun hat sie selbst ein Spiel erfunden: eine Schafherde hat sich verirrt und ihren Schäfer verloren. Sie singt mit trauriger Stimme: «Die Schäflein können nicht heimfinden, wer wird ihnen den Weg zeigen, wer?» Plötzlich will Erika dabei sein. Die Finger fliegen aus dem Mund, sie will die Schafe nach Hause führen.
Peter bringt eines Tages von zu Hause eine Menge Papierzettel mit, die er selbst mit prächtigen Farben bemalt hat. Die Kindergärtnerin fragt, was er denn da habe: «Feuerwerk ist das . . .» Dann steigt er auf einen Tisch und streut die Zettel über das ganze Zimmer. Alle die anderen schauen hinauf und rufen: «Ah!»

Hier bringt ein starkes, gesundes Kind seine Lebensfreude zum Ausdruck (Kindergarten Stockholm).

Dann wollen sie auch Papierzettel machen. Eine Weile sind alle in diese Tätigkeit versunken. Sobald die ersten Kinder fertig sind, steigen sie nacheinander auf den Tisch und lassen auch ihr Feuerwerk los. Friedlich übernehmen sie die Zettel der verschiedenen Kinder und verstreuen sie einer nach dem anderen über das ganze Zimmer. Aber die Zettel bedeuten nicht immer dasselbe; für den einen sind sie ein Regenbogen, für den andern ein Sternschnuppenschwarm. Die Kinder werden des Spiels nicht müde, es geht den Tisch hinauf und hinunter, hinauf und hinunter.
Sind das alles nur kindische Spiele? Nein, sie sind echtes Leben und Gleichnis, Phantasie und Wirklichkeit zugleich! Die Kindergärtnerin und die Kinder finden im Spiel ihren Lebensraum, ihre Gespräche und auch die lebendigen pädagogischen Situationen, in denen der Erwachsene, wo es nötig ist, eingreifen, schlichten, anfeuern, besänftigen, in Güte ordnen kann.

Erfahrungen mit Fernsehkindern

Kinder, die zu Hause am eifrigsten beim Fernsehen sind, haben es oft schwierig, in die Tätigkeit des Spielens hineinzukommen.
Thomas hat immer Fernseh-Filme sehen dürfen, ohne Unterschied und ohne Beschränkung.

Das Erlebnis der Hand äußert sich oft in Zeichnungen, in denen die Hände übermäßig betont sind und eine Vielzahl von Fingern zeigen. Auch in die Darstellung eines Hauses kann sich das Organempfinden hineinmischen – eine solche Zeichnung spricht dann davon, wie sich das Kind im eigenen Leib mehr oder weniger zu Hause fühlt.

Sein Vater verkauft Waffen. Thomas will selbstverständlich das gleiche werden, aber die Mutter ist dagegen. Der Kommentar von Thomas: «Nirgends darf ich schießen, nicht zu Hause, nicht im Hof, nicht im Kindergarten – wo soll ich denn da schießen?» Sein Selbstvertrauen ist schwach; hinter seiner Aggressivität verbirgt sich – wie es oft der Fall ist – eine gute Portion Weichheit. Er wagt nicht, von den großen Steinen im Hofe vor dem Kindergarten herabzuspringen. Als Thomas Bienenwachs bekam, war er zum ersten Mal im Kindergarten produktiv beschäftigt. Zunächst war das Wachs natürlich hart, dann wurde es in der warmen Hand weich, nachdem er es eine Weile gedrückt hatte. Nun fängt er an, einen Korb und andere «freundliche» Gegenstände daraus zu kneten. Was mit dem Material geschah, war in gewisser Weise ein Bild seiner eigenen inneren Situation. –
Stefan ist – wie es scheint – eine Ausnahme. Er sieht ziemlich häufig Fernsehprogramme, aber er bekommt auch viel Anregung durch unmittelbaren menschlichen Kontakt. Sein Vater ist Handwerker und beschäftigt sich oft mit ihm. Er lehrt ihn Schlittschuh- und Skilaufen und läßt ihn zuschauen, wenn er arbeitet. Stefan ist erfindungsreich und reißt die andern Kinder mit, ob es sich nun darum handelt, Wildwest zu spielen oder Donald Duck. Beide Motive hat er im Fernsehen kennengelernt, und sie beherrschen seine Gedanken. Nach einem Jahr Kindergarten fallen ihm auch andere Dinge ein; in seinen Malereien erscheint das eine oder andere Märchenmotiv. Auch die Eltern werden ansprechbar – das Fernsehen verliert an Bedeutung.

Kleine Kinder, die selten oder nie Zugang zum Fernsehen haben, behalten ihre Phantasiefähigkeit leichter und können sich einen unnachahmlich kindlichen Ausgleich schaffen. Sie *machen* sich selbst einen «Fernsehapparat» mit einem Rahmen aus Pappe und beweglichen Figuren, die sie hin- und herschieben – und sind völlig zufrieden.

Was wird nun aus den Kindern, die in einen solchen Kindergarten gehen? Eine bestimmte Szene pflegt sich recht oft zu wiederholen. Wenn das Kind eine Zeitlang in den Kindergarten gegangen ist, telefoniert die zufriedene Mutter und teilt mit, daß das Kind nun in ganz anderer Weise als früher zu spielen begonnen hat – ein nicht ganz unwesentliches Ergebnis in einer Zeit, in welcher das Problem der sinnvollen Beschäftigung der Kinder aus vielen Gründen immer schwieriger wird.

Solche Erfahrungen werden auf Elternabenden des Kindergartens ausgetauscht. Vielleicht ist das Wichtigste, was vom Kindergarten langsam auf die Elternhäuser übergeht, das Feiern von Festen: Geburtstage, die Feste der Jahreszeiten, die christlichen Feste – das kleine Fest, das täglich mit dem Tisch-Spruch vor den Mahlzeiten «gefeiert» wird. Lebensgewohnheiten bilden sich aus, durch die sich die Kinder mit guten und schönen Inhalten unserer Kultur in selbstverständlicher, freudiger Weise verbinden.

«Organempfinden» und Kleinkinderzeichnungen

Eine der wichtigsten Anregungen, die Rudolf Steiner auf dem Gebiete der Erziehung kleiner Kinder gegeben hat, geht von der Art und Weise aus, wie sie in diesem Alter zeichnen.

Wie wir alle wissen, kommt es oft vor, daß kleine Kinder, wenn sie einen Menschen zeichnen oder malen, Körperteile mit vollkommen grotesken Proportionen einfügen: gewaltige Nasen, riesige Hände usw. In einem pädagogischen Kurs, den Rudolf Steiner im Frühling 1920 in Basel für Lehrer an öffentlichen Schulen gehalten hat, zeigte er, was wir von solchen Bildern lernen können. «Nehmen Sie sich eine ganze Anzahl von kindlichen Zeichnungen, versuchen Sie zu sehen, wie das Kind Arme und Beine zeichnet, dann werden Sie sehen, das stammt aus dem innerlichen Erfühlen: nehmen Sie an, wenn das Kind Profil zeichnet, das stammt aus dem Anschauen. Aus zwei Quellen des seelischen Erlebens fließt das zusammen. Die kleinen Kinder zeichnen nicht Intellekt, die zeichnen Erleben, primitive Anschauungen, verquickt mit dem primitiven Organ-Erfühlen. Ich glaube, man kann immer unterscheiden, wenn das Kind den Mund hinzeichnet, so ist der Umriß des Mundes *angeschaut,* – wenn's die Zähne macht, da ist das aus dem *innerlichen Organ-Erfühlen* irgendwie genommen.» (Vortrag vom 28. 4. 1920.)

Rudolf Steiner schildert nun, wie die kleinen Kinder eine Fähigkeit des Organ-Erfühlens haben, das in älteren Zeiten ganz allgemein war und beispielsweise bei den griechischen Bildhauern noch stark ausgebildet war: ihre Werke wuchsen im Wesentlichen nicht aus dem Studium eines Modells hervor, sondern gerade aus dem inneren Organ-Erleben. Kinder, welche erst im Alter von neun bis zehn Jahren zu malen beginnen, gehen in ihren Phantasiebildern nicht von unmittelbaren Erlebnissen aus, sondern von etwas, das sie ausgedacht haben; der Verstand hat begonnen, ins Spiel zu kommen. Es ist wichtig, daß die Kinder sich früh mit Kreiden und Pinseln beschäftigen können, damit die spezifische Seelenqualität des phantasievollen Erlebens gepflegt werde, bevor sie durch das Emporwachsen des Intellekts gedämpft wird. Die Kinder in dieser Form ihr Organempfinden ausleben zu lassen, heißt ein Zusammenspiel zwischen Seelenerlebnis und physischer Tätigkeit zu fördern, das für unser ganzes Dasein wichtig ist. (Siehe auch das Kapitel «Die Rolle künstlerischer Betätigung», Seite 40.)

Man kann zu solchen Malereien durch Märchen anregen, in denen sie die humorvolle, traurige, ruhige oder spannende Stimmung des Märchens in einfachen Farbklängen zum Ausdruck bringen. Ein schönes Beispiel, das gerade das Organ-Empfinden anspricht, ist das schwedische Märchen «Die drei Großweiber» mit der drastischen und rührenden Schilderung von den drei seltsamen, aber geschickten Weibern, die der Prinzessin in ihrer Notlage helfen («Großdaumen-Mutter» mit ihrem kräftigen Daumen, «Großfuß-Mutter» mit ihrem gewaltigen Fuß und «Großgumpa-Mutter» mit ihrem mächtigen Hinterteil).

Eurythmie für kleine Kinder

Unter allen Ausdrucksmitteln, die das Bedürfnis des Kindes befriedigen können, seinen Phantasieerlebnissen Form zu geben, ist rhythmische Bewegung eines der ursprünglichsten.

Beinahe unmerklich kann das freie Spiel in gestaltete Bewegung übergehen. Ein Beispiel aus der täglichen Arbeit: Die Kinder haben das norwegische Märchen von den drei Böcken Bruse gehört, denen es gemeinsam geglückt ist, den großen gefährlichen Troll an der Nase herumzuführen: Die Kindergärtnerin setzt sich in die Mitte und ist der Troll. Rundherum stehen die Kinder, die in drei Gruppen eingeteilt sind. Die Kleinsten sind der kleine Bock Bruse, der so artig und hübsch einhertrippelt. Die ein wenig Größeren sind der «Zwischenbock« Bruse, der schon bedeutend selbstbewußter mit festen Schritten daherkommt. Die Ältesten sind der große Bock, der mit schweren, kräftigen Schritten stampft. Jetzt sollen sie alle über eine Brücke, unter dessen Bogen der Troll versteckt liegt. Mit oder ohne Musikbegleitung muß nun jede Gruppe in ihrer eigenen Weise und in ihrem besonderen Rhythmus gehen. Nachdem der Troll von den beiden ersten Gruppen angeschwindelt worden ist und nun zum Angriff gegen die dritte losgeht, muß der große Bock ihm einen Stoß mit den Hörnern geben, so daß er wie ein Ball wegrollt und nie mehr in seinem ganzen Leben einen Ziegenbock auch nur sehen will. Die Kinder jubeln.

Es ist wichtig, daß nicht nur die Beine, sondern auch die Arme beim Laufen verschiedener Rhythmen beschäftigt werden. Da kann die Lehrerin, wenn sie will, ganz ohne Korrekturen und ohne jeden künstlerischen Anspruch, nur aus der Nachahmung heraus, die Kinder einige einfache eurythmische Bewegungen ausführen lassen: vielleicht ein schützendes «B», wenn die Böcke ihren Gegner erblicken und ängstlich werden, oder ein zorniges «F», wenn die großen Böcke den Troll wegjagen, ein befreites «A», wenn sie alle endlich an die große herrliche Gebirgsweide gelangen. (Über den Zusammenhang der eurythmischen Bewegungen mit den Sprachlauten siehe das Kapitel «Eurythmie», Seite 55.) In dieser Weise «ein Märchen zu spielen» ist eine Tätigkeit, die ganz offenbar imstande ist, die Kinder zu fesseln.

Eine Kindergärtnerin, selbst ausgebildete Eurythmistin, berichtet aus ihren Erfahrungen:

«Es kommt manchmal vor, daß einige der Kleinsten es schwer haben, an einem solchen Spiel teilzunehmen, und in einer Ecke hocken. Aber wenn sie nach Hause kommen, führen sie – erzählen die Mütter – nicht selten das alles auf eigene Faust auf. Sie waren bloß schüchtern gewesen. Die etwas Älteren pflegen ausnahmslos mitgerissen zu werden. Besonders interessant war es, die Reaktionen der Kinder zu beobachten, wenn sie Eurythmie zu *sehen* bekamen. Wir zeigten Märchen, darunter das komische russische ‹Der Hahn und die Maus›. Sogar die Kinder, die am fleißigsten fernsehen und oft Konzentrationsschwierigkeiten haben, saßen ganz still und schauten nur – ungefähr zwanzig Minuten lang! Die Mutter des einen berichtete später: ‹Wir merkten zu unserem Erstaunen, daß die Kinder während der ersten Stunden, die auf die Vorstellung folgten, still und friedlich dasaßen, als hätten sie ein kräftiges Essen bekommen, das sie nun verdauen mußten. Dann ging die Stimmung vorbei, und sie wurden wieder lebhafter.› Nach einiger Zeit wiederholten wir die Vorstellung, und es zeigte sich, daß die Kinder noch lange nicht genug davon bekommen hatten. Als wir das Märchen ein drittes Mal aufführten, kamen einige von ihnen besonders gut angezogen und erklärten, daß sie sich so fein gemacht hätten, damit der Hahn und die Maus sie noch einmal besuchen sollten.

An einem Elternabend berührten wir das Fernseh-Problem. Im Laufe des Gesprächs hatten wir betont, daß kleine Kinder ganz darauf eingestellt sind, nachzuahmen und darum immer dasselbe tun wollen, was die Eltern tun. Alle

Eltern lauschten eifrig und waren äußerst positiv. Als jetzt die Frage des Fernsehens aufkam, erkannte plötzlich eine Mutter, daß auch das Bild auf dem Bildschirm in gewisser Weise zur Nachahmung anregt. Sie saß aber selber gern vor dem Fernsehapparat und sagte mit einem Seufzer: ‹Ist also wirklich der Sinn der Sache, daß man sein ganzes eigenes Dasein für die Kinder opfern soll?›»

Macht die Welt der Phantasie weltfremd?

Wenn kleine Kinder immer wieder dazu ermuntert werden, in der Welt der Phantasie zu leben, laufen sie da nicht Gefahr, weltfremd zu werden?
Wie wir aus dem Vorherigen gesehen haben, nimmt das Kind alles in sich auf, was es in der Umgebung gibt und sich in äußeren Gebärden ausdrückt. Sind die Menschen in seiner Umgebung weltfremd, ist die Gefahr der «inneren Ansteckung» groß. Wenn sie mit beiden Beinen auf der Erde stehen und einen Sinn für die praktischen Seiten des Lebens haben, färbt auch diese Haltung dem Leben gegenüber auf die Kinder ab. Hier, wie auch sonst, spielen natürlich in der Regel die Eltern eine zentrale Rolle. Aber auch die Kindergärtnerin kann durch ihre ganze Haltung einen wichtigen Einsatz geben.

Wie kommt ein Kind darauf, den Menschen in solchen Formen zu malen? Die Darstellung des Rumpfes als ein großes Rad läßt erahnen, wie bildhaft dieses vierjährige Mädchen den menschlichen Leib erlebt (Stuttgart).

Einige Grundzüge der Pädagogik

DER TAGESRHYTHMUS

Jedes Kind lebt in dem Rhythmus von Wachen und Schlafen, Aufnehmen und Vergessen. Wenn man den Tagesrhythmus und die größere Runde des Jahreslaufes bei der Gestaltung der Stundenpläne und der Einteilung der Stoffpläne berücksichtigt, entstehen methodische Besonderheiten der Erziehungskunst, von denen einige angedeutet werden sollen:

- Der Tagesrhythmus wird berücksichtigt
- Der Epochenunterricht verstärkt die Konzentration
- Das künstlerische Üben dient als Willensschulung
- Das gesprochene Wort wirkt auf das Gefühlsleben

Wir wollen mit einem Vergleich beginnen. Nehmen wir an, ein Angestellter eines großen Warenhauses würde folgende Einteilung seines Arbeitstages zu absolvieren haben:

8.30– 9.20	Dienst in der Telefonzentrale
9.30–10.20	Verkaufstätigkeit in der Parfümerieabteilung
10.30–11.20	Fakturieren im Büro
11.20–12.05	Mittagessen
12.05–13.30	Darlehensverhandlung mit der Organisation der Sparkassen
13.50–14.30	Aufräumen
14.40–15.30	Malen von Reklameschildern
15.40–16.15	Programmierarbeiten

Niemand würde einem Erwachsenen ein so buntgewürfeltes Tagesprogramm zumuten; es wäre unrationell. Aber den Schulkindern wird das Durcheinander des Stundenplanes nach diesem Prinzip auferlegt. Rudolf Steiner beschreibt in dem volkspädagogischen Kurs, wie ein solches Vorgehen auf die Konzentrationskraft des Kindes eine zerstörende Einwirkung hat. In den Waldorfschulen versucht man, die Arbeit eines jeden Tages organisch aufzubauen.

Am Morgen fällt es dem Kind am leichtesten, sich gedanklich zu beschäftigen. Der Schultag beginnt darum mit den Fächern, bei denen Wissen und Verstehen, Denken und Vorstellen besonders betont werden müssen. Jedes Fach wird durch einige Wochen allmorgendlich im sogenannten «Hauptunterricht» als eine Epoche, eine größere Unterrichtseinheit gegeben.

Darauf folgen jene Fächer, die einer ständigen rhythmischen Wiederholung bedürfen in Einzelstunden: die Fremdsprachen, Eurythmie und Turnen, Musik und Religion. – Handarbeit, Handwerk, Gartenbau, Übungen in naturkundlichen Experimenten u. ä. werden möglichst auf den späten Vormittag oder den Nachmittag verlegt. Nach den Stunden des wiederholenden Übens kommen also die Beschäftigungen künstlerisch-praktischer Art. Auch die Hausaufgaben sollen diesen Charakter tragen: Üben, Ausgestalten, Fertigkeiten erwerben.

Auf diese Weise wird zumindest versucht, nicht nach den Bedürfnissen und Bequemlichkeiten der Lehrer, sondern aus dem natürlichen Tagesrhythmus heraus den Schultag zu gliedern. Zwischen Aufnehmen, Erleben und Ausführen, Gestalten, zwischen Einatmen und Ausatmen schwingt dieser große Rhythmus.

Im Kleinen wiederholt sich dieser Pendelschlag aber in jeder Stunde. Wird dem Gedächtnis und dem Nachdenken zu viel Zeit gewidmet, werden die Kinder blaß und müde. Das erlebende Gefühl, der tätige Wille röten die Wangen wieder. Besonders in den unteren Klassen muß der Lehrer darauf achten, wie er mit seinem Unterricht in die Gesundheitsverhältnisse der Heranwachsenden hineinwirkt.

Zur Gesundung durch den Unterricht einerseits und zum Verarbeiten des Stoffes andererseits gehört die Aufmerksamkeit des Lehrers auf das Vergessen, wie es Rudolf Steiner immer wieder angeregt hat. Im Spanischen gibt es für das deutsche Wort vom «Beschlafen eines Entschlusses» den schönen Ausdruck: «Ich will es mit dem Kopfkissen beraten.» Es ist eine allen Menschen zugängliche Erfahrung, daß die Bewußtseinslage im Schlaf nicht ein Verlöschen unserer Beschäftigungen mit sich bringt, sondern eine Verwandlung, eine Klärung. Wie der Unterrichtsstoff am nächsten Morgen, wie die Erlebnisse des Vortages in den Schülern wieder auftauchen, ist für beide, für Lehrer wie Kinder, höchst bedeutsam. Das Wort «vergessen», hat einen Anklang an «Verdauen», an Umwandlung einer Speise in Kraft und Fähigkeiten. In allen handwerklichen Tätigkeiten wird es deutlich: müßte ich jeden Handgriff bewußt dirigieren, käme ich nie zu einer vollen Geschicklichkeit mit dem Handwerkszeug. Ich muß vergessen, wie ich den einzelnen Buchstaben einmal erlernte, um die Fähigkeit des flüssigen Schreibens zu erwerben. Fixe Ideen können nicht genügend untertauchen, sie drängen sich immer an die Oberfläche des Bewußtseins. Dagegen zeigt die Unfähigkeit, sich an etwas zu erinnern, an, daß entweder die Wahrnehmungen und Erlebnisse versanken oder nicht durch genügende Wärme des Interesses «eingebrannt» worden sind. – Bei der Pflege des Gedächtnisses und dem Erwerben von Fähigkeiten spielt das richtige Vergessen eine ebenso bedeutende Rolle wie das gut gegriffene Heraufholen und Erinnern.

Der «Hauptunterricht», eine Unterrichtseinheit in den ersten beiden Morgenstunden, wird deshalb sorgfältig eingeleitet durch den sogenannten «rhythmischen Teil», der in den untersten Klassen einen breiteren Raum, bis zu 20 Minuten einnimmt. Er weckt die Kinder auf, schließt sie zur Klassengemeinschaft zusammen, stimmt sie auf den eigentlichen Unterricht ein.

EPOCHENUNTERRICHT

Es wird geflötet, gesungen und rezitiert, rhythmische Übungen werden – in den ersten Klassen – geklatscht und gestampft, mit verschiedenartigen Sprachübungen werden die Kinder in ihrem eigenen Sprechvermögen «kultiviert». Dann wird aus der Wiederholung des Unterrichtsstoffes von gestern die Summe gezogen, die moralische Vertiefung, das Naturgesetz aus den Experimenten des Vortages, die gefühlsmäßige Beurteilung der gestern erlebten Gestalten der Geschichte oder die Zusammenschau der erworbenen Kenntnisse über ein Tier. Aus dieser Konzentration in der Betrachtung ergibt sich organisch das Weitergehen in den Darstellungen des Lehrers. Er wird bildhaft schildern, unter Berücksichtigung der Temperamente, spannend und lösend, die Kinder in das Erleben eintauchend. – Nun kommt das Tun zu seinem Recht: Schilderungen oder Zusammenfassungen oder Zeichnungen werden in das Epochenheft eingetragen. – Die Stunde klingt aus im Erzählstoff, der von Klasse zu Klasse wechselt und den Charakter eines ganzen Schuljahres kennzeichnet: Märchen in der ersten Klasse, dann Fabeln und Legenden, biblische Geschichten, germanische Mythologie, griechische Götter- und Heldensagen usw.

Sonnenboot mit Menschen, von einem Vorschulkind dargestellt.

Die Unterrichts-Epochen der ersten Klasse sind lang und noch wenig differenziert. Formenzeichnen, sinnige Erzählungen aus Natur und Jahreszeiten, Umwelt und Heimat des Kindes, Schreiben und Lesen, Rechnen wechseln so ab, wie man es den Kindern abspürt. Immer mehr spezialisieren und differenzieren sich später die drei bis vier Wochen dauernden Hauptunterrichtsepochen, die jeweils ein Gebiet so weit fördern, daß die Kinder das Gefühl erhalten, etwas erreicht zu haben: Muttersprache, Sachkunde, Erdkunde (Heimatkunde zunächst), Tierkunde und Menschenkunde, Pflanzenkunde, Gesteinskunde, Physik, Chemie, Geschichte, Rechnen und Geometrie usw.

Übungsarbeiten, Nacherzählungen, kleine Arbeiten setzen ein und sollen den Schülern die Befriedigung geben, etwas zu können – oder den Ansporn, besser und fleißiger zu üben.

Da die Epochen mitunter nur zweimal im Jahr das gleiche Fach fortsetzen, haben die Kinder Zeit zum Vergessen. Was die Nacht zwischen den Unterrichtstagen, das bedeutet die Pause zwischen den Epochen eines Faches. Um aus Kenntnissen Fähigkeiten zu bilden, ist das Erinnern und Wiederbegegnen des Untergesunkenen genauso wichtig wie das Erwachen aus dem Schlaf. Gerade wenn ein neues Unterrichtsgebiet die Gemüter ergreift und das abgeschlossene verdämmert, das eben noch im Schülerleben «Epoche machte», geschieht etwas höchst Bedeutsames. Immer wieder ist die Erfahrung überraschend, daß gerade das mit Begeisterung aufgenommene, in sich zu einem großen Bilde ausgestaltete Unterrichtsgebiet beim «Wieder-Holen» einen höheren Reifegrad, eine inzwischen erwachsene Fähigkeit zeigt. Aber auch das nicht voll Verstandene – z. B. im Rechnen – kann plötzlich leicht und selbstverständlich wiedererscheinen. Es gibt keine Arbeitsform, die so große Möglichkeiten bietet, das Interesse der Kinder zu konzentrieren, zu aktivieren und das Stoffgebiet zu so geschlossenen, einprägsamen Bildern auszugestalten.

Das Prinzip der Unterrichts-Epoche bewährt sich auch bei anderen Fächern. Besonders in den höheren Klassen werden handwerkliche, technologische und künstlerische Gebiete in den Nachmittagsstunden auf diese Weise erarbeitet.

Man kann die konzentrierende Kraft dieser Arbeitsweise selbst erfahren, wenn man sich als Erwachsener Themen stellt, die man eine Zeitlang intensiv bearbeitet, bis das selbstbestimmte Ziel erreicht ist, um dann zu etwas anderem überzugehen. Es wirkt dieses Vorgehen auf das Kind wohltuend, disziplinierend, besonders inmitten einer Zivilisation, wo Reizüberflutung und Zerstreuung eine so gewaltige Rolle spielen.

KÜNSTLERISCHES ÜBEN

Das Malen, Zeichnen, Modellieren, das Musizieren, Rezitieren und Aufführen von dramatischen Szenen ist in den unteren Klassen in allen Fächern in den Unterricht einverwoben. Viele dieser Gegenstände – selbst Rechnen, Grammatik oder Erdkunde – werden gelegentlich in kleinen szenischen Spielen dargestellt, die dann den Eltern vorgeführt werden oder auf der «Monatsfeier» die Anteilnahme sowohl der jüngeren wie der liebevoll herabschauenden Großen wecken.

Die Waldorfschulen wollen keine Spezialisten in der Schulzeit ausbilden, sondern vielseitig gebildete und interessierte Menschen, die einmal in der Lage sein sollen, das einseitig spezialisierte Berufsleben gesund auszuhalten. Schon gar nicht soll «Kinder-Kunst» produziert werden. Bei den künstlerischen Übungen handelt es sich um etwas ganz anderes.

Wenn man in Holz oder Ton an der charakteristischen Gebärde eines Tieres arbeitet, beim Malen oder Zeichnen um das ringt, was das Material für die gestellte Aufgabe nur hergeben kann, wenn man zwischen Wagnis und Geduldsprobe am Entstehen eines Bildes schafft, erlebt man den Einsatz der ganzen Persönlichkeit. Die Feinheiten des Tones, die Nuancen eines lyrischen Chorgesanges oder eines Instrumentalstückes im Zusammenklang herauszuarbeiten, verlangt Ausdauer und die Fähigkeit zu beharrlichem Üben. Die Krisen und Katastrophen beim Einüben eines größeren Spieles – auf der Bühne oder beim Kulissenmalen und Kostümnähen – sind große Prüfungen des Zusammenhaltes, werden aber auch zu schönen Erfahrungen des gemeinsamen, sich zusammenschließenden Lebens. Und welche Befriedigung, wenn dann der Beifall alle Mühen, Verzweiflungen lohnt und das «Glück der künstlerischen Arbeit» bestätigt!

Alle diese künstlerischen Übungen und Entwicklungen sind Willensübung. Es gibt keine bessere Willensschulung, als etwas mit Freudigkeit wieder und immer wieder zu üben, gerade wenn Schwierigkeiten und Hindernisse zu überwinden sind. Der Erwachsene kann sich *alles* als Übungsgegenstand erwählen, das Kind braucht das Schöne, es braucht die Freude an der Aufgabe. Alles Künstlerische, wenn es nur vom Lehrer lebendig und phantasievoll gepflegt wird, erfüllt diese Forderung. Seine Impulse, seine freudige Anteilnahme am kindlichen Gestaltungsprozeß erneuern und vertiefen ständig den Arbeitseinsatz des Kindes. (Siehe auch den Abschnitt «Die Rolle künstlerischer Betätigung» Seite 40.)

DAS LEBENDIGE WORT

Wir wollen unsere Erfahrungen realistisch prüfen: Wie selten wird ein Schulkind sagen: «Nun habe ich ein so gutes Lehrbuch bekommen in diesem Fach, nun lerne ich so viel mehr» – oder «ein so schlechtes, jetzt habe ich die Freude am Lernen verloren.» Umgekehrt hört man aber sehr oft: «Dieses Jahr hatte ich einen tollen Lehrer, darum habe ich so viel gelernt wie noch nie» – oder «den kann ich nicht leiden, ich habe alle Freude an diesem Fach verloren und in diesem Jahr nichts dazu gelernt». Dieses menschliche Gesetz gilt in den Unterklassen nicht nur der Waldorfschulen, es ist allgemeingültig. Es entsteht aus dem Wesen des Kindes. Die technischen Hilfsmittel oder die Lehrbücher können noch so raffiniert sein, sie wiegen wenig, wenn man sie an dem alles überwiegenden Faktor der Fähigkeiten und der Hingabe eines Menschen, des Lehrers mißt.

In den Waldorfschulen hat man die Wirklichkeit dieses Gesetzes sehr ernst genommen. Der Lehrer wird die Gefahr der Subjektivität dadurch überwinden helfen, daß er von sich weg und zum Stoffinteresse hin erzieht. Vor allem aber wird er das Phänomen, das hier vorliegt, bejahen und fruchtbar machen. Das lebendige Wort ist so bedeutungsvoll, daß das Lehrbuch in den ersten Schuljahren entschieden, aber noch bis in die höheren Klassen hinauf weitgehend vermieden wird.

Der rote Faden, der eine gut gebaute Unterrichts-Epoche durchzieht und sie von der Vorbereitung über den Höhepunkt bis zum abrundenden und neue Fragen für die nächste Epoche aufwerfenden Schluß zu einem geordneten Ganzen macht, ist in keinem Lehrbuch zu finden. Er wird vom Lehrer erarbeitet im Hinblick auf seine Klasse und auf die erzieherische Wirkung seines Stoffes. Aus vielen Büchern holt er seine Kenntnisse, aus der Menschenkunde das Wissen um die pädagogische Bedeutung des Gebietes.

Darüber hinaus werden Bücher wohl als Lesestoff neben dem Inhalt des Hauptunterrichtes verwendet, aber dann möglichst Originalarbeiten, die einen künstlerischen oder wissenschaftlichen Wert besitzen. Besonders für den Fremdsprachen-Unterricht sind Lesebücher natürlich unumgänglich notwendig. Aber auch hier wird dem originalen Dichterwort der Vorzug gegeben vor solchen Schülerausgaben, die speziell zurechtgemacht sind.

Wenn der Lehrer sich seine mündliche Darstellung selber erarbeitet, setzt eine solche Arbeitsweise gründliche Vorbereitung des Unterrichts voraus. Sie eröffnet andererseits die Möglichkeit, auf die spezifischen Verhältnisse in einer Klasse, ja auf die in ihr vorhandenen Individualitäten und Schicksale durch die Stoffwahl einzugehen. Aktuelle Fragen und Probleme können so eine objektive Beantwortung finden, wenn der Lehrer fleißig ist und Einfälle hat (siehe auch «Erzählungen für Lebensprobleme» Seite 97). Die lebensvolle, von innerem Engagement des Lehrers getragene Unterrichtsdarstellung ermöglicht die Mitarbeit von Schülern der verschiedensten Begabungsgrade und Begabungsrichtungen. Wenn in der subjektiven Verfassung des Lehrers eine Gefahr gesehen wird, muß man die Erfahrungen entgegenhalten: der Lehrer kann niedergeschlagen, müde oder durch persönliche Erlebnisse beeindruckt sein während der Vorbereitung – er lernt aber, wenn er die Klasse betritt, den persönlichen Ballast vor der Türe abzusetzen und im Angesicht der Kinder und unter dem Eindruck des zu gestaltenden Stoffes sein «privates Ich» zu vergessen. Er wird bemerken, wie er in der Produktion aus Quellen, die außerhalb seiner selbst liegen, Inspirationen empfängt. Er bekommt die Kraft, seiner Stunde den Wechsel von tiefem Ernst und Humor, von Spannung und Lösung, von Befestigung und Lockerung des ichhaften Engagements der Schüler zu geben. Wir trauen als moderne Menschen oft den «Gefühlen» nicht, sprechen von Emotionen und ihnen gegenüber von erstrebenswerter Objektivität. Aber das Kind in der Zeit vor der Pubertät bedarf der starken seelischen Regsamkeit, es will die Fähigkeit erwerben, mit dem Erleben in einen Zusammenhang einzutauchen, der außerhalb seines Horizontes liegt – es soll ja Weltinteresse entwickeln. Ist der Lehrer selber ein Beispiel für ein gebändigtes und doch gefühlsstarkes Erlebnisvermögen, entwickelt er auch das «Gefühlsleben» der Kinder: Der engagierte Lehrer wird engagierte Schüler finden. Gehört das nicht zum Wichtigsten, was Unterricht und Erziehung überhaupt erreichen können? Und die Fähigkeit zur Mitfreude, zum Mitleiden, zum Mitgefühl ist doch die Grundlage für alle sozialen Fähigkeiten. Die wirkungsvolle Methode für eine soziale, vollmenschliche Erziehung – gerade mitten im Zeitalter der technischen Informationen und Medien – ist das lebendige Wort, das von Mensch zu Mensch geht.

DIE ARBEIT MIT BÜCHERN UND EPOCHENHEFTEN

Oft wird die Frage gestellt, ob die Kinder nicht an Autoritäten gebunden werden, wenn sie den Stoff nur durch den Mund des Lehrers mitgeteilt bekommen. Aber auch der Lehrer orientiert sich aus Sachbüchern und wird diese den älteren Kindern und Jugendlichen in zunehmendem Maße empfehlen. Ja, das einmal geweckte Interesse der Schüler, verbunden mit ihrer Erziehung zu wachsender Selbständigkeit, wird sie gerade zu eigenem Lesen anspornen. Auch kann man früh mit kleinen Referaten beginnen, schon in der fünften, sechsten Klasse, wenn die Aufgaben entsprechend der individuellen Möglichkeit gestellt werden. Im siebenten und achten Schuljahr sollen dann größere, selbstgewählte Jahresarbeiten, die in der Klasse vorgetragen werden, hinzutreten. Lehrbücher aber, in denen man ein vorgeschriebenes Kapitel nach dem anderen absolvieren muß, wirken gegenüber der freien Lehrerdarstellung viel einseitiger.
Gibt es also keinerlei Lehrbücher? Doch – aber die Schüler fertigen sie selber an. In den sogenannten «Epochenheften» sammeln sie den Extrakt einer Unterrichtsperiode. Die Texte werden bis zur 8. Klasse in der Regel vom Lehrer diktiert oder in der Klasse gemeinsam erarbeitet. Die Illustrationen sind ganz das Werk der Kinder, höchstens daß der Lehrer Skizzen und Motive an der Tafel andeutet. Erste zusätzliche Eigenbeiträge im Epochenheft bereiten die Unterrichtsprotokolle und in zunehmendem Maße selbständig formulierte Texte der Epochenhefte der Oberstufe vor. Einen Text klar, verständlich und knapp abzufassen, ist eine äußerst wichtige Übung. Aber auch Zitate und wesentliche Literaturstellen hinzuzufügen, ist dann für den Jugendlichen eine für sein ganzes Leben wichtige Fähigkeit. Manche Schüler der Oberstufe ziehen es vor, mit Hilfe von guten Lehrbüchern und geeigneten wissenschaftlichen Werken in ganz individueller Weise die Texte ihrer Epochenhefte zu schreiben.

DIE ROLLE KÜNSTLERISCHER BETÄTIGUNG

Das künstlerische Üben stellt uns vor Probleme, die uns auch die Umwelt auferlegt. Es kommt auf das Material an, das bearbeitet werden soll: Farben, Holz, Ton, ein Bewegungsschema, ein Dichtwerk. Wir können *die Aufgaben* nicht lösen, wenn *wir* uns nicht lösen, wenn wir uns nicht ins Material einleben. Dieser Prozeß des Sich-Einlebens hat nicht selten eine ganze Skala von Seelenbewegungen zur Folge: Erwartung, Enttäuschung, Zorn, Resignation, Nachdenken, Überraschung, neue Hoffnungen, neue Willensanstrengung, intensive Freude an der schöpferischen Tätigkeit. Aber die Anteilnahme bleibt nicht auf der seelischen Ebene. Sie geht tief hinein bis ins Physische, in die Finger, bis zu den Zehenspitzen hinunter.

Das künstlerische Üben hat eine Sonderstellung in unserem Leben. Das Dasein im Zeitalter der Technik ist erfüllt von physischen Handlungen, die mehr oder weniger automatisch vollbracht werden: Licht anknipsen, die Heizung aufdrehen, die Geschirrspülmaschine in Gang setzen, in der Untergrundbahn Platz nehmen usw.

Gewisse Tätigkeiten fordern auch geschärfte Aufmerksamkeit. Wer ein Auto lenkt, einen Kran manövriert oder einen Zahnbohrer handhabt, darf nicht einen Augenblick nachlassen. Aber die Konzentration ist kühl. Es gilt achtzugeben, zu lauschen, zu bedenken. In der ganzen Skala von Sinnesorganen und Fähigkeiten des Willens sind es da bloß einige wenige, die in Anspruch genommen werden.

Wer in einem künstlerischen Üben begriffen ist, befindet sich in einer ganz anderen Situation. Hier gibt es keine Tätigkeiten, die auf Routine beruhen. Volle Konzentration ist freilich notwendig, aber sie umspannt ein breites Register. Autofahren zu lernen mag noch so spannend sein, kann aber nicht so vielseitige und so tiefe innere Erfahrungen auslösen, ergibt auch nicht annähernd das gleiche Ergebnis von rein körperlicher Anteilnahme wie das Modellieren einer Skulptur, das Einüben eines Musikstücks auf einem Instrument oder die Gestaltung einer Rolle in einem Theaterstück.

Unser Dasein ist an physischen Tätigkeiten, an denen man mit Leib und Seele voll beteiligt ist, unendlich arm geworden.

Kinder und Kunst

Eine der charakteristischsten Eigenschaften von Kindern ist ja die, daß Seelisches und Körperliches so intensiv miteinander verbunden sind. Der Erwachsene ist darauf eingestellt, seine Affekte nicht sichtbar werden zu lassen, auch wenn es nicht immer gelingt. Die Kinder machen instinktiv das Gegenteil: sie stampfen auf den Boden, wenn sie böse sind, und machen einen Sprung, wenn sie froh sind.

Wenn man die Seelenregungen bei den Kindern durch künstlerische Tätigkeiten zum Ausdruck kommen läßt, so bedeutet dies, daß man ihren tiefsten Bedürfnissen freien Lauf läßt . . . aber nicht einen beliebigen Lauf. Die innere Beteiligung der Kinder an künstlerisch schöpferischer Tätigkeit wurde mitunter als ein «Sichabreagieren» angesehen. Wenn aber dies der Fall wäre, dann könnten wir sie ebensogut auf ein leeres Blechfaß trommeln, sie ein paarmal ums Haus laufen oder altes Porzellan zerschlagen lassen. Kunst ist Gestaltung, sowohl in der Welt der Dinge wie im Reiche der Seele. Manche künstlerischen Aufgaben verlangen eine innere Haltung, zu der wir instinktiv gar nicht imstande sind. Der Vorsichtige kann gezwungen sein, kühn zu werden, der Übermütige, bedachtsam zu sein, der Willensschwache, Ausdauer zu zeigen, der Eigensinnige, anpassungsfähig zu werden.

Daß künstlerische Beschäftigungen eine erzieherische Wirkung auf Kinder haben, ist unzählige Male beobachtet und betont worden. Aber nicht immer wird eingesehen, als wie tiefgehend und nachhaltig sich diese Wirkung erweist.

Diejenigen Gewohnheiten und Vorbilder für das Handeln, die während des Nachahmungsalters in uns ausgebildet werden, sind am tiefsten eingewurzelt. Teilweise ändern sie sich auf mehr oder weniger natürliche Weise im Laufe der Jahre, parallel mit veränderter Umgebung und veränderter Lebenshaltung; manches bleibt. Alles was bleibt, ist unter der Schwelle des Bewußtseins verborgen und läßt sich kaum erschüttern. Zu diesen gehört beispielsweise die positive oder negative Grundeinstellung zur Umwelt und zu anderen Menschen. Wir könnten als Erzieher dazu beitragen, daß auch ein anderer tief ruhender «Instinkt» bei den Kindern zu einem dauernden wird: Anteil an allem zu nehmen, was ihnen aus der Außenwelt entgegenkommt, sich damit zu beschäftigen und zu versuchen, es zu gestalten. Es gibt keine wirksamere Betätigung für die Pflege dieser Grundeinstellung bereits in früher Kindheit als gerade die künstlerische. Durch sie gewöhnt sich der Mensch daran, mit allen seinen Seelenfähigkeiten und mit jeder Fiber seines Körpers in dem Ringen mit einem Problem aufzugehen, das sich ihm als wichtig erweist, nicht weil seine Lösung einen besonderen materiellen Vorteil bringt, sondern weil es rein menschlich gesehen interessant ist. Es wird der Grund zur Fähigkeit gelegt, Interesse zu pflegen und zu entwickeln.

Figur unter Tage (Bergwerk) (Heimatkunde 4. Klasse Bergen).

Ein Kulturproblem

Interessen zu haben: das scheint zunächst noch nicht so bedeutend zu sein. Aber die Frage, wie wir unseren Kindern und Jugendlichen die Fähigkeiten und Aktivitäten vermitteln sollen, die ihr weiteres Leben reich und sinnvoll gestalten können, ist tatsächlich eines der größten Kulturprobleme. Für einen Heranwachsenden kann über sein ganzes Leben entscheiden, daß ihn ein wirkliches Interesse erfüllt, an das er sich halten kann, wenn er in das Alter kommt, in dem alles zu schwanken beginnt.

In den industrialisierten Teilen der Welt wird allmählich die Frage, was die Menschen mit der ständig vermehrten Freizeit machen sollen, immer akuter. Es ist auch eine Tatsache, daß die durchschnittliche Lebenszeit immer länger wird, während die Pensionsaltersgrenze eher sinkt.

Menschen mit intensivem Interesse sowohl für die Probleme der großen Welt als auch für die Dinge und Menschen in ihrer näheren Umgebung können sich durch ihre Aufgeschlossenheit oft bis in ein hohes Alter lebendig und entwicklungsfähig halten; sie pflegen bei aller individuellen Verschiedenheit einige gemeinsame Züge aufzuweisen: eine künstlerische Anlage und eine gewisse naive Offenheit. Unter alten Menschen dieser Art findet man sowohl weltbekannte, großangelegte Naturen wie Leonardo da Vinci und Goethe als auch die alltäglichen, ganz unbekannten «rüstigen Alten», für die wohl jedermann Beispiele in seiner nächsten Umgebung kennengelernt hat. Es ist ja keineswegs immer so, daß diese Menschen berufsmäßig auf einem künstlerischen Gebiet tätig sind. Aber schon ihre Art, Ereignisse und Vorgänge zu beschreiben, hat – besonders bei Leuten, welche auf dem Lande leben – oft einen Zug von tätiger Künstlerschaft. Ihre Rüstigkeit ist nicht immer ein Anzeichen von guter Gesundheit; ihre Vitalität kann bloß auf der Fähigkeit beruhen, sich für die Außenwelt zu interessieren, vielleicht auch auf der Fähigkeit, dadurch ihre Altersbeschwerden vor ihrer Umgebung zu verbergen.

Wie kommt es nun, daß künstlerische Anlage die Fähigkeit mit sich bringt, Vitalität zu erzeugen und zu bewahren? Rudolf Steiner schildert, wie künstlerische Beschäftigungen durch ihr breites Register von Seelenerlebnissen und durch das intime Zusammenspiel psychischer und physischer Tätigkeiten allmählich zur Folge hat, daß der Körper sich ändert: er wird zugänglicher, empfänglicher für Impulse, die aus dem Innern des Menschen kommen. Er wird zu einem geschmeidigen, harmonischen Organ, auf dem die Individualität durch ihre Seelenkräfte spielen kann. Hier gilt wieder einmal: je früher dieser Prozeß beginnen kann, desto besser ist es.

VOM FORMEN-ZEICHNEN

Schon zu Anfang der ersten Klasse beginnt man mit elementaren Formenzeichnungen.

Rechts: Symmetrieformen.

Schlangenwindung eines Runensteins als Formübung (4. Klasse Stuttgart).

Das Problem der Kontur

Wir erinnern uns sicher alle daran, wie es zuging, als wir in unserer Kindheit etwa ein Pferd zu zeichnen versuchten.
Wir zeichneten eine scharfe Umrißlinie auf, die den Kopf, die Vorderfüße, den Leib, die Hinterbeine, den Schwanz einrahmen sollte – und dann sah es gar nicht nach einem Pferd aus. Was nun, wo hab ich da einen Fehler gemacht? Her mit dem Radiergummi! Jetzt sollen der rechte Vorderfuß und die Schnauze so wie bei einem Pferde werden! Nein, es war wieder nicht gut. Wiederum mit dem Gummi drauf los! Bei jedem neuen Radieren blieben deutliche Spuren von der früheren Kontur zurück. Hatte man oft genug geändert, gab es zum Schluß eine Masse unauslöschlicher «Gespensterformen» um das Pferd herum. Als man es zum Schluß mit Farben anlegen wollte, war nicht mehr viel Schaffensfreude übriggeblieben – wenn man nicht überhaupt schon früher aufgegeben hatte.
Die Kontur, diese scharfe, eingeätzte Form, hat etwas getötet. Nicht nur auf dem Bilde, auch in dem, der sie zeichnete.
Natürlich – man kann auch auf diese Weise allmählich zeichnen lernen. Tausend und aber tausend Zeichner in aller Welt haben sich auf diese Weise geübt und so allmählich die Fähigkeit erworben, die Umrißlinie einigermaßen zu treffen und damit die überlegene Kunst der Charakterisierung anzuwenden. Die Geschicktesten werfen mit unglaublicher Sicherheit nur ein paar Striche hin, und das Wunder ist fertig.
Aber die Tatsache bleibt bestehen: Wenn wir beispielsweise auf der Straße Menschen von der Seite sehen, dann haben sie kein dickes schwarzes Band, das vom Hinterkopf um das Profil herumläuft, den Hals entlang, Arme, Leib, Beine und Füße einrahmt und wieder beim Hinterkopf aufhört. In Wirklichkeit gibt es keine Konturen – nur Farben, die einander begegnen, Farbflächen, die aneinanderstoßen.

Die Formensprache der Wirklichkeit

Die Formensprache, die von der Wirklichkeit gesprochen wird, lernen wir nicht dadurch erfassen, daß wir nur auf die Grenzen schauen, die zwischen den Farben entstehen.
Überall in der Welt gibt es geometrische Formen: die Muster der Schneeflocken, die Sechsecke der Honigwaben, die Vielecke der Kristalle, die Parabelform der Wurflinie, die Spiralen der Schneckenhäuser, die regelmäßige Anordnung der Blattstengel bei vielen Gewächsen, die Proportionen des Goldenen Schnittes in der menschlichen Gestalt, die wunderbaren Kurven, die der Erdball und die Planeten an

den Himmel zeichnen. Es hat Künstler gegeben, die alle Mathematiker in der Fähigkeit übertrafen, die Geheimnisse der geometrischen Verhältnisse zu entdecken und als ein unsichtbares Gerüst ihren Bildern einzuweben, denen es ein Gepräge von vollendeter Harmonie verlieh: Leonardo da Vinci, Raffael, Cézanne und viele andere.

Die geometrischen Gesetzmäßigkeiten im Weltall und in der Kunst zu entdecken, kann zu einem Glückserlebnis von höchstem Ausmaß führen. Die beiden verschiedenen Sprachen der Kunst und der Wissenschaft schmelzen in solchen Augenblicken zu einer Einheit zusammen. Wenn die Schüler der Oberstufe einer Waldorfschule diese Augenblicke mit aller Intensität erleben sollen, nicht nur in der Mathematik, sondern vielleicht auch in Geologie, Physik, Botanik, Menschenkunde, Astronomie und Kunstgeschichte – dann müssen sie eine gründliche Vorbereitung durchgemacht haben.

Geometrie in der Wirklichkeit wiederzufinden, macht den stärksten Eindruck auf denjenigen, der ihre Gesetzmäßigkeiten zuerst unabhängig von aller äußeren Erfahrung kennengelernt hat. Man kann die ganze euklidische Geometrie durchkonstruieren ohne einen Gedanken an ihre Anwendung im Reiche der Wirklichkeit: ihre Gesetze wohnen im Innern des Menschen.

Formenzeichnen – vom ersten Schultag an

Rudolf Steiner empfiehlt, die Kinder mit Geometrie zu beschäftigen, lange bevor sie mit Zirkel und Lineal zeichnen können. Er rät sogar, den Anfang in der allerersten Schulstunde zu machen: mit der Geraden und der Krummen.

Der Lehrer spricht mit den Kindern von ihren Händen und wie der Mensch mit seinen Händen arbeiten kann. Dann ruft er sie alle an die Tafel, einen nach dem andern, und läßt sie einen geraden Kreidestrich machen. Danach dürfen sie alle einen Halbkreis oder Bogen machen. Der Lehrer hat es ihnen vorgezeichnet, sie machen es nach. Von ihrer Art zu gehen, zu schauen, zu zeichnen, kann er viel über sie erfahren.

Die Schüler haben so ihre allererste Schularbeit ausgeführt: eine geometrische Urform.

Aber die Geometrie braucht nicht bei den Händen stehenzubleiben. Sie kann bis in die Füße hinabgehen. Die Kinder gehen auf den Schulhof hinaus, um Kreise und Spiralen zu laufen und dann ins Klassenzimmer zurückzukehren und die gleichen Formen in ihre Arbeitshefte zu zeichnen (siehe Abb. Seite 42). In der Eurythmie werden sie in der zweiten Klasse einen «Achter» miteinander laufen, wobei sich ihre Wege in der Mitte kreuzen. Die Geometrie kann eine unmerkbar ordnende Funktion haben. Es ist angenehm für die Eurythmielehrerin, wenn

Symmetrieformen (2. Klasse Stuttgart).

Wenn der Lehrer eine «halbe» Form an die Tafel malt und der Schüler die Aufgabe erhält, durch die notwendigen Ergänzungen ein vollständiges Symmetriebild in sein Arbeitsheft zu zeichnen, wird manchmal sichtbar, wie die eine oder andere Fähigkeit dem Kinde fehlt – und vielleicht auch, wie der Lehrer zu deren Ausbildung beitragen kann.

sie den Andreas nicht immerzu ermahnen muß, an seinem Platz zu bleiben, sondern sagen kann: «Andreas, du machst eine Beule in unseren feinen Kreis.» Allmählich werden die Eurythmieformen immer verwickelter. Wenn in der sechsten Klasse der eigentliche Geometrieunterricht einen wichtigen Einschlag bringt, kann man parallel zu diesem Unterricht «bewegte Geometrie» im Eurythmiesaal machen.

Das Formenzeichnen wird aber nicht nur als Bewegungsspur geübt. Es ist eine Beschäftigung an und für sich, auch mit Figuren und mit einer Art zu zeichnen, bei der nicht die Bewegung das Wesentliche ausdrückt. Man kann beispielsweise die Schüler eine unvollständige Form ergänzen lassen: setze eine «äußere» oder «innere» Figur nach eigenem Formgefühl, suche das ergänzende Symmetriebild oder komme darauf, wie die spiegelnde Figur aussehen müßte. Die nebenstehenden Figuren sind nach einer Anregung gemacht, die Rudolf Steiner selbst in Vorträgen gab (14. 8. 1923, 15. 8. 1924).

Die lebende Form

Beim Formenzeichnen ist die Linie keine Kontur, d. h. die mehr oder weniger intellektuell ausgedachte Begrenzung einer Erscheinung in der Außenwelt: sie ist Ausdruck für ein inneres Kräftespiel. Sie tötet nicht – sie weckt Leben.

Wenn der Lehrer Phantasie besitzt, kann er die Motive und Anregungen bis ins Unendliche variieren. Dann wird das Formenzeichnen zu einer jener Beschäftigungen, die die Kinder am allermeisten lieben.

Kommt eine andere Art zu zeichnen in den Unterklassen der Waldorfschule nicht vor? Im strengen Sinne eigentlich nicht. Zeichnen und Malen werden so deutlich wie möglich unterschieden. Das Erzählen mit dem Buntstift, das Bildermalen und Illustrieren ist im Grunde «Malen», die Buchstaben und Ziffern werden aus dem Zeichnen in das Schreiben übergeführt. Aber schon in der vierten Klasse sollen die Kinder angeleitet werden, die im Formenzeichnen geübten Winkelbiegungen, Ellipsen und Kurven an Stühlen, Vasen usw. zu entdecken. Es beginnt das Glück, die aus den inneren Kräften gezeichneten und erlebten Formen als die Gestalter der sichtbaren Welt zu erfahren.

Erscheinungen in der Außenwelt in naturgetreuer Weise abzuzeichnen, wird erst in der 7. und 8. Klasse ernsthaft gepflegt, wenn sich die Schüler die Voraussetzungen für eine künstlerische Schwarz-Weiß-Technik erworben haben (siehe Seite 141).

Eine sich ein- und auswickelnde Spirale ist eine schwierige, von vielen Kindern aber sehr geliebte Übung (Stuttgart).

Unten: Entwürfe Rudolf Steiners für Formenübungen.

DER UMGANG MIT FARBEN

Einfacher Farbklang aus einer 1. Klasse (Straßburg).

Unten: Farbübung aus einer 3. Klasse (Reutlingen).

Auf die Frage, was es für einen Sinn hat, daß ein reiner Amateur Bilder zeichnet und malt, würden vermutlich viele Menschen die Antwort geben: «Sich abzureagieren.»

Sich in Farben «ausleben»

Es ist ganz offenbar, daß die Beschäftigung mit Farben unseren aufgeregtesten Stimmungen auf friedliche und harmonische Weise freien Lauf geben kann. Wenn jemand ohnmächtigem Zorn zum Opfer fällt, hat er mehr Freude daran, feuerrote Farbe auf ein Papier zu schmieren, als beispielsweise eine Fensterscheibe einzuschlagen.
Für die Kinder mit ihrem heftigen Gefühlsleben müßte also die Beschäftigung mit Pinseln und Kreiden die ideale Art sein, ihre Emotionen auszuleben und sich vom inneren Druck zu befreien.
Rudolf Steiner hat dieses Phänomen nicht übersehen. Für das Kind im Vorschulalter gab er überraschende Anregungen für praktische Maßnahmen. Dafür ein Beispiel:
«Ein aufgeregtes Kind muß man mit roten oder rotgelben Farben umgeben und ihm Kleider in solchen Farben machen lassen, dagegen ist bei einem unregsamen Kinde zu den blauen und blaugrünen Farben zu greifen.» (Es scheint, daß Steiner hier den Gegensatz zwischen sanguinischen und cholerischen Kindern auf der einen Seite und melancholischen und phlegmatischen auf der anderen Seite meint.) «Es kommt nämlich auf die Farbe an, die als Gegenfarbe im Innern erzeugt wird. Das ist z. B. bei Rot die grüne, bei Blau die orangegelbe Farbe, wie man sich leicht überzeugen kann, wenn man eine Weile auf eine entsprechend gefärbte Fläche blickt, und dann rasch das Auge auf eine weiße Fläche richtet. Diese Gegenfarbe wird von den physischen Organen des Kindes erzeugt und bewirkt die entsprechenden, dem Kinde notwendigen Organstrukturen. Hat das aufgeregte Kind eine rote Farbe in seiner Umgebung, so erzeugt das in seinem Innern das grüne Gegenbild. Und die Tätigkeit des Grünerzeugens wirkt beruhigend, die Organe nehmen die Tendenz der Beruhigung in sich auf.» (Rudolf Steiner, «Die Erziehung des Kindes»)
Wenn man die therapeutischen Möglichkeiten der Farben in den ersten Schuljahren ausnützen will, kann man aber nicht dabei stehenbleiben, daß man die Kinder in bezug auf ihre Erfahrungen «sich ausleben» läßt. Wenn die heutigen Kinder in ihren Zeichnungen und Malereien ihrem Temperament freien Lauf lassen, mag ein düsterer Choleriker immer wieder brennende Städte abbilden, ein unharmonischer Melancholiker z. B. beständig Galgen mit aufge-

hängten Menschen zeichnen usw. Eine ständig wiederholte Beschäftigung mit solchen Motiven kann dazu führen, daß sich das Kind immer mehr in sie hineinsteigert, anstatt sich von ihnen zu befreien. Wenn sogar im besten Falle die Kinder aus eigenem Trieb oder durch Vermittlung des Lehrers oder eines anderen Erwachsenen auf freudigere und gesundere Motive gelenkt werden, kann das «Abreagieren» niemals mehr als eine recht begrenzte Funktion erhalten: Erleichterung zu schaffen. Aber in der Tiefe der Seele wird nicht viel verändert sein.

Sich in die Farben «einleben»

Wer die Farbe nur dazu benutzt, um sich in ihr auszuleben, dringt niemals aus dem Zauberbann des eigenen Selbst heraus. Wer sich jedoch selbstlos in die Farbe einlebt, tritt in eine neue, grenzenlose Welt ein. Sein Inneres wird geweitet und verändert.

Will man die Farben kennenlernen, darf man nicht damit beginnen, ein Motiv der Außenwelt zu studieren und es abzumalen: in diesem Falle würde die Farbe etwas Sekundäres gegenüber der Form, dem Motiv werden. Um die Welt der Farbigkeit zu erleben, ist von den Farben selbst auszugehen – man beginnt mit reinen Farbübungen. Diese Art zu malen wird als die wichtigste in den ersten Jahren einer Waldorfschule vor allem geübt.

Mit Wasserfarben auf feuchtem Papier kann das Kind einigermaßen leicht umgehen, und sie geben ihm ein Gefühl von Raum und Luft. Mit Kreiden kann man beinahe keine Mischungen oder feinere Nuancen hervorbringen, sie eignen sich deshalb weniger für Farbübungen. Außerdem sind schon die Vorbereitungen wichtig: in der Reihe stehen, um das Zeichenbrett, die Farben, Pinsel, das Wasser entgegenzunehmen, Aufspannen des Papiers, das Anrühren der flüssigen Farben. Wenn dabei keine gute Ordnung herrscht, entsteht unausbleiblich eine «Seeschlacht».

Für einen Siebenjährigen ist es ein großes Erlebnis, auf Anregung des Lehrers beispielsweise einen gelben Fleck innerhalb eines blauen Feldes zu malen, und darauf einen blauen Fleck innerhalb eines gelben Feldes. Wenn die Malereien trocken geworden sind, werden sie aufgehängt und andächtig angeschaut. Allmählich kommen die Kinder darauf, daß es Farben gibt, die sich vordrängen: Gelb und Rot in allen Nuancen – und einige, die zurückweichen: Blau, Violett usw. Grün ist mehr neutral. Allmählich wird jede Farbe für die Kinder zu einer Art Persönlichkeit, ein Wesen mit ganz bestimmten Gesten und Eigenschaften. «Sie können mit den Kindern in der Sprache der Farben reden. Denken Sie nur, wie inspirierend es ist, wenn Sie die Kinder verstehen lassen: Da ist dieses kokette Lila und in seinem Nacken sitzt ein freches Rötchen. Das Ganze steht auf einem demütigen Blau. – Sie müssen es gegenständlich bekommen, es wirkt bildend auf die Seele ... Was aus der Farbe heraus gedacht ist, kann man auf fünfzig verschiedene Weisen machen». (Rudolf Steiner in einer Lehrerkonferenz am 15. 11. 1920.)

Der Lehrer kann dieses Üben lange Zeit hindurch fortsetzen und versuchen, den Kindern ein Gefühl für Farbtöne, Farbklänge, Farbenperspektive und Farbenraum zu vermitteln. Haben sie sich daran gewöhnt, die Formen aus den Gebärden der Farben hervorgehen zu lassen, dann wird es auch eine natürliche Sache für sie sein, wenn es darum geht, bei illustrativer Behandlung etwa von Märchen- und Legendenmotiven solche Szenen zu wählen, in welchen die Dinge und Gestalten aus einem Farbklang hervorwachsen können. (Siehe z. B. das Christopherusbild Seite 94.)

In der Arbeit am Temperament der Kinder

Wer sich in das Wesen einer Farbe einleben will, darf nicht ein fertiges Phantasiebild im Kopf haben, wenn er an die Arbeit geht. Er muß geduldig abwarten, was sich ihm auf dem Papier ergibt.

Farbübung (3. Klasse Stockholm).

Farbübung in Rot (3. Klasse Ulm).

Rechts oben: Im Handarbeitsunterricht einer 6. Klasse wird den Schülern oft die Aufgabe gestellt, eine Puppe für ein anderes Kind zu nähen. Durch kleine Eingriffe kann man den ganzen Ausdruck des Puppengesichtes völlig verändern. Die Puppe wird zum Bild des Menschen.

Mitte und unten: Auch die Gesten der verschiedenen Tiergestalten können – vielleicht im Anschluß an den Zoologieunterricht – sehr deutlich zum Ausdruck kommen.

kann das Malen eine unschätzbare Hilfe sein. Verallgemeinernd könnte man sagen: Wenn die Choleriker ihre Farbübungen ausführen dürften, wie sie wollen, dann würden sich dramatisch rötliche Töne über das ganze Blatt auf Kosten der anderen Farben ausbreiten. Die Melancholiker würden am liebsten etwas Kleines und Dunkles ganz oben in der einen Ecke malen. Die Sanguiniker würden irgendwo auf dem Papier etwas Kleines und Helles und Frohes schrecklich schnell hintupfen, um sich sogleich aufs nächste Blatt zu stürzen. Die Phlegmatiker würden etwas Großes und Langweiliges über das ganze Blatt ausbreiten.

Zu lernen, wie das ganze Papier einigermaßen geordnet erfüllt und ausgenützt wird, wie man darauf lauscht, was die Farben wollen, und nicht, was man gerade selbst fühlt, das ist die reine Therapie.

Gelegentliche Besucher einer Waldorfschule oder einer Ausstellung mit Arbeiten von Waldorfschülern fragen öfter: Aber warum ähneln alle Malereien einander? Warum laßt ihr die Kinder nicht zeichnen, wie sie wollen?

Teilweise ist die Antwort schon erfolgt. Es soll auch nicht geleugnet werden, daß leer gewordene Gewohnheiten auch an Rudolf-Steiner-Schulen vorkommen wie an anderen Lehranstalten. Es muß aber betont werden, daß die Art, wie die Waldorflehrer die künstlerischen Probleme zu lösen suchen, den Unterricht im Malen zu einem Übungsweg macht, der nicht von der Willkür der Lehrer bestimmt ist, sondern ganz einfach von der Natur der Farben – und von der Berücksichtigung dessen, was für die Kinder heilsam ist.

Was das intensive Farberlebnis für das spätere Leben des Menschen bedeuten kann, ist schwer mit Worten auszudrücken. Es handelt sich ja um einen inneren Reichtum, der nicht mit Händen zu greifen ist, um Qualitäten und Nuancen, welche zu subtil sind, um sie beschreiben zu können. Aber eines ist sicher: die ganze Welt ist anders für jemanden, der begonnen hat, die stille, ganz unintellektuelle, tief eindringliche Sprache der Farben zu erleben und zu verstehen.

AUS DEM HANDARBEITS- UND HANDWERKSUNTERRICHT

Wer eine Waldorfschule besucht und in die vielen Räume hineinschaut, in denen mit der Hand gearbeitet wird, kann beobachten, daß Jungen und Mädchen so weit wie nur möglich mit denselben Aufgaben beschäftigt sind. Er bekommt auch einen Eindruck davon, wie wichtig die Rolle ist, die diesen Fächern im Rahmen des gesamten Unterrichts zukommt.

Von der Zielsetzung

Die manuellen Betätigungen haben, wenn sie nach künstlerischen und handwerklichen Gesichtspunkten betrieben werden, nur nebenbei auch die Funktion, den Menschen für Situationen vorzubereiten, in die er später im praktischen Leben geraten kann. Die erzieherische Zielsetzung geht weit darüber hinaus. Sie ist allgemeinerer Natur und wurde einmal von Rudolf Steiner folgendermaßen umrissen: «Wenn man weiß, daß unser Intellekt nicht dadurch gebildet wird, daß wir direkt losgehen auf die intellektuelle Bildung, sondern wenn man weiß, daß jemand, der ungeschickt die Finger bewegt, einen ungeschickten Intellekt, wenig biegsame Ideen und Gedanken hat, – derjenige, der seine Finger ordentlich zu bewegen weiß, auch biegsame Ideen und Gedanken hat, hineingehen kann in die Wesenheit der Dinge, dann wird man nicht unterschätzen, was es heißt, den äußeren Menschen mit dem Ziel zu entwickeln, daß aus der ganzen Handhabung des *äußeren* Menschen der *Intellekt* als ein Stück hervorgeht.» (Vortrag vom 26. 4. 1920). Mit anderen Worten: Die handwerklichen Beschäftigungen bereiten den Menschen dazu vor, seinen Willen im Denken zu betätigen.

«Weiche» Handarbeit

Nachdem die Kinder in der ersten Klasse mit Stricken, in der zweiten mit Häkeln begonnen haben, können sie nach und nach dazu übergehen, Kleidungsstücke für sich selbst und andere Menschen zu verfertigen, bis sie im siebten, achten Schuljahr so weit sind, daß sie ein Hemd, ein Kleid, eine Hose oder dergleichen mit der Maschine nähen können. Daß die Jungen, besonders wenn sie sich den Pubertätsjahren nähern, weitgehend mit einigermaßen «robusten» Aufgaben beschäftigt werden (etwa Lederarbeiten, Korbflechten), ergibt sich von selbst.
Das Streben nach einer wenn auch noch so einfachen künstlerischen Formgebung läuft wie ein roter Faden durch den ganzen Unterricht und kommt oft am allerdeutlichsten zum Ausdruck in dem Spielzeug, das die Schüler etwa von der fünften Klasse an verfertigen.

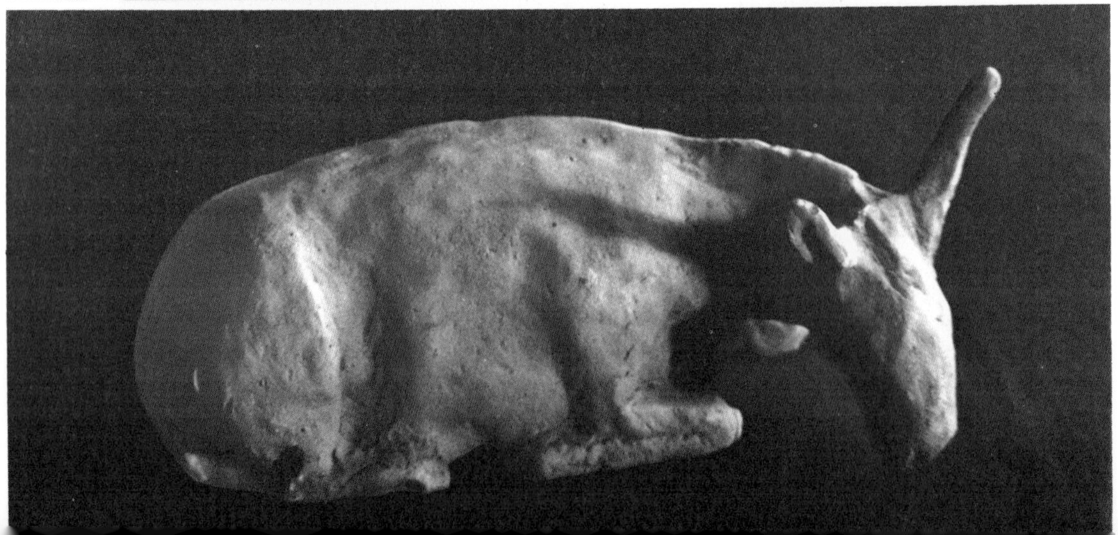

Oben: Der Beginn des Modellierens ist eine Entdeckungsfahrt in das Land der Raumformen (8. Klasse Stuttgart).

Mitte und unten: Aus den spielerisch entworfenen Gebärden können Tiergestalten entspringen (8. Klasse Stuttgart).

Was die Kinder im tier- und menschenkundlichen Unterricht der vierten und fünften Klasse erlebt haben, spielt in die Arbeit hinein. Im Vergleich zu den Tieren sind die Puppen in ihrem Gesichtsausdruck und der harmonischen Form wenig spezialisiert.

Plastizieren und Schnitzen

Was die Kinder von der Eigenart der verschiedenen Tiere erfaßt haben, können sie durch Ton- und Holzarbeiten besonders schön zum Ausdruck bringen.

Das Modellieren stellt den Menschen vor ganz besondere künstlerische Probleme. Man kann Einzelheiten sehr ausdrucksvoll herausarbeiten, aber sie müssen immer in einen Zusammenhang eingeordnet sein. Das Wesenhafte des *ganzen* Tieres muß in der Plastik dargestellt sein.

Wer mit Ton arbeitet, kann immer neues Material auftragen. Dabei ergibt sich ganz natürlich, daß in erster Linie mit konvexen Formen gearbeitet wird. Beim Schnitzen ist es umgekehrt. Man entfernt Material. Die konkave Form wird besonders stark erlebt.

Was zu diesem Erlebnis führt, ist aber ein Willensakt. Es kommt geballte Energie zum Ausdruck, wenn – sagen wir – ein Zwölfjähriger mit Klöppel und Schnitzmesser auf ein unbearbeitetes Holzstück losgeht. Mit dem Schnitzen wird gewöhnlich in der sechsten Klasse begonnen.

Früher oder später macht aber jeder Schüler eine wichtige Erfahrung: Das Material hat auch einen eigenen Willen. Wenn man die Eigenart der betreffenden Holzart – sei es die harte Eiche oder die weiche Linde – nicht genügend respektiert, zersplittert es. Unregelmäßigkeiten im Wachstum (Äste, Anschwellungen und dergleichen) müssen berücksichtigt werden und können – falls man seine Phantasie in Bewegung setzt – oft auch künstlerisch verwendet werden. Wer zum Beispiel einen Löffel anfertigen will, kann manchmal erleben, daß ein einziger Klöppelschlag ihm die Höhlung des Löffels zerstört.

Hier ist nun ein entscheidender Punkt in der Arbeit erreicht. Wenn der Schüler bei jedem entstandenen Defekt das Holzstück sofort wegwürfe, dann würde er immer wieder in die gleiche Situation geraten und nie die notwendige Vorsicht erwerben, vielleicht nicht einmal zum Abschluß einer Arbeit gelangen. Kann aber der Lehrer ihn dazu bringen, auch eine teilweise mißlungene Arbeit zu Ende zu führen, so ist ein wichtiger moralischer Sieg errungen. Findet man etwa ein winziges Löffelchen an einem viel zu langen Stiel, so steckt oft eine solche Geschichte dahinter.

Wer dafür ein Wahrnehmungsorgan hat, läßt sich vom Holz selbst erzählen, wie er es bearbeiten muß.

Oben: Werdegang eines Stopfeis (6. Klasse Marburg).

Mitte: Nicht alle Löffel werden so, wie man sie haben möchte.

Unten: Frei gestaltete Gegenstände, deren Formen den Eigenschaften des Holzes abgelauscht sind.

Freies künstlerisches Schaffen

Im Laufe des vierten und fünften Schuljahrs geht die handwerkliche Arbeit immer mehr in freies künstlerisches Schaffen über. Dieses Anregen des Selbständig-Schöpferischen hielt Rudolf Steiner für besonders bedeutsam: «Das Kind soll aus dem Willen heraus arbeiten, nicht aus irgend etwas, was ihm vorgeschrieben ist ... Man macht die Erfahrung, wie in einem auf das Lebendige gebauten Unterricht tatsächlich die Kinder die Dinge aus sich herausholen.» (Vortrag vom 23. 8. 1922). Natürlich muß ein Lehrer da sein, um die Arbeit zu organisieren. Wenn der Unterricht gesund verläuft, besteht aber, von innen gesehen, die Aufgabe des Lehrers darin, den Schülern zu helfen, ihre eigenen Intentionen zu verwirklichen.

Schönheit und Mechanik

Die künstlerische Orientierung der Arbeit führt die Schüler zunächst wie von selbst und allmählich immer bewußter in wichtige menschliche Gegenwartsprobleme hinein.
Das Industriezeitalter hat uns allen die mehr oder weniger unbewußte Gewohnheit eingeimpft, zwischen Kunstwerken und Nutzgegenständen zu unterscheiden. Die ersteren sind gewöhnlich mit der Hand gemacht und sollen «schön» sein, die letzteren werden in der Regel fabrikmäßig verfertigt und müssen sich vor allen Dingen als «praktisch» erweisen.
Künstler und Techniker, die sich mit der Formgebung von Gebrauchsgegenständen beschäftigen, sind bemüht, die Kluft zwischen diesen Gegensätzen zu überbrücken. Mit den auf vielen Gebieten sich überschlagenden Veränderungen der industriellen Produktionsprozesse ergeben sich auf diesem Gebiet laufend neue Aufgaben. Die gewaltigen Probleme, die hier auftauchen, kommen in der Architektur vielleicht am deutlichsten zum Ausdruck (vergleiche Seite 182 f). Aber auch auf den verschiedensten anderen Gebieten sehen wir uns immer wieder von neuem vor dieselbe weltbewegende Frage gestellt: können wir es uns leisten, unsere Wohnorte, Verkehrsmittel und Arbeitsplätze so zu gestalten, daß sie nicht nur im technischen Sinne rationell, sondern im wahren Sinne des Wortes «menschengemäß», also «schön» sind?
Um hier etwas zu erreichen, braucht man nicht nur tüchtige Fachleute, sondern auch genügend Laien, die für diese Probleme ein so reges Interesse haben, daß sie auch gewillt sind, die mit der Formgebung verbundenen Kosten in irgendeiner Weise mitzutragen.
Durch einen künstlerisch orientierten Handwerksunterricht kann die Schule einen wesent-

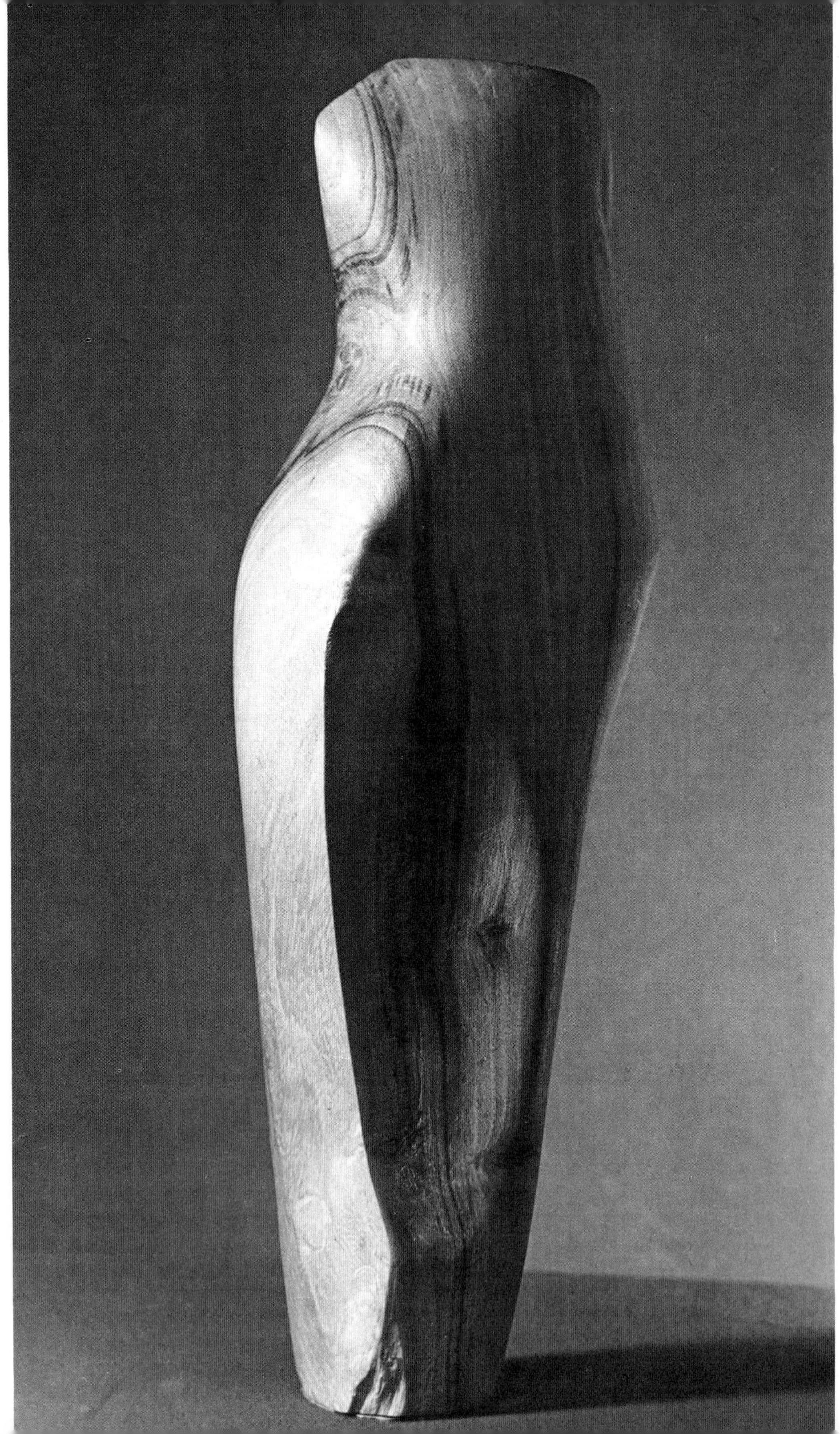

Schönheitsgefühl und Sinn für Mechanik miteinander zu verbinden, ist eine interessante Aufgabe in einer sechsten oder siebten Klasse.

Links: «Temperamentsvögel» aus Oslo (oben); bewegliches Spielzeug aus Stuttgart (unten); freie plastische Form (Oberstufe Amsterdam) (rechts)

lichen Beitrag leisten, um eine neue Gesinnung gegenüber dem sozialen Wirken der Kunst heranzubilden.

Mit etwa zwölf Jahren erreichen die Kinder das Alter, in dem sie mehr und mehr Verständnis für mechanische Funktionen zeigen (vergl. unten S. 132). Wer z. B. ein Spielzeug verfertigen will, etwa den Zwerg mit der Axt, kann nicht umhin, seine technische und seine ästhetische Erfindungsgabe miteinander zu verbinden.

Im Laufe der folgenden Schuljahre können immer mehr solcher Aufgaben gestellt werden. Es handelt sich um ein Arbeitsgebiet mit unbegrenzten Möglichkeiten.

Metallarbeit

Wenn der junge Mensch die Voraussetzungen hat, ein sehr hartes Material zu bearbeiten, ist es wichtig, daß er nicht nur wie bisher mit Textilien, Lehm und Holz, sondern auch mit Metall umzugehen lernt. Die Arbeitsaufgaben, die sich hier ergeben, können für beide Geschlechter gleich interessant und stimulierend sein.

Die rechts wiedergegebenen Bilder zeigen eine Silberschüssel und einen Auszug aus einem Arbeitsheft, wo beschrieben wird, wie man derartige Metallgegenstände verfertigen kann. Sowohl die Schüssel als das Heft wurden teils im Rahmen des Schulunterrichts, teils als freiwillige Nebenarbeit von zwei Mädchen im Alter von etwa 18 Jahren ausgeführt.

In dem handgeschriebenen Text des Arbeitsheftes heißt es unter anderem: «... man braucht als Unterlage ein Stück Holz mit einer hineingesägten Kerbe, da hinein schlägt man die Falten, bis die Schale wie eine Kuchenform aussieht. Man tauscht dann die Unterlage – sie muß jetzt eben sein –, und die Falten werden mit dem Hammer ausgeglättet. Jetzt erhitzt man den Gegenstand, bis er glühend ist. Falls es sich um Silber handelt, muß man es weißkochen. Wenn die Falten zum nächsten Mal ausgehämmert werden, ist es am besten, wenn man sie nicht an der vorigen Stelle anbringt. Auf diese Weise kann man eine Schalenform ziemlich schnell zustandebringen.»

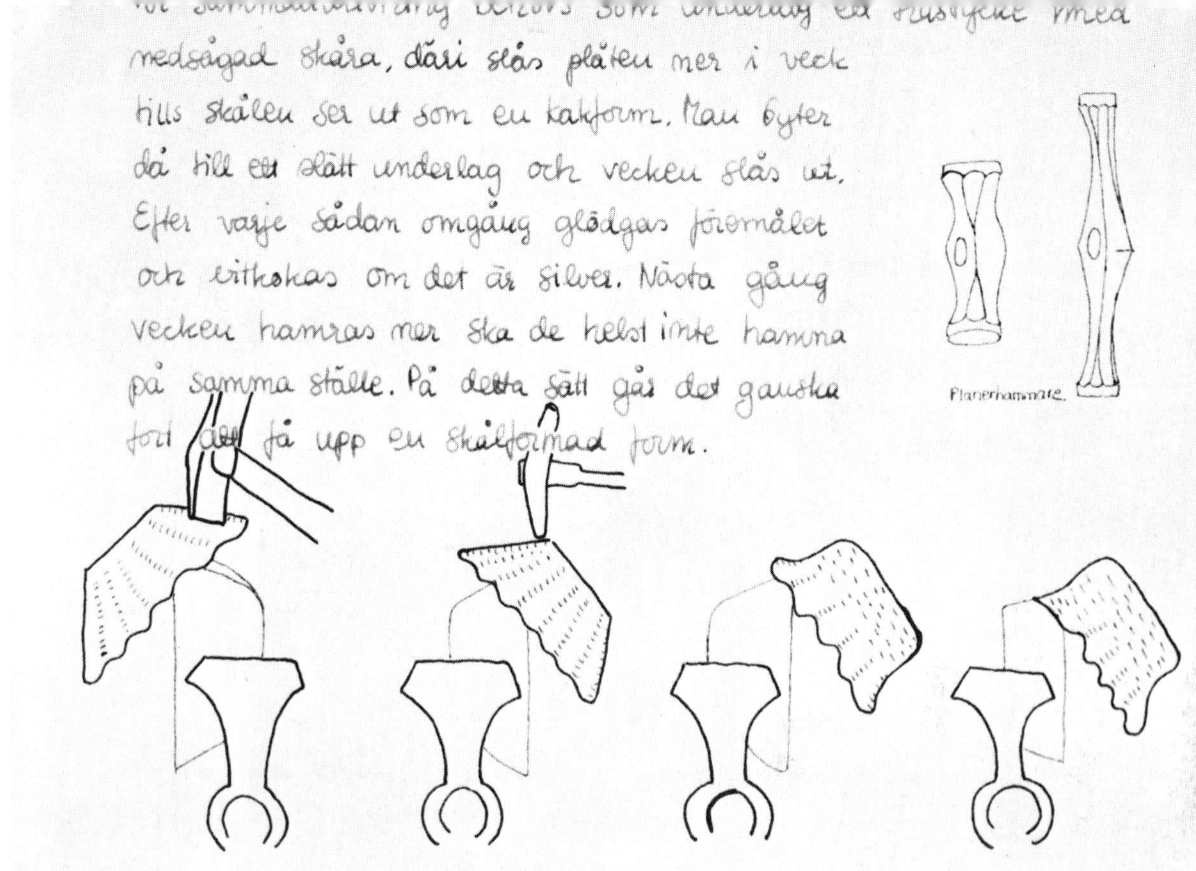

TURNEN

Über die körperliche Schulung hinaus hat die Bothmer-Gymnastik ein vertieftes Raum-Erleben und eine Kultivierung der Willenskräfte zum Ziel (Aufnahmen aus dem Pestalozzi-Kinderdorf Wahlwies).

Eine Zivilisation des Stillsitzens

Die «Futurologen» verheißen uns ein Dasein, in dem immer weitere Bereiche der menschlichen Arbeit im Sitzen geleistet werden können. Maschinen übernehmen die meisten unserer physischen Arbeitseinsätze, wir selber greifen im wesentlichen nur noch durch unseren Intellekt beobachtend und kontrollierend in die Wirklichkeit ein.

Als Kompensation brauchen wir Bewegung. Wie soll sie aber angeregt werden, wie soll sie aussehen? Sollen wir – Junge und Ältere – einen Teil unserer Freizeit im Trainings- oder Badeanzug in Parkanlagen, auf Sportplätzen, in Turn- und Schwimmhallen verbringen? Viele Menschen sehen keinen anderen Ausweg, ihre physische Gesundheit überhaupt zu erhalten.

Indem wir nun immer mehr verwiesen sind auf Bewegungsarten, die weder einem sozialen Bedürfnis (wie eine gewöhnliche physische Arbeit) noch einem Drang nach sinnvoller künstlerischer Betätigung, sondern nur unserem eigenen physischen Bedürfnis entsprechen, gelangen wir zu einer Problematik, deren Reichweite nicht leicht zu überschauen ist. Unser Tun wird gewissermaßen «seelenlos». Was dadurch geschieht, kann besonders deutlich an solchen Sportarten beobachtet werden, bei denen Rempeln oder andere Arten von physischer Roheit zur Technik der Ausübung gehören (Eishockey, Fußball, Rugby, Boxen usw.): Eine Art von Animalisierung wird erreicht, die besonders bei jungen Menschen manchmal kraß in Erscheinung tritt.

Wie Rudolf Steiner durch Eurythmie als künstlerisches Bewegungsfach dieser Tendenz entgegenwirken wollte, wird als nächstes beschrieben werden. An der Seite der Eurythmie steht auch die spezielle Art des Turnens, wie sie in den meisten Waldorfschulen gepflegt wird.

Fritz Graf von Bothmer (1883–1941), Turnlehrer an der ersten Waldorfschule, arbeitete im Auftrage Rudolf Steiners ein System von Gymnastikübungen aus, die ein vertieftes Raum-Erleben und eine Kultivierung der Willenskräfte zum Ziel haben.

Ein Blick auf den Aufbau und die Ziele

Nach den rhythmischen Spielen und Reigen, die man in den beiden ersten Klassen gepflegt hat, beginnt der eigentliche Turnunterricht im dritten Schuljahr. Aus den menschenkundlichen Erfordernissen heraus verlangt er in den ersten drei Jahren an den Geräten, in Turnreigen und Geschicklichkeitsübungen das freie und freudige Spiel. Der Turnlehrer ist bestrebt, das Kind anzuregen, daß es Gemüt und Phantasie mit den

Übungen verbinden kann, damit sie nicht nur reine Körpertätigkeit und nicht Wettbewerb und Leistungssport werden. So werden handwerkliche Tätigkeiten oder Tierbewegungen stilisiert: Die Hindernisse, die in den Geräten zu überklettern und zu überspringen sind, verwandeln sich in Landschaften, auf denen Abenteuer zu bestehen, Hilfsaktionen zu leisten sind. Aus der Leichtigkeit, aus dem Spiel von Blut und Muskel wird mutig und frisch geübt.

Von der sechsten Klasse an wird der Kampf mit der zunehmenden Schwere immer bewußter aufgenommen. Die Mechanik der Knochen und Sehnen verlangen, betätigt und beherrscht zu werden. Kraft und Entschlossenheit konzentrieren sich, Wagnisse und Prüfungen zu bestehen. Immer bewußter greift der Wille in Sprüngen und Schwüngen ein, um dynamisch das Raumgefühl und das Balancieren der Schwerkraft in den Griff zu bekommen.

Alle Übungen der Leichtathletik, der Gymnastik, der Ball- und Laufspiele und an den klassischen Turngeräten ordnen sich in der Oberstufe dem Gedanken unter, die bewußte Harmonie zwischen Leichte und Schwere, zwischen selbstgesteckten Zielen und den Forderungen des gemeinsamen Übens stufenweise zu erreichen. Schon die Tatsache, daß Buben und Mädchen in einer Klasse wenigstens in vielen Waldorfschulen vereint sind, regt zu Differenzierungen an, die für eine Individualisierung durch den Turnunterricht immer wichtiger wird. Zugleich wird die Achtung vor der Andersartigkeit, die Achtsamkeit gegenüber Schwäche und Hilfsbedürftigkeit als ein soziales Element gerade in einem so gestalteten Turnunterricht erzogen. Wenn es gelingt, die jungen Menschen so anzuleiten, daß sie nicht so sehr nach dem Sieg der Leistung im Wettbewerb streben, sondern sie zur Freude an der Leistung zu führen, die jedem einzelnen erreichbar ist, dann ist ein wesentliches Ziel des Turnunterrichts erreicht: Sicherheit in der Bewegung im Raum – gesunde Stärkung von Wille und Entschlußkraft – soziale Fairneß und Wachheit.

Ein ehemaliger Schüler Bothmers hat anschaulich beschrieben, wie man diese Übungen erleben kann. «In den Oberklassen empfand man die Verwandtschaft dieses Unterrichtes zur Geometrie. Die Kräfte des umgebenden Raumes fühlte man auf sich einwirken, und man antwortete mit dem Willen durch die Bewegung . . . Ein anderes Erlebnis war die Empfindung der Schwerkraft im Leibe. Kaum war sie durch die Übung ‹Fall in den Punkt› bewußtgemacht worden, wurde sie durch eine einrollende Bewegung, bei der sich die Gegenkraft staute, und durch kräftiges Emporschnellen überwunden. Dies alles wirkte wie ein verstärktes gesundes Erwachen.

Nach der Stunde war man nicht bloß frischer und wärmer geworden, wie sonst nach körperlicher Betätigung, sondern der größte Gewinn war dieses Aufwachen des eigenen Innern am Widerstand des Leibes. Was sich jetzt so aussprechen läßt, war als Gefühl damals nach solchen Gymnastikstunden immer vorhanden. So war es Graf Bothmer gelungen, die Gymnastik zu einem wahren Erziehungsmittel zu machen: Die Bildung des Leibes und das Erwecken des Bewußtseins waren in den Übungen verbunden.» (Rudolf Braumiller)

EURYTHMIE

Was ist Eurythmie? Um auf diese Frage eine Antwort geben zu können, wollen wir zunächst mit einigen Zitaten aus Dichtungen beginnen, die in ihren Ländern sehr bekannt sind.

> Horchet! Horcht dem Sturm der Horen!
> Tönend wird für Geistesohren
> Schon der neue Tag geboren.
> Felsentore knarren rasselnd,
> Phöbus' Räder rollen prasselnd
> Welch Getöse bringt das Licht!

(Goethe, Faust Zweiter Teil, erster Akt: Ariel-Szene)

> The fair breeze blew, the white foam flew,
> The furrow followed free:
> We were the first that ever burst
> Into that silent sea.

(Coleridge, The rime of the Ancient Mariner)

> Säv, säv, susa
> Våg, våg, slå!
> I sägen mig, var Ingalill,
> Den unga, månde gå.

(Fröding, schwedischer Lyriker)

Sichtbare Sprache, sichtbarer Gesang

Für jedes Ohr unterscheidbar, geben solche Strophen deutlich einem Phänomen Ausdruck, das mehr oder weniger in aller Poesie zur Wirksamkeit gelangt: die Laute und Wortklänge besitzen einen Eigenwert, der jenseits des intellektuell faßbaren Inhalts sein Dasein hat und sich an eine verborgene Schicht in unserem Innern wendet, die unter der Schwelle des Bewußtseins liegt.

Wir sind an Ausdrucksformen gewöhnt, die Gedichte oder Reden in Bewegungen übertragen, die vom Inhalt her bestimmt sind wie im Ausdruckstanz, in der Schauspielkunst, Mimik oder in der Choreographie von Gruppen. Die Eurythmie geht von den Lauten der Sprache aus, d. h. von Vokalen und Konsonanten.

Rein vokalische Wörter geben unseren inneren Erlebnissen und Stimmungen Ausdruck (Ah, Oh, Au, Ei, usw.). Stark konsonantische Worte bilden oft Ereignisse in der Außenwelt ab (murmeln, donnern, krachen, wispern, klatschen usw.). In den lautmalenden Worten pflegen stets die Konsonanten zu dominieren. Das zeigen ja auch die oben zitierten Beispiele. Andererseits bemerkt man, wie die Vokale der Stimmung des Gedichtes die Farbe geben (in der Ariel-Szene sind es besonders die A- und O-Laute, bei Coleridge Ö-Laute – were, first, burst – bei Fröding Ä und O-Laute).

Wenn wir einen Laut aussprechen, spielt sich in unserem Innern eine Art unsichtbarer «Willensgebärde» ab; diese ist es, welche in der euryth-

mischen Bewegung zu sichtbarem Ausdruck gelangt. Jeder Vokal und jeder Konsonant hat seine spezifische Bewegung.

Auch wenn wir singen, spielen sich solche unsichtbaren inneren Gebärden ab, die den verschiedenen Tönen entsprechen und die ebenfalls zu äußerlich sichtbaren Bewegungen gestaltet werden können.

Eurythmie ist also «sichtbare Sprache» und «sichtbarer Gesang» – eine Kunst, die es früher nicht gegeben hat und die von Rudolf Steiner begründet worden ist. Rezitation oder Musik sind ihre Grundlage. Sprache und Musik «tragen» Eurythmisten über die Bühne.

Ausbildungszentren und regelmäßige Aufführungen der Eurythmie gibt es unter anderem in Dornach (Schweiz), Stuttgart, Wien und Stockholm. Ausgebildete Eurythmistinnen wirken in vielen größeren Städten in aller Welt. Pädagogische Eurythmie – neben der Bühnenkunst – ist ein charakteristisches Fach in jeder Waldorfschule.

Wert der Eurythmie

Welchen Wert hat nun die Eurythmie für den Menschen?

Wenn man sich in Laute und Töne einlebt und diese zu eurythmischen Gebärden gestaltet, so ist das eine Tätigkeit, bei der alle Seelenkräfte und der ganze Menschenkörper in Anspruch genommen werden; es gibt kein anderes Gebiet in der Schule, das so große Möglichkeiten hat, eines der grundlegendsten Ziele der Waldorfpädagogik zu verwirklichen: die «beseelte Körperkultur». Der speziell erzieherische Wert, den Rudolf Steiner der Eurythmie zumaß, geht besonders deutlich aus einer Äußerung im volkspädagogischen Kurs hervor, in dem er hervorhob, daß die Eurythmie «einen solchen Willen erzeugen kann, der einem dann durch das Leben bleibt, während die andere Willenskultur die Eigentümlichkeit hat, daß sie im Laufe des Lebens wiederum abgeschwächt wird».

Diese Behauptung kann kühn klingen. Aber an dieser Stelle darf vielleicht eine persönliche Erfahrung angeführt werden. Wer den ganz unglaublichen Enthusiasmus und die Willenskraft erlebt, die Eurythmisten – oft noch bis ins hohe Alter – in ihre Arbeit investieren, wird schwerlich die eben zitierte Äußerung aus dem Gedächtnis verlieren. Die Fähigkeit der Eurythmie, denen, die sie ausüben, neues Leben und neue Kräfte zu schenken, wirkt gleich einer nahezu unerschöpflichen Quelle.

Werden in der Zukunft immer mehr Sporthallen und Sportplätze mitten in Industriegebieten erstehen, wo die Angestellten etwas von dem wieder aufbauen können, was während der zum Stillsitzen verurteilenden und seelisch bedrückenden Arbeit zerstört worden ist? Das wird sicher der Fall sein. Aber man könnte sich auch eine andere Möglichkeit denken: schön gestaltete Säle, in denen man Eurythmie übt.

Eurythmie in den Waldorfschulen

Die eurythmische Arbeit in einer Waldorfschule umfaßt ein breites Register, beginnend mit den einfachsten Rhythmen und Stabübungen der ersten Jahre bis zu dem ganz fortgeschrittenen Auftreten auf der Schulbühne mit lyrischen, dramatischen und musikalischen Darbietungen. Bei Monatsfeiern, Eurythmie- und Theatervorstellungen können die Schüler sich gegenseitig und den Eltern zeigen, wie weit sie gekommen sind. Oft tritt eine ganze Klasse dabei in großen Gruppendarstellungen auf. Einzelne Schüler und Schülergruppen haben dabei oft verschiedene Gebärden auszuführen und bewegen sich gleichzeitig in unterschiedlichen Laufformen über die Bühne. Das Bewußtsein der eigenen

und der zugehörigen Bewegungen der anderen erfordert gegenseitige Rücksicht, wenn die wechselreiche Skala von Bewegungen harmonisch zusammenklingen soll.
Wer die körperlichen Aggressivitäten und Roheiten mit angesehen hat, die in manchen Sportarten üblich sind, bei denen sich zwei Mannschaften gegenüberstehen (Fußball, Rugby, Eishockey), wird es vielleicht besonders hochschätzen, wenn er eine Klasse von Schülern beobachten kann, die mit innerem Anteil eine solche eurythmische Aufgabe gemeinsam zu lösen versucht. Man kann dadurch einen unmittelbaren Eindruck von pädagogischen Hilfsquellen bekommen, die außerhalb der Waldorfschulen bisher noch nicht ausgenützt werden. Es ist also keine Phrase, wenn man behauptet, daß die Eurythmie eine veredelnde und sozial ausgleichende Funktion hat.
Wie ist es aber nun mit den Schülern: was halten sie im allgemeinen vom Eurythmieunterricht?
Das ist außerordentlich verschieden. Eurythmie ist ja eines der Lehrfächer der Waldorfschulen, welche im Stundenplan anderer Schulen nicht vorkommen. Die natürliche Frage der Schüler in den oberen Klassen ist daher immer wieder: Warum sollen wir etwas tun, was sonst nirgends gemacht wird?
In den ersten Schuljahren kommt der Eurythmie die natürliche Liebe der Kinder zur Bewegung entgegen. In der Oberstufe können die Schüler aus erwachten Bewußtseinskräften Möglichkeiten der selbständigen künstlerischen Gestaltung finden. Am schwierigsten haben es die Schüler der Pubertätszeit. Eine natürliche Scheu hält sie davor zurück, sich in Bewegungen darzuleben, die so unmittelbar das Seelische zum Ausdruck bringen. Dies Phänomen macht sich beispielsweise in einer siebten oder achten Klasse oft sehr stark bemerkbar.
Eurythmie zu unterrichten, stellt also ziemlich große menschliche Forderungen an den künstlerischen Erfindungsreichtum der Eurythmistin, an die Fähigkeit zu begründen und zu erklären, und nicht am wenigsten an den Humor. Eurythmie-Humoresken der verschiedensten Art zu gestalten, ist ein reiches künstlerisches Arbeitsfeld, etwa für moderne Teenager und deren tiefes Bedürfnis, dem Bizarren und Grotesken Ausdruck zu geben. Es ist aber auch verständlich, daß ein Teil der Probleme, die der Eurythmieunterricht zuweilen mit sich führt, sich erst voll lösen lassen, wenn diese Kunstart keine so isolierte Stellung im Kulturleben mehr hat, wie es gegenwärtig zumeist noch der Fall ist.
Die Eurythmie würde es verdienen, eine Art Volkskunst zu werden, die in weiten Kreisen bekannt und geschätzt ist. Zahlreiche pädagogische Schwierigkeiten würden dann von selbst aufhören.

«Eurythmie . . . kann einen solchen Willen erzeugen, der einem dann durch das Leben bleibt, während alle andere Willenskultur die Eigentümlichkeit hat, daß sie im Laufe des Lebens durch die verschiedenen Vorkommnisse und Erfahrungen des Lebens wiederum abgeschwächt wird.» Rudolf Steiner, Drei Vorträge über Volkspädagogik.

Links: Kindergarten-Eurythmie (Spring Valley, USA); Eurythmische Aufführung einer 12. Klasse (Wuppertal).

Rechts: Eurythmische Übung in der Oberstufe (New York).

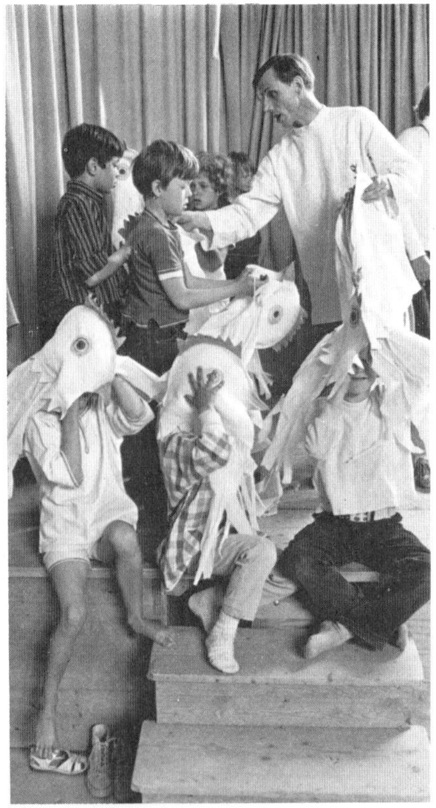

MONATSFEIER

Die Fotos zeigen verschiedene Szenen bei einer Monatsfeier in Stockholm und in Kassel (unten).

Die Monatsfeier ist in gewissem Sinne das «Herz» der ganzen Waldorfpädagogik: Die Klassen zeigen einander und den Eltern etwa monatlich, was sie im Unterricht gelernt haben (Gedichte, Lieder, kleine oder größere dramatische Spiele).

Dies klingt sehr einfach. Aber es konsequent durchzuführen, verlangt viel Mühe. Die Lehrer und Schüler jeder Klasse müssen immer daran denken, womit nun gerade *sie* zum gemeinsamen Schulleben beitragen können. Und noch eine andere Folge ergibt sich. In unserem modernen Dasein, das zu größerer Effektivität zwingt und daneben durch die Menge der Erlebnisse unsere Aufmerksamkeit stärker in Anspruch nimmt, wird es immer schwieriger, sich für die Tätigkeit und die Probleme des Mitmenschen wirklich zu interessieren. Die Monatsfeier einer Waldorfschule ist ein rechtes Übungsfeld dieses Interesses. Die Älteren lächeln, wenn sie in den Darbietungen der unteren Klassen solche Motive wiedererkennen, mit denen sie selber einst gearbeitet haben. Die Jüngeren empfinden vor den Leistungen der höheren Klassen manchmal wirklichen Respekt und können dabei auf den immer wieder gleich wichtigen Gedanken kommen: Diese Dinge werden wir ja auch einmal können! Für die 18- und 19-jährigen ist die Monatsfeier vor allem eine Rückschau, für die ganz Kleinen eine Vorschau. Für die Schüler der mittleren Klassen ist sie eben beides zugleich.

In den Unterrichtsstunden und auch in den Pausen, wo die Schüler untereinander die Tagesereignisse besprechen, ist die letzte Monatsfeier oft ein wichtiges Gesprächsthema. Das Gefühl für alles Echte und Originelle, das bei unverdorbenen Kindern immer da ist, kann allmählich in eine wirkliche, bewußt vollzogene Urteilsbildung übergehen. Wer sich einen Blick dafür aneignet, kann von der Situation einer Klasse, die auf der Bühne auftritt, sehr Wesentliches erfassen.

Man spricht heute viel von vertiefter Betriebsinformation als einem unerläßlichen Instrument, um das Arbeitsleben zu demokratisieren. Im Dasein einer Schule gibt es wohl kein besseres Mittel, die Schüler, die Eltern und die Lehrer über das tägliche Leben in den verschiedenen Klassen zu orientieren, als gerade die Monatsfeier.

AUS DER WELT DER SPRACHE

Fremdsprachen schon in der ersten Klasse – ist das nicht zu früh? Geht das überhaupt? Die Waldorfschule ist beim Schreiben und Lesen für ein langsames Vorgehen bekannt; beim Rechnen verlangt sie gleich mehr als üblich – und nun zwei Fremdsprachen für die Schulanfänger, warum das?
Direktmethode, auf Nachahmen aufgebaut, oder Grammatik, Satzanalyse und Übersetzungsübungen? Die Argumente für den einen und den andern Weg werden immer wieder lebhaft diskutiert. Rudolf Steiners Anregungen beleuchten diese Probleme und zeigten einen Weg – schon lange vor solchen Debatten.

Fremdsprachen von der ersten Klasse an

Die Tatsache, daß die Schüler der drei ersten Schuljahre noch stark mit ihrer Umgebung verbunden sind und Nachahmung neben den neu hervorbrechenden Seelenfähigkeiten ihre natürliche Lebensäußerung ist, fordert: in diesem Alter sollte ausschließlich «Direktmethode» angewendet werden. – Wenn die tiefgehende Veränderung nach dem neunten Lebensjahr (siehe Seite 98) eintritt, werden die Kinder reif, auch die Sprache als einen Teil der Außenwelt zu betrachten. Jetzt muß aus dem lebendigen Sprechen, aus dem, was man kann, ein Bewußtsein für die Grammatik hervorgeholt werden. Und noch etwas spricht für den frühen Beginn: Die Seele des Kindes ist für das gesprochene Wort aufgeweckt, hat begonnen, daran denken zu lernen – nun wird sie weiter erweckt und aufgeschlossen durch das Wort. Die Sprachwerkzeuge des Leibes sind noch so bildsam, daß sie sich durch das Üben der Aussprache, der Melodie der Fremdsprache formen, um die neuen Laute, den andersartigen Klang in einer «guten Aussprache» wiedergeben zu können. – Das Kind wird reicher an seelischer Kraft und «Farbigkeit».

Einige Beispiele aus den Stunden:
Englisch in der ersten Klasse. Die Kinder sitzen in einem Kreis auf dem Boden, jedes stellt ein Tier vor: the mouse, the lion, the bear, the swallow usw. Die Lehrerin dreht einen Teller wie einen Kreisel und ruft einen der Tiernamen. Nun gilt es, sich darüber klar zu sein, wer man ist und sich auf den Teller zu stürzen, bevor er umfällt. – Oder: Ein Kind nach dem andern wird aufgerufen, um etwas zu tun, einen Auftrag auszuführen, der natürlich auf englisch gegeben wird: Um eine Bank herumzugehen, den Vorhang anzurühren, hinauszugehen und eine rote Mütze zu holen, auf einem Bein zu hüpfen, den rechten kleinen Finger ans linke Ohr zu halten. Anfänglich hat die Lehrerin Gesten zu Hilfe genommen, später sind die Kinder so weit, ihr Verständnis gegen täuschende Gesten zu behaupten: Sie weist streng aufs Fenster, sagt aber: «Geh zur Tür». – Es folgen vielleicht Gespräche, z. B. über die Knospen an den Bäumen vor dem Fenster, oder ein Spiel mit Gesang: «The farmer in the dell». Die Bänke werden beiseite geschoben, der Bauer und alle Geschöpfe des Hofes ziehen in der Runde umher und wählen ihre Partner, nur der Käse bleibt allein. Zum Schluß eine kleine Erzählung, welche die Klasse zusammenfaßt und beruhigt.

Die Bedeutung der Grammatik

Das Zeitwort ist der Repräsentant für alle Wortarten, die lebendigste und aktivste von allen. «Im Anfang war die Tat» – es ist gut, den Grammatikunterricht mit dem Erlebnis des Zeitwortes beginnen zu lassen. In der vierten und fünften Klasse lernen die Kinder Tempus, Haupt- und Hilfszeitwort, starke und schwache Zeitwörter usw. kennen, auch die anderen Wortarten: Eigenschaftswörter, Umstandswörter, Hauptwörter, Fürwörter usw. Das Prinzip dabei ist, an immer neuen Beispielen, die wieder vergessen werden können, zu üben – die Regeln aber in die Arbeitshefte einzuschreiben, um sie auswendig zu lernen, in Formulierungen, die möglichst einfach sind.

Deutsch in der fünften Klasse. Lehrer und Schüler wetteifern, Situationen zu erfinden, welche die Beugung des Zeitwortes illustrieren können. Da entstehen kleine Szenen: Der langsame Hans beim Aufbruch in die Schule – wird er wieder zu spät kommen?
Hans (träge): Ich gehe ja schon!
Mutter (erleichtert): Du gehst? – ja geh nur endlich!
(Hans entfernt sich, bleibt nach wenigen Schritten stehen.)
Mutter (verzweifelt): Er geht nicht!
(Eine Mitschülerin kommt. Mutter froh):
Sie geht mit ihm. (Seufzend): Ach, so geht es nicht mehr weiter!
Kinder (fröhlich): Wir gehen zusammen!
Mutter (besorgt): Ihr geht zu langsam – geht schneller!
(Kinder winken)
Mutter (beruhigt): Sie gehen, wie schön ist das!

Natürlich ist nicht aller Grammatikunterricht «lustig», obwohl er nie ohne Humor und konkrete Bildhaftigkeit verlaufen darf; Langeweile ist sein spezieller Feind! Dennoch ist es Sisyphusarbeit, den heutigen Schülern die grundlegenden Regeln einzuprägen und sie Satzanalyse zu lehren. Die Grammatik sollte deshalb keinen zu großen Zeitraum beanspruchen. Es muß aber immer wieder versucht werden, das im Zusammenhang Notwendige der Grammatik aus dem lebenden Sprachgebrauch konzentriert in jeder Unterrichtsstunde übend zu festigen. Und vor allem darf man sie nicht an der Poesie, an einem literarischen Kunstwerk entwickeln – das wäre Versündigung gegen den Geist der lebendigen Sprache, deren Schönheit erlebt und gefühlt werden soll. Die Grammatik möge sich mindestens im Beginn dieses Unterrichts auf Beispiele stützen, die ausschließlich für diesen Zweck erfunden werden. Ist die Grammatik also eine Welt für sich? Steiner nennt sie das «seelische Knochensystem» der Sprache – sie gibt innere Festigkeit. Nach dem neunten Jahr ist die Aufgabe gestellt, das Kind vom Bewußtsein zum Selbstbewußtsein zu führen; das können wir vor allem in einem vernünftigen Grammatikunterricht leisten. Zunächst bringt er ein «Aufwachen» für die Sprache selbst. Unter den Beispielen, die der Lehrer für die Grammatik

erfindet, müssen auch Hilfen gegen die gebräuchlichsten Sprachfehler sein – die Korrektur der Aufsätze liefert meist humorvolles Material!
Findet dieses Erwachen – erst für die Sprachen, dann an der Sprache zu sich selbst – nicht statt, dann leidet nicht nur die Sprache des Schülers, sondern seine ganze Persönlichkeit. Jugendliche, bei denen niemals Interesse und Bewußtsein für ihre eigene Sprache erwacht ist, zeigen oft einen Mangel an Bestimmtheit, eine Verschwommenheit in ihrer ganzen Art sich zu geben. Was hier Ursache und Wirkung ist, wird in einzelnen Fällen schwer festzustellen sein. Gewiß ist nur, daß ein sprachliches Aufrütteln die ganze Persönlichkeit verändert und das Selbstvertrauen im allgemeinen stärkt.

Verschiedene Sprachwelten

So wesentlich die Grammatik auch ist, den eigentlichen Inhalt des Unterrichts macht sie doch nicht aus. In seinem Mittelpunkt muß das lebendige Wort stehen: Die Konversation, der Bericht, das Referat, die Rezitation, Übungen an Aufsätzen und Briefen, Lektüre von Originaltexten mit steigender Schwierigkeit – diese Dinge füllen den größeren Teil der Stunden.
Jede Sprache besitzt Wörter – und damit seelische Erfahrungsbereiche –, die im Grunde nicht übersetzbar sind, wie z. B. das deutsche Wort «Gemüt». Diesen Wörtern und Redewendungen muß die besondere Aufmerksamkeit des Sprachlehrers gehören. Aber so oft sprachvergleichende Betrachtungen auch gepflegt werden, gibt es doch ein Prinzip: Es soll jeweils nur in der Sprache gesprochen werden, die gerade an der Reihe ist. Der Lehrer grüßt auf englisch, verabschiedet sich auf englisch und «versteht» während der ganzen Stunde überhaupt nur englisch. Wichtig ist auch, daß besonders in den unteren Klassen direkte Übersetzungsübungen vermieden werden. Es ist vorzuziehen, die Kinder eine Erzählung in ihrer eigenen Muttersprache hören zu lassen und sie dann frei auf französisch oder englisch in Rede oder Schrift wiedergeben zu lassen, als die Schilderung Wort für Wort und Satz für Satz zu übersetzen. Oder umgekehrt: In der Fremdsprache erzählen und durch ein Resümee in der Muttersprache das Verständnis überprüfen. Auch in der Grammatik sind Erklärungen in der Muttersprache sinnvoll. Sobald man auf die Erfordernisse von Prüfungen, z. B. das Abitur, Rücksicht nehmen muß, werden natürlich reine Übersetzungen zu üben sein, die in den höheren Klassen ja auch das Gefühl für die Muttersprache stärken.
Unerschöpflich sollte der Sprachlehrer in Anekdoten und Witzen sein, die den Kindern die Eigenart, das menschlich Typische der Sprachen und Völker zeigen. Denn Englisch, Französisch und Deutsch bringen drei verschiedene Sprachwelten – das heißt eigentlich drei Seelenlandschaften – zum Ausdruck.
In eine solche Welt einzudringen, heißt neue Bilder, neue Gefühlnuancen, ein neues Denken erwerben. Es ist wichtig, diese Erfahrung unmittelbar zu machen, ohne die eigene Sprache in diesen Prozeß einzumischen.

Die Muttersprache

Daß heute so viele Kinder Fremdsprachen lernen dürfen, zeugt von einem gewaltigen kulturellen Fortschritt. Aber oft wird behauptet, daß das Sprachgefühl nicht nur bei Kindern, sondern auch bei Erwachsenen abnimmt. Das tritt am deutlichsten bei der Behandlung der eigenen Muttersprache hervor. Im alten Griechenland hatte das für religiöse Feste geübte Chorsprechen einen überaus wichtigen Einfluß auf die Sprachkultur und die Erziehung der Jugend; die mittelalterlichen Universitätsstädte wirkten durch die traditionelle Redekunst und das Lateinstudium stark auf den Sprachgebrauch der Gebildeten ein. Wir leben heute im modernen Abendland, die kühle und nüchterne Ausdrucksweise der Wissenschaften, der Technik, des Sports trägt dazu bei, unseren Sprachgebrauch zu formen. Daraus ist die Empfindlichkeit der Kinder und Jugendlichen gegenüber einer «schönen» Sprache zu erklären. Der Verfall des Sprachgefühls zeigt sich in der Art und Weise, wie Jugendliche ihre Muttersprache und Fremdsprachen behandeln. Der Finne Erwin Gripenberg hat ein denkwürdiges Erlebnis in einem schwedischen Vorortzug berichtet. Ein Junge im Alter von 15, 16 Jahren saß in einem Kreis von Gleichaltrigen und versuchte, den Inhalt eines Films wiederzugeben, den er gesehen hatte. Aus dem Zusammenhang ging hervor, daß es sich um die Heldentaten der Roten Nelke während der Zeit der Französischen Revolution handelte. «Es gelang dem Ausgefragten nicht, diesen Inhalt seinen Kameraden zu vermitteln! Nach einigen hilflosen Versuchen gab er es auf, ohne imstande gewesen zu sein, die einfachen Tatsachen zur Orientierung seiner Kameraden aufzuzählen. Aus seinen Worten konnte man nicht erraten, ob es sich um eine Farce, eine Komödie, einen Kriegsfilm oder irgendeine andere Art Abenteuerfilm handelt. Man konnte nicht einmal entnehmen, ob das Ganze ein Happy-End fand.
Da saß also der Jüngling mit seinem Erlebnis, außerstande, jemanden daran teilnehmen zu lassen. Unter der schneidigen Außenseite war er peinlich davon berührt, daß er gezwungen war, sich eine Blöße zu geben.» («På väg», Stockholm, 3/1963.)
Den Kindern Sprachgefühl und damit seelische Erlebnisfähigkeit zu vermitteln und ihnen zu einer nuancierten Ausdrucksweise zu verhelfen, ist nicht nur für ihr eigenes zukünftiges Schicksal von hoher Bedeutung, sondern auch für die Zukunft der gesamten Kultur. Wenn wir nicht miteinander zu sprechen vermögen, wie es den Menschen durch die Sprache ermöglicht wird, dann werden wir auch kein menschenwürdiges Dasein aufbauen können.
Die Lehrer der Muttersprache und der Fremdsprachen wirken hier zusammen: Gedichte lesen und Aussprache verbessern; darauf bestehen, daß man sich in ganzen Sätzen ausdrückt und nicht nur in einzelnen Wörtern oder mit Brummen und anderen mehr oder weniger animalischen Lauten; Arbeiten, Aufsätze und Epochenhefte korrigieren usw. – mit alldem erfüllen die Lehrer eine Aufgabe, die reich an mühsamer täglicher Plackerei ist und mitunter unüberwindlich schwer erscheint. Diese Arbeit an der Sprache aber gehört zu dem Wichtigsten, was in der Welt der Schule und in unserem ganzen Dasein zu finden ist.

DIE TEMPERAMENTE

Die Lehre von den Temperamenten geht bis auf die Antike zurück. Wenn sie auch in neuerer Zeit u. a. von Kant und später von Wilhelm Wundt wieder aufgegriffen wurde, so wird sie doch von vielen modernen Psychologen als veraltet angesehen. Sie hat in den letzten Jahren jedoch erneut Beachtung gefunden durch weitläufige Untersuchungen, in denen die Gegensatzpaare cholerisch-phlegmatisch und sanguinisch-melancholisch sich in ihrer Entsprechung zu gewissen grundlegenden Einseitigkeiten des menschlichen Seelenlebens zeigen (vgl. die Arbeit «Facts and Fiction in Psychology», deutsch «Psychologie – Fakten und Vorurteile», von dem bekannten englischen Psychologen H. J. Eysenck). Rudolf Steiner hat die Lehre von den Temperamenten aus seiner Menschenkunde heraus in ein neues Licht gerückt. Er hält es für eine der wichtigsten Aufgaben des Lehrers, das Temperament seiner Schüler kennenzulernen. Lassen wir also zunächst Vertreter der vier Temperamente in charakteristischen Bildern aus der Schulpraxis auf uns wirken.
Ein Teil der Temperamentsäußerungen ist leicht zu erkennen:
Choleriker lieben im allgemeinen die Gefahr. Eurythmiestunde in der ersten Klasse. Die Kinder sollen einander bei den Händen nehmen und schweigend einen Kreis bilden. Innen im Kreis herrscht eitel Sonnenschein, draußen sind große, dunkle Wolken, die verjagt werden sollen (was in den Bewegungen zum Ausdruck kommen muß). Aber es wird nicht still, und der Kreis wird nicht rund. Die Lehrerin benutzt das Phantasiebild, baut es aus und warnt davor, daß bald Blitz und Donner aus den dikken, schwarzen Wolken da draußen fahren. Eine erwartungsvolle Pause tritt ein. Ein Choleriker bricht verzückt die Stille: «Au fein – mach mal!»
Phlegmatiker nehmen alles zumeist mit Ruhe hin, auch wenn sie – mit normalen Maßstäben gemessen – völlig berechtigt wären, böse zu werden. Eine der untersten Klassen ist beim Zeichnen. Ein Junge schnappt einem Phlegmatiker den ganzen Kreidekasten weg. Unser Phlegmatiker zeichnet weiter, kommentiert aber das Geschehene mit einem langsamen und sanftmütigen: «Pfuiiii Teu – fel.» Die Lehrerin fragt entsetzt: «Aber was sagst du denn da?» Die Antwort erfolgt genauso langsam und friedlich: «Ich habe pfuiiii Teu – fel gesagt; der da hat nämlich meine Kreiden geklaut.»
Die echten *Melancholiker* haben oft ihre ganz eigene Art zu reagieren. Empfindlich und egozentrisch wie sie sind, erleben sie es oft als eine Befreiung, in einem tragischen Ereignis aufgehen zu dürfen, das nichts mit ihrem eigenen Schicksal zu tun hat.
Keiner der Lehrer der zweiten Klasse hat Jo-

Daß die bekannten vier Temperamente wirklich existieren, ist keine willkürliche Behauptung, sondern eine praktische Erfahrung, die der Lehrer jeden Tag neu bestätigt finden kann. Das Temperament ist in vielen Fällen der wirkliche Schlüssel zum Verständnis und zur Behandlung der markantesten Einseitigkeiten des Kindes.

Farbübung eines Cholerikers (S. 61), eines Phlegmatikers (S. 62), eines Melancholikers (S. 63), eines Sanguinikers (S. 64) (Stuttgart).
Das Temperament kommt zum Ausdruck in der Auswahl und Komposition der Farben, in der Ausbreitung der Flächen und nicht zuletzt in der festen oder fließenden Formgebung.

hann jemals lachen hören. Er sieht immer wehmütig aus. Eines Tages schildert die Lehrerin, wie Franziskus die Aussätzigen pflegte. Sie beschreibt die Lebensprobleme, die von den Kranken durchlitten werden mußten. Während dieser Erzählung leuchten Johanns Augen auf, und er beginnt zu lächeln. Er hat Menschen erlebt, die es noch schwieriger haben als er selbst.

Sanguiniker nehmen das Leben meistens sehr leicht. Auf dem Weg durch das Schulhaus findet ein Lehrer zwei ausgelassene kleine Mädchen aus der vierten Klasse, die sich in eine dunkle Ecke verkrochen haben. Er fragt sie, was sie mitten in der Stunde dort machen und erfährt, daß man sie hinausgeworfen hat. «Aber warum seid ihr denn hinausgeworfen worden?» «Hm, ja – unserem Lehrer ging es heute nicht recht gut.» Der Lehrer erfährt weiterhin, daß die beiden schon ziemlich lange da draußen sind und sagt ihnen, daß sie wieder ins Klassenzimmer gehen sollen. Er erhält mit einem Gekichere die Antwort: «Och, *so* gut geht es ihm sicher noch nicht.»

Sanguinische Kinder von anderen zu unterscheiden, ist nicht immer so leicht. Sanguinik ist, wenn man die Temperamentslage der Altersstufe berücksichtigt, das eigentliche Kennzeichen der Kindheit. Durch ihren Trieb, völlig unvermittelt und ohne jeden Übergang von Eindruck zu Eindruck weiterzugehen, sind Kinder die geborenen Impressionisten, und es ist ja gerade diese Veranlagung, die ihren Briefen und Aufsätzen einen so unwiderstehlichen Charme verleiht. So schrieb einer in der 7. Klasse in seinem Aufsatz: «Martin Luther hatte viele Kinder. Er sagte: ‹Hier stehe ich und kann nicht anders.›»

Vier Jugendliche

Die Temperamente haben aber auch ihre ernste Seite. Um das Problem deutlicher zu zeigen, sollen hier vier junge Menschen geschildert werden, deren Persönlichkeit und Verhalten weitgehende Einseitigkeiten aufweisen. Es muß dabei berücksichtigt werden, daß dies nur im Sinne einer Diagnose geschieht; die zu ergreifenden therapeutischen Maßnahmen sind hier nicht dargestellt.

Sanguinik: Essy ist fünfzehn Jahre alt, schlank und gut gewachsen, mit rundem, kindlichem Gesicht, hellem Haar und braunen Augen, die immer in Bewegung sind, bis sie etwas gefunden haben, woran sie sich festsaugen können. Sie liebt das Wasser und schwimmt wie eine Seejungfrau. Im Unterricht pendelt sie zwischen heftigem Enthusiasmus (Fragen, Ausrufen, Zwischenbemerkungen, Händewedeln) und vollständiger Apathie. Ist sie niedergeschlagen, starren die Augen blicklos geradeaus, aber dieser Zustand dauert niemals lange und hört spätestens dann auf, wenn sie den nächsten Jungen getroffen hat, der ihr «ein und alles auf der Welt» ist. Dieses weltbewegende Ereignis wiederholt sich ziemlich oft.

Als sie elf Jahre alt war, war es ein Achtzehnjähriger, als sie zwölf Jahre alt war, ein Siebzehnjähriger (sie ist äußerst frühreif). Wenn sie auf dem Schulhof ihre letzte «große Liebe» trifft, verschlingt sie sie förmlich mit Blicken. Ihr augenblicklicher Schwarm ist Mitglied einer Jazzband, und Essy ist bei allen Proben dabei, die oft bis spät abends dauern. Die Eltern sind nette und anständige Menschen, die sich jedoch ihrer selbst nicht sicher sind. Zeitweise haben sie unbeholfene Versuche gemacht, streng zu sein – ohne besonderen Erfolg. Wenn sie Essy fragen, wie das so zugehe bei den Proben, antwortet sie freundlich aber ausweichend, daß «alles furchtbar nett» sei. Als sie Essy eines Tages daran hindern wollen, zur Probe zu gehen, macht sie eine derartige Szene, daß die Eltern danach jeglichen Versuch in dieser Richtung aufgeben.

In der Schule kommt Essy gut mit dank ihrer großen Intelligenz und einer ordentlichen Portion Frechheit. Nachdem sie mehrmals hintereinander von demselben Lehrer wegen störenden Benehmens aus der Klasse gewiesen worden ist, geht sie nach Hause, schildert das Geschehene und den Lehrer in den erschreckendsten Farben – ein völlig unzutreffendes Bild –, und ihre Eltern glauben ihr, ja unterstützen sie sogar. Erst nach und nach kommt der wahre Sachverhalt an den Tag. Wenn sie ihre Schulaufgaben nicht gemacht hat, kommt Essy oft mit äußerst einleuchtenden Entschuldigungen. Kontrolliert man ihre Angaben, kann sich ein großer Teil als erschwindelt und erlogen herausstellen. Ihre Lügen sind völlig unbefangen. Konfrontiert man sie mit dem wahren Sachverhalt, ist Essy beschämt – aber das geht schnell vorbei. Sie erinnert manchmal an ein unnahbares Naturwesen. Aber sie weist auch ganz andere und tiefere Züge auf. Bei schwierigen Entscheidungen im Elternhaus ist sie oft diejenige, die die Entschlüsse fassen muß – wobei sie ausgesprochene Klugheit beweist. Wenn keine Störungen von außen sie beinflussen, arbeitet sie auffallend energisch. Bei allen ihren schweren Problemen zeigt sie manchmal deutlich, was man im allgemeinen als Charakter bezeichnet. Wer wird sich als stärker erweisen: die verantwortungslose «Seejungfrau» oder der werdende Ich-Mensch?

Melancholie: Samuel ist 17 Jahre alt. Alles an ihm ist lang und schmal, sein Gesichtsausdruck ist träumerisch. Samuels Mutter starb, als er fünf Jahre alt war. Sein Vater beschäftigte ihn schon früh mit Maschinen. Als er im Alter von neun Jahren in die dritte Klasse einer Waldorfschule kam, war er ein kleiner, vertrockneter Stubengelehrter. Bei dem Aufnahmegespräch ging eine Glühbirne im Raum ohne ersichtlichen Grund entzwei. Samuel sagte mit unnachahmlich altklugem Tonfall: «Sicher irgendein Fehler im Netz. Wenn Sie mir ein Schaltschema geben, bringe ich das schon wieder in Ordnung.» Als Kind versperrte Samuel im Schlafe oft die Luftröhre mit der Zunge, so daß er in Atemnot geriet und fast gelähmt erwachte. Seine Verdauung war nicht in Ordnung, und er hatte oft Magenkrämpfe. Sein Zustand besserte sich jedoch nach und nach. Die nächtlichen Erstickungsanfälle wurden seltener. Zeitweise – besonders in der sechsten Klasse – traten jedoch Rückschläge in Form tiefer Depressionen ein. Er liebte seine neue Schule und hatte besonders guten Kontakt zu seinem Klassenlehrer. Während des Unterrichts saß er unbeweglich da. Im allgemeinen hörte er intensiv zu. Manchmal wurde er jedoch stark durch seinen Körper abgelenkt. Die vielleicht markanteste Veränderung war, daß er sich mehr und mehr zu einem Phantasiemenschen entwickelte. Als er einmal in einer schriftlichen Arbeit u. a. die Charaktere eines Gedichtes darstellen sollte, vergaß er über der Intensität, mit der er sich in zwei Gestalten einlebte, alles andere, so daß er das Thema des

Aufsatzes völlig verfehlte. Sein Mitgefühl mit den Schwachen und Unterdrückten ist besonders tief. Bei der Schilderung der «Romantischen Walpurgisnacht» in Goethes Faust mit ihrem seltsamen Hexensabbat wird er selbst wie verhext und gibt dann eine Reihe von Illustrationen in Schwarz-Weiß ab, die suggestiv wirken und von ausgesprochen künstlerischem Talent zeugen. Hört Samuel Musik, dann vergißt er alles um sich herum und geht ganz in dem Gehörten auf. Alles Künstlerische innerhalb der schulischen Arbeit saugt er auf wie ein Schwamm: es bildet ein gesundes Gegengewicht zu seiner unausrottbar «professoralen» Veranlagung. Seine Lieblingsfächer in der Schule sind sonst Chemie und Biologie. Er betreibt ausgedehnte eigene Studien, macht Experimente und hält während und nach den Stunden lange Vorlesungen, in denen er Zahlen und Formeln mit völliger Selbstverständlichkeit handhabt; er hat sich gründliche Kenntnisse erworben. Im übrigen ist sein Lieblingsthema im Leben – er selbst. Er ist auf eine naive Art und Weise äußerst egozentrisch. Im Alter von zwölf Jahren kam er zu einem der Lehrer und sagte: «Herr Lehrer, heute gedenke ich den Unterricht zu stören.» Einige Jahre danach kommt Samuel zu einem anderen Lehrer nach vorne, sieht ihm tief in die Augen und sagt: «Heute habe ich das Gefühl, als ob mir ein ganzer Schwarm Wespen im Magen herumkröche.» (Er hatte Bauchschmerzen.) Welche Züge werden wohl im zukünftigen Bild

Samuels dominieren: Selbstbespiegelung und Introvertiertheit oder Interesse an der Welt und Mitgefühl für die Leidenden?

Phlegma: Barbara ist 17 Jahre alt. Sie sieht wie eine üppige Schönheit aus Spanien oder Italien aus. Man könnte also ein sprühendes Temperament bei ihr erwarten. Aber der Schein trügt. Barbara ist träge und ruhig. Während kurzer Zeit – auf dem Höhepunkt der Pubertät – war sie wie verwandelt: ihr Blick war unstet, voller plötzlicher Begierde; sie kleidete sich herausfordernd. Aber dieser Zustand ging schnell vorüber. Sie sitzt still auf ihrem Platz, sagt fast nie etwas. Während der Kindheit waren Essen und Babies ihr größtes Entzücken. Sie besuchte oft Familien mit Kleinkindern und spielte mit den kleinsten. Als Barbara einmal mit anderen Kindern Puppentheater spielte, verstrickte ein Choleriker einen Drachen und einen Elefanten in eine wilde Schlägerei. Barbaras Puppe, eine Prinzessin, die am Ausgang des Kampfes eigentlich zutiefst interessiert sein sollte, kümmerte sich nicht darum: sie unterbrach die Schlägerei und erzählte lang und breit über Kochkunst und Rezepte, bis die anderen Kinder keine Lust mehr am Puppentheater hatten. Später, etwa elfjährig, unterhielt sich Barbara mit anderen Kindern darüber, was sie machen würden, wenn sie ein großes Preisausschreiben gewinnen würden, dessen Höchstgewinn darin bestand, daß man zehn Minuten in einem Spielwarengeschäft zubringen und so viele Spielsachen aussuchen durfte, wie man wollte. Die meisten schwelgten in Schilderungen, was sie sich alles schnappen würden. Barbara saß lange still und sagte schließlich: «Ach, ich möchte gerne länger als zehn Minuten drinbleiben.» Sie mochte gern kochen und brutzeln und war auch wirklich tüchtig auf diesem Gebiet, aber es dauerte immer lange, bis sie in Gang kam. Ging sie mit anderen Kindern spazieren, guckte sie sich alles am Wegrande an, versank in Träumereien und blieb bald hinter den anderen zurück. – In der Schule erreicht sie den Durchschnitt, da sie in der Regel pflichtgetreu ihre Schulaufgaben macht. Ihre sprachliche Ausdrucksweise ist jedoch dürftig, ihr Verständnis oft recht begrenzt. Wenn Barbara nicht in eine Waldorfschule gegangen wäre, hätte man wahrscheinlich ihre Voraussetzungen für den Besuch eines Gymnasiums für unzureichend gehalten. Aber gerade sie braucht das Arbeiten und die künstlerischen Tätigkeiten, damit sie immer wieder aus ihrer inneren Trägheit herausgerissen wird. Das hier vorliegende Lebensproblem kann wohl so ausgedrückt werden: Entwickelt sich das junge Mädchen zu einem aktiven Menschen, dann kann es mit seinem harmonischen und gemütlichen Wesen viel Gutes ausrichten. Es besteht aber die Gefahr, daß es durch seine Neigung zum Bequemen und Trivialen in Passivität versinkt.

Cholerische Veranlagung: Erik ist 17 Jahre alt, rothaarig, grobgebaut und untersetzt. Seine hervorstehenden Augen wirken fast wie Extremitäten. Er ist unwahrscheinlich stark. Seine Erziehung lag zum größten Teil in den Händen zweier älterer Brüder, die äußerst cholerisch sind und sich ständig stritten und schlugen – oft auf Leben und Tod. Das höchste gemeinsame Vergnügen ist Segeln. Erik liebt die Gefahr und ist schon mehrmals beinahe ertrunken. – Seine Schulzeit war von Anfang an dornenvoll. Schon frühzeitig hatte er einen sicheren und unbestechlichen Blick für die Erwachsenen; er durchschaute unfehlbar ihre Schwäche, ihre Verwirrung und Unsicherheit und vor allen Dingen ihr verletzliches Selbstgefühl, und er war völlig unfähig, mit seinen Ansichten hinter dem Berge zu halten. Er wurde daher von Schule zu Schule geschickt. Zu Hause war nicht mit ihm fertig zu werden: als seine Mutter ihm sein Tun untersagte, schloß er sie einfach in einen Garderobenschrank ein und ließ sie nicht wieder heraus. Er war damals acht Jahre alt. Schließlich landete er in einer Waldorfschule im Ausland. Hier bekam er eine Klassenlehrerin, vor der er wirklich Respekt hatte – zumindest einige Jahre lang. Diese Periode war sehr bedeutsam für seine weitere Entwicklung; die seinem Wesen innewohnende Gutmütigkeit kam nun stärker zum Ausdruck. Gleichaltrigen und Jüngeren gegenüber war er sozial und hilfsbereit, so lange sie sich ihm unterordneten. Allerdings war es ihm nahezu unmöglich, sich einer Gruppe von Schülern unter der Leitung eines Lehrers einzufügen. Schulreisen und andere gemeinsame Unternehmungen waren ihm verhaßt. Zeitweilig war er stark deprimiert. Als die an und für sich gute Allgemeinbildung der Klassenlehrerin nicht mehr den weitgesteckten Anforderungen aller verschiedenen Fächer entsprach, verlor er den Respekt vor ihr und brachte sie oft während des Unterrichts mit seinen Fragen und Behauptungen in Verlegenheit. – Auf der Oberstufe ist er zunächst von jedem interessanten Stoff gefesselt und sitzt froh und zufrieden auf seinem Platz. Das ändert sich aber bald. Er ist mit einigen Lehrern unzufrieden und nicht imstande, seine Gefühle zu verbergen. Eine schriftliche Prüfung benutzt er dazu, sein Heft mit Unverschämtheiten vollzuschmieren, und als er das Heft abgeben soll, schleudert er es dem Lehrer durch die Luft zu. Eines Tages äußert er den Wunsch, seine Fächer und Stunden nach eigenem Ermessen auszuwählen. Sein ältester Bruder kommt angereist und stellt sich hinter diesen Vorschlag mit der Motivierung: «Er ist ja so reif.» Sollte der Vorschlag angenommen werden, so hätte das natürlich eine Art Erdbeben innerhalb der Oberstufe zur Folge: dann würden natürlich alle Schüler die gleichen Rechte haben wollen. Der Wunsch wird nicht gewährt, und Erik akzeptiert die Entscheidung, wenn auch nicht ausdrücklich mit Worten, so doch in praxi. Aber eines Tages gerät er doch wieder in Wut: er hat eine Auseinandersetzung mit einer Lehrerin und schlägt sie ins Gesicht. Er wird vor das Kollegium berufen, entschuldigt sich und kann ohne weitere Vorfälle ähnlicher Art die zwölfte Klasse abschließen. Alle Beteiligten seufzen erleichtert auf.

Wie wird es nun Erik draußen im Leben ergehen? Kann er sein Temperament zügeln? Wird er auch in späteren Jahren zu den ewigen Opponenten gehören, den ewig Unzufriedenen? Oder wird seine Intelligenz und Führungsbegabung zu fruchtbarer Anwendung kommen?

Was kann man tun?

Welche Möglichkeiten sind uns gegeben, den Kindern durch Erziehung und Unterricht zu helfen, mit den Einseitigkeiten und Ausartungen ihres Temperamentes fertig zu werden? Zuerst einmal muß mit aller Deutlichkeit festgestellt werden, daß jeder Versuch vergeblich wäre, die Temperamentsäußerungen der Kinder zu beseitigen, indem man sie überredet, «sich zu beherrschen». Es handelt sich ja hier um Kräfte, die des Auslaufs bedürfen und sich nur sehr langsam verwandeln lassen.

Die pädagogischen Anregungen, die Rudolf Steiner zur Pflege und allmählichen Umwandlung der Temperamentskräfte gegeben hat, sind vielfältig. Einige grundlegende Hinweise für die Gestaltung der Diät seien zunächst erwähnt. Bei Phlegmatikern – die ja gewöhnlich zu viel und zu kräftig essen möchten – empfiehlt es sich, Eier und Eierspeisen zu vermeiden. Cholerikern, die sowieso «feurig» sind, sollte man nicht zu viele und vor allem nicht zu starke Gewürze an die Gerichte tun. Sanguinikern, die ja sehr oft wahre Zuckerschlecker sind, tut es gut, wenn sie etwas weniger Bonbons essen, während umgekehrt manchen Melancholikern etwas mehr an süßen Speisen bekömmlich wäre. Wenn ein Klassenlehrer den rechten Kontakt zu den betreffenden Müttern findet, werden sie ihm in den meisten Fällen für solche Diätratschläge dankbar sein.

Vor allen Dingen ist natürlich die Gestaltung des Unterrichts wichtig. Der Lehrer kann zum Beispiel versuchen, die Kinder in Situationen zu versetzen, wo ihre Einseitigkeiten sich gewissermaßen «ad absurdum» führen und dadurch manchmal eine Gegenreaktion herausfordern. Steiner empfiehlt auch, daß man Kinder mit gleichem Temperament gruppenweise im Klassenzimmer zusammensitzen läßt, natürlich ohne ihnen das Prinzip dieser Sitzordnung zu verraten.

Es ist nicht schwer zu verstehen, daß es Melancholikern gut bekommt, wenn sie nebeneinander sitzen: So brauchen sie nicht neben einem Banknachbarn zu sitzen, der sie ärgert oder gar schlagen könnte. Aber wie sieht es denn bei den anderen aus? Entstehen nicht oft Geschwätz unter Sanguinikern und Schlägereien unter Cholerikern? Die Erfahrung lehrt, daß sie aneinander ihre Einseitigkeiten durch die ständige Konfrontation abschleifen. Und Phlegmatiker werden einander langweilig, regen sich schließlich gegenseitig auf.

Ein Beispiel aus dem Unterricht: Ein Phlegmatiker hatte monatelang ruhig und zufrieden neben einem seiner Seelenverwandten gesessen. Eines Tages sprang er von seinem Platz auf – sehr zum Erstaunen aller – und rief: «Ich halte das nicht mehr aus, ich möchte den Platz wechseln. Peter ist ja so stinklangweilig!»

Eine andere Anregung: Man kann – ohne alle theoretisch-psychologischen Betrachtungen – den Kindern zu größerer Selbsterkenntnis verhelfen. «Nehmen wir einmal an, Sie erzählen in der Klasse vom Pferd. Sie sehen, daß ein sanguinisches Kind innerhalb der Gruppe in Gedanken ganz woanders ist. Jetzt versuchen Sie, diese Tatsache festzuhalten. Indem Sie das Kind irgend etwas fragen, wird es deutlich und offenbar, daß es tatsächlich an etwas anderes denkt. Dann versuchen Sie festzustellen, daß ein Kind aus der melancholischen Gruppe noch immer an den Kleiderschrank denkt, von dem Sie am Anfang der Stunde berichteten. Erklären Sie folgendes: ‹Siehst du, du hast schon lange das Pferd vergessen, während dein Kamerad noch an den Kleiderschrank denkt!›» (Rudolf Steiner, Vortrag vom 22. 8. 1919).

Den Phlegmatikern kann man kleine, wohlberechnete Schocks versetzen, indem man beispielsweise mit dem Schlüsselbund auf den Tisch schlägt, wenn man sich gerade bei ihrer «Abteilung» befindet. Sie schrecken auf, und während der nächsten fünf Minuten sucht man sie extra zu beschäftigen durch eine Serie von Fragen; der überraschende Laut hat sie empfänglich gemacht für neue Eindrücke. Einen Choleriker kann man zum Beispiel, um einem Wutanfall vorzubeugen, hinausschicken und auf einen Baum klettern lassen.

Ein Beispiel: Ein Klassenlehrer hatte zwei Choleriker in seiner Klasse, die ihre überschüssige Energie irgendwie loswerden mußten. Er sagte ihnen, daß sie jeden Tag auf ein bestimmtes Zeichen hin das Klassenzimmer verlassen, hinausgehen und einmal um den Häuserblock laufen sollten. Diese Vereinbarung müßte jedoch ein Geheimnis zwischen ihm und den beiden bleiben, da sonst andere Kinder das gleiche tun wollten. Diese Methode bewährte sich ausgezeichnet, und die beiden Schüler waren von nun an viel aufmerksamer im Unterricht.

Einige Probleme

Das Bild, das durch eine solche kurzgefaßte Darstellung vermittelt werden soll, kann notwendigerweise nur vereinfacht und schematisiert sein. Zudem sind Fälle wie die geschilderten selten so «in Reinkultur» anzutreffen. Bei den meisten Menschen, Kindern und Erwachsenen, beobachtet man Mischungen aus verschiedenen Temperamentsanlagen, die in der Regel benachbart sind; so liegen beispielsweise einem cholerischen oder phlegmatischen Menschen auch dementsprechend sanguinische oder melancholische Züge nahe, während es sehr selten vorkommt, daß sich ausgesprochen phlegmatische oder cholerische Eigenschaften zusammenfinden oder daß etwa ein ausgeprägter Sanguiniker auch melancholisch wäre. Sowohl Steiner als auch Eysenck haben diese Regel, von völlig verschiedenen Ausgangspunkten ausgehend, im wesentlichen bestätigt.

Trotzdem kann man gelegentlich Schüler bekommen, die gerade die genannten Kombinationen aufweisen: scheinbare Phlegmatiker, die sich als äußerst reizbar und zornmütig herausstellen, Kinder, die beim ersten Ansehen sowohl durch ihr zurückhaltendes Wesen als auch durch ihren traurigen Gesichtsausdruck und durch ihren mageren Körperbau wie Melancholiker wirken, sich dann aber extrem unruhig und zappelig benehmen. Hier zwischen solchen Zügen zu unterscheiden, die man als die «eigenen» des Schülers bezeichnen kann, und solchen, die durch Umwelteinflüsse darüber gestülpt wurden, kann im Einzelfalle fast unmöglich sein.

Eine Lehrerin, die Rudolf Steiners Pädagogik kennengelernt hatte, unterrichtete in der ersten Klasse einer Schule weit draußen auf dem Lande. Um sich ein Bild von der Veranlagung ihrer Schüler zu verschaffen, ließ sie sie am ersten Schultage Bilder zeichnen. Diese Zeichnungen konnte sie in vier Gruppen einteilen: eine mit viel Rot, eine mit viel Gelb, eine mit viel Blau und schließlich eine Gruppe mit ziemlich verschwommenen Mischungen. Sie nahm an, daß auf diese Art und Weise die vier Temperamente zum Ausdruck gekommen seien, und setzte die Schüler – probeweise – in vier in sich geschlossenen Gruppen. Am nächsten Tag bekam jedes Kind eine Rolle Papier, mit dem die Pulte belegt werden sollten. Die «Roten» fingen sofort eine Schlägerei mit den Papprollen an, die «Gelben» begannen augenblicklich voll Eifer und Eile zu arbeiten, die «Blauen» und «Verschwommenen» saßen nur da und warteten auf Hilfe. Die Annahme, daß es sich der Reihe nach um Choleriker, Sanguiniker, Melancholiker und Phlegmatiker handelte, fand hier also eine beinahe komisch deutliche Bestätigung. Die Erfahrungen der darauffolgenden Jahre vertieften nur diesen Eindruck. – Als diese Lehrerin später an einer Waldorfschule in einer Großstadt die Arbeit aufnahm, machte sie den gleichen Versuch. Die Bilder ließen aber in diesem Falle nicht entsprechend eindeutige Schlüsse zu, ebenso wenig die direkte Beobachtung: die Schüler waren alle – um hier ihren eigenen Ausdruck zu gebrauchen – zu «nervös», als daß man sie ohne weiteres in eine bestimmte Gruppe hätte einordnen können. Nach einigen Schuljahren waren sie durchweg ruhiger, aber bei den meisten war es noch immer schwierig, ein dominierendes Temperament zu unterscheiden.

Ähnliche Erfahrungen sind von vielen Waldorflehrern gemacht und geschildert worden.

Was ist das Temperament?

Nachdem wir nun eine Reihe von konkreten Erfahrungen auf uns haben wirken lassen, können wir die große, grundlegende Frage aufwerfen: was *ist* nun eigentlich das Temperament? Um an dieses Problem heranzukommen, wollen wir von zwei grundlegenden Tatsachen ausgehen.

Auf der einen Seite ist das Temperament außerordentlich fest im Menschenwesen verankert. Sein Temperament willentlich umzuwandeln, gehört zu den schwierigsten inneren Aufgaben, denen sich ein Mensch unterziehen kann. An den angeführten Beispielen war anschaulich, mit welcher Wucht und Prägnanz die seelischen Äußerungen des Temperaments hervorbrechen können, und wie eine bestimmte innere Veranlagung sogar mit einer speziellen physiologischen Eigenart verbunden sein kann (besonders deutlich bei Samuel und Erik). Daß viele Choleriker einen untersetzten, «knorrigen» Körperbau aufweisen, haben wir wohl alle bemerkt. Der intime Zusammenhang zwischen harmonisch abgerundeten («pyknischen») Körperformen und phlegmatischem, länglich-magerer («leptosomer») Gestalt und melancholischem Temperament ist oft beobachtet worden und kann durch die bekannten Untersuchungen Ernst Kretschmers als bestätigt gelten.

Auf der anderen Seite ist es auch auffallend, daß das Temperament des Menschen sich im Laufe seines Lebensgangs ohne sein eigenes Zutun oft sehr stark ändert. Ganz allgemein kann man zunächst sagen, daß jedes Lebensalter sein charakteristisches Temperament aufweist: so wie jedem gesunden Kinde eine deutliche Sanguinik, ist dem jungen Menschen ein Schuß von cholerischer Dynamik, dem Erwachsenen ein Einschlag von ernster Melancholie und dem Alternden eine Tingierung von phlegmatischer Besinnlichkeit meistens eigen.

Im Menschenwesen ganz tief verwurzelt und gleichzeitig doch auch veränderlich, erweisen sich die Temperamentsäußerungen demnach als komplizierte, wirklich rätselhafte Erscheinungen. Wie kommen sie eigentlich zustande?

Rudolf Steiner beschreibt, wie die verschiedenen Glieder der Menschenwesenheit in diesen Phänomenen zum Ausdruck kommen. Je nachdem, wie in der Lebensweise und dem Auftreten des Kindes die Bedürfnisse seines physischen Leibes, der bildenden, «ätherischen» Kräfte (vergleiche S. 73), des Seelenlebens mit seinen Sympathien und Antipathien oder des Ichs (des eigentlichen Geistwesens) sich vorwiegend geltend machen, erscheint es uns als phlegmatisch, sanguinisch, cholerisch oder melancholisch. Beim Erwachsenen, bei dem das Ineinanderwirken von Leiblichem, Seelischem und Geistigem sich in anderer Weise vollzieht, sind es andere Wesensglieder, die sich in den verschiedenen Temperamentsäußerungen kundgeben. Die manchmal sehr auffallenden Temperamentsveränderungen, die sich schon vor oder während der Pubertät vollziehen, hängen mit den hier gemeinten inneren Umwandlungen zusammen. Eine nähere Beschreibung der Gesetzmäßigkeiten, die in diesen Entwicklungsprozessen walten, würde hier zu weit führen. (Siehe besonders die Seminarbesprechung Steiners vom 21. August 1919.)

Zusammenhang zwischen Temperament und Lebenskräften

Ist also der Mensch als Ganzes am Zustandekommen der Temperamentsäußerungen beteiligt, so ist doch eins seiner Wesensglieder durch sein persönliches Temperament in speziellem Maß geprägt und kommt in den Äußerungen des Sanguinischen, Cholerischen, Phlegmatischen und Melancholischen besonders deutlich zum Vorschein. Es handelt sich um jene Schicht, in der die «ätherischen» Kräfte zu suchen sind, die den physischen Leib am Leben erhalten und ihm seine Gestalt geben. Die Erinnerungen und Lebensgewohnheiten eines Menschen sind, wie Steiner vielfach beschrieben hat, in dieses Kraftfeld hineinverwoben. (Vgl. besonders «Die Erziehung des Kindes».) Von hier aus kann eingesehen werden, daß die Auswirkungen des Temperaments so schwer beeinflußbar sind und oft in so elementarer Weise zum Ausdruck kommen; es handelt sind eben um mächtige übersinnliche Kräfte-Strukturen. Wer dies durchschaut hat, kann auch verstehen, daß das Klima, der Erdboden, die Lebensgewohnheiten, die Sprache und die seelisch-geistige Atmosphäre einer Landschaft die innere Haltung der betreffenden Menschen, vor allem wenn sie dort aufgewachsen sind, so stark beeinflussen können, daß man – die oft stark bemerkbaren individuellen Abweichungen durchaus berücksichtigend – von einem charakteristischen «Volkstemperament» der Einwohner eines bestimmten Gebietes sprechen darf.

Vor diesem Hintergrund betrachtet, deutet die Schwierigkeit, bei nervös veranlagten Kindern ein dominierendes Temperament zu finden, auf ein wirklich ernstes Zeitsymptom. Die Zappeligkeit, die bei ihnen oft vorherrscht, ist kein Zeichen für starke Lebenskräfte (Lebhaftigkeit ist bekanntlich nicht dasselbe wie Nervosität). Im Gegenteil. Rudolf Steiner hat in einem Vortrag vom 11. 1. 1912 beschrieben, wie ziellose, unwillkürliche Bewegungen des physischen Leibes von einer Schwächung des in ihm tätigen «ätherischen Kraftfeldes» zeugen; das Sinnvolle der Bewegungen eines Menschen weist darauf hin, daß dieses Kraftfeld den physischen Leib in einer gesunden Weise beeinflußt und beherrscht. Unterrichts- und Lehrmethoden, die durch ihre Langweiligkeit zu einem Einpauken toter Kenntnisse zwingen, bewirken – einfach weil die innere Menschenwesenheit mit der ausgeübten Tätigkeit in einem solchen Fall gefühlsmäßig überhaupt nicht verbunden ist – eine Verschärfung dieser Tendenz. Eine Schwächung solcher Art scheint bei vielen heutigen Kindern vorzuliegen.

Angesichts dieser Problematik wird es noch deutlicher, daß es sich nicht darum handeln kann, die Kinder zu irgendeiner «Beherrschung» ihres Temperaments anzuleiten. Vielmehr ist es zunächst angebracht, die Temperamente kräftig und in bewußter Differenzierung anzusprechen. (In den Kapiteln «Vom Rechnenlernen», «Der Umgang mit Farben» und «Tierkunde» sind Beispiele dafür angeführt, wie der Lehrer in den verschiedensten Fächern die Temperamentskräfte direkt ansprechen kann.) Überhaupt scheint es heute wichtiger denn je, daß der Lehrer durch einen wirklich lebendigen Unterricht die Lebenskräfte seiner Schüler anzuregen vermag. Wenn dies gelingt, kommt es erfahrungsgemäß oft gerade darin zum Ausdruck, daß die Einseitigkeit des Temperaments zunächst, und zwar manchmal in einer ganz unerwarteten Richtung, kraftvoll hervorschießt.

Ein ganz einfaches Beispiel mag hier für viele stehen. Ein 15jähriger Junge kam in die neunte Klasse einer Waldorfschule. Er hatte sich mit den Klassenkameraden in seiner früheren Schule nicht gut vertragen. Am Anfang saß er schüchtern und verschlossen, fast erstarrt in seiner Bank. Wurde er in seinem Brüten durch irgendein Ereignis gestört, dann war er oft erschrocken und konnte dann unkontrollierte Bewegungen machen, die von innerer Ängstlichkeit zeugten. Es lag auf der Hand, ihn für einen Melancholiker zu halten. Nach einiger Zeit taute er aber auf und entpuppte sich immer mehr als ein fröhlicher Sanguiniker, der durch seine kindlich-drolligen Scherze immer wieder erreichte, daß die Klasse vor Gelächter fast platzte. Seine Vitalität nahm stark zu, die Besserung hielt an.

Das Temperament des Lehrers

Wie aber kann nun der Lehrer es dahin bringen, daß sein Unterricht wirklich lebendig wird?

Es gibt natürlich viele Lehrer, die dies in den verschiedensten Schulformen und auf den verschiedensten Wegen erreichen. Ein wirksames Hilfsmittel, das – obwohl es ziemlich viel verlangt – von Waldorflehrern besonders gern verwendet wird, ist die bewußte Arbeit am eigenen Temperament. Hier liegt in der Tat einer der Kernpunkte der ganzen von Rudolf Steiner entwickelten Erziehungskunst.

Wenn der Lehrer den Schülertemperamenten, wie sie schon beim Eintritt in die Klasse ausgebildet sind oder nach und nach zum Vorschein kommen, gerecht werden will, muß er in seinen Fragestellungen und Schilderungen dort, wo es der Stoff hergibt,

so farbig, beweglich und abwechslungsreich sein, daß die Sanguiniker kaum folgen können;

so menschlich teilnahmsvoll, daß die Melancholiker sich selbst vergessen;

so dramatisch, daß die Choleriker interessiert und dadurch (nicht durch äußere disziplinarische Maßnahmen) «gefesselt» werden.

Er muß sich üben, alle vier Temperamente äußern zu können, denn der wichtigste Grundsatz ist, wie schon angedeutet: nicht *gegen* das Temperament zu wirken, sondern mit ihm, es nicht beseitigen oder brechen wollen, sondern ein Stück mit ihm gehen, es dann aber behutsam zu harmonisieren und verwandeln suchen. Durch seine im richtigen Augenblick gezeigte Stimmung sollte der Lehrer

beim Phlegmatiker äußerlich teilnahmslos erscheinen, aber von höchster innerer Teilnahme sein;

beim Choleriker äußerlich seine Teilnahme zeigen, innerlich aber die größte Ruhe bewahren, auch wenn die Cholerik des Kindes überschäumt;

mit dem Sanguiniker von einem Eindruck zum andern eilen, dann aber den Ernst und die Ausdauer immer wieder an einem Punkte festzuhalten versuchen;

sich mit dem Melancholiker als Leidgeprüfter geben, aber zeigen, wie man mit den Schmerzen und Ärgernissen des Lebens durch Humor und innere Tatkraft fertig geworden ist.

Das in die Handhabung zu bekommen, ist ein künstlerisches Problem.

Die Selbsterziehung des Erziehers

Kein Mensch kann diesen Forderungen voll entsprechen. Es kann aber schon eine große Hilfe sein, an sie zu denken und sich ihrer bewußt zu bleiben. Dies macht – vielleicht mehr als alles andere – den Unterricht «lebendig».

Wie viele von uns haben die Gewohnheit, sich zumindest in gewissem Umfang nach dem zu richten, was sie als ihre eigene innere Natur empfinden. «Man ist eben, wie man ist, man kann schließlich nicht aus seiner eigenen Haut heraus.» «Heute bin ich schlechter Stimmung, dagegen kann man nichts machen.» Es ist ganz offenkundig, daß die Forderungen der Temperamentsbeherrschung zu einer derartig passiven Lebenseinstellung im Widerspruch steht. Sie setzt vielmehr einen Menschen voraus, der den Willen hat, sein eigenes Temperament und seine augenblicklichen Lebensstimmungen hinter sich zu lassen, um so zu reagieren, wie es die Bedürfnisse der Schüler oder ein darzustellender Unterrichtsstoff fordern.

Einer der nützlichsten Schocks, den ein cholerischer Lehrer seinen Schülern versetzen kann, ist es, wenn er eiserne Ruhe bewahrt in einer Situation, die ihn früher in Zorn versetzt hätte, so etwa bei einer frechen Störung des Unterrichts. Es kann eine enorme Anstrengung kosten, sich in einem solchen Fall zu beherrschen. Wenn der cholerische Lehrer das aber fertigbringt, kann er Augenblicke reinen Triumphes erleben. Plötzlich wachen einige Schüler auf und fragen: «Was ist denn heute mit dem Lehrer los? Warum wird er nicht böse?» Aus solchen Erlebnissen kann zwischen Lehrer und Schülern ein völlig neues Verhältnis entstehen.

Der umgekehrte Fall: Kein Donnerwetter ist so wirkungsvoll wie das, zu dem der Lehrer sich zwingen muß, weil die Kinder etwas angestellt haben, was ein wirkliches Donnerwetter verlangt: zum Beispiel eine reine Gemeinheit einem Kameraden oder einem anderen Lehrer gegenüber. Die innere Ruhe und Bewußtheit wird dabei zum Zaubermittel – die Kinder fühlen, was da geschieht.

Nur derjenige, der die Kraft hat, über den

Situationen zu stehen, hat die Möglichkeit, gute Eingebungen aus dem Augenblick zu schöpfen. Ein Lehrer in einer der höheren Klassen war von stark melancholischer Veranlagung, und es fiel ihm daher schwer, in seinem Unterricht «vom Fleck zu kommen». Sein Streben nach Klarheit und Ordnung verführte ihn dazu, zu ausführlich zu sein; die Schüler hatten dadurch zuviel Zeit zu Schwätzereien und unnötigen Zwischenbemerkungen. Das ihnen fehlende Konzentrationsvermögen trug weiterhin dazu bei, daß einige Schüler trotz des langsamen Tempos darüber klagten, daß sie nicht mitkämen. Diese Situation führte eines Tages zur Krise: eines der Mädchen beschwerte sich, daß sie ihrer Ansicht nach nicht genug in dem Unterricht lernte und daß sie erwöge, ihre Schulzeit vorzeitig abzubrechen. Mehrere ihrer Kameraden trügen sich – wie sie sagte – mit ähnlichen Gedanken. Der Lehrer entschloß sich, seinen Unterricht ab sofort in «sanguinischer» Richtung zu gestalten: schnelleres Tempo, mehr Fakten, mehr Farbe, mehr unerwartete Zwischenbemerkungen. Das Resultat: die Klasse wurde wacher. Sehr zu seinem Erstaunen protestierte niemand gegen das raschere Tempo. Niemand redete mehr davon, mit der Schule aufzuhören.

Auch Eltern können mit gutem Erfolg Rücksicht auf das Temperament ihrer Kinder nehmen.

Ein Vater hatte ein sehr cholerisches Kind; er selbst konnte sich gut beherrschen. Eines Tages machte das Mädchen eine große Szene, ging aus dem Zimmer und schlug die Tür mit einem Knall hinter sich zu. Der Vater rief mit ruhiger Stimme, daß sie zurückkommen und die Tür leise zumachen solle. Im allgemeinen hatten die beiden den besten Kontakt miteinander. Sie kam zurück, starrte ihn feindlich an und schmetterte die Tür zu – genau wie vorher. Noch einmal wurde sie zurückgerufen – wieder die gleiche Szene. Als der Vater sie zum dritten Mal zurückrief – hob er, immer noch völlig ruhig, die Tür aus den Angeln und stellte sie auf den Boden. Das Mädchen war völlig sprachlos – und restlos beruhigt.

DIFFERENZIERTER RELIGIONSUNTERRICHT

Heute sind viele Menschen der Ansicht, daß den Kindern in ihren frühesten Jahren jede religiöse Erziehung erspart bleiben solle und daß sie jedenfalls in der Schule einen streng «objektiven» Religionsunterricht haben müßten: sie sollen einmal selbst darüber bestimmen können, ob sie religiös werden wollen oder nicht.

Ein Gedankenexperiment

Wir wollen ein Gedankenexperiment machen. Angenommen, Herr und Frau Müller sind zu der Auffassung gelangt, daß ihre Kinder selbst entscheiden sollen, ob sie sich für Musik interessieren wollen oder nicht: eine musikalische Erziehung wird deswegen als ein Eingriff in die Freiheit der Kinder abgelehnt. Die Eltern führen ihre Idee bis in alle praktischen Konsequenzen durch: das Grammophon, das Klavier und die Geige des Großvaters werden verkauft, die Mundharmonika wandert in den Kehrichtkasten, der Vater hört auf, im Badezimmer zu singen. Die Kinder kommen in die Schule, deren Lehrer nach den Richtlinien der höchsten Schulbehörde eine ähnliche Haltung praktizieren. Die Schüler müssen eine Menge Tatsachen über musikalische Stilarten, Epochen und große Meister der Musik hören und lesen, sie müssen auch etwas an elementarer Musiktheorie lernen. Bloß einige Dinge dürfen sie niemals tun: singen, ein Instrument spielen, Musik hören. Die Kinder Müller kommen in die Pubertätsjahre und beginnen ihre Interessen selbst zu wählen. Sie können es nicht vermeiden, durch Kameraden und Vergnügungen in Kontakt mit Schlagermusik verschiedener Art zu kommen. Vielleicht haben sie diese gern. Der Musikunterricht der Schule aber war für sie grau und langweilig. Ihr Weg zur großen Musiktradition des Abendlandes ist unwiderruflich versperrt. Wenn sie gelegentlich bei einem Besuch im Radio einen Satz aus Beethovens «Missa solemnis» zu hören bekommen oder eine Klaviersonate von Mozart, dann ist so etwas für ihre Ohren nur eine Reihe von sinnlosen Tönen.

Die Eltern Müller hatten ein achtbares Motiv für ihre Handlungsweise: den Kindern Freiheit zu geben. Die Maßnahmen hatten jedoch die genau entgegengesetzte Wirkung. Die Freiheit wurde beschnitten. Die Kinder werden ihre Eltern deswegen nicht anklagen. Sie haben ja keine Ahnung, wessen sie verlustig gegangen sind. Falls jemand so taktlos ist, sie nach ihrer Einstellung zu einem Komponisten oder einer Stilart zu fragen, antworten sie in der Regel mit einem Achselzucken: «Ich bin nicht musikalisch.»

Wenn in einer großen Anzahl von Familien die Ideen der Eltern Müller angewendet und sie gleichzeitig im zentral geleiteten Schulwesen praktiziert würden, dann wären die Folgen für das Musikleben des Landes spätestens nach zwei Generationen augenfällig: die Konzertsäle würden fast leer stehen, die Musikgeschäfte müßten schließen, die meisten Musiker müßten sich eine andere Arbeit suchen. Vieler Menschen Dasein würde auf eine tiefgehende Weise beeinflußt werden, weil ja mit einer Musikkultur reiner Tisch gemacht wurde, die in vielen Jahrhunderten emporgewachsen war. Kurz gesagt: wir würden auf dem musikalischen Gebiet in eine Situation versetzt werden, die an diejenige erinnert, in die wir nun tatsächlich auf religiösem Gebiet geraten sind.

Die religiöse Anlage

Das Gedankenexperiment ist natürlich absurd, aber es trifft doch den Kern des Problems. Wir wissen sehr wohl, daß die Anlagen des Kindes Pflege brauchen, um sich entwickeln und zu Fähigkeiten werden zu können. Auf dem Gebiet des Gedankenlebens ist dieser Zusammenhang besonders gut erforscht. Es gibt Belege dafür, daß die Eltern die Intelligenzentwicklung ihrer Kinder stark beeinflussen können, und zwar auf eine entschieden positive Weise, indem sie in den ersten Lebensjahren viel mit ihnen spielen und vor allem sprechen. Es würde keinem Psychologen einfallen, Vätern oder Müttern zu empfehlen, daß sie auf Spiele und Gespräche mit den Kindern verzichten sollen, damit die Kinder im reifen Alter selbst entscheiden können, ob sie «intellektuell» werden wollen oder nicht.
Wie viele Menschen sind heute im religiösen Bereich gleichgültig: «Ich kümmere mich nicht darum, ob es einen Gott gibt oder nicht», oder religiös unbefriedigt: «Ich würde so gerne zu einer höheren Macht beten wollen, aber es ist mir unmöglich». Sie sind es aber nicht deshalb, weil sie etwa keinerlei Anlage zu Religiosität besäßen, sondern weil eine Erziehung auf diesem Gebiet versäumt worden ist.
Niemand wird behaupten, daß es mit der zukünftigen freien Wahl der Kinder nicht zu vereinen wäre, wenn sie in ihren frühen Lebensjahren singen oder Flöte spielen. In Wirklichkeit ist ja die frühe Beschäftigung mit Musik – wenn sie als völlig selbstverständlich betrieben wird – der einzige Weg, ihre Wahlfreiheit sicherzustellen. Die Kinder können nur dann später Musiker oder Amateure auf musikalischem Gebiet werden, wenn sie Fähigkeiten der Wahrnehmung und Geschicklichkeit in der Ausübung erworben haben. Erst jetzt, wenn sie Musik kennen, sind sie auch frei, gegen Konzerte oder eigenes Spiel Stellung zu nehmen.
Es gibt keinen Grund, das Problem auf dem religiösen Gebiet wesentlich anders anzusehen. Ein bedeutsamer Unterschied liegt allerdings darin, daß die religiöse Erlebnisfähigkeit – wie es der Gang der Geschichte lehrt – eine entschieden größere Bedeutung für die praktische Lebensgestaltung des Menschen hat als die musikalische. Die Kinder von religiösen Erfahrungen auszuschließen, ist ein noch viel tieferer Eingriff in ihr Leben, als wollte man alles Musikerleben von ihnen abschirmen.

Das Motiv der Religionsfreiheit

Die Religionsfreiheit ist nicht vollständig, wenn sie nicht das Recht und die Möglichkeit einschließt, religiös werden zu können.
Hier wird ein Problem aktuell, das ein wenig kraß mit folgender Frage ausgedrückt werden kann: gibt es also Gründe für atheistische Eltern, die Kinder schon im Kindergartenalter an religiösen Erlebnissen teilnehmen zu lassen, um ihre künftige Wahlfreiheit sicherzustellen – beispielsweise dadurch, daß man sich zwingt, mit ihnen zu beten?
Die Fragestellung ist abstrakt. Eine solche Handlungsweise wäre ja tief unaufrichtig. Von allen Unwahrhaftigkeiten, denen man Kinder aussetzen kann, ist diese eine der schlimmsten.
Für jemanden, der in die anthroposophische Menschenerkenntnis eindringen und sie bejahen kann, wird es immer mehr zur Selbstverständlichkeit, elementare Lebenstatsachen zu respektieren: das Zusammenspiel zwischen dem ganzen Milieu des Hauses und dem Wesen der Kinder nimmt sich für ihn als eine sinnvolle Konfiguration aus, die nicht vom Standpunkt persönlicher Wünsche beurteilt werden kann; niemand hat das Recht, hier mit groben Händen einzugreifen.
Wer atheistische Familien erlebt hat, bei denen ein guter und tiefgegründeter Kontakt zwischen Eltern und Kindern besteht, und andererseits religiöse Häuser mit vernachlässigten und schiefen menschlichen Beziehungen, wird sich verallgemeinernde Urteile in dem einzelnen Fall verbieten.

Aus der Praxis der Waldorfschule

Die Haltung, welche die Lehrerkollegien der Waldorfschulen auf dem Gebiet des Religionsunterrichts einzunehmen pflegen, wird verständlich, wenn man sie auf dem Hintergrund solcher Erwägungen betrachtet.
Als die erste Waldorfschule im Jahre 1919 gegründet wurde, war der ursprüngliche Gedanke Rudolf Steiners, den speziellen Religionsunterricht den Vertretern der katholischen und evangelisch-protestantischen Kirchen zu übergeben, dem Wunsch und dem Bekenntnis der Eltern entsprechend. Aber gleichzeitig lag ihm daran, daß die Kinder, deren Eltern konfessionell nicht gebunden waren, eine eigene Form von Religionsunterricht erhielten, der darauf abzielte, die speziellen Bedürfnisse jeder einzelnen Altersstufe zu befriedigen. So wurde der «freie christliche Religionsunterricht» eingerichtet.
Unter Berücksichtigung der lokalen kulturellen Verhältnisse wird diese Praxis mit gewissen Variationen in den verschiedenen Ländern auch so gehandhabt. Jede religiöse Gemeinde hat die Möglichkeit, im Rahmen des Stundenplans der Schule oder zu anderen Zeiten Religionsunterricht zu erteilen, wenn die Eltern es wünschen. Es wird den Eltern dringend zugeraten, ihre Kinder an irgendeinem Religionsunterricht teilnehmen zu lassen.
Die Vertreter der verschiedenen religiösen Gemeinschaften gestalten ihren Unterricht völlig frei. Eine gewisse Zusammenarbeit mit den übrigen Lehrern in den Fragen der Behandlung der Kinder ist natürlich wünschenswert. Manche der «fremden» Religionslehrer nehmen auch gern den Kontakt mit der Schule auf, da schon im Rahmen des gesamten übrigen Unterrichts in unkonfessioneller Weise die religiösen Anlagen der Kinder gepflegt werden. Andere ziehen es vor, in aller Stille zu kommen und zu gehen.

Der unersetzliche pädagogische Wert einer wahrhaft religiösen Unterweisung kann hier nur angedeutet werden. Er liegt darin, daß ein Streben nach Vertiefung, nach Wandlung, nach innerer Erhebung aufgerufen wird; Selbsterziehung des Jugendlichen und Ehrfurcht vor einer höheren Welt üben gemeinsam eine positive Wirkung aus.

Aus dem Lehrplan des freien christlichen Religionsunterrichts

Der freie christliche Religionsunterricht wird von Waldorflehrern gegeben. Wie auch der konfessionelle Unterricht steht er außerhalb des allgemeinen Lehrplans der Waldorfschulen und wird gewissermaßen als Privatunterricht im Rahmen der Schule gegeben.

Die Grundlage ist christlich, ohne jede konfessionelle Bindung. Die Schüler sollen die Voraussetzung erhalten, von der Pubertät an und weiterhin einsichtsvoll in religiösen Fragen selbst Stellung zu nehmen. In den Klassen 1 bis 4 entwickelt sich der Unterricht aus Erzählungen, die Verehrung für den Vatergott, für das Göttliche in der Natur erwecken und starke Impulse geben können, menschliche Eigenschaften wie Dankbarkeit, Wahrheitsliebe, Andacht, Hilfsbereitschaft zu entwickeln. In den Klassen 5 bis 8 gibt man Erzählungen aus den Evangelien und biographische Schilderungen von historischen Persönlichkeiten, die aus sehr verschiedenem kulturellem und religiösem Milieu kommen und ihre Lebensprobleme in einer vorbildlichen Weise gelöst haben. In den Klassen 9 bis 12 werden religions- und kirchengeschichtliche Schilderungen gegeben, wobei auch den Darstellungen nichtchristlicher Religionen Raum gegeben wird. Die oben genannten Altersgrenzen müssen nicht immer strikt eingehalten werden; so kann man sehr wohl biographische Schilderungen schon in der vierten Klasse geben, wenn die Situation der Klasse oder einzelner Schüler dies wünschenswert erscheinen lassen.

Für die Kinder, die am freien Religionsunterricht teilnehmen, wird einmal in der Woche eine religiöse Handlung gehalten, die von Rudolf Steiner eingesetzt worden ist. Die Teilnahme an der «Sonntagshandlung» für die Kinder bis zur 8. Klasse, der «Jugendfeier» für die 9., 10. Klasse und der »Opferfeier» für die älteren ist natürlich freiwillig. Die Eltern der Kinder sind ebenfalls willkommen.

Das Prinzip der Toleranz

Im freien Religionsunterricht der neunten Klasse fragte eines Tages ein Schüler nach der Lebenseinstellung, die in freikirchlichen Kreisen herrscht. Die Lehrerin fing an, diese Frage zu beantworten. Da begann einer der Jungen, der weit hinten im Schulzimmer saß, plötzlich lebhaft zu gestikulieren und zeigte auf einen Kameraden, der weiter vorn saß und aus einer freikirchlichen Familie stammte; seine eigene weltanschauliche Einstellung war skeptisch und verschwommen, aber er war offenbar ängstlich, daß die Lehrerin etwas sagen würde, was für seinen Kameraden abstoßend oder verletzend wirken könnte.

Mitunter wird die Frage gestellt, ob man nicht Gefahr läuft, daß ein differenzierter Religionsunterricht von der Art, wie er an den Waldorfschulen erteilt wird, zu ungesunden Gruppenempfindungen oder sogar zu Intoleranz führen kann.

Wer einige Jahre in einer solchen Schule mitgearbeitet hat, macht oft solche Erfahrungen, wie die oben erzählte Episode sie schildert. Es handelt sich um ein Grundprinzip. Toleranz, die seelische Haltung von Respekt und Verständnis für andere Menschen und deren Weltanschauung, geht wie ein starker und tiefer Strom durch die ganze Biographie Rudolf Steiners und gehört zu den stärksten Impulsen, die er seinen Schülern als Erbteil hinterlassen hat. In seinem wichtigsten philosophischen Werk «Die Philosophie der Freiheit» lautet eine der entscheidendsten Stellen: «*Leben* in der Liebe zum Handeln und *leben lassen* im Verständnis des fremden Wollens ist die Grundmaxime der *freien Menschen.*» (Kapitel IX, Die Idee der Freiheit)

Das gleiche Motiv zieht sich wie ein roter Faden durch die ganze Waldorfpädagogik. Es kommt zu besonders deutlichem Ausdruck in einem Kurs, den Rudolf Steiner für tschechische und deutsche Lehrer im April 1923 gehalten hat. In einem dieser Vorträge (vom 23. 4.) faßte er die Bestrebungen der Waldorfpädagogik in bezug auf Erziehung zum Sozialen in einige kurze Worte zusammen: «Denken Sie einmal darüber nach, was gerade aus diesen beiden fließt: Liebevolle Hingabe an die eigenen Handlungen, verständnisvolles Eingehen auf die Handlungen der anderen. Daß die Menschen sozial zusammenarbeiten können, das folgt nur aus diesem. Aber das können Sie äonenlang tradieren: Auf keine äußerliche Weise werden Sie es hervorbringen, Sie müssen es aus den Tiefen der Menschennatur hervorholen.»

Wenn die nach dem Wunsch der Eltern differenzierten Religionsgruppen mit ihren Lehrern in verschiedenen Klassenräumen verschwinden, verwirklicht die Waldorfschule in sichtbarer Weise ein Prinzip der Toleranz und trägt dazu bei, eine solche Haltung bei den Schülern aufzurufen. Der Vorgang, der sich hier abspielt, kann als durchaus zeitgemäß empfunden werden. Die weiten Unterschiede, die in der Denkweise der Menschen zum Ausdruck kommen, sind nun einmal da. Es führt zu nichts, sie auslöschen zu wollen oder so zu tun, als ob sie nicht existierten. Das einzige, was wir tun können, ist, daß wir lernen, in vollem Bewußtsein unserer tiefen inneren Verschiedenheiten und gerade deshalb in vollem gegenseitigem Verständnis miteinander zu leben.

VOM FREIHEITSMOTIV

Die Erkenntnis, daß die Waldorfpädagogik moralische Impulse aufrufen will, kann zu der Frage führen, ob nicht auf eine vorgeplante «Prägung» der Schüler abgezielt wird. Die Antwort auf diese Frage muß ein klares «Nein» sein, aber es lohnt sich schon, ausführlicher verständlich zu machen, wieviel getan und bedacht werden muß, wenn man den Heranwachsenden zur Freiheit seiner Individualität hinführen will.

Zunächst muß festgehalten werden, daß jedes Kind mit der Notwendigkeit, die in der Natur seiner Entwicklung liegt, in dem Lebensabschnitt seiner Erziehungszeit durch größte Verwandlungen seiner körperlichen Konstitution, seiner Empfindungs- und Erlebnisfähigkeit und der Denkstrukturen oder Bewußtseinszustände hindurchgeht. Es muß durch Erfahrungen an der Welt und am sozialen Umkreis sich selbst und seine persönliche Weltanschauung finden – und es muß in der Selbstfindung seinen schicksalhaften Menschenumkreis, seine Aufgaben in der Welt entdecken.

Prägt sich nun nicht in diesen veränderlichen, plastischen Zustand des Heranwachsenden – unfrei machend – in besonderem Maße der Erzieher ein, wenn er eine entschiedene Weltanschauung besitzt?

Die Rolle der Anthroposophie

Wenn Menschen nichts Näheres über Rudolf Steiner und die Anthroposophie wissen, liegt es ihnen nahe zu glauben, daß die Waldorflehrer mit ihrer anthroposophisch orientierten Weltanschauung in der täglichen Arbeit von einer Art «Bekehrungseifer» getrieben werden. Diese Meinung beruht auf einem Mißverständnis dessen, worum es sich eigentlich handelt. Anthroposophie ist nicht eine Form von Religion und auch kein fertiges Gedankensystem, sondern ein *Weg*, um Erkenntnisse von Welt und Mensch zu gewinnen. Wer diesen inneren Schulungsweg mit seinen Übungen zur Ausbildung des Gedanken-, Willens- und Gefühlslebens konsequent genug geht, kann durch direkte Erfahrung Gewißheit darüber erlangen, daß unser physisches Dasein von einer «übersinnlichen» Welt durchdrungen ist und daß der Mensch seinem inneren Wesen nach – obwohl er in unserer Zeit in der Regel nichts davon weiß – aus dieser Sphäre stammt. Für Kinder und Jugendliche unter 18 Jahren ist es zumeist noch uninteressant und wäre auch völlig verfehlt, sich mit dem Studium der Anthroposophie und mit den inneren Übungen zu befassen, die mit einem solchen Schulungsweg verbunden sind.

Der Lehrer braucht die Anthroposophie nicht, um sie im Unterricht unmittelbar darzulegen, sondern für seine eigene Ausbildung. Rudolf Steiner betonte oft und sehr eindringlich, daß der Pädagoge seine Fähigkeit zum Handhaben seiner Methode und zum Wahrnehmen der kindlichen Entwicklung durch eine solche innere Schulung wesentlich verbessern könne.

Die Aufgabe der Waldorfpädagogik

Die Aufgabe des Lehrers ist es, das «Ich» des Schülers nicht anzutasten, aber dazu beizutragen, daß das Instrument (des Körpers und der Seele) so gebildet werde, daß die Individualität (der Geist) einmal frei darin schalten und walten kann.

Wie aber soll man so subtile Unterscheidungen in der Praxis durchführen?

Die Waldorfpädagogik stammt von Rudolf Steiner – was antwortete er selbst auf eine solche Kernfrage? «Die allergrößte Selbstverleugnung ist Aufgabe des Erziehers. Er muß in der Umgebung des Kindes so leben, daß der Kindesgeist in Sympathie das eigene Leben an dem Leben des Erziehers entfalten kann. Man darf niemals die Kinder zu einem Abbild von sich selbst machen wollen. Es soll in ihnen nicht fortleben in Zwang, in Tyrannei dasjenige, was in dem Erzieher selbst war, noch in derjenigen Zeit, in der sie hinausgewachsen sind über Schule und Erziehung. Man muß so erziehen können, daß man für dasjenige, was aus einer göttlichen Weltordnung neu in jedem Zeitalter in den Kindern in die Welt hereintritt, die physischen und seelischen Hindernisse wegräumt, und dem Zögling eine Umgebung schafft, durch die sein Geist in voller Freiheit in das Leben eintreten kann.» (Vortrag vom 19. 8. 1922.)

Wer sich nicht vorstellen kann, daß es eine übersinnliche Welt gibt, aus der der Mensch stammt, kann solch ein Wort vielleicht unverständlich oder eigentümlich finden. Wer die Möglichkeit sieht, sich in die neuen Perspektiven einzuleben, die das Menschenbild der Anthroposophie eröffnet, wird hinter den Worten viel erfahren. Was «Selbstverleugnung des Lehrers» sagen will, kann man in jeder Beziehung mit Kindern konkret erleben und dadurch seine eigene Art finden, der Individualität des Schülers zu «dienen», statt sie zu «formen». Aber es gibt noch tiefere Gründe, warum jeglicher «Bekehrungseifer» dem Waldorflehrer fernliegen muß.

Der Gedanke der Reinkarnation

Die Aufgabe des Pädagogen besteht darin, seinen Unterrichtsstoff, die Lebensgewohnheiten, das gemeinsame Klassenleben zu formen, keineswegs aber das innerste Wesen des Kindes. Das «Ich», die Individualität des Menschen kommt aus übersinnlichen Welten und führt, wenn sie durch die Geburt ins physische Dasein tritt, bestimmte Anlagen und Entschlüsse mit sich, die weder aus der Vererbung noch aus dem Milieu abgeleitet werden können, und die erst im Erwachsenenalter zur vollen Entfaltung kommen können. Über diese Zukunftsmöglichkeiten, die im innersten Wesen des Kindes verborgen sind, soll der Lehrer mit Hilfe äußerer Symptome sich eine Vorstellung zu machen suchen. Zuweilen kann er den Eindruck haben, daß sich in seiner Klasse Individualitäten äußern, die auffallend «alt» und «weise» sind. Sie besitzen außer den Eigenschaften, die eindeutig durch Alter, Milieu und Vererbung bestimmt sind, etwas von einer inneren Reife in Tonfall und Gebärden, die sich sonst nur bei lebenserfahrenen Menschen findet. Ohne sich mit überflüssigen Spekulationen zu befassen, kann man in gewissen Situationen das unmittelbare, starke Erlebnis haben, vor Äußerungen des Ichwesens zu stehen, die aus einem früheren Erdenleben kommen. In der Begegnung mit einem solchen «Ich» kann der Lehrer sich bisweilen «jünger» oder geradezu unterlegen fühlen. (So etwas dem betreffenden Schüler direkt zu sagen, wäre natürlich völlig unangebracht: Die innere Achtung muß in ganz anderer Form hervortreten.)

Der Respekt für die menschliche Individualität, den man durch die Anthroposophie gewinnt, läßt diese – in genauem Gegensatz zu der üblichen Auffassung – zu einer *Hilfe* für den Lehrer werden, der eine unrechtmäßige «Prägung» der Schüler vermeiden will.

Zweiflern, denen diese Gesichtspunkte vorgeführt werden und die dennoch den Verdacht mehr oder weniger versteckter Missionsbestrebungen nicht loswerden können, kann man als Waldorflehrer nur empfehlen, die Fakten selbst zu prüfen oder ehemalige Schüler darauf anzusprechen.

Es muß betont werden, daß die Dinge, die hier behandelt werden, in der täglichen Schularbeit selten oder nie als problematisch erlebt werden. Früher oder später erfahren die Schüler, daß ihre Lehrer «Anthroposophen» sind, oder daß sie jedenfalls eine Art spezieller Weltanschauung haben. Machen sie darüber Scherze, so versucht der Lehrer mit einem Scherz zu antworten. Irgendein tieferes Interesse von seiten der Schüler gehört nicht zur Regel, solange sie noch zur Schule gehen. Tauchen in der Oberstufe Fragen auf, muß der Lehrer natürlich antworten und dabei das gleiche Streben nach Sachlichkeit an den Tag legen wie in anderen Weltanschauungsfragen: Es ist nicht seine Aufgabe, die Schüler in der einen oder anderen Richtung auf einen bestimmten Weg zu bringen, sondern ihnen Material zur Verfügung zu stellen, das sie befähigt, selbst Stellung zu nehmen.

Schüler und Lehrer

Durch die Arbeitsweise und die menschlichen Verhältnisse, die in einer Waldorfschule erstrebt werden, kommen Schüler und Lehrer einander oft recht nahe. Ist es nun nicht unvermeidlich, daß der Einfluß, der wenigstens durch einzelne Lehrer auf die Kinder und Jugendlichen ausgeübt wird, über die pädagogisch-menschliche Einwirkung des Unterrichts hinausgeht und sich bis ins Gebiet des Weltanschaulichen erstreckt? Da die Waldorfschulen ja keine «Weltanschauungsschulen» sein wollen, muß diese Frage sehr ernst genommen werden.

Natürlich werden die Schüler eher etwas von einem Lehrer aufnehmen, den sie gern haben, als von einem, dem sie fremd gegenüberstehen. Es ist aber auch wahr, daß sie keinen Lehrer wirklich schätzen, der ihre innere Freiheit nicht voll respektiert. Etwa von der siebten, achten Klasse an und durch die ganze Oberstufe hindurch kann man an einer Waldorfschule immer wieder beobachten, daß die weltanschaulichen Differenzen zwischen Gruppen von Schülern auf der einen Seite und ihren Lehrern auf der anderen (auch wenn man sie gegenseitig verschweigt, was wohl oft der Fall ist) sehr tief werden, der menschliche Kontakt aber völlig unberührt davon bleibt. Menschen können einander sehr schätzen, auch wenn sie ganz verschieden denken.

Freilich können Waldorflehrer so wenig wie andere Pädagogen verhindern, daß ihre Schüler in unüberlegter Weise sowohl kleine persönliche Züge als auch ein mehr oder weniger klar erfaßtes Gedankengut von den Menschen übernehmen, von denen sie unterrichtet werden. *Alles* Erziehen ist ja in diesem Sinne ein «Beeinflussen».

Wenn wir den Schülern, um sie von allen unbefugten oder vermeintlich schädlichen Einflüssen zu befreien, gewisse Kenntnisse durch Maschinen statt durch Lehrer vermitteln, werden sie auch beeinflußt – schon allein dadurch, daß sie gelangweilt werden. Ein Obertertianer des Erlanger Albert-Schweitzer-Gymnasiums sagte von solchen Lernmaschinen: «Zum Spielen ganz schön. Für die Praxis weniger, weil man keine selbständigen Antworten finden muß.»

Das Wesentliche ist, daß die unvermeidliche Beeinflussung nicht uniformierend wirkt und daß sie andererseits eine Entwicklung fördert, die mit der eigenen persönlichen Anlage des Schülers übereinstimmt.

«Dies ist meine Puppe» – aber die Puppe ist auch ein Selbstbildnis des fünfjährigen Mädchens (Stockholm).

Die ersten acht Schuljahre

DAS PROBLEM DER SCHULREIFE

Vom Spiel zur Arbeit

Die Zeichnungen und Malereien der Kinder im Kindergartenalter sind wie Spuren, die ein Vogel hinterläßt, wenn er in den ersten Schnee die Zeichen seiner Bewegung tappt und wieder seine Schwingen breitet. Es darf werden, wie es will! Es ist wunderbar, in das Element der Farben einzutauchen, aber es macht nichts, wenn man keine Ausdauer hat.

Mit dem Singen, den Bewegungen und allen andern Tätigkeiten verhält es sich ebenso: alles ist Spiel, lebendiger Vorgang ohne verpflichtendes Ergebnis.

Siebenjährige Schulkinder sind schon anders, sie sind mehr an die Erde gebunden. Wenn sie gesund und harmonisch sind, können sie am Morgen eine gute Weile arbeiten «wie die Biber». Aber die Aufgaben müssen ganz und gar konkret sein: ein Gedicht einüben, wieder und wieder, auf der Flöte blasen, Bilder malen, Buchstaben und Ziffern formen. Die Art zu malen und zu zeichnen ist besonders charakteristisch. Viele unter den Kindern können lange, still und geduldig dasitzen und einen Buchstaben oder eine Figur mit einem leuchtenden Farbenkreis nach dem andern umgeben. Einige bohren sich vollständig ins Papier hinein. Die Klasse sinnt gemeinsam mit dem Lehrer über die Farbgebung. Welches sind eigentlich Januar-Farben? Grauweiß und Blau, versteht sich. Und die Juni-Farben? Grün und Rot und Gelb, beispielsweise. Und die Formen müssen selbstredend ganz verschieden werden in beiden Fällen.

Manche Kinder sind dabei natürlich ungeheuer schlampig. Der Lehrer hat oft große Mühe, sie dazu zu bringen, daß sie den ganzen Papierbogen ausfüllen. Allmählich entdeckt einer nach dem andern, worum es sich bei der Sache handelt, und empfindet dann die gleiche Freude an dem Gestaltungsprozeß wie die andern.

Die Psychologen verschiedener Länder sind sich nicht ganz einig über die Eigenschaften, die von einem schulreifen Kinde verlangt werden müssen. In einem Punkte aber stimmen sie überein: eine der wichtigsten Qualitäten ist die Fähigkeit, auf einem Stuhl still sitzen und arbeiten zu können.

Die Fähigkeit, sich konzentrieren zu können, zeigt eine so markante Veränderung im Leben des Kindes an, daß wir das Recht haben zu fragen: wie entsteht sie eigentlich?

Bildekräfte

Steiners Antwort auf diese Frage erfordert, um verstanden zu werden, eine eingehendere Darstellung. Sie ist in einer umfassenden Schilderung seiner Pädagogik nicht zu umgehen, weil sie so durchgreifende praktische Konsequenzen hat.

Wer sich durch innere Schulung ein übersinnliches Beobachtungsvermögen erübt hat, kann die gestaltenden Kräfte wahrnehmen, die allmählich den physischen Körper des Kindes und seine unfertigen Organe modellieren und wachsen lassen. Wer gewöhnt ist, sich organische Formungsprozesse in rein mechanischen Begriffen vorzustellen – als eine Übertragung spezifischer Gen-Kombinationen –, kann solch eine Aussage schockierend oder unsinnig finden. Steiner hebt mit aller Schärfe hervor, daß dieses Phänomen rein empirisch wahrzunehmen ist und daß der «ererbte» Organismus durch das Einwirken dieser «Bilde-Kräfte» modifiziert wird.

Solange das Kind sich im Kindergartenalter befindet, also während der Periode des intensivsten Wachstums, sind diese gesunden, belebenden Kräfte ganz an den physischen Körper gebunden. Allmählich wird ein Teil dieser Kräfte von ihrer biologischen Wirksamkeit befreit und steht dann als Lernfähigkeit zur Verfügung: als Fähigkeit, auf einer seelischen Ebene zu arbeiten, während sich der Körper noch eine Zeitlang in relativer Ruhe befindet. Jetzt geht es darum, das Gedächtnis zu schulen, Neigungen und Gewohnheiten zu entwickeln, Gewissen und Charakter zu stärken, Phantasietätigkeit und Temperament in gesunde Bahnen zu lenken.

Die frei gewordenen Bildekräfte verleugnen ihre Natur nicht: sie wollen gestalten. Früher waren sie in lebendigem Material wirksam, in allen Organen und Geweben des Körpers, im ganzen Knochensystem, in den Zähnen – der Zahnwechsel im Alter von sechs bis sieben Jahren markiert deshalb die «letzte Etappe» ihrer Aufbauarbeit am physischen Körper – und nun wollen sie ihre künstlerisch-formende Tätigkeit in der Gedächtnisbildung im bildhaften Vorstellen, in lebendiger kreativer Phantasie fortsetzen. Das Schulkind, das über sein Arbeitsheft gebeugt dasitzt und zeichnet, kann als Zeuge ihrer Existenz angesehen werden.

Fortwirkende Kleinkindfähigkeiten

In der ersten Klasse erlebt man noch, daß im gleichen Augenblick, wo solche Beschäftigungen aufhören, auch die Konzentrationsfähigkeit zu Ende sein kann. Es braucht nur ein kleines Mißgeschick einzutreten, und schon bricht ein vollständiger Aufruhr los: den Kindern wird gesagt, daß sie aufstehen sollen; einem Schüler passiert es, daß er seinen Stuhl umwirft, und gleich folgen einige typische Ruhestörer dem Beispiel; die Nachahmung ist noch in vollem

Aus dem Märchen von den Sieben Schwaben.

Gang. Die Kleinkindattitüde liegt beständig auf der Lauer.

Das noch fortschwingende Nachahmungsvermögen kann aber vom Lehrer auch zu Hilfe gerufen werden. In seinem Buch «Erlebte Pädagogik» schildert Rudolf Grosse, wie er diese Kräfte pädagogisch benutzte. Seine erste Klasse war eines Tages nicht imstande zu arbeiten. «Da ein Schimpfen und Moralisieren durchaus unpädagogisch ist, ließ ich sie auf ihren Bänken stehen und herunterspringen. Ein großes, ausgelassenes Hallo war die Folge. Noch einmal und noch einmal mußten sie das tun und dann mit stampfenden Schritten hinter mir her durch die Bankreihen ziehen, ein lärmender Umzug. Plötzlich wandte ich mich zu ihnen und sagte nur: leiser. Das Spiel gefiel, die Füße stampften nicht mehr. Dann folgte der nur geflüsterte Zuruf: Auf die Zehenspitzen! Jetzt bemühte sich jeder, so unhörbar wie der Lehrer aufzutreten und an seinen Platz zu huschen. Ich stellte mich vor die Klasse hin, legte die Finger auf die Lippen und flüsterte: Ganz still! Es wird still wie in einer Kirche. Das hielt ich etwa zwei Minuten durch und lobte sie dann für die wunderbare Ruhe, die sie eingehalten hätten. Was war die Folge? Am nächsten Tag der Ruf: Dürfen wir heute wieder ruhig sein?»

Das Alter der Nachahmung hatte sich noch einmal gemeldet. Während mehrerer Jahre kann und soll man sich die Nachahmung im Unterricht noch so viel als möglich zunutze machen, vor allem beim Lernen der Fremdsprachen.

Wie wir uns erinnern, kümmern sich die Kinder im Kindergartenalter im Grunde nicht viel um Ermahnungen und Belehrungen, die zu ihnen gesprochen werden, aber desto mehr um die Handlungen und Vorgänge, die sie in ihrer Umgebung erleben. Zugleich mit dem Erwachen der neuen seelischen Bildekraft haben sie die Fähigkeit erworben, die ihnen ihr ganzes übriges Leben zu eigen bleiben wird und eine ihrer wichtigsten Fähigkeiten überhaupt ist: aufzufassen, was ein anderer Mensch *sagt*, und es in seinem eigenen Bewußtsein nachzuschaffen.

Wann wird das Kind schulreif?

Diese Frage hat in der Praxis in verschiedenen Ländern sehr verschiedene Antworten gefunden. In Deutschland und Frankreich kommen die Kinder mit sechs Jahren zur Schule, manche französischen Kinder fangen schon ein Jahr früher an. In den englischen Vorschulen beginnt der Unterricht in Rechnen, Schreiben und Lesen im Alter von fünf Jahren, in großen Teilen der USA erhalten die Kinder mit sechs Jahren ihren ersten Schulunterricht. In der Sowjetunion und den nordischen Ländern ist das Schulanfangsalter sieben Jahre.

Heutige Forscher heben hervor, daß so etwas wie ein allgemeines «Schulreifealter» überhaupt nicht existiere. Sie gehen davon aus, daß es nicht gelungen sei, irgendwelche physiologischen Kennzeichen zu entdecken, die deutlich den Übergang bei einem festliegenden Alter markierten: die Körperform entwickele sich bei vielen Kindern ganz kontinuierlich, und zwar vom vierten Lebensjahr bis hin zur Pubertät; der Zahnwechsel trete bekanntlich bei vielen Kindern heutzutage zeitiger auf als früher.

Eigentümlicherweise wird sehr selten die Tatsache genannt, daß Jean Piaget auf *psychischem* Gebiete eine sehr tiefgehende Veränderung zu einem ganz bestimmten Zeitpunkt gefunden hat. Er schreibt: «Das Alter von sieben Jahren, welches mit dem Eintritt der Schulreife zusammenfällt, markiert einen entscheidenden Wendepunkt in der psychischen Entwicklung. Von welchem Aspekt des psychischen Lebens man auch immer ausgeht, kann man das Hervortreten neuer Organisationsformen beobachten, mag es nun die Intelligenz oder das Gefühl, die sozialen Beziehungen oder das rein individuelle Handeln sein.» («Six études de psychologie.» Übersetzung vom Verfasser.)

Dieses Alter ist es, in dem die Kinder individuell und konzentriert arbeiten und in geordneter Weise gemeinsam zu wirken lernen, zum Beispiel sich bei einem Spiel an gemeinsame Regeln genau anzupassen. Besonders charakteristisch ist die Verwandlung, die das Denken durchmacht. Wie bereits dargestellt, ist das

DER KLASSENLEHRER

Kind vor dem siebenten Lebensjahr außerstande, Abstraktionen im eigentlichen Sinne durchzuführen. Von den vielfältigen Experimenten Piagets soll hier nur eines referiert werden. «Drei Kugeln von verschiedenen Farben ABC rollen in einer Röhre. Die Kinder haben gesehen, wie sie in der Ordnung A B C losrollen und erwarten nun, sie am anderen Ende der Röhre in gleicher Ordnung wiederzufinden. Das intuitive Denken führt sie richtig. Wenn wir aber die Röhre nach der entgegengesetzten Richtung neigen, so daß die Kugeln zurückrollen? Die Jüngsten erwarten nicht die Reihenfolge C B A, die sie sehr überrascht. Wenn sie gelernt haben, diese Reihenfolge vorauszusehen, dreht man die Röhre um eine halbe Drehung. Das Kind soll nun zu verstehen versuchen, daß wir in der Folge erst die Reihenfolge CBA und dann ABC bekommen. Aber nicht genug damit, daß es das nicht versteht, sondern wenn es gesehen hat, daß abwechselnd erst A und C herausrollen, erwartet es auch, daß die Mittelkugel B einmal diejenige wird, die an die Spitze kommt.»

Piaget fügt hinzu, daß die Unfähigkeit des Kindes zur Abstraktion auf einer ganz bestimmten inneren Haltung beruht: «Es handelt sich ganz einfach um Wahrnehmungsmuster oder Handlungsmuster, also sensomotorische Muster, die zu inneren Vorstellungen transponiert werden. Es handelt sich um Bilder und um Nachahmungen der Wirklichkeit . . .» («Six études de psychologie.»)

Es dürfte nicht zu kühn sein, diese Neigung zu rein bildmäßigem Denken mit der deutlichen Schwierigkeit zusammenzubringen, die manche Kinder vor dem siebenten Lebensjahr haben, lesen und schreiben zu lernen.

Man möchte mit aller Schärfe hervorheben, daß Piagets Beobachtungen in vollem Einklang mit denen Rudolf Steiners stehen. Auch er betont, daß das Hervortreten der neuen Seelenkräfte gerade im Alter von sieben Jahren erfolgt, daß es dieser Zeitpunkt ist, in dem das Kind ganz anders als früher mit andern Kindern zusammenzuwirken lernt und daß dies der Zeitpunkt ist, in dem der Mensch schulreif wird. Vor diesem Alter lesen und schreiben zu lernen, hat nach Rudolf Steiner eine physische Schwächung zur Folge, weil dazu innere Kräfte in Anspruch genommen werden, die das Kind noch für die rein organische Entwicklung benötigt.

Schon am ersten Schultag werden die Kinder von ihrem Klassenlehrer oder ihrer Klassenlehrerin empfangen. Er wird sie nun an jedem Morgen acht Jahre hindurch begrüßen, da der Klassenlehrer jeden Tag den «Hauptunterricht» führt. Wenn möglich unterrichtet er auch noch das eine oder andere Fach in seiner Klasse.

Viele Aufgaben

Außer der Vorbereitung für seinen Unterricht hat der Klassenlehrer noch viele weitere Aufgaben: häufigen Kontakt mit den Eltern, die regelmäßige wöchentliche Lehrerkonferenz, das ständige Beschäftigtsein mit den Kindern, Sonderbetreuung für einzelne Kinder, denen es schwerfällt, z. B. im Rechnen oder Schreiben mitzukommen, Kontakt mit dem Schularzt und der Heileurythmistin, kontinuierliches Korrigieren der Arbeitshefte und außer all diesem auch einige Verwaltungsarbeiten für das Ganze der Schule.

Warum belastet man einen Menschen mit so schweren Bürden? Muß darunter nicht sein Unterricht leiden? Haben die Waldorflehrer nicht gemerkt, daß wir im Zeitalter der Spezialisierung leben? Warum läßt man nicht zu, daß die Kinder den Klassenlehrer mitunter austauschen und daß an dessen Stelle, beispielsweise von der sechsten oder siebenten Klasse an, mehrere Fachleute den Unterricht erteilen?

Ohne weiteres soll zugegeben werden, daß das Klassenlehrersystem gewichtige Probleme mit sich bringt. Nicht selten müssen die Klassenlehrer große Teile der Ferien mit Studien verschiedener Art zubringen, oft sind sie auf die fördernde Zusammenarbeit mit den Fachkollegen der Oberstufe oder langjährigen Klassenlehrern angewiesen. In manchen Schulen sieht eine Klassenlehrerin es gerne, wenn der Unterricht z. B. in Physik oder Chemie in der siebenten oder achten Klasse von einem Lehrer der Oberstufe gegeben wird. Selbst wenn mitunter Kompromisse der einen oder anderen Art notwendig sein sollten, so behält man dennoch das Klassenlehrer-System bei. Es ist einer der Ecksteine in der ganzen Schularbeit. Warum aber?

In den Vorträgen, die Rudolf Steiner für die zukünftigen Lehrer unmittelbar vor der Eröffnung der ersten Waldorfschule gehalten hat, beschrieb er einige Aufgaben des Klassenlehrers. Seine Gesichtspunkte sind so denkwürdig, daß sie hier wiedergegeben werden sollen.

Schritthalten mit den Kindern

In der «Allgemeinen Menschenkunde» schildert er, wie der Klassenlehrer vorgehen kann, um mit der Entwicklung der Kinder Schritt zu halten. «Da muß er gewissermaßen Revue halten über die leibliche Entwicklung, und er muß sich merken, wie seine Kinder ausschauen. Und dann am Ende des Schuljahres oder einer anderen Periode muß er wiederum Revue halten und die Veränderung sich anschauen, die sich da vollzogen hat.» (Vortrag vom 2. 9. 1919)

In «Erziehungskunst. Methodisch-Didaktisches» gab er einige praktische Beispiele dafür an, wie der Lehrer, ausgehend von ganz alltäglichen Erscheinungen, seine intime Kenntnis der Entwicklung der einzelnen Kinder nutzbar machen kann: «Wenn Sie sich gewöhnt haben, z. B. nur eine Woche hindurch täglich um halb elf Uhr morgens ein Butterbrötchen zu essen, dann werden Sie wahrscheinlich schon in der zweiten Woche um diese Stunde auf das Butterbrötchen hungrig sein. So sehr läuft der menschliche Organismus auf einen Rhythmus ein. Aber nicht nur der äußere Organismus, sondern der ganze Mensch ist auf Rhythmus hin veranlagt. Deshalb ist es auch gut, beim Gesamtverlauf des Lebens – und mit ihm hat man es zu tun, wenn man Kinder erzieht und unterrichtet – auf rhythmische Wiederholung sehen zu können. Deshalb ist es gut, daran zu denken, wie sogar jedes Jahr auf ganz bestimmte Erziehungsmotive zurückgekommen werden kann. Suchen Sie sich daher Dinge aus, die Sie mit den Kindern durchnehmen, notieren Sie es sich und kommen Sie auf etwas Ähnliches jedes Jahr wieder zurück. Selbst bei den abstrakteren Dingen kann das eingehalten werden. Ich will sagen, Sie lehren, wie es dem kindlichen Gemüte angemessen ist, die Addition im ersten Schuljahr: Sie kommen auf die Addition im zweiten Schuljahr wieder zurück und lehren mehr darüber, im dritten Jahre kommen Sie ebenfalls wieder darauf zurück, so daß sich derselbe Akt wiederholentlich, nur in progressiven Wiederholungen abspielt.» (Vortrag vom 27. 8. 1919)

Ein konkretes Beispiel: während der ersten Schuljahre kann der Klassenlehrer die Kinder bestimmte Gedichte oder Sentenzen auswendig lernen lassen, um später bei passender Gelegenheit auf das gleiche Thema in anderer Weise zurückzukommen, beispielsweise an einem Herbsttag an einige Zeilen aus einem Herbstgedicht erinnern, das die Kinder vor zwei Jahren gesprochen haben. Allmählich kann der Lehrer sich daran gewöhnen, seinem ganzen Unterricht (mehr oder weniger zum Bewußtsein gebracht) solche «progressiven Wiederholungen» einzuverweben.

Zu dem Lebensrhythmus, den Rudolf Steiner hier beschreibt, gehört als die zentrale Erscheinung: der Klassenlehrer selbst. In dem Maße, wie er überhaupt auf seinen Beinen stehen kann, arbeitet er jeden Morgen während der Dauer von acht Jahren die mannigfaltigsten Fächer und Lebenssituationen mit seinen Kindern durch.

Acht Jahre sind eine lange Zeit. Die Schüler gehen durch eine Reihe tiefgreifender Veränderungen hindurch und der Lehrer auch. In der ersten Klasse hat er die Aufgabe, Märchen zu erzählen und dafür zu sorgen, daß die Kinder ihre Kleidungsstücke und Taschen mitnehmen, wenn sie von der Schule heimgehen: der Klassenlehrer ist da in einer Art stellvertretender Elternrolle. In der achten Klasse gilt es, eine lange Reihe wissenschaftlicher Fächer so weit zu beherrschen, daß er sie unterrichten kann, und zu den jungen Herren und Damen wie ein Weltmann von Lebensart zu sprechen: die Aufgabe des Lehrers geht vielfach in die eines älteren Freundes über. Seine «Klassenkinder» sind von der Kindheit zur Jugend aufgestiegen.

Selbsterziehung

Muß man aber nicht bedenken, daß die Kinder dessen müde werden können, immer den gleichen Menschen vor sich zu haben? Das gerade muß der Lehrer zu vermeiden suchen. Er hat sich zusammen mit seinen Schülern zu wandeln. Sie sind auch die besten Helfer auf diesem Wege der Selbsterziehung. Manchen Lehrern fällt diese Aufgabe erstaunlich leicht. Anderen kostet sie, wenn nicht Blut, so doch mindestens Schweiß und Tränen. Hier könnte man so manche Geschichte erzählen, z. B. von einem Klassenlehrer, der seinen Kindern zuliebe eine recht schwere Phobie überwand – und durch die Anstrengung selbst so stark sich veränderte, daß er einen ganz neuen Kontakt zu ihnen bekam. Von einer Klassenlehrerin, die nicht zeichnen konnte und Nächte lang saß und sich übte; ihre Klasse wurde allmählich die beste im Zeichnen in der ganzen Schule. Von einem Lehrer, der Choleriker war und eine Zeitlang jeden Morgen Holz hackte, damit nicht die Kinder seine Einseitigkeit büßen mußten.

Auf dem Wege seiner Selbsterziehung liegt noch eine Aufgabe, über die man oft mit Eltern, besonders mit Müttern, sprechen muß: Weil wir die uns anvertrauten Kinder von uns weg erziehen müssen, soll sich die Liebe zu den Kleinen schrittweise in die Liebe zu den Taten der Erziehung, zur Arbeit mit den Kindern, zum Weltinteresse und Menschenwerden umwandeln. Die liebevolle Betreuung des Kindes der ersten sieben Jahre vollzieht sich noch ganz in körperlicher Nähe. Im zweiten Jahrsiebent, in der Klassenlehrerzeit, muß sie eine seelische sein, wirkt sie sich gesund aus in gemeinsamen Erlebnissen, gemeinsamen Freuden und Leiden. Es braucht das dritte Jahrsiebent kein Losreißen, keine Abwendung vom Elternhaus, keinen Bruch mit dem alten Klassenlehrer zu bringen, wenn diese seelische Verbundenheit sich immer eindeutiger auf gemeinsame geistige Inhalte richtet, denn das dritte Jahrsiebent braucht diese geistige, freundschaftliche Liebe, die gemeinsame Begeisterung selbständig in menschlichem Kontakt zusammenarbeitender Persönlichkeiten. Der Klassenlehrer streicht wohl dem Kind in den ersten Klassen einmal über das Köpfchen – am Ende der achten Klasse führt er die ersten Gespräche über Zukunfts- und Schicksalsfragen und zeigt sein Vertrauen gerade im Verschweigen von manchem Allzupersönlichen. Ja, er wird manch ein Kind, das vor der wachsenden Selbstverantwortlichkeit Angst hat, mit klaren Forderungen und sanfter Unerbittlichkeit aus der seelischen Nähe entlassen. Er stellt die Kinder, bildlich gesprochen, auf ihre eigenen Füße.

Das wird ihm am besten gelingen, wenn er aus Liebe zu ihrer geistigen Individualität den Gang ihres Schicksals mit ständiger innerer Anteilnahme verfolgt. Elternhaus, Freundschaften und andere Menschenbeziehungen zu beobachten, wird ihm dabei eine wichtige Hilfe sein. Krankheiten, Unglücks- und Glücksfälle wird er mit dem Weg dieses Heranwachsenden zu einem Bild verschmelzen. Und gerade im Auffangen der Schicksalsschläge, in leisem Lenken der menschlichen Beziehungen kann der Klassenlehrer mitunter wesentliche Lebenshilfen geben. Sicher setzt das voraus, daß zu seiner Unterrichtsvorbereitung auch der tief besinnliche Umgang mit dem Bild eines jeden Kindes in seinem Herzen gehört. An die Lebenssituationen der Schüler oft und intensiv zu denken, ist tatsächlich eine der wichtigsten Aufgaben der Klassenlehrer.

Die Klassengemeinschaft

Der Klassenlehrer genießt vor den Eltern einen ungeheuren Vorteil: Er ist durch acht Jahre hindurch der Führer des Kindes zu allen Schönheiten der Natur- und Menschengeschichte. Im Unterricht, beim gemeinsamen künstlerischen Tun, auf Ausflügen und in vertrauensvollen Gesprächen, die manche Kinder lieber mit dem Lehrer als mit den Eltern führen, darf er zeigen, erschließen, hindeuten. Der Reichtum und alle Wunder der Welt, alle Hoffnungen des Lebens sprechen sich durch seinen Mund aus. So wachsen Lehrer und Klasse durch Schwierigkeiten und Freuden allmählich zu einer Gemeinschaft zusammen. Es kann Fälle geben, in denen eine solche Gemeinschaft nicht fruchtbar ist. Aber in der Regel hat diese Zusammengehörigkeit den tiefen Wert, daß sich die Schüler im Dasein verwurzeln. Jahr für Jahr die gleichen Menschen um sich zu haben, bedeutet – für jemanden, der nicht in extremen Mißverhältnissen lebt – auf Erden seine Heimstatt zu haben. Für moderne Kinder in einem Dasein, wo es so leicht ist, sich nur flüchtig zu begegnen, und so schwer, Treue gegenüber seinen Nächsten zu bewahren, gibt es vielleicht kein wichtigeres Erlebnis als gerade dieses.

Wie früher erwähnt, gibt es in der modernen Pädagogik eine starke Tendenz, die Einheit der Klasse aus reinen Effektivitätsgründen aufzulösen: variierende Schülergruppen sollen in Klassenzimmern von variierender Größe mit variierenden Lehrern gesammelt werden (Kurssystem). Von Lehrern außerhalb des Kreises der Waldorfpädagogik wurde mitunter geäußert, Experimente in dieser Richtung hätten zur Folge, daß eine Tendenz zu schlechterer Disziplin und schwächerem Verbundenheits- und Geborgenheitsgefühl der Schule gegenüber beobachtet werden konnte. Wenn dieses System konsequent durchgeführt würde, könnte es sich als außerordentlich verhängnisvoll erweisen.

Eine allgemeine Erfahrung der Waldorfschulen in aller Welt ist die, daß niemand anders als gerade der Klassenlehrer imstande ist, einen so nahen Kontakt mit den Schülern einer Klasse zu halten, daß sie seine Worte in moralischen und disziplinären Fragen mit absolutem Ernst aufnehmen. Wenn der Klassenlehrer krank ist, gibt es niemanden, der mit der Klasse wirklich umgehen kann. Durch seine beständige Arbeit an sich selbst und sein ständiges Zusammensein mit der Klasse wird er zu ihrer Autorität. Ihn zu ersetzen ist schwer oder unmöglich.

Hier soll aber noch eine wichtige Tatsache hinzugefügt werden. Weil dieses natürliche Band zwischen Klassenlehrer und Schülern entsteht, muß er gegen das Ende seiner Klassenlehrerzeit eines berücksichtigen: Es ist notwendig, in diesen Jahren die Arbeit so zu gestalten, daß die Schüler immer selbständiger werden, so daß die persönliche Bindung an den Lehrer sich in eine Bindung an die Schule verwandelt und der Übergang in die Oberstufe vorbereitet wird.

AUTORITÄT ODER FREIHEIT?

«Autorität» ist heute ein fragwürdiger Begriff geworden. Bei jungen Eltern und bei manchen Psychologen findet man die Ansicht, daß die heranwachsenden Kinder möglichst früh den Erwachsenen gleichgestellt werden sollen. Man spürt zuweilen liebevolle Bescheidenheit in dem Bestreben, kameradschaftlich und ohne ein Aufdrängen der Erwachsenenverantwortung mit den Kindern umzugehen. Es kommt aber auch vor, daß die kühnen Worte Freiheit und Gleichheit nur zudecken, daß man pädagogisch unsicher ist und sich vor der Verantwortung nur drückt, aus Schwäche oder aus Gleichgültigkeit. In diesen Fällen geht man also von den eigenen Bedürfnissen, nicht von denen der Kinder aus. Man hat aber auch weitgehend verlernt, sein Verhalten nach den Lebensaltern der Kinder zu differenzieren. Für den Erwachsenen verbindet sich oft mit dem Wort Autorität die Vorstellung von Gewalt und Diktatur oder zumindest patriarchalischen Sitten einer unwiderruflich abgelebten Zeit.

Wenn der Waldorflehrer vom Schulkind sagt, daß es bis hin zur Pubertät Sehnsucht nach Autorität habe, meint er etwas ganz anderes. Er geht von einer Erfahrung aus, die niemand bestreiten wird, der Kinder um sich hat und frei von theoretischen Spekulationen beobachtet, wie wichtig es für Kinder ist, in ihrer unmittelbaren Nähe einen Menschen zu haben, an den sie sich halten und zu dem sie aufblicken können. Genaugenommen ist ein solches Gefühl der Sicherheit eine Kraftquelle, von der die Kinder nicht genug bekommen können.

Vielleicht kann man niemals deutlicher erleben, was Autorität wirklich ist, als wenn ein Sieben- oder Achtjähriger, der seine Lehrerin liebt, zu Hause jede Diskussion über eine Frage mit den magischen Worten abschneidet: «Meine Lehrerin hat aber gesagt . . .»

Die Jahre vergehen, die Kinder werden älter und berufen sich seltener auf das Wort des Lehrers. Es ist aber interessant zu beobachten, wie nachdrücklich sie sich an dem festhaken, was ein Lehrer sagt, den sie besonders gerne haben.

Hier liegt der Kern der Problematik. Wirkliche Autorität ist eine Erscheinung, die mit keinerlei äußeren Mitteln erreicht oder aufrechterhalten werden kann. Rudolf Steiner sagt einmal radikal: «. . . es kommt durchaus darauf an, daß gerade das, was Devotion, Verehrung des Lehrers, Liebe zum Lehrer ist, daß das sich in einer selbstverständlichen Weise ergibt. Sonst ist es nichts wert. Jede Devotion, die erzwungen wird, die gewissermaßen in gesetzlichen Bestimmungen der Schule begründet ist, hat für die Entwickelung des Menschen keinen Wert. Es ist so, daß man durchaus die Erfahrung macht: wenn die Kinder so erzogen werden, daß ihre eigene Wesenheit das Maßgebende ist, kommen sie am meisten dazu, ihre Lehrer zu verehren.» (Vortrag vom 9. 5. 1922)

Über die Strafe

Was Rudolf Steiner in dieser Sache sagt, darf nicht so aufgefaßt werden, als ob er allem, was Strafe oder Strenge heißt, eine Absage erteilte. Der Lehrer, der in seiner Erziehungstätigkeit wirklich von der Lage und dem Bedürfnis des Schülers ausgehen will, muß sich klarmachen, daß Verfehlungen von normalen und gesunden Kindern und Jugendlichen fast niemals in einem bewußten Bestreben wurzeln, sondern eigentlich immer in Unbedachtsamkeit verschiedenen Grades. Die Therapie bei fehlendem Bewußtsein ist, Besinnung aufzurufen. «. . . man (hat) über die Gründe, warum gestraft werden soll, viele, viele Theorien aufgestellt. Die einzig mögliche findet man nur, wenn man weiß, daß es sich darum handelt, mit der Strafe die Kräfte der Seele so anzuspannen, daß das Bewußtsein sich erweitert über Kreise, über die es sich vorher nicht erstreckt hat.» (Vortrag vom 1. 2. 1916)

Ein solcher aufweckender Effekt kann aber niemals erzielt werden, wenn der Erzieher selbst ohne Besinnung auftritt und in seinem Zorn blitzschnell mit einer Ohrfeige oder anderen Körperstrafen eingreift. Die Wirkung wird nicht besser, wenn der Lehrer bis zum nächsten Tag wartet und dann kaltblütig die Prügel austeilt: sie können dann nur noch als eine Form von Grausamkeit erlebt werden.

Es gibt Anzeichen dafür, daß viele Kinder in der vorindustriellen Gesellschaft robuster und gleichzeitig träumerischer waren, als es heute gewöhnlich der Fall ist. Eine körperliche Strafe, von einer respektierten erwachsenen Person erteilt, kann mitunter einen günstigen, aufschrekkenden Effekt gehabt haben. Aber in unserem problematischeren Dasein kann ein Kind, das geschlagen wird, nur allzuleicht den Eindruck gewinnen, daß derjenige, der prügelt, nur aus Antipathie handelt.

Je schwieriger es in unserer Zeit wird, Disziplin zu halten und den Unterricht sich ohne Störung entwickeln zu lassen, desto wichtiger wird es sein, daß der Lehrer diese Zusammenhänge nicht aus dem Auge verliert. Die Kinder und Jugendlichen, die sich am ärgsten aufführen, sind ja zumeist die milieugeschädigten. Auch wenn der Lehrer gezwungen ist, wirkliche Strenge an den Tag zu legen, sollte er ihnen keinen Anlaß dazu geben, tief im Innern an seinem Helferwillen irgendwie zu zweifeln.

Es ist menschlich verständlich und kommt wohl in allen Schulen vor, daß ein Lehrer, der allzu stark provoziert wird, sich vergißt und übereilt handelt. Das Wichtige ist jedoch, daß er sich klarmacht, daß Maßnahmen, die im Grunde nicht therapeutisch sind, sondern aus verletztem Selbstgefühl kommen, pädagogisch wertlos und sogar schädlich sind.

Eine praktische Erfahrung

Als die Oberstufenlehrer von Rudolf-Steiner-Schulen verschiedener Länder einmal zusammensaßen und das Problem «schwieriger» Klassen diskutierten, wurden die Symptome einer Anzahl von Oberstufenklassen, in denen die Schüler entweder auffallend arbeitsunwillig oder auch direkt oppositionell waren, äußerst genau beschrieben. Man ging die denkbaren Ursachen für diese Schwierigkeiten durch. Es zeigte sich, daß es einen «kleinsten gemeinsamen Nenner» gab. In sämtlichen Fällen hatten die Schüler (in der Unter- und Mittelstufe) Klassenlehrer gehabt, die keine nennenswerte Opposition duldeten und eine strenge äußere Disziplin bis hinauf zur achten Klasse aufrechterhielten. Alles war im großen und ganzen gut gegangen, solange der Klassenlehrer bei ihnen war. In der neunten Klasse aber, wenn das Team der Oberstufenlehrer an die Stelle des Klassenlehrers tritt, begannen sich die Probleme zu zeigen – mitunter recht schnell.

Nun wurden auch Beispiele von Klassen vorgebracht, die ganz besonderen Enthusiasmus und ausgesprochene Loyalität während der letzten Schuljahre an den Tag legten. Es zeigte sich, daß etwas Gemeinsames auch in diesen Fällen vorlag: ein Klassenlehrer, der nicht so genau mit der äußeren Disziplin gewesen war, aber von seinen Schülern warm geschätzt wurde. Besonderen Eindruck machte folgendes Beispiel: Eine Klassenlehrerin hatte eine sehr große Klasse, weil sie es liebte, immer neue Schüler aufzunehmen. Während der Stunden ging es bei ihr oft wie auf einem stürmischen Meer zu. Sie mußte oft brüllen, um sich Gehör zu verschaffen. Wenn sie mit der Klasse sang, ging das Unwesen in vollen Orkan über. Der Unterricht war reich an Wissensvermittlung, aber nicht gerade systematisch. Zwischen der Lehrerin und den Schülern herrschte mitten in allem Lärm ein besonders gutes menschliches Verhältnis. Als die Schüler in die Oberstufe übertraten, hatten sie große Lücken in ihren Kenntnissen. Aber jetzt ging der Wissenserwerb mit eigentümlicher Schnelligkeit und großem Enthusiasmus vor sich. Nicht selten war es so, daß die Schüler ihre Lehrer vorwärts drängten. Die Diskussionen in der Klasse standen auf einem auffallend hohen Niveau, sowohl menschlich wie intellektuell.

Solche Beobachtungen müssen natürlich mit äußerster Vorsicht betrachtet und behandelt werden. Vor allem wäre es falsch zu glauben, daß Rudolf Steiners Pädagogik, konsequent angewendet, einen gewissen Grad von Disziplinlosigkeit befürwortet. Alle Lehrer und alle Klassen sind individuell verschieden. Was in dem einen Falle richtig ist, kann in einem anderen undurchführbar sein. Jeder Lehrer hat (und muß sie haben) seine eigene Art, die Disziplinfragen zu lösen. Aber mitten in der Mannigfaltigkeit individueller Variationen ist eine gewisse Gesetzmäßigkeit aufzufinden, auf die Rudolf Steiner aufmerksam machte und die durch die oben erwähnten Erfahrungen illustriert werden kann: die einzig erstrebenswerte Form von Autorität baut in dem beschränkten Zeitraum des zweiten Jahrsiebents auf der Zuneigung der Kinder auf, die ihrerseits die Autorität verleihen.

Der Weg vom Vertrauen zur Freiheit

Eine Autorität, die der Lehrer den Kindern zuliebe zu erwerben sucht, kann kein Hindernis für die Entwicklung zur Freiheit werden. Im Gegenteil. Wer in seiner Kindheit ein Ruhe schenkendes Vertrauen zu den Erwachsenen erleben durfte, die seine Erziehung leiteten, hat es leichter, die innere Sicherheit in sich zu erfahren, die es später im Leben möglich macht, in einer natürlichen und entspannten Weise «sich selbst» zu verwirklichen. Die Frage «Autorität oder Freiheit?» ist falsch gestellt. Denn Autorität ist eine notwendige Durchgangsstation auf dem Wege zur Freiheit.

In der westlichen Welt gibt es heute wahrscheinlich ziemlich viele Kinder, die niemals wirklichen Respekt für einen älteren Menschen empfunden haben. Wenn diese Tatsache als ein erfreuliches Symptom für den inneren Befreiungsprozeß betrachtet wird, der in unserer Zeit vor sich geht, dann kann dies nur als Irrtum und kurzsichtige Denkweise bezeichnet werden. Denn Kinder, die nicht imstande sind, irgendeine Form von Verehrung zu empfinden, sind auch im allgemeinen gefühlsärmer und vermögen später einmal weniger schenkende Wärme auszustrahlen.

DAS BEDÜRFNIS NACH BILDERN

Eines der Vorurteile gegen den Unterricht an der Waldorfschule lautet: Die Kinder hören da dauernd Märchen. So einfach sieht die Wirklichkeit nicht aus, aber richtig ist, daß die Bilder der Phantasie sehr ernstgenommen werden.
Wir haben wohl alle aus der Kindheit ein Gemälde, eine Buchillustration in Erinnerung, ein aus der Welt der Phantasie geschöpftes Bild, das nachhaltiger auf uns gewirkt hat als je ein Bild der Wirklichkeit.
Wie kommt es nun, daß die Kinder ein so starkes Bedürfnis nach Bildern haben, die nicht aus der Welt der alltäglichen Erfahrung geholt sind? Man kann hier einwenden, daß der Hunger nach Bildern bei Kindern nur der Vorliebe mancher Erwachsenen für Zeitschriftengeschichten, Kriminalromane usw. entspricht. Aber so leicht löst sich das Problem nicht. Es handelt sich nämlich um ein Bedürfnis, das besonders stark während eines begrenzten Entwicklungsstadiums hervortritt. Arnold Gesell hat gezeigt, daß das Interesse für Bilderserien bei amerikanischen Kindern mit ungefähr sechs Jahren erwacht, mit etwa acht oder neun Jahren kulminiert und mit zirka zehn Jahren abzunehmen beginnt.
Der Durst der Kinder nach Bildern ist unersättlich. Die Firmen, die ihn mit Bildserien und gezeichneten Filmen ausnutzen, haben einen nahezu unbegrenzten Markt zu befriedigen. Aber sie liefern ein Surrogat, denn es ist kein Naturgesetz, daß siebenjährige Jungen herumrasen und durch die Nase sprechen müssen wie Donald Duck oder mit der Pistole schießen wie die Gebrüder Cartwright. Es gibt Kinder im gleichen Alter, die sich mit spontanem Eifer und innerer Befriedigung Rotkäppchen widmen, um es im Puppentheater aufzuführen.
Kinder im Alter von sechs bis zehn Jahren, die nicht durch fiktive Schilderungen der sensationellen Art abgestumpft sind, haben eine tiefgründige Vorliebe für Märchen oder mythische Bilder.

Die Notwendigkeit der Bilder

In allen Kulturen und bei allen Völkern hat es Epochen gegeben, in denen auch die erwachsenen Menschen ein solches Bedürfnis gehabt haben. Die Schöpfungsmythen aus Indien, Babylonien, Ägypten, bei den Kelten, Germanen und den noch existierenden Naturvölkern zeugen von einem Kulturstadium, in dem die Menschen innig aufnahmen, was Priester oder Medizinmänner ihnen von der Entstehung der Erde und des Menschen erzählten. In Griechenland können wir mit besonderer Deutlichkeit z. B. in der Philosophie und im Drama verfolgen, wie die schwerer bestimmbaren, aber leuchtenden Bilder aus dem Bewußtsein der Menschen entschwinden und von Gedanken abgelöst werden, die zwar «schattenhaft» sind, aber schärfere Konturen haben.
Ohne den Vergleich pressen zu wollen, kann man sagen, daß unsere Kinder einen ähnlichen Entwicklungsprozeß durchmachen. Kinder haben eine Art Bild-Denken, das ungefähr im Alter von sechs bis zehn Jahren seinen Höhepunkt erreicht und mit dem Herannahen der Pubertät in die Lust an der Kausalität übergeht und in die Fähigkeit, mit abstrakten Begriffen zu operieren.
Rudolf Steiner kam mit immer neuen Gesichtspunkten und Begründungen auf die Notwendigkeit zurück, dem Bedürfnis der Kinder nach Bildern entgegenzukommen. Eine der drastischsten Formulierungen kommt in einem Vortrag vor, den er vor pädagogischen Fachleuten und Interessenten in England im Jahre 1923 hielt: «Was würden Sie sagen, wenn jemand, dem ein Fisch auf den Teller gelegt worden ist, sorgfältig das Fischfleisch weglegen würde, sich die Gräten aussondern und diese verzehren würde! Sie würden wohl wahrscheinlich eine furchtbare Angst bekommen, daß ein solcher Mensch an den Fischgräten ersticken könnte. Außerdem würde er diese Fischgräten seinem Organismus nicht in der richtigen Weise einverleiben können.
Aber so ist es, ganz genau so, nur auf einem anderen Niveau, auf dem Niveau der seelischen Unterweisung, wenn wir einem Kinde statt der lebensvollen Bilder, statt desjenigen, was den ganzen Menschen beansprucht, trockene, abstrakte, nüchterne Begriffe beibringen.» («Gegenwärtiges Geistesleben und Erziehung», Ilkley, Vortrag vom 13. 8. 1923)
Wenn Kritiker der Waldorfschule vorwerfen, daß sie in den drei ersten Schuljahren zu viel Phantasiebilder vermittelt, dann haben sie noch nicht durchschaut, daß nicht nach einer ausgefallenen Idee, aus altmodischen Vorstellungen oder gar wegen mangelndem Interesse für sachbezogene Tatsachen so vorgegangen wird, sondern um ein konsequentes Prinzip mit klarer menschenkundlich-pädagogischer Motivierung anzuwenden. Außerdem betrachten sie nur den halben Lehrplan. In der dritten Klasse z. B. wird besonders Wert gelegt auf Sachkunde, auf die Besprechung des Hausbaus, der Arbeit des Bauern; in der vierten Klasse wird das Abfassen von ersten Geschäftsbriefen geübt.
Will man aber die Kinder nicht intellektuell ermüden, sondern ihre gesunde Aufnahmefähigkeit erhalten, muß man ihnen echte Phantasiebilder geben. In den Waldorfschulen kann man an Oberstufenklassen, in denen der bildhafte Unterricht in früheren Jahren mit besonderem Schwung erteilt wurde, oft gerade in den Er-

Der Lehrer erzählt dem Kinde, und das Kind antwortet in seinem künstlerischen Tun. Die Bildgestaltung im Zeichnen und Malen ist die spontane Antwort des Kindes auf das, was es durch den Lehrer erlebt hat.

Zwei Schüler illustrieren ein norwegisches Märchen (Bergen).

kenntnisfächern eine auffallende Intensität des Lernen- und Verstehenwollens beobachten. Dabei wird bemerkbar, daß in solchen Klassen gewöhnlicherweise nicht nur ein bewegliches Denken, sondern auch eine gewisse gemüthafte Empfänglichkeit vorherrscht. Die Aufnahme des Unterrichts hat im eigentlichen Sinne des Wortes «bildend» gewirkt nicht nur am Vorstellungs-, sondern auch am Gefühlsleben.

Wenn man dem elementaren kindlichen Bedürfnis, um das es sich hier handelt, voll entgegenkommen will, gibt es keinen anderen Weg als diesen: die Phantasiebilder müssen während der ersten Schuljahre den ganzen Unterricht beherrschen.

In einer Waldorfschule wird in den ersten Klassen der tägliche Hauptunterricht in der Regel mit einem fortlaufenden Erzählstoff abgeschlossen, der die Seelenstimmung der erreichten Altersstufe charakterisiert:

1. Klasse: Märchen
2. Klasse: Fabeln und Legenden
3. Klasse: Ausgewählte Teile des Alten Testaments
4. Klasse: Abschnitte aus den nordischen Götter- und Heldensagen
5. Klasse: Erzählungen aus der griechischen Mythologie und Sage

Aus seiner geisteswissenschaftlichen Forschung heraus hat Rudolf Steiner einmal bis in Einzelheiten hinein beschrieben, was das Empfangen oder Nicht-Empfangen von solchen Bildern in der Kindheit für den modernen Menschen bedeuten kann. Für den Leser, der dem Erkenntnisweg der Anthroposophie fern steht, mag ein Ausspruch wie der folgende sehr gewagt und vielleicht auch sehr sonderbar erscheinen. Demjenigen, der in der Lage ist, eine solche Darstellung mit Offenheit und innerem Verständnis hinzunehmen, kann sie aber gerade durch ihre Konkretheit besonders aufschlußreich werden.

Rudolf Steiner schildert, wie die Menschen, die in der neueren Zeit, etwa seit der Mitte des 15. Jahrhunderts, geboren worden sind, sich aus dem Dasein im Übersinnlichen, das ihrer Geburt vorangegangen ist, für das kommende Erdenleben in erster Linie solche inneren Kräfte mitgebracht haben, die für ein *bildloses* Denken gebraucht werden. Er betont, wie das Vorwiegen der intellektuellen und wissenschaftlichen Fähigkeiten und das spürbare Abnehmen der Phantasiekräfte in jenem Zeitraum mit dieser Tatsache zusammenhängt. « . . . jetzt beginnt – und darinnen liegt vielfach der Grund für das Stürmische unserer Zeit –, jetzt beginnt die Zeit, in welcher die Seelen aus der geistigen Welt, indem sie durch die Empfängnis und die Geburt zum irdischen Leben heruntersteigen, sich Bilder mitbringen. Was da tief drinnen sitzt

VOM BILD ZUM BUCHSTABEN

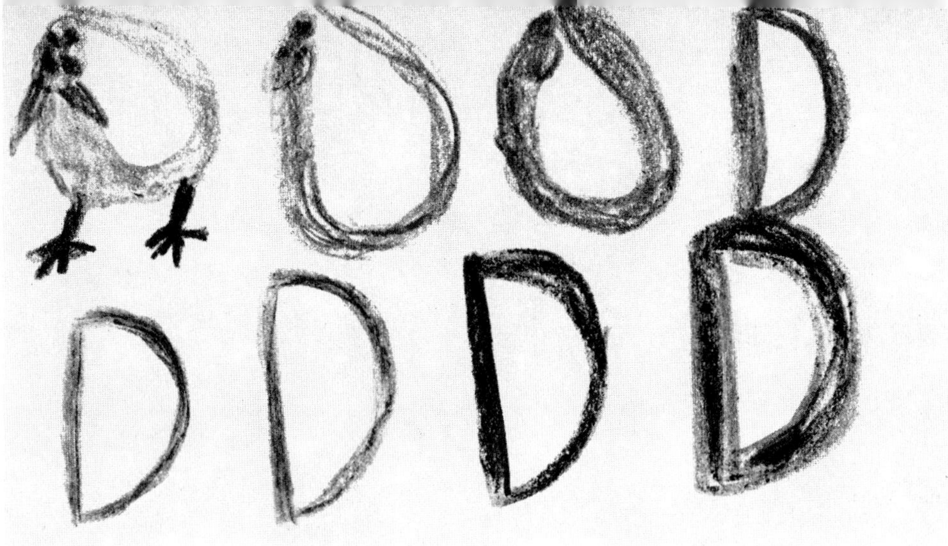

in der Kinderseele, das sind die in der geistigen Welt empfangenen Imaginationen. Die wollen herauf.» Das Kind hat in seinem Inneren Kräfte, «welche es zersprengen, wenn sie nicht heraufgeholt werden in bildhafter Darstellung. Und was ist die Folge? Verloren gehen diese Kräfte nicht; sie breiten sich aus, sie gewinnen Dasein, sie treten doch in die Gedanken, in die Gefühle, in die Willensimpulse hinein. Und was entstehen daraus für Menschen? Es entstehen Rebellen, Revolutionäre, unzufriedene Menschen, Menschen, die nicht wissen, was sie wollen, weil sie etwas wollen, was man nicht wissen kann. ... Wenn heute die Welt revoltiert, dann ist es der Himmel, der revoltiert, das heißt, der Himmel, der zurückgehalten wird in den Seelen der Menschen und der dann nicht in seiner eigenen Gestalt, sondern in seinem Gegenteil ..., der in Kampf und Blut zum Vorschein kommt. ... Kein Wunder, wenn jene Menschen, die sich an solchem Zerstörungswerk der sozialen Ordnung beteiligen, eigentlich das Gefühl haben, sie tun etwas Gutes. ... So ernst sind die Wahrheiten, die wir heute einsehen sollten». (Vortrag vom 11. 9. 1920)

«Ein *k*raftvoller *K*önig *k*ommt zu dem *K*ampf
wo die *K*lingen *k*lirren und *k*rachen ...»

Die Kinder rezitieren es kräftig im Chor und stampfen zu den alliterierenden Lauten.

Kriegspropaganda? Nein, um alles in der Welt nicht – nur eine erste Klasse, die lernt, was «k» für ein Wesen ist. Sie haben ein Märchen gehört und lernen nun eine Strophe über den starken, guten König. Das Wichtigste dabei ist, anschließend den König mit Buntstiften zu malen, mit der Krone auf dem erhobenen Haupt und dem vorgestreckten Schwert in der Hand. Am nächsten Tag wird er in der Zeichnung magerer, schließlich bleibt nur ein K von ihm übrig – und vielleicht die Erinnerung an die Geschichte seiner Entstehung.

In ähnlicher Art werden die übrigen Konsonanten eingeführt: ein *Priester* wird zum P, der *Drache* ein D, der *Fisch* ein F usw. – Die Vokale entstehen aus Gesten, die Seelenstimmungen mit dem ganzen Körper ausdrücken. Dann werden diese Bewegungen in einem Zeichen festgehalten. Als «Weltlaute» und «Seelenlaute» unterscheiden sich Konsonanten und Vokale schon beim ersten Kennenlernen durch ihre Herkunft.

Das Schreiben kommt also vor dem Lesen. Im Laufe der ersten Klasse hat man alle Buchstaben eingeführt, liest nur Selbstgeschriebenes. Erst während des zweiten Schuljahres wird das Lesen zielbewußter geübt, tritt sparsam auch das Lesebuch neben das, was die Kinder selbst geschrieben haben.

Warum nun dieser lange, umständliche Lernprozeß?

Bisher haben die Kinder in einer gegenständlichen Welt gelebt, wo jedes Ding das war, wofür es sich ausgab. Bei den Buchstaben ist dies anders. Sie sind an sich gar nichts: sie *bedeuten* nur etwas. Der Mensch, der lesen lernt, tritt hinein in eine Welt abstrakter Zeichen. Diese Umstellung ist für viele Kinder schwieriger als wir glauben. Ein Symptom für dieses Problem ist die Legasthenie, die heute in vielen Ländern immer häufiger auftritt.

Der Übergang wird erleichtert, wenn die Buchstaben erst als Bilder die Phantasie beschäftigen und volle Anteilnahme finden. Es wird dieser Weg – vom Bild zum Buchstaben – indessen keineswegs nur der Kinder wegen gegangen, die Lese- und Schreibschwierigkeiten haben.

In alten Zeiten wurden die Schriftgelehrten verehrt, später sogar mit Angst oder Neid von denen bewundert, die nicht lesen konnten. Auch heute ist durch die Überwindung des Analphabetentums in der westlichen Welt – soweit sie gelungen ist – diese Kluft nur scheinbar überbrückt. Menschen ohne intellektuelle oder geistige Interessen und mit einseitiger praktischer Begabung haben oft eine Mischung aus Minderwertigkeits- und Überlegenheitsgefühl gegenüber den typischen «Schreibtischmenschen» mit ihrer theoretischen Bildung. Einige der wichtigsten und markantesten Klassengrenzen verläuft immer noch zwischen Menschen, die mehr in der Welt der Dinge verankert sind, und denen, die mehr in der Welt der Zeichen leben.

Dieser Unterschied braucht nicht in der frühen Kindheit hervorzutreten. Manchen Kindern fällt das Lesen und Schreiben äußerst leicht; ihr Zug zu rein intellektueller Tätigkeit wird dadurch noch kräftig angeregt. Andere haben es bedeutend schwerer und sind in der Gefahr, gegen alle Beschäftigung mit Büchern Widerwillen zu entwickeln. Kindern zu früh oder zu abrupt die Buchstaben beizubringen, trägt dazu bei, sie in die eine oder andere Richtung zu drängen und damit die Kluft zwischen diesen Klassen zu vertiefen, die die Waldorfschule als zwölfjährige Einheitsschule gerade überwinden will.

Rudolf Steiner lag es sehr am Herzen, daß die Kinder nicht gezwungen werden sollten, Lesen und Schreiben zu lernen, bevor sie volle Schulreife erlangt hatten, und daß sie dann im Prinzip den gleichen Prozeß durchmachen sollten, der bereits in den alten ägyptischen, sumerisch-babylonischen und chinesischen Kulturen stattgefunden hatte: den Übergang von der Bildschrift zur Zeichenschrift.

Ist aber dieser umständliche Prozeß nicht für

Der Übergang von der Welt der Dinge in die der abstrakten Zeichen ist ein tiefer Einschnitt im Leben des Menschen. Es lag Rudolf Steiner sehr viel daran, daß die Kinder erst nach voll erlangter Schulreife Lesen und Schreiben lernen sollten und daß sie dann im Prinzip denselben Prozeß durchmachen sollten, der sich schon in den alten Kulturen vollzog: der Schritt von einer Bild- in eine Zeichenschrift.

Der kraftvolle König schrumpft in ein blasses, mageres K (Stockholm).

Die Schrift ist dem Text angepaßt. Die «Winterbuchstaben» stehen eckig und kühl, das Juni-Bild hat weiche, runde Formen und sommerliche Farben (5. Klasse Oslo).

intelligente Kinder, die vielleicht selbständig bereits vor Beginn der Schule Lesen und Schreiben gelernt haben, langweilig?
Das hängt allein von der Fähigkeit des Lehrers ab, die Bild- und Bewegungsformen seinen Schülern interessant genug darzustellen. Wenn das Zeichnen und Malen selbst fesselt und die Geschichten zu den Buchstaben die Gemüter erfüllen, pflegen diese Probleme nicht schwierig zu sein. Es kann vorkommen, daß ein Siebenjähriger sich so in die künstlerische Tätigkeit vertieft, daß die schon früher erworbene Lesefähigkeit unwesentlich wird, fast verloren geht, um dann um so sicherer wiederzukommen.
Wenn die Kinder hören, daß erwachsene Menschen in alter Zeit den gleichen Weg von der Bilder- zur Buchstabenschrift gegangen sind, können sie eine Art Hochachtung vor dem empfinden, was sie gelernt haben. Das eigene Tun als bedeutend anzusehen und es mit Liebe zu verrichten, das erfüllt das Lernen mit Wärme, macht es freudig und gesund. Ein kleines Mädchen einer Steinerschule erzählte von gleichaltrigen Kusinen, die in einer anderen Schule schneller Lesen gelernt hatten als sie selbst: «Ja, sie haben lesen gelernt, aber die Armen haben ja keine Ahnung, wo die Buchstaben herkommen!» Dem Vorsprung wurde kein Wert zugemessen, wohl aber der wissenden Verbundenheit und dem Erleben. (Vgl. E. Dühnfort und E. M. Kranich, «Der Anfangsunterricht im Schreiben und Lesen»)

MÄRCHEN

ERSTE KLASSE

Märchenillustration aus einer 1. Klasse (Mailand).

Märchen sind in ihrem erzieherischen Wert in Zweifel gezogen worden. Man glaubt, sie seien für Sechs- und Siebenjährige nicht spannend genug und zu schauerlich für kleinere Kinder. Es gibt Kinderpsychologen, für die die Märchen der Brüder Grimm ein rotes Tuch sind. Die Waldorfschule aber betrachtet die Märchen als eines der wichtigsten Erziehungsmittel in der Hand von Eltern und Lehrern und setzt in der ersten Klasse nicht wenig Zeit für das Märchenerzählen an. Wie kommt sie dazu?

Wir wollen mit einem alltäglichen Beispiel beginnen. Ein sehr phlegmatisches Mädchen von fünf, sechs Jahren hörte von seiner Mutter das Märchen von Frau Holle. Als die arbeitsame Jungfrau mit Geistesgegenwart und Pflichtgefühl ihren Dienst im Reiche von Frau Holle beendet hatte, wurde sie von ihrer Herrin an eine große Pforte geführt; dort fiel ein Goldregen auf sie herab. Darauf wurde die Pforte geschlossen und sie befand sich in der Nähe ihres Elternhauses, in das sie nun zurückkehren durfte. Die faule Jungfrau mit ihrer Unfähigkeit, eine Situation sofort zu erfassen, wird zur gleichen Pforte geführt, aber über sie ergießt sich eine Flut von Pech. Das Bild von den beiden heimgekehrten Jungfrauen, der leuchtenden und der beschmutzten, machte auf das Kind einen tiefen Eindruck. Es sagte langsam und mit Nachdruck: «Ich werde auch immer lieb sein.»
Mit einer drastischen Anschaulichkeit, die nicht ihresgleichen in einer anderen Art von Dichtung hat, enthüllt das Märchen, wie die handelnden Figuren im tiefsten Innern eigentlich sind. Den Kindern wird Menschenerkenntnis geboten, wie sie in keiner andern Form zugänglich zu machen ist, die aber sehr helfen kann, in ihnen das Gefühl für Recht und Unrecht auszubilden.
Vieles deutet darauf hin, daß die «Volksmärchen» auf ihrem Wanderweg von Generation zu Generation, von Land zu Land manchmal sehr stark verändert wurden, aber ursprünglich von einzelnen Individualitäten stammen, deren Namen wir nicht kennen, die aber offenbar tiefe Menschenkenner, Weltweise und Dichter von Rang waren. Es gibt nicht wenige Märchen, die Kunstwerke von besonderer Art sind: tief ethisch in ihrer Grundhaltung, frei von allem kleinlichen Moralisieren, für Menschen geschaffen, die sich ihre kindlich-künstlerische Einbildungskraft erhalten haben.

Die Erscheinungsweise des Bösen

Aber warum handeln die Märchen so oft von allen möglich Wesen, die abscheulich sind und noch dazu gar nicht existieren? Sollten die Kinder nicht davon verschont bleiben? Wozu sie mit boshaften Feen, Trollen, Riesen und Hexen belasten?

Wir wollen einen Augenblick vor der Frage halt machen, wie die Märchen eigentlich solche Erscheinungen darstellen.

An Märchen, die noch spüren lassen, wie die Märchenerzähler alter Zeiten schilderten, bemerken wir eine karge, oft wortarme Sprache. Die Bilder sind prägnant, aber in wenigen Pinselstrichen hingezeichnet. Detailmalereien sind selten. Die Mächte des Bösen werden in der Regel nur durch ihre Worte und Handlungen charakterisiert.

Die böse Stiefmutter in «Schneewittchen» kann den König und viele andere Leute betrügen, weil sie die schönste im ganzen Land ist. Die böse Fee in «Dornröschen» hat sich als altes Weib verkleidet, welches die Prinzessin dazu verlockt, zu spinnen und sich mit dem Spinnrocken zu verwunden. Die Hexe in «Hänsel und Gretel» ist eine besonders markante Gestalt. Sie erscheint den beiden verirrten Kindern wie eine freundliche alte Frau, die ihnen gutes Essen und weiche Betten gibt. Zu ihrer Beschreibung wird ungewöhnlicherweise ein sehr konkretes Detail eingefügt: «Die Hexen haben rote Augen und können nicht weit sehen, aber sie haben eine feine Witterung, wie die Tiere, und merken es, wenn Menschen herankommen.» Ihre pochende, animalische Begierde äußert sich nur allzu deutlich, wenn sie Gretel dazu verleiten will, in den Ofen zu kriechen; sie verrät sich, und es gelingt dem listigen Mädchen, die Hexe selbst hineinzustoßen.

Die skandinavischen «Trolle» sind ein Geschlecht für sich. Im norwegischen Märchen «Die Trollhochzeit» wird geschildert, wie ein verlobtes Mädchen sich mit dem Vieh hoch oben im Gebirge aufhält. Eines Tages bekommt sie Besuch von einer großen Schar von Leuten, die, von ihrem Bräutigam angeführt, zur Sennhütte hinaufkommen. Sie haben das Brautkleid bei sich und Silberteller und Tischtücher für die Hochzeit. Das Fest beginnt. Der Hund hat jedoch eine Empfindung dafür, daß nicht alles mit rechten Dingen zugeht. Bellend saust er hinunter ins Dorf und bringt den richtigen Bräutigam mit, der die Büchse bei sich hat und seine Braut befreit. Sie merkte nicht, daß Trolle sie besuchten. Jetzt sieht sie auch, daß das feine Hochzeitsessen nur aus Moos, Schwämmen, Kuhfladen und Kröten bestand.

Die Trolle können in den verschiedenartigsten Gestalten auftauchen: als kleine Kinder, als zwerghafte erwachsene Personen, als eine wunderbar schöne Frau (Waldfrau). Meistens haben sie ein ganz bestimmtes Ziel, z. B. gewisse Menschen mit sich in den Berg zu locken, oder es wird jemand, der bei ihnen Speise und Trank genossen hat, dazu verdammt, für immer bei ihnen zu bleiben. Dieses Motiv ist sehr alt. Es kommt auch in der Odyssee vor, wo die Zauberin Circe die schiffbrüchigen Seeleute auf ihr Schloß lockt und ihnen vergifteten Wein anbietet: sobald sie getrunken haben, kann sie alle in Tiere verwandeln und bei sich festhalten.

Die Verwunschenen können aus dem Bann der Trolle durch eigene oder durch die Geistesgegenwart eines anderen gerettet werden. Aber der Aufenthalt beim Troll läßt Spuren zurück. Nicht selten fühlen sich die Heimkehrenden als Fremdlinge unter ihren Mitmenschen: es kann sogar vorkommen, daß sie für ihr ganzes restliches Leben «wunderlich» bleiben.

Groteske Gestalten – Trolle und Hexen mit langen Nasen, langen Ohren usw. – kommen gewöhnlich nur in den humoristischen Märchen vor. Auch die Riesen in all ihrer Grausamkeit werden meistens mit komischen Zügen geschildert. Wenn wir von Drachen und Teufeln absehen, die furchtbar sein müssen, werden die Mächte des Bösen von vielen Märchendichtern mit einer immer wiederkehrenden Fähigkeit ausgestattet, das Sehvermögen zu täuschen und dadurch so menschenähnlich zu erscheinen, daß man sie nicht ohne weiteres von gewöhnlichen Leuten unterscheiden kann.

Die Märchen und die Wirklichkeit

Ist nun das alles nicht phantastisch, «vollkommen verrückt»? Keineswegs. Wer sieht, wie Schüler in eine Bande hineingezogen werden, die mit Narkotika Mißbrauch treibt, sich mit Diebstählen und Raubüberfällen beschäftigt, kann nur staunen, wie ähnlich die in der Wirklichkeit vorkommenden Verführungen denen sind, die in den Märchen geschildert werden. Da gibt es Leute, die den «Verwunschenen» gleichen! Und es gibt solche, deren innere Eigenschaften erstaunlich an Hexen und Trolle erinnern: die primitive Schlauheit, das Einschmeicheln, die animalische Begierdennatur, der grenzenlose Zynismus.

Das Schlimmste ist bei den Mächten des Bösen, die in den «richtigen» Märchen geschildert werden, daß sie tatsächlich existieren.

Es wird oft mit großer Emphase betont, daß wir statt Märchen zu erzählen, die Kinder lieber für das moderne Leben vorbereiten sollten. Sie müßten erfahren, was ihnen bevorsteht, um in rechter Weise gewappnet zu sein. Blicken wir um uns, so finden wir zahllose Kinder, die zu früh und unvermittelt mit der rauhen Wirklichkeit konfrontiert wurden und gerade dadurch ihrem Leben furchtsam oder hilflos, desillusioniert oder brutal gegenüberstehen.

Wenn Märchen stilgerecht erzählt werden: unsentimental, ohne verstandesmäßige Deutungen, sparsam, ja spröde und ohne gräßliche Details anzuhängen, können die Schilderungen von Hexen und Riesen für Kinder gerade die richtige Art sein, «das Böse in der Welt» im Bilde zu erleben, bevor es ihnen selbst begegnet. Erzählt man zu dramatisch, zu realistisch, nicht aus dem Bilderweben der Märchenstimmung heraus, dann springt der Wolf als reales Raubtier aus dem Bild heraus. Das Kind erlebt ja das, was in der Seele des Erwachsenen vorgeht. Daher muß der Märchenerzähler auch kraftvoll zu schildern wissen, wie die guten Mächte am Ende über ihre Widersacher triumphieren. Denn in dieser Hinsicht sind die Märchen einzigartig. Keine andere Art von Dichtung zeigt so anschaulich die Verwandlungsmöglichkeiten auf, die dem Menschen eingeboren sind. In «gewöhnlichen» Erzählungen und Theaterstücken begegnen die Kinder Gestalten, die täppisch wie Bären sind, nervös wie Mäuse oder aufgeblasen wie Frösche und denen erst durch die Schule des Lebens andere Eigenschaften wie Feingefühl, innere Ruhe, Demut usw. beigebracht werden. In den Märchen begegnen sie Gestalten, die Bären, Mäuse, Frösche *sind* und die sich als Menschen erweisen, wenn sie von ihrer Verzauberung erlöst, wenn sie Prinzen oder Prinzessinnen geworden sind.

Märchen für verschiedene Altersstufen

Das eigentliche Märchenalter zwischen vier und neun Jahren kann von einer wachsenden Zahl von Märchen aus dem eigenen und aus anderen Völkern begleitet werden. Die einfachen Schicksalsmärchen wie Sterntaler, Der süße Brei, Rotkäppchen, Dornröschen, Schneewittchen, Der Wolf und die sieben Geißlein usw. stehen am Anfang, um das fünfte Jahr treten die Entwicklungsmärchen hinzu. Sie zeigen erste Schritte eines Weges, den Kampf der guten und der bösen Mächte um die Herrschaft im Innern des Menschen. Da sollen die Kinder dem Gang der Handlung schon folgen können. Es ist wichtig, nach der Situation des Kindes, der Umwelt, der Jahreszeiten seine bedachte Auswahl zu treffen.

Fast alle Märchen handeln von Gefahren und Prüfungen, die etwa ein Schneider, ein armes Mädchen, ein Bauernsohn, ein Prinz oder eine Prinzessin zu bestehen hat. Wer einmal eingesehen hat, daß es sich um Seelenprüfungen handelt, die im Menschenleben wirklich vorkommen können, wird auch verstehen, daß die Märchen keine bloßen Fiktionen sind. Als bildhafte Darstellungen von Vorgängen im Menscheninnern sind sie durchaus wahr. So erleben die Kinder in den Märchen eine Art Psychologie, die ihnen in der Form abstrakter Begriffe niemals zugänglich wäre und die zur Ausbildung ihres Gefühls für Mut, Treue, Standhaftigkeit und andere moralische Qualitäten wirksam beitragen kann.

Ein König (1. Klasse).

Rechts: «Der Baum mit den roten Äpfeln» (Märchenmotiv aus der 1. Klasse).

Für die Kleinen (und immer wieder zwischendurch) sind kurze humoristische Erzählungen mit vielen Wiederholungen gut. Je kleiner die Kinder sind, desto häufiger kann man ihnen das gleiche Märchen wortgetreu wiederholen.

Was soll man aber machen, wenn ein Vierjähriger doch vor einem Wolf oder einer Hexe Angst bekommen hat und abends wach liegt und wartet, daß ein Ungeheuer kommt, um ihn aus dem Bettchen zu holen? Soll man jetzt doch zu erklären anfangen, die rationale Oberfläche der Wirklichkeit beschreiben, auf der es keine Riesen, Trolle und grauen Männlein gibt? Die Märchenwelt also zerstören, statt sie einzuordnen? Im Sinne der vorangehenden Ausführungen wäre dies eine Unwahrhaftigkeit. Viele Kinder würden es nicht glauben, weil sie andere Erfahrungen haben. Nein, es gilt, die helle Seite zu stärken. Oft helfen schon Abendlied, Gebet und ein ablenkendes Gespräch. Ein harmonisches, heiteres, geliebtes Märchen kann die dunklen Bilder verdrängen. Oder man kann dem Kinde etwa ein hölzernes Schwert geben und ihm sagen: «Alle Kinder werden von Engeln beschützt – Tag und Nacht. Du brauchst dich nicht zu fürchten. Nichts wird dir passieren. Aber *wenn* es nun sein sollte, daß irgendein Kobold sich zu dir ins Zimmer verirrt, dann zeig ihm nur das Kreuz deines Schwertes oder ziele nach seinem Kopf. Du wirst sehen, wie er da verschwindet.» Manche Eltern, die dieses Bild wählten, haben bezeugt, wie wirksam es sein kann.

Aber würde die Andeutung, daß ein Troll möglicherweise ins Zimmer kommen könnte, nicht dem Schrecken neue Nahrung geben? Man kann das nicht voraussagen; was man auch tut, es kommt darauf an, daß zwischen Kind und Erwachsenem Vertrauen strömt. Dann beruhigen sich die Kinder und schlafen ein. – Oft genügt es, die Nähe und Verbindung dadurch zu bekräftigen, daß die Tür ein wenig offen bleibt. Fast jedes Kind hat eine Zeit, in der es nur bei Licht einschlafen will und sich mit seinen «bösen Gedanken» plagt.

Wenn Siebenjährige die Märchen «kindisch» finden, ahmen sie nur ein Urteil aus ihrer Umwelt nach. Wo die Erwachsenen die Sprache der Märchen als eine Kultursprache der Menschheit ernst nehmen, gibt es das nicht. Wenn in einer ersten Klasse die Stunde für das Märchenerzählen naht, setzen sich die Kinder zurecht, bringen einander zur Ruhe und lauschen mit großen Augen. Manchmal kommt es vor, daß Kommentare gemacht werden. Ein herrschsüchtiger und schneidiger Junge kann laut protestieren, wenn er von Untaten hört, die ein böser Zauberer begeht («Wie ekelhaft der ist, nicht?»). Das Gesicht eines ängstlichen und unruhigen Mädchens mag aufleuchten bei der Schilderung eines armseligen Mäuschens, das zum Schluß in eine Prinzessin verwandelt wird.

Natürlich kommt es vor, daß Zweifel am Wahrheitsgehalt der Märchen geäußert werden; aber sie gehen nicht tief, das Märchen ist stärker. Wenn der Lehrer darauf achtet, nur solche Märchen zu erzählen, die in der Tat Ausdruck für innere Wirklichkeiten sind, dann kann er auch mit gutem Gewissen sagen, daß sie wahr sind. So spielte sich beim Erzählen in der ersten Klasse – halblaut, in einer Atempause – folgender Dialog zwischen Lehrer und Schüler ab:

Ist das da wahr? – Ja, gewiß. – Ach was, wir glauben das aber nicht. – Das Gespräch war zu Ende, aber alle lauschten weiter, gespannter als je.

Hat ein Kind aus seiner Umwelt wirkliche Skepsis mitbekommen, muß der Lehrer auf die eine oder andere Weise erklären, daß die Märchenbilder eine andere Art Wirklichkeit haben als die greifbaren Dinge um uns herum.

Kinder, die gewöhnt sind, «echte» Märchen zu hören, bekommen allmählich Stilgefühl: ausgedachte Erzählungen, die Märchen sein wollen, die aber realistisch oder phantastisch sind, können tiefes Mißvergnügen erwecken, einfach weil sie ohne Hintergrund, weil sie unkünstlerisch sind. In einer Klasse, die eine solche Geschichte zu hören bekam, wurde die verdrießliche Äußerung laut: «Fräulein, jetzt wollen wir aber ein *richtiges* Märchen hören!»

Wer sich einmal in die Märchenwelt eingelebt hat und weiß, wie viel die Märchenbilder zu geben haben, ermißt auch den «Wert» der Bilder in den Serien-Magazinen, Zeichenfolien usw.: Man könnte sie mit einem ausgelaugten, konservierten Essen vergleichen, das zwar für den Augenblick sättigt, aber bald darauf um so größeren Hunger, ja, mit der Zeit Unterernährung erzeugt.

VOM RECHNENLERNEN

Der Lehrer in der ersten Klasse erzählt: Ein Bauer hatte einen großen Käse gemacht. Er schnitt ihn in zehn Teile. Drei Stücke hatte er Nachbarn versprochen, und eines brauchte er selber fürs Abendbrot. Wie viele durfte er auf dem Markt verkaufen? (Eine Frage für ordnungsliebende, vorsorglich planende Melancholiker.)

Auf dem Marktplatz war großes Gedränge. Vier dicke, starke Damen drängten sich vor und kauften ihm je ein Stück ab. (Jetzt muß der Lehrer eine Frage für die Choleriker finden, die sich inzwischen sehr bemerkbar gemacht haben.) Jede der Damen hatte – lustigerweise – vier Kinder und einen Mann, die alle gern Käse aßen. Wie viele Menschen gab es jetzt zusammen in den vier Familien, die gern Käse aßen? Jetzt wurde aber das Gedränge immer schlimmer. Dem Bauern wurde ein Stück von einem hungrigen Buben und ein anderes von einem Fleischerhund weggestohlen. Nach einer Weile aber kam der Bub zurück, sein schlechtes Gewissen habe ihn getrieben. Der Bauer war gutmütig und teilte das Stück mit ihm. Der Hund aber meldete sich nicht, er hatte sein Käsestück sofort aufgefressen.

Wie viele Stücke hatte der Bauer jetzt noch übrig? (Hier ergibt sich eine Reihe von Fragen, die durch das Gewimmel der Menschen und das Hin und Her der Ereignisse sich für Sanguiniker eignen.) Jetzt war es Zeit, an all die Menschen zu denken, die vom guten, schönen Käse aßen. Wie viele waren das eigentlich? (Hier können Phlegmatiker, die sich besonders für behagliches Essen interessieren, ruhig eine Weile addieren.)

Das Beispiel zeigt, wie der Lehrer versuchen kann, die Temperamente auch im Rechenunterricht zu berücksichtigen.

Die vier Grundrechenarten werden immer nebeneinander gepflegt. Der Lehrer kann, im Unterschied zum Schreib- und Leseunterricht, beim Rechnen ziemlich schnell vorgehen.

Charakteristisch ist vor allen Dingen eines. Die Zahlen werden im allgemeinen als Teile einer Einheit betrachtet (der große Käse des Bauern). Man kann das in der verschiedensten Weise veranschaulichen: mit der gleichen Strecke, die der Zahl entsprechend unterteilt wird, mit einem Reich, dessen König seine Provinzen aufteilt, zum Beispiel unter seine Söhne und Vasallen.

Diese «analytische» Arbeitsweise hat zunächst den Vorteil, daß ein schöpferisches, freies Tun dadurch leichter angeregt wird; eine Zwölfzahl in verschiedene Teile zu zerlegen, kann in vielen Varianten vollzogen werden, während das Zusammenfügen von Addenden nur in einer festgelegten Weise geschehen kann. (Nebenbei sei erwähnt, daß selbstverständlich das «synthetische» Verfahren *auch* geübt werden muß.) – Aber es gibt noch einen anderen Gesichtspunkt, der hier eingeführt werden kann.

Eins ist die größte Zahl

In manchen Sagen vom Ursprung der Welt wird beschrieben, wie alle Elemente aus einem hervorgingen: Okeanos in der griechischen, Ymir in der nordischen Mythologie. Das Ganze gibt sich hin, damit die Teile entstehen. Der Lehrer geht beim Üben im Rechnen immer wieder auf das gleiche Prinzip zurück: das Verteilen, das Verschenken aus einer Einheit heraus.

Daß die Welt letzten Endes eine Einheit ist, entspricht zunächst einmal dem instinktiven Empfinden der Kinder (die Neigung, Gott als den Schöpfer aller Dinge zu betrachten, besteht nach Piaget nicht nur bei denen, die eine religiöse Erziehung erhalten haben).

Rechenunterricht als moralisches Übungsfeld! Dabei wird gerade das Rechnen und Berechnen, falls man nicht achtgibt, leicht zu einem Tummelplatz kleiner Egoismen. – Wenn du vom Karl zwei und vom Oskar drei und von der Katja zwei Bonbons kriegst, wie viele hast du dann? Man kommt beim Kopfrechnen wohl selbst leichter auf solche Beispiele als auf die umgekehrten: wenn du an Karl zwei, an Oskar drei usw. . . gibst, wie viele hast du dann verschenkt? Weshalb ist das so? In das Zählen, Messen, Vergleichen schießt der Egoismus von selbst ein – besonders wenn nur an den Verstand appelliert wird. Der Intellekt will seiner Natur nach an sich raffen, erobern, «neu-gierig» sein – Herz und Wille müssen die Selbstlosigkeit dagegen setzen. Dabei gehört das Sachliche, Nüchterne unbedingt zum Umgang mit der Zahl. Solche Kleinigkeiten sind nicht belanglos. Unmerklich kann der Lehrer einfach durch die Wahl der Beispiele wichtige moralische Impulse in seinen Unterricht einfließen lassen.

Das Einmaleins aus der Bewegung heraus

Der beste Weg, das Kind in die Welt der Zahlen einzuführen, geht über Bewegung und Rhythmus, die im Zählen und in den Zahlenreihen ja gegeben sind.

Eins zwei *drei*,
Vier fünf *sechs*,
Sieben acht *neun*,
Zehn elf *zwölf* . . .

Die ganze Klasse folgt dem Lehrer. Zwei unbetonte Schritte und dann ein kräftiges Stampfen, die Hände klatschen dazu.

In der zweiten Klasse können die Kinder das ganze Einmaleins aus der Bewegung heraus

Links: Daß die Teile aus einem Ganzen entspringen, ist ein Gedanke, der dem Verständnis des Kindes in natürlicher Weise entgegenkommt.

Rechts: Die römischen Ziffern werden von manchen Lehrern als erste mathematische Zeichen eingeführt, weil sie direkt an den Fingern ablesbar und zählbar sind. Die arabischen Ziffern folgen dann aber sehr bald.

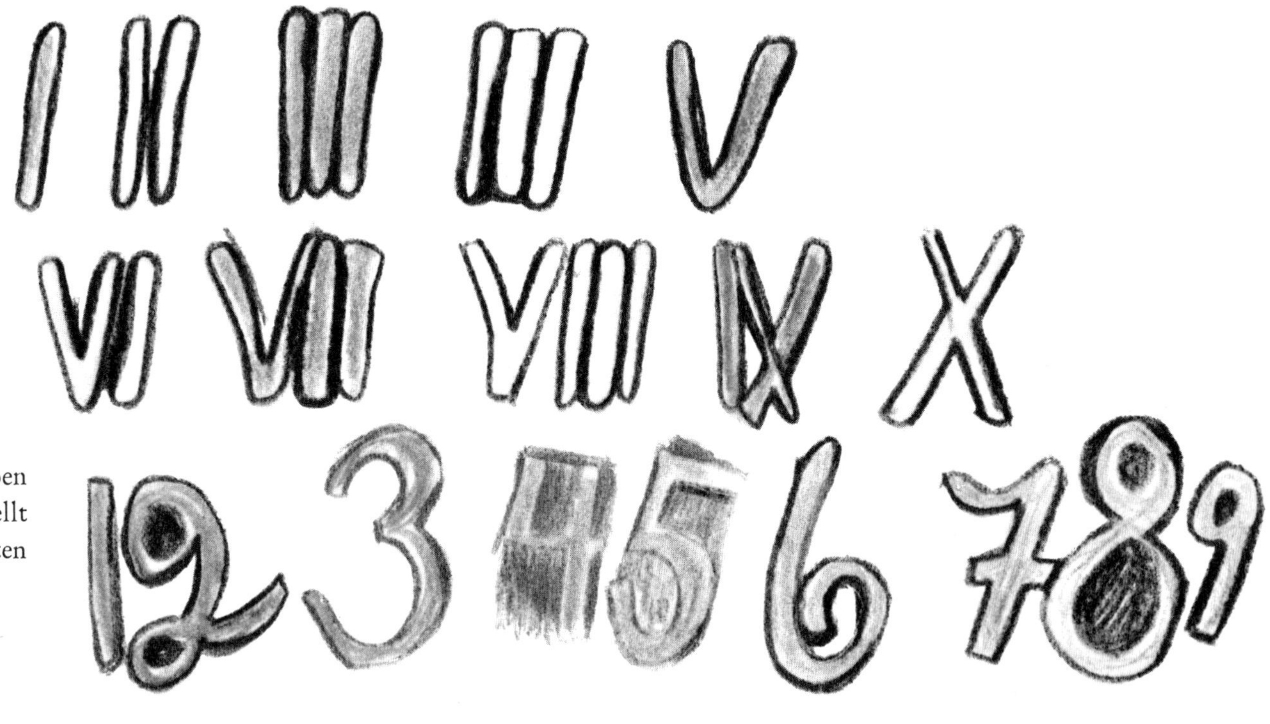

Rechts unten: Additionsblätter, Divisionsblumen oder Multiplikationsblüten – in einem solchen Bild wird es sichtbar, wie unmittelbar die Rechenarten miteinander verwandt sind.

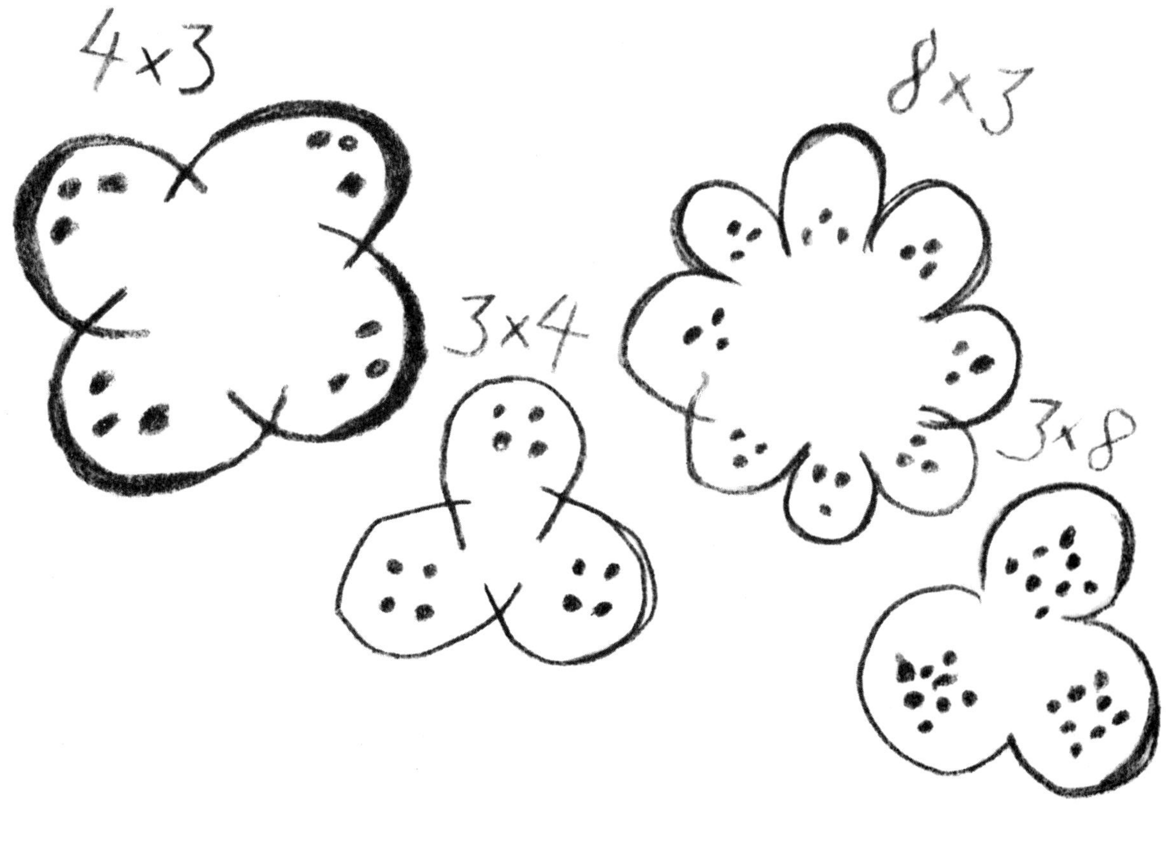

vorsprechen. Vielleicht half ein besonderer Sprung, eine besondere Art des Klatschens beim Einüben. Es dröhnt nur so, wenn der Rhythmus losgeht:

Drei – ist – einmal drei
Sechs – ist – zweimal drei

Mehr und mehr wird das Tun ins Denken hinaufgehoben.

Fünf*undvierzig – ist* – fünf*mal neun*
Vier*undfünfzig – ist* – sechs*mal neun*
Drei*undsechzig – ist* – sieben*mal neun*
Zwei*undsiebzig – ist* – acht*mal neun*
Ein*undachtzig – ist* – neun*mal neun*

Es gibt keine bessere Schulung für das Gedächtnis als das Auswendiglernen im Rechenunterricht. Jede Zahlenreihe ist sinnvoll und steckt voller Geheimnisse, die erst viel später herausgeholt werden können. Man fängt mit interessanten Zahlengruppen im Einmaleins an: 27, 36, 45, 54, 63, 72, 81 – alle Quersummen der Neunerreihe ergeben 9! Entdeckungen dieser Art gibt es viele – sie begeistern.
Neben den Wundern und Gesetzen der reinen Zahlenphänomene nimmt man selbstverständlich viele Beispiele aus dem praktischen Leben. In der dritten Klasse fordert die Sachkunde (Handwerke), daß man viel mit Maßen und Gewichten arbeitet, Länge, Höhe, Breite des Klassenzimmers ausmißt und dergleichen.

Aber die Welt der reinen Zahlen bleibt daneben wichtig – und faszinierend. Beispielsweise stellt man die Kinder in der dritten oder vierten Klasse vor das folgende Phänomen:

1 x 1 = 1		
2 x 2 = 4	> 3	
3 x 3 = 9	> 5	> 2
4 x 4 = 16	> 7	> 2
5 x 5 = 25	> 9	> 2

10 x 10 = 100		
11 x 11 = 121	> 21	
12 x 12 = 144	> 23	> 2
13 x 13 = 169	> 25	> 2
14 x 14 = 196	> 27	> 2

Die Choleriker werden vom Eifer des Forschens gepackt: Irgendwann muß doch «der Unterschied zwischen den Unterschieden» größer als 2 werden! Sie versuchen es mit immer größeren Werten, bis sie endlich merken: Die Welt der Zahlen kennt keine Kompromisse, keine Willkür. Die Gesetze sind ehern – aber manchmal ganz anders, als wir erwartet hätten. Durch die Gesetzmäßigkeiten, die in den Zahlen verborgen sind, wird in den Kindern nicht nur Forschereifer geweckt, sie wecken und bilden auch das Denken in sachgemäßer und gesunder Art.

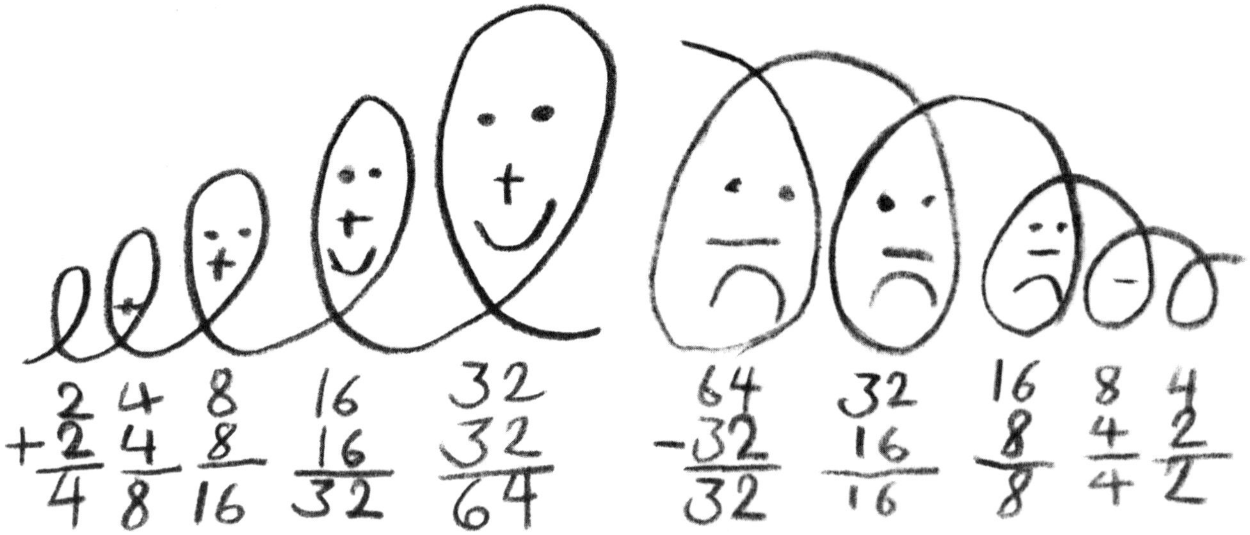

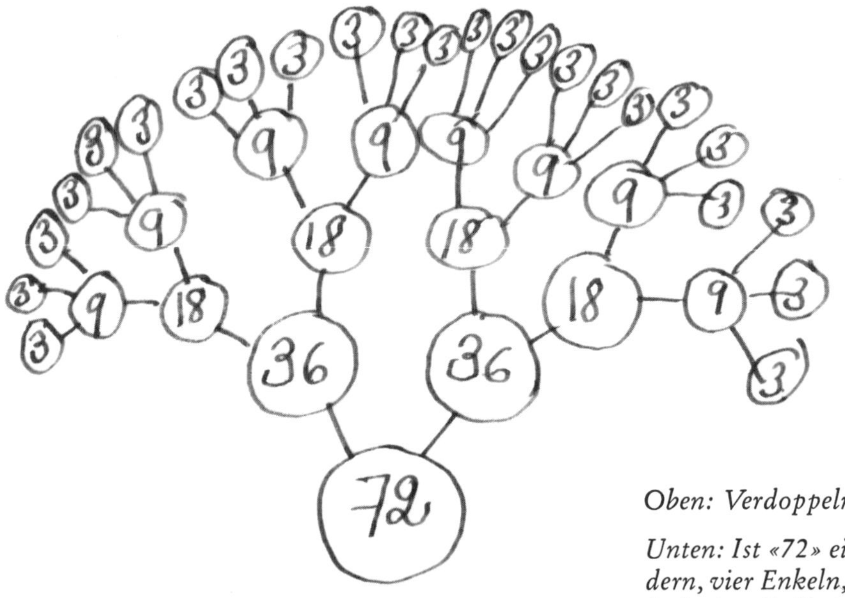

Oben: Verdoppeln und Halbieren.

Unten: Ist «72» ein Urgroßvater mit zwei Kindern, vier Enkeln, acht Urenkeln usw. oder einfach eine Zahl, in der viele andere Zahlen in verschiedenen Kombinationen darinnenstecken? Beides ist denkbar. Man muß nur nicht glauben, daß die Kinder nur mit Hilfe von anschaulichen Bildern rechnen können; sie wissen auch sehr gut mit reinen Zahlen umzugehen.

Der Hirsch und sein Spiegelbild.

FABELN UND LEGENDEN

ZWEITE KLASSE

Die Maus sagte zum Elefanten: Hast du gehört, wie es dröhnte, als wir zusammen über die Brücke gingen?

Fabeln sind zumeist sehr konzentriert und kurz. Ihre oft frappierende Lebensweisheit wird den Kindern erst zugänglich, wenn man ihnen zunächst eine «Vorgeschichte» erzählt. Für die obige Fabel vielleicht in dieser Art: Zwei Männer stehen auf dem Heuboden einer Scheune und wollen Heu für die Kühe holen. Der eine ist stark und wirft gewaltige Fuder durch die Luke der Scheune hinab. Dem andern gelingt es nur, ein paar armselige Heubüschel loszubekommen; aber nachher gibt er an, als hätte er mindestens die halbe Arbeit geleistet. Der Charakter der beiden Männer tritt deutlich hervor: der eine ist stark, bedächtig und schweigsam, der andere schwach, aber geschwätzig. Nebenher erinnert der Lehrer auch daran, wie ein Elefant und wie eine Maus aussieht. Und dann folgt die Fabel. – Der Frosch will wie ein Ochse aussehen und bläst sich auf und immer mehr auf, bis er zerplatzt. Der Fuchs springt nach den Trauben, kann sie aber nicht erreichen; da behauptet er, um sich zu trösten, daß sie sauer seien. Der Hirsch sieht sein Spiegelbild im Wasser, bewundert das schöne Geweih und beklagt sich über seine schmalen armseligen Beine; als er vor einem Löwen fliehen muß, bleibt er mit dem Geweih an einem Baum hängen und erwartet

Wird es diesem zaghaften Fuchs gelingen, dem Raben das schöne Käsestück aus dem Schnabel zu locken? (2. Klasse Stockholm).

seinen Tod; da wird ihm klar, daß ihn die verachteten Beine hätten retten können, während sein Kopfschmuck, auf den er so stolz war, ihn ins Verderben brachte.
In den Fabeln erscheinen menschliche Schwächen in Tiergestalt. Fell oder Federkleid verbergen nicht, daß wir es selbst sind, um die es sich handelt. Mitunter lächeln die Kinder, mitunter sind sie empört: «Wie lächerlich sind die!»

Wenn der Lehrer zu viele Fabeln erzählt, gehen vielleicht das Lachen und die Entrüstung in Hohngelächter über. Also brauchen die Fabeln ein Gegengewicht: Erzählungen, die nicht lächerlich machen, sondern erheben. Als Kontrast zum Menschen in Tiergestalt möchte man den Menschen schildern, der «das Tier» in seinem Innern bezwungen hat und darum auch die Tiere zähmen kann, deren Wildheit draußen in der Welt Ordnung und Kultur bedrohen. Solche Menschen finden wir in den Legenden. Wir leben in einem Zeitalter, das in gewisser Hinsicht die Bilderstürme der Reformationszeit übertrifft: «Entmythologisierung» ist das Schlagwort. Viele heutige «Bilderstürmer» betrachten – aus ihrem kühleren, aber manchmal nicht weniger einseitigen Denken heraus – die Legenden mit ihren unsinnigen Wundern und ihrem frommen Geschwätz als das Langweiligste und Unzeitgemäßeste, was es überhaupt heute geben kann.

Textprobe aus einem Epochenheft (2. Klasse Spring Valley, USA).

Rechts: Der heilige Franziskus predigt den Tieren die Liebe Gottes. In der Schilderung ist die Phantasie des Kindes stark in Bewegung gekommen; immer mehr Einzelheiten drängen sich ins Bild hinein (2. Klasse Stockholm).

Fabel und Legende sind Gegensätze. Die erstere zeugt von den Schwächen, die so oft unser Alltagsleben beherrschen, die letztere von der Größe, die der Mensch in seinem Streben nach Vervollkommnung erreichen kann. Falls diese beiden Arten von Erzählungen nebeneinander gepflegt und von den Kindern intensiv genug erlebt werden, werden zwei Seelenhaltungen angesprochen, die einander ergänzen und die jeder Mensch eigentlich erstreben müßte: humorvolle Toleranz auf der einen, Fähigkeit des Bewunderns auf der anderen Seite.

Sie haben sogar recht, wo es sich um Sentimentalität und Geschäftstüchtigkeit bei der Legendenbildung handelt. Die echten Legenden aber sind so wahr und groß wie der Sieg des schöpferischen Geistes über Schwäche, Resignation und Mutlosigkeit.

Offerus war elf Ellen groß und wollte nur dem stärksten Herrn dienen. Er verließ den König, der den Teufel fürchtete; er sagte dem Schwarzen den Dienst auf, weil dieser sich vor dem Kreuze beugte. Ein armer Einsiedler erzählt ihm von dem wahren Herrn der Welt. Wie kann er ihm dienen? Da er viel Essen braucht, um stark zu sein, und da er seine Kraft zum Opfer bringen will, mag er nicht dem Höchsten durch Gebete und Fasten dienen. So wird er Fährmann an einem reißenden Fluß und trägt, auf seinen gewaltigen Stab gestützt, die Wanderer auf seinen Schultern durch das wilde Gewässer. Eines Nachts ruft ihn ein Kind. Beim dritten Rufe erst erblickt er es. Mitten im Fluß fühlt er die Bürde schwerer werden als irgend eine, die er je getragen. Das Kind auf seinem Rücken ist Christus, der die ganze Welt auf seinen Schultern trägt. In Nacht und Dunkelheit über dem wogenden Wasser leuchtet das Kind wie die Sonne. Offerus wird in das Wasser getaucht – getauft zum Christ-Offerus, zum Christusträger.

Franziskus gibt seine verschwenderischen Lebensgewohnheiten auf und seine vielversprechende Kriegerlaufbahn. Er wird der Sänger der Liebe, Freund der Armut und des Friedens. Er kasteit seinen Körper, den alten Esel – behält aber seinen Humor und seine Liebe zur Natur. Selbstbeherrschung übt er durch Hungern, um so besser versteht er den Hunger des Tieres: dem menschenfressenden Wolf von Gubbio verspricht er, daß die Bürger der befreiten Stadt ihm stets ausreichendes Fressen geben werden; da legt das Untier demütig seine Tatze in die Hand des Heiligen. Franziskus bezähmt seine eigene Flatterhaftigkeit und Geschwätzigkeit, aber er liebt die Schwalben und die Tauben, die nun seiner Predigt lauschen.

Raniero di Ranieri, der Kreuzritter, zieht mit einem brennenden Kerzenlicht von Jerusalem über Berge und durch Wüsten nach Florenz. Das Hüten der Flamme in Lebensgefahren und Abenteuern verwandelt das Herz des Ritters. Selma Lagerlöfs Legende dieses Ritters gehört zu den ergreifendsten ihrer Christus-Legenden. Seine Geschichte kann der Lehrer lange Zeit hindurch jeden Tag ein kurzes Stück weiterführen.

Fabeln gibt es seit uralter Zeit; sie spiegeln aber ganz besonders den unbefangenen Geist der Griechen des sechsten Jahrhunderts wider, als Philosophie und Demokratie zum erstenmal in der Geschichte zu wirken begannen. Legenden von großen Persönlichkeiten entstehen in allen

Zeitaltern, ganz besonders blühten sie aber bei den Menschen des Mittelalters. Fabeln und Legenden zeigen zwei Seiten des Menschen und wie sich einseitige Seelenfähigkeiten ausbilden – vom kritischen Scharfsinn bis zur demütigen Selbstüberwindung. Sie ergänzen einander. Nach Blaise Pascals weisen Worten würde der das Größte leisten, der die tiefsten Gegensätze in sich vereinigt und versöhnt: «Es ist gefährlich, die Menschen erkennen zu lassen, in welch hohem Grade sie den Tieren gleichen, wenn man nicht gleichzeitig ihnen ihre eigene Größe zeigt. Es ist ebenso gefährlich, sie allzu sehr ihre Größe erkennen zu lassen und nicht zugleich auch ihre Erniedrigung.»

Von den Wellen bedroht, trägt der Fährmann Offerus in der Nacht das Jesuskind durch die reißenden Fluten und wird dadurch zum Christ-Offerus. Dem Schüler kam es offenbar darauf an, die Gesten der Wogen und das Glänzen der Sterne malerisch darzustellen (2. Klasse Stockholm).

Rechts: Moses empfängt auf dem Berge Sinai die Gesetzestafeln (3. Klasse Bergen).

DAS ALTE TESTAMENT

DRITTE KLASSE

In der ganzen Welt gibt es wohl kein anderes Werk, das so konsequent wie das Alte Testament das Problem des Gehorsams und Ungehorsams beleuchtet. Wenn das Kind etwa im 9. Lebensjahr die Fähigkeit des verschärften, oft auch kritischen Beobachtens erwirbt und damit in das «neue Trotzalter» hineingeht, sind ihm die Gestalten und Ereignisse des Alten Testaments in besonderer Weise zugänglich.

Die Ereignisse, Worte und Gestalten der biblischen Geschichte sind der westlichen Kulturentwicklung einverwoben: man findet sie in der Kunst, in den Sprichwörtern, in unserer ganzen Vorstellungswelt.

Die biblischen Erzählungen haben jedoch viel mehr zu geben als nur ein Verständnis für die Wurzeln unserer eigenen Zivilisation.

Als ein neunjähriger Waldorfschüler aus der dritten Klasse eine Zeitlang nicht zur Schule gehen konnte, bat er seinen Vater, ihm einen Abschnitt aus der biblischen Geschichte, den er versäumt hatte, zu erzählen. Der Vater orientierte sich leidlich über den Zusammenhang und erzählte, so gut er konnte. Als er zu einer Stelle kam, wo er den Namen Gottes nennen mußte, wurde er vom Knaben unterbrochen, der tief erregt war. «Du darfst nicht sagen Gott, du mußt sagen ‹der Herr› – genau wie es in der Bibel steht.»

In der ganzen Weltliteratur gibt es kein anderes Werk, das von der ersten bis zur letzten Seite so konsequent das Problem der Autorität behandelt.

Das Alte Testament – aus dem in einer dritten Klasse natürlich nur einzelne, charakteristische Erzählungen gebracht werden können, spricht am Anfang von der ganzen Menschheit, später von den Semiten, dann von den Israeliten, zuletzt nur noch vom Stamme Juda. Aber die

Hier hat der Schüler seine Freude daran gehabt, den Turm zu Babel immer höher wachsen zu lassen (3. Klasse Antwerpen).

Hauptperson ist die ganze Zeit die gleiche: der Herr selbst. Die Menschen brechen seine Gebote oder verleugnen ihn, und er ist gezwungen, sie zurechtzuweisen. Seine Strafen sind oft furchtbar hart. Aber er ist nicht kleinlich. Er weiß selbst die Trotzigen zu schützen und auch die, die Untaten begehen. Es gibt nicht viele unter den Gestalten des Alten Testaments, die mit ganz reinen Händen vor den Richterstuhl des Höchsten treten können.

Adam und Eva trotzen seinem Gebote und gehen der Menschheit voran, die sich seitdem von den Früchten der Erde ernähren muß. Die Nachkommen des Brudermörders Kain werden zu Stammvätern der viehzüchtenden Nomaden, der Künstler und Handwerker. Der vermessene Turmbau von Babel führt zur Zersplitterung in Völker und Sprachen und damit zur Verbreitung der Zivilisation über die Erde. Isaaks Sohn Jakob erwirbt das Erstgeburtsrecht durch den Betrug an seinem Vater; so wird er Stammvater der zwölf Stämme Israels. Durch die Falschheit seiner Brüder wird Josef nach Ägypten geführt, aber durch ihn allmählich das ganze Volk. Moses, der im Zorn einen Ägypter erschlug, wird zum Führer der Kinder Israel aus der Sklaverei; er begegnet dem Herrn auf dem Berge Sinai, empfängt die Tafeln des Gesetzes und prägt damit für die Zukunft den Glauben seines Volkes. Saul, David und Salomo sind tief problematische Naturen. Dennoch haben sie alle das Werk Gottes fortgesetzt. In seiner unergründlichen Weisheit gelang es dem Herrn, auch die Mächte des Trotzes und des Bösen zu beugen und sie in den Dienst seiner Weltordnung zu stellen.

Der Lehrer kann sich viele abstrakte moralische Darlegungen ersparen, wenn er vom Alten Testament erzählt. Er findet in ihm Bilder von ganz anderer Art als in den Märchen, Fabeln und Legenden. Die Schilderung der Bibel ist viel komplizierter und vieldeutiger. Die Erzählungen enden nicht immer glücklich; sie sind aber mit moralischer Kraft geladen.

Wenn die Kinder sich über Adam und Eva empören, vor der Sintflut zittern, einen Seufzer der Erleichterung tun, wenn es Abraham erspart bleibt, Isaak zu opfern, aufleuchten vor der Offenbarung auf dem Sinai, David zujubeln und die Fäuste gegen Goliath und die Philister ballen – dann erleben sie in großen Bildern, von sich abgelöst, eine Problematik, die sich mehr oder weniger bewußt in ihrem eigenen Innern abspielt. Der «neue Bund», den sie mit den Menschen ihrer Umwelt zu schließen haben, Aufblick und Verwerfung, Gebote und Willkür – und vielleicht auch die prophetische Ahnung, daß im eignen Werden ein Kommendes sich ankündigt: das ist die Krise nach dem neunten Jahr, das «neue Trotzalter».

ERZÄHLUNGEN FÜR LEBENSPROBLEME

Eine unerwartet tiefgreifende Wirkung besitzen Erzählungen, die das Bild von der inneren Situation eines Kindes oder einer ganzen Gruppe wiedergeben. Die Kinder erleben sich selbst und die Folgen ihres Tuns mit all der Aufmerksamkeit und Spannung, die sie einer packenden Geschichte und ihrem Helden entgegenbringen, ohne zunächst zu bemerken, daß sie sich selbst betrachten. So kommt man manchmal an Unarten heran, mit denen man sonst schwer zurechtkommt. Dabei ist es nur wichtig, daß den Kindern die Absicht, die der Erwachsene mit der Geschichte verfolgt, auf keinen Fall bewußt wird.

Eine Lehrerin hatte unter ihren Schülern einen siebenjährigen Jungen, der ziemlich viel log. Da erzählte sie, eigens für ihn, «Die Perle der Wahrheit» von Zacharias Topelius: die Königin im Reiche der Wahrheit hat ihre unschätzbar wertvolle Perle in einen tiefen Brunnen fallen lassen. Alle ihre Leute steigen in den Brunnen hinab, um sie zu suchen; jeder, der wenigstens einmal im Leben gelogen hat, trägt, wie er wieder emportaucht, einen schwarzen Ring um den Mund. In schweren Fällen der Verlogenheit zeigen sich große schwarze Flecken im Gesicht. Während der Erzählung zeigte der betreffende Knabe deutlich seine Abscheu vor Lügen; plötzlich brach es aus ihm heraus: «ich lüge . . . immer!» Das beabsichtigte «nimmer» verkehrte sich in einem Augenblick des Nachdenkens in sein Gegenteil. Die Lehrerin reagierte kaum merklich und erzählte weiter.

Der Ausruf bezeugt einen Augenblick tiefer Selbsterkenntnis. Ungefähr gleichzeitig wechselte die Familie des Jungen ihren Wohnort und auch manche ihrer Lebensgewohnheiten. Die Geschichte trug zu einem Heilungsprozeß bei, der allmählich dazu führte, daß der Junge harmonischer und damit auch wahrheitsliebender wurde.

Weiß man keine geeignete Geschichte, so soll man versuchen, selbst eine zu erfinden. Das braucht kein poetisches Meisterwerk zu werden! Steiner betont, wie es auch bei sehr einfachen Schilderungen gerade die Anstrengung ist, die innere Beschäftigung des Erzählers mit dem Wesen des «Sünders» und seinem Tun, die so stark auf die Kinder wirkt.

In einer ersten Klasse wurde ein (neu angestellter) Lehrer mit einer äußerst lebhaften Schar zunächst nicht fertig; schließlich warf er eines Tages die Unruhestifter im Zorn aus der Klasse hinaus. Draußen befand sich eine Kohlenkiste. Die Kinder begannen sich gegenseitig mit Kohlenstücken zu bombardieren, einige drängten ins Klassenzimmer zurück . . . es gab eine vollständige Auflösung. Einige Mütter kamen hinzu, die ihre Kleinen abholen wollten, denn es war die letzte Stunde dieses Tages; sie wurden so Zeugen dieses Auftrittes. Ähnliche Erlebnisse hatten den Lehrer schon ganz niedergeschlagen gemacht. Er grübelte an den Abenden, was er tun könnte, und dachte intensiv an die einzelnen Schüler, am meisten natürlich an die Unruhestifter. Aus dem Nachdenken wuchs ein Märchen hervor. Es handelte von einem Jungen, der den Auftrag hatte, die Schafe des Königs zu hüten, und dessen Leben auf dem Spiel stand, wenn er sie nicht zusammenhalten konnte. Aber ein Teil der Schafe kümmerte sich weder um den Jungen noch um seinen Hund, sondern lief weit fort. Andere wurden vom Wolf zerstreut. Allmählich konnte der Junge, nach verschiedenen Abenteuern und durch den Beistand hilfreicher Menschen, dem König alle Schafe wieder zuführen. – Die Kinder lauschten aufmerksam. Die Schilderung der herumstürmenden Schafe gelang. Der Eindruck weckte in einigen Empörung über die dummen, ungehorsamen Schafe. Die Parallelen zur Lage in der Klasse waren greifbar, aber der Lehrer vermied es, sie hervorzuheben, und die Kinder sagten nichts. Aber etwas hatte sich verändert: Jene untergründige Verbindung war hergestellt, durch die alle Arbeit in einer Klasse erst gedeiht. Von nun an war nicht gerade alles mustergültig, aber der Kontakt zwischen dem Lehrer und den Kindern blieb.

Auch wenn sich die Kinder dem Pubertätsalter nähern, können solche Geschichten noch eine gute Wirkung erzielen.

Ein Junge einer fünften Klasse befand sich in einer schweren Lebenslage, da die Eltern sich scheiden lassen wollten; persönliche Schwierigkeiten traten hinzu – er begann aggressiv zu werden. Eines Tages nahm er einen Stein vom Boden auf und warf ihn auf einen früheren Schüler, der nur zu gelegentlichen Besuchen kam. Zugleich rief er ihm höhnisch etwas zu, was ihn beleidigen mußte. Die Lehrerin beschloß, den «indirekten» Weg zu gehen, um den Jungen dazu zu bringen, seine Handlungsweise zu bereuen. In ihrer gerade laufenden Geographie-Epoche schilderte sie die Ausweitung der Heimindustrie einer Provinz des Landes. Nun legte sie eine dramatische Geschichte von zwei Männern ein, die einst gute Freunde und Arbeitskameraden gewesen waren. Der eine hatte sich einen neuen Beruf gewählt und besuchte eines Tages seinen alten Arbeitsplatz. Ohne sichtbaren Anlaß wurde er nun von seinem ehemaligen Kameraden überfallen. Eine wilde Schlägerei entstand. Die Kinder waren entrüstet, voller Abscheu. Der Junge fühlte sich getroffen und sagte während der Erzählung: «Aber so hab ich es nicht gemacht!» Gleich darauf ebenso spontan: «Ich meinte es nicht so!» Die Lehrerin ließ sich nichts anmerken und führte die Erzählung zu Ende. Die Kameraden in der Klasse merkten nicht, was sich da abspielte. Nach der Stunde kam der aggressive Junge zur Lehrerin und sagte: «Ich weiß nicht, warum ich es getan habe. Ich werde ihn um Verzeihung bitten.» Zum großen Erstaunen und zur Freude des älteren Schülers konnte der Steinwerfer sich überwinden und um Entschuldigung bitten; dieses Ereignis trug wesentlich dazu bei, daß er allmählich entschieden harmonischer wurde.

Wer solche Geschichten zu ersinnen versucht, sie vorbereitet und erzählt, hat tatsächlich das Gefühl, daß er selber mit den innersten Lebensproblemen der Kinder ringt.

DIE KRISE IM NEUNTEN LEBENSJAHR

Seite 99: Odin mit dem achtfüßigen Sleipnir. Dieses Bild ist aus einem besonders unmittelbaren Farberlebnis heraus gemalt (4. Klasse Oslo).

Seite 100: Wir haben wohl alle erlebt, wie ein Kind erzählt und erzählt, ohne aufhören zu können. Hier hat diese Tendenz einen Neunjährigen ergriffen, nur daß er nicht mit Worten, sondern mit der Farbkreide malt. Phantasievermögen und Wirklichkeitssinn kommen im Bild gleich stark zum Ausdruck.

Seite 101: Die Fischer mit gelben Kopfbedekkungen, die in der Nacht ihren Fang nach Hause bringen, sind real erlebt und imaginativ geschildert (Bergen).

Viktor ist neun Jahre alt. Er ist immer ein fügsamer Sohn und Schüler gewesen. Eines Tages erzählen die Eltern dem Klassenlehrer: Viktor hat plötzlich begonnen, widersetzlich zu werden, weigert sich, am üblichen Sonntagsspaziergang teilzunehmen und benimmt sich überhaupt höchst ungeduldig. Der Musiklehrer beklagt sich auch: Viktor ist stets eine Stütze für ihn in der Klasse gewesen, aber jetzt setzt er die Flöte verkehrt an den Mund und macht auf alle mögliche Weise Dummheiten. Sogar seine Handschrift ändert sich und wird zur Miniaturschrift. Nach vier bis fünf Monaten ist diese Periode vorbei: er beruhigt sich wieder und hört auf, frech zu sein.

Ein intelligentes Kind in diesem Alter kann lange und ohne den Blick abzuwenden einen Erwachsenen mit der unausgesprochenen Frage betrachten: Was für ein Mensch bist du eigentlich? Es kann sein, daß dieser Blick sagt: Du bist gewogen und zu leicht befunden worden! In diesem Fall ändert sich das Benehmen von einem Augenblick zum andern. Mit dem Respekt ist es plötzlich vorbei.

Kinder, die allzuviel von der Unsicherheit der Erwachsenen zu spüren bekommen haben – Sorge bei jedem geringfügigen Unwohlsein, Nachgeben jeder kleinen Laune gegenüber und Ähnliches – können in diesem Alter in eine deutlich wahrnehmbare Krise geraten, die in Anfällen von Angst, Zornausbrüchen, unverschämten Herausforderungen oder anderen überraschenden Verhaltensweisen ihren Ausdruck findet.

Ganze Schulklassen stellen mitunter ihre Lehrer auf die Probe. Früher hat man zuweilen ganz einfach Lärm gemacht. Heute führt man richtige kleine Experimente durch. Wie wird der Lehrer zum Beispiel reagieren, wenn man an der Decke oberhalb des Platzes, an dem er zu stehen pflegt, einen Schneeball anbringt, der dann allmählich zu tropfen beginnt? Die kleinen oder großen Schwächen der Lehrer werden ganz bewußt kommentiert oder nachgeahmt. (Man kann übrigens auch beobachten, daß Kinder gerade in diesem Alter heimlich etwa das Gebrechen eines Kameraden karikieren und auf unbarmherzige Weise imitieren können.) Wenn der Lehrer sich persönlich verletzt fühlt und mit harten, vielleicht sogar unüberlegten Bestrafungen reagiert, können daraus wirklich schlimme Situationen entstehen.

Die innere Umwandlung, die in diesem Lebensalter vor sich geht, greift bis hinein ins physische Leibesgefüge (beispielsweise kann erwähnt werden, daß das Verhältnis zwischen Puls- und Atemrhythmus jetzt für eine kurze Zeit dasselbe ist wie dasjenige, das später im Erwachsenenalter vorherrscht). Daß das Kind in ein neues Entwicklungsstadium eintritt – Rudolf Steiner spricht von dem «Rubikon des 9. Lebensjahres» – wird aber im Bereich des Seelenlebens besonders deutlich sichtbar.

Auch wenn das ursprüngliche, instinktive «Ich-Erlebnis» viel früher eintritt, nämlich im dritten oder vierten Lebensjahr (siehe Seite 29), so sind doch die Kinder vor dem neunten Lebensjahr nicht imstande, sich voll bewußt von ihrer Umgebung abzusetzen. Ihr instinktives Bedürfnis, sich mit Tieren, Pflanzen, Steinen zu identifizieren, mit Wind, Wolken und Sternen, wird mitunter als eine Art kindischer «Animismus» aufgefaßt, ein mehr oder weniger bewußtes Streben, die «Wirklichkeit zu beseelen». Steiner hebt hervor, daß diese Bezeichnungen dem vollkommen spontanen und unreflektierten Element in der Erlebensweise des Kindes nicht gerecht werden. Wenn Piaget schildert, wie Kinder vor dem siebenten Lebensjahr die Wirklichkeit als etwas Undifferenziertes erfassen, wie sie nicht imstande sind, zwischen dem Bewußtseinsinhalt der Dinge um sich und ihrem eigenen zu unterscheiden, und wie sie im Alter von 8 bis 11 Jahren ihren «diffusen Animismus» verlassen und dazu übergehen, die Dinge in realistischer Weise zu betrachten, dann kommt er in Wirklichkeit, wenn auch nicht immer in der Wahl der Worte, der Auffassung Steiners sehr nahe (siehe Guido Petter, «Die geistige Entwicklung des Kindes im Werk von Jean Piaget»).

Während der drei ersten Schuljahre sollte der Lehrer auf diese Eigenheit in seinem ganzen Unterricht Rücksicht nehmen; er sollte daher die Erde und die Sonne, die Pflanzen und Tiere miteinander sprechen lassen, wie wenn sie Menschen wären. Erst in der vierten Klasse kann er dazu übergehen, Schritt für Schritt die Dinge zu beschreiben, «wie sie sind».

Daß so viele Kinder zu diesem Zeitpunkt durch eine Art neuen Trotzalters hindurchgehen, beruht auf ihrer veränderten Lebenssituation: Sie können nun ihre Erzieher mit viel größerer «Wachheit» als früher beobachten. Sie stellen jedoch die Autoritäten auf die Probe, nicht weil sie dieselben los werden wollen, sondern weil sie sie behalten wollen.

Nachdem der Klassenlehrer in einer Waldorfschule mit den realistischen Schilderungen der Wirklichkeit *gewartet* hat, verfügt er nun über mächtige aufgesparte Hilfsmittel, die er einsetzen kann, um die Schwierigkeiten zu bemeistern: nämlich eine Reihe fesselnder Gegenstände, die neues Wissen vermitteln. Heimatkunde und Tierkunde treten in der vierten Klasse auf, Geographie, Pflanzenkunde und Geschichte in der fünften. Denn nun sind die Kinder reif, mit wachen Sinnen in die Welt der Wirklichkeit zu blicken, und zwar mit einer unverbrauchten und darum intensiven Lernbegierde.

SACHUNTERRICHT UND HEIMATKUNDE

In den ersten Schuljahren leben gesunde Kinder noch stark in der Welt der «vermenschlichten Phantasiebilder». Die Gewohnheit, sich für das Leben und Treiben der Umgebung zu interessieren, kann in diesem Alter tatsächlich am besten dadurch gefördert werden, daß der Lehrer von dieser Welt in lebendiger Gestaltung erzählt: Acker und Wald, Wasser und Ufer, Haus und Garten, Blume und Kraut, Vogel und Fisch unterhalten sich miteinander, als ob sie Menschen wären. In der dritten Klasse, wenn die Kinder in die «Neunjahres-Krise» hineingehen, beginnt eine andere Darstellungsweise. Der Übergang kann dadurch gefunden werden, daß der Lehrer von Dingen und Berufen erzählt, die der Welt der Märchen und derjenigen der äußeren Wirklichkeit gemeinsam sind und dadurch gewissermaßen etwas «Urbildliches» an sich tragen: vom Bauer mit dem Pflug, dem Schreiner mit der Säge, dem Fischer mit dem Netz, dem Maurer mit der Maurerkelle usw.

Gegenwart oder Vergangenheit?

Man könnte einwenden, daß diese Perspektive in einer Hinsicht unwahr ist: Es müsse doch richtiger sein, den Kindern die Berufe und die Arbeitswelt ohne alle Umschweife und Umwege so zu schildern, wie sie *heute* sind? Aber wenn man dies in einseitiger Weise tut, trägt man nur bei zur Befestigung jener «geschichtslosen», menschlich überheblichen Haltung, die durch unsere Lebens- und Betrachtungsweise bei heutigen Kindern so leicht erzeugt wird. Daß sie mit Hilfe der allgemein gebräuchlichen Maßstäbe die Welt beurteilen, wird in den allermeisten Fällen durch das Leben selbst bewirkt. Daß sie sich darüber hinaus aber auch allmählich eine historisch gerechtfertigte, menschlich ausgewogene Betrachtungsweise aneignen, müssen wir durch bewußte Anstrengungen ermöglichen.

Unsere Väter, die Ackerbau ohne Traktoren und Fischerei ohne Trawler und Echolot betrieben, waren – vom Gesichtspunkte *ihrer* Zeit aus gesehen – weder dumm noch unpraktisch. Wir selber können mehr als sie erreichen, weil wir auf ihren Schultern stehen. Wir müssen ihnen dankbar sein.

So gesehen ist es durchaus zeitgemäß, in den «Sachunterricht» der dritten Klasse viele solcher Erscheinungen einzuflechten, die zeitlos sind oder gar der Vergangenheit angehören.

Der Lehrer beschreibt die verschiedenen Getreidearten und ihre Verwendung. Er schildert, wie das Korn früher auf dem Lande geerntet, gedroschen, getrocknet, gemahlen und gebacken wurde. Er erzählt, wie man Butter und Käse machte, wie man Fleisch und Gemüse aufbe-

Nachdem die Kinder mit dem Umschwung des 9. bis 10. Lebensjahres für die Welt der Sinne «erwacht» sind, ist es wichtig, daß ihnen der Unterricht entgegenkommt mit solchen Fächern, wo die Fähigkeit der Sinnesbeobachtung und die jetzt immer stärkere Lernbegierde zu ihrem Recht kommen. Das Kennenlernen der Berufe in der 3., die Heimatkunde in der 4. Klasse sind wie Tore, durch die die Kinder in die Außenwelt hinaustreten.

Links: Die Konturen der Kathedrale sind der Wirklichkeit, die Farben der Welt der Phantasie entnommen (4. Klasse Straßburg).

Rechts: Wenn der Wind nicht immer wieder frische Seeluft in die Industriestadt hineintriebe, könnten es die Menschen nicht aushalten (New York).

In der Hügellandschaft Neu-Englands mit seinen vielen Strömen gab es einst sehr viele Mühlen (Spring Valley, USA).

wahrte, wie man düngte und säte, wie man ein Haus baute. Es ist gut, wenn jedes Kind mit solchen Geräten und Materialien (Butterfaß, Pflug, Ziegel und Mörtel usw.) einmal hantieren darf oder wenigstens zuschauen, wie man sie gebraucht. Die handwerklichen Verrichtungen, die in Betracht kommen, sind Kindern durch ihre Einfachheit zugänglich und eine geeignete Vorbereitung für das spätere Verständnis von komplizierten technischen Prozessen.

Wenn man die Probleme eines Hausbaues bespricht, wird eine Erscheinung wichtig, die in den vorangegangenen Schuljahren nicht so ausführlich behandelt wurde: die Maße und Gewichte. Das Interesse der Kinder für diesen Teil der Zahlenwelt kann dadurch gesteigert werden, daß sie erfahren, wie die Längen- und Raummaße in alten Zeiten am Menschenleibe abgelesen wurden (die Elle, der Fuß, die Klafter usw.), bevor sie dazu übergehen, mit den bequemen, aber abstrakten modernen Maßen (Meter, Liter, Kilo usw.) zu rechnen. Es ist nun sehr wichtig, daß diese Rechnungen – wenn man dazu übergegangen ist – wirklich exakt durchgeführt werden. Die Schüler finden es meistens herrlich, ihr Klassenzimmer, andere Räume, Häuser, Gärten, Äcker auszumessen und Flächen und Räume zu berechnen.

In der 4. Klasse ergibt es sich von selbst, daß man der erhöhten Wachheit der jetzt zehnjährigen Kinder durch neue Unterrichtsgebiete entgegenkommt. Der «Sach-Unterricht» der früheren Stufe geht jetzt über in die eigentliche Heimatkunde. Die Umgebung, das Gelände, die Bebauung, die Geschichte des eigenen Ortes oder der eigenen Stadt werden besprochen. Man macht Fußwanderungen und besucht Bauernhöfe, Mühlen, Fabriken, Museen, Kirchen, das Rathaus usw. Man hält in Bildern fest, was man beobachtet hat. – Auch einfache Geschäftsbriefe werden verfertigt.

Im Rahmen dieser Arbeit wird auch ein anderer wichtiger Schritt vollzogen. Man zeichnet ein Bild, das den ganzen Schulweg zeigt. Er führt vom Bett, in dem man schläft, bis zum Klassenzimmer. Die Häuser müssen sehr klein werden. Man muß versuchen, sich vorzustellen, wie ihn ein Vogel oder ein Helikopterflieger aus etwa 50 m Höhe sehen würde. Das heißt aber: Man zeichnet zum erstenmal so etwas wie eine Karte.

Das Handwerk des Maurers gehört zu den zeitlosen Berufen, wo wir auch heute noch die Griffe genau verfolgen können. Einen werdenden Bau zu beobachten, gehört zu den besonders geschätzten Ereignissen im Leben einer dritten oder vierten Klasse (Stuttgart).

Die erste Karte malen ist nicht einfach, denn wie soll man alle Einzelheiten, die man auf seinem Schulweg beobachtet, eigentlich im Bilde unterbringen? (4. Klasse Antwerpen)

TIERKUNDE

Mit der Tierkunde der vierten Klasse öffnet sich eine neue Welt. Der Fuchs im Walde, die Maus im Kellerloch, der Tintenfisch im tiefen Meer, der Adler hoch in den Lüften, die Kuh auf der Weide, der Löwe und die Antilope in der Savanne – bei ihnen allen sind Körperbau und Lebensweise in charakteristische Einseitigkeiten getrieben. Auf den mannigfaltigsten Gebieten sind die Tiere die unvergleichlich besten Spezialisten, aber das einzige wirklich vielseitige Wesen ist der Mensch. Wenn man von dieser Grundtatsache ausgeht, bleibt der Zoologie-Unterricht immer zugleich Menschenkunde.

Inwiefern sind Mensch und Tier miteinander verwandt und worin unterscheiden sie sich? Schon in einem einfachen Gespräch, das Lehrer und Kinder in der vierten Klasse bei der Einleitung des gesamten Zoologie-Unterrichts miteinander führen, ist es möglich, ganz wesentliche Gesichtspunkte zu diesem Problem zu erörtern. Die Kinder können darauf kommen, wie jedes Tier etwas ganz Spezielles fertigbringt, was der Mensch ohne besondere technische Ausrüstung nicht leisten kann.

Die Gliedmaßen bei Tieren und Menschen

Das Ergebnis eines solchen Gesprächs kann sein, daß man sich gemeinsam entschließt, im weiteren Verlauf des Unterrichts besonders darauf zu achten, wie die Gliedmaßen der verschiedenen Tiere beschaffen sind und wie sie sich von denen des Menschen unterscheiden.

Beim Tintenfisch: Er bewegt sich mit Hilfe des herausgestoßenen Atmungswassers. Die «Arme» sind eigentlich keine rechten Gliedmaßen. Sie gleichen eher herausgestreckten, nervösen Lippen, die mit ungeheuerer Gier ihr Opfer umschlingen.

Beim Maulwurf: Die Grabfüße sind kurz, außerordentlich muskulös, die Zehen durch Spannhäute zu einer breiten Fläche verwachsen, die nackten Handflächen nach außen gekehrt. Der Maulwurf kann nicht springen, nicht klettern, und deshalb wagt er sich nur in der Nacht aus seinem Loch heraus. Seltsamerweise kann er außerordentlich gut schwimmen. Vor allem kann er aber eines: schaufeln.

Beim Seehund: Im Wasser kann er alle beliebigen Bewegungen ausführen, aber auf festem Boden ist er unbeholfen. Er geht tatsächlich nicht mit Hilfe der Gliedmaßen, sondern durch Zusammenziehen, Aufrichten, Ausdehnen und Vorwärtswerfen des tropfenförmigen Rumpfes. Seine Beine sind zu Flossen verwandelt.

Beim Specht: Er ist kein Jäger, kein guter Flieger. Seine Füße sind eigentlich nur zu einem Zweck brauchbar. Die beiden Vorderzehen sind bis zur Hälfte miteinander verwachsen, die dritte Zehe ist nach rückwärts gewendet, in derselben Hauptrichtung wie die kurze hintere Zehe. Mit diesen Füßen kann er senkrecht an einem Baumstamm emporsteigen und festsitzen, wenn der schwere Kopf sein mächtiges Trommeln losläßt. Er ist ein Kletterer – aber nur nach oben; hinuntersteigen kann er nicht.

Beim Braunbären: Er ist bekanntlich, trotz seiner scheinbaren Plumpheit, ungewöhnlich rasch und geschmeidig. Ein Braunbär kann mit einem toten Pferd auf den Vorderpranken auf gefährlichen Bergwegen herumklettern. Er kann ein fliehendes Rentier einholen und ihm mit

Um ihre Zähne abzuschleifen, muß die Maus immer knuspern und knabbern. Wie tief sie sich auch im Loch versteckt, ist sie doch von ihrer Unruhe gejagt (Stuttgart).

Rechts: Verdauungsstimmung (Stuttgart).

Der Adler als Wesen der Lüfte (Stuttgart).

einem einzigen Schlag der Pranke den Brustkorb zerquetschen. Er geht nicht selten aufrecht und immer auf der Fußsohle wie der Mensch. Enthäutete Tatzen erinnern an menschliche Füße und Hände. Der Bär kann die Krallen aber nicht einziehen. Deshalb kann er nie richtig liebkosen oder streicheln. Berührt er ein anderes Tier, ist es fast immer zum Schlagen oder Beißen.

Die Tiere können ihre Gliedmaßen immer nur in einer bestimmten, sehr spezialisierten Weise verwenden. Die Bewegungen dienen den Trieben und Instinkten: Nahrungszuführung, Fortpflanzung, Verteidigung. Die Funktionen der hinteren Extremitäten sind in der Regel ungefähr dieselben wie die der vorderen.

Hier liegen entscheidende Unterschiede zwischen Tieren und Menschen. Der Mensch kann nicht so gut schwimmen, laufen, klettern wie all die verschiedenen «Spezialisten» unter den Tieren. Aber er ist vielseitig. Er kann Werkzeuge verfertigen, die heutzutage oft in unglaublicher Weise die Leistungen der Tiere übertreffen. Seine Hände kann er verwenden für Tätigkeiten, die er durch eigenes Nachdenken bestimmt, die vielleicht, materiell gesehen, «zwecklos» sind, und die in absolutem Gegensatz stehen zu Trieben, die er mit den Tieren gemeinsam hat. Mit den Händen kann er Bewegungen verrichten, die ausschließlich menschlich sind: Maschinen schaffen und hantieren, schreiben, musizieren, Gestalten malen und modellieren. «Es gibt kein schöneres Sinnbild der menschlichen Freiheit als die menschlichen Arme und Hände.» (Rudolf Steiner, Vortrag vom 28. 8. 1919)

Solche grundlegenden Beobachtungen können natürlich in den verschiedensten Richtungen ausgebaut werden. Der Lehrer kann, ausgehend von der Betrachtung der vorderen Gliedmaßen und anderer anschaulicher Beispiele, zeigen, wie physiologische Einzelheiten, die im Menschen gleichsam gesammelt vorliegen, bei völlig verschiedenen Tierarten bis in die spezialisiertesten Formen hineingetrieben worden sind: der Mensch findet sich – um ein Wort Rudolf Steiners anzuführen – als «im ganzen Tierreich ausgebreitet» wieder. Es läßt sich auch auf die verschiedensten Arten der tiefgehende Unterschied zwischen den bewußten, «ichhaften» Handlungen darlegen, deren der Mensch fähig ist, und dem immer instinktiven Verhalten der Tiere.

Ein so orientierter tierkundlicher Unterricht wird in mehrfacher Hinsicht zur menschlich-seelischen Bildung der Kinder beitragen. Sie lernen, die Fähigkeiten der Tiere gleichzeitig zu bewundern und in ihrer Einseitigkeit richtig einzuschätzen; indem sie die Leistungen und Möglichkeiten des Menschen daran messen, vertieft und differenziert sich ihre Selbsterkenntnis.

Hier ist das Kraftvolle, Zielbewußte des Adlers stark hervorgehoben (Stockholm).

Wenn der Lehrer in kräftig wirkenden Bildern betont, daß der Mensch sich ganz besonders durch die Art des Handelns und Arbeitens von den Tieren unterscheidet, kann dies in fast unmerklicher, aber dennoch sehr wirksamer Weise das Willensleben befeuern.

Ein anderer, äußerst fruchtbarer Gesichtspunkt, den der Lehrer immer wieder in den Unterricht hineinbringen kann, soll abschließend erwähnt werden.

Tier und Temperament

Es gehört zu den inneren Fähigkeiten, die der Mensch so nur als Kind besitzt und die er später mehr oder weniger verliert, daß er sich lebhaft in die Situation irgendeines Tieres hineinzuleben vermag. Der Lehrer kann dieser Eigenschaft dadurch entgegenkommen, daß er Tiere schildert, die sehr eindeutig irgendeinem der Temperamente entsprechen. Wenn er lebendig erzählt, ist es kaum zu vermeiden, daß die grasende Kuh den Phlegmatikern, der sprungbereite Löwe den Cholerikern und die hüpfenden Antilopen den Sanguinikern besonders zusagen. Wache Melancholiker (mit leichtem cholerischem Einschlag) können sich mit dem Adler identifizieren.

Aber es gibt auch Tierarten, die so geschildert werden können, daß sie allen Temperamenten zusagen. Die Tintenfische sind alle bei derselben Gelegenheit in derselben Klasse gemalt worden. Gerade diese Bilderreihe zeugt mit aller Deutlichkeit davon, wie intensiv und wie verschieden Kinder ihren Unterricht aufnehmen können, und wie wichtig es ist, daß sie in diesem Alter nicht etwa zu einem naturalistischen Zeichnen angeleitet werden, sondern ihre innere Veranlagung im Malen ganz stark ausleben dürfen. (Wer behauptet, daß die Bilder der Waldorfschüler doch immer «im gleichen Stil» gemalt sind, sollte einmal diese Tintenfischgestalten genauer miteinander vergleichen.)

Links oben: Formgebung und Bewegung erinnern an die Tierbilder der Urzeit (8. Klasse Kapstadt).

Links unten: Löwe auf der Jagd (5. Klasse).

Unten: Pflanzen und Insekten (England).

Rechts: Auf wie verschiedene Weise kann man einen Tintenfisch malen! In der Darstellung der Augen, des Kopfes, der Arme (die eigentlich Lippen sind) und der Meeresumgebung treten die Unterschiede der Gesichtspunkte und der Temperamente stark hervor.

PFLANZENKUNDE

Einer der Faktoren, die am meisten zur Umweltzerstörung beigetragen haben, ist das mangelnde Verständnis für die Lebensbedingungen der Pflanzen. Nur wenn die Kinder im richtigen Alter das Zusammenwirken von Klima, Erdboden und Vegetation intensiv genug erleben, werden sie ihren Beitrag leisten können zur Erhaltung der Bodenfruchtbarkeit und der Pflanzenwelt in den verschiedenen Erdteilen.

Lebensbedingungen der Pflanzen

Als natürlichen Ausgangspunkt des botanischen Unterrichts kann es ein Gespräch geben zwischen Lehrern und Kindern, bei dem man gemeinsam herausfindet, was die Sonne für das Gedeihen der Pflanzen bedeutet. Die alljährliche Verschiebung der Sonnenbahn in den gemäßigten Zonen, die ersten feinen Reaktionen in Bäumen und Knospen mit dem zunehmenden Licht, die gewaltigen Veränderungen durch das Hervorbrechen der Frühlingswärme werden besprochen. Ganz aus der Beobachtung heraus, ohne Verwendung von naturwissenschaftlich-theoretischen Begriffen, erinnert der Lehrer an die tiefen Unterschiede zwischen den Pflanzenteilen, die der Einwirkung des Lichtes ausgesetzt sind, und denjenigen, die sich unter dem Erdboden befinden: das Zarte und Farbige der Blüten, das Weiche und Üppige der grünen Teile, das Zähe der weißen oder bräunlichen Wurzeln.
Aber die Sonne ist nur die eine der zwei entscheidenden Lebensbedingungen der Pflanze. Die andere ist der Erdboden. Aus ihm erhält sie ihre Feuchtigkeit. Eine fast verwelkte Topfpflanze, bei der nach dem Begießen die noch lebenden Blätter ihre Form und Stellung zurückerhalten, und die nach und nach neue Triebe und Blüten hervorbringt, kann die Kinder erleben lassen, was die Feuchtigkeit der Erde für das Wachstum bedeutet. Der Lehrer kann von Schmetterlingsblütlern erzählen, die in regnerischen Jahren immer länger und länger werden und nie zur Reife kommen, und von Laubbäumen, die in einem trocknen Sommer schon im Juni dürre, gelbe Blätter bekommen. Er kann schildern, wie Fichten mit ihren sich flach ausbreitenden Wurzeln nur auf einigermaßen feuchten Böden gedeihen, während die Kiefern mit ihrem in die Tiefe strebenden Wurzelsystem auch in einer trockenen Umgebung gut gedeihen.
Aber die Fruchtbarkeit des Bodens ist nicht nur vom Wasser abhängig. Wiederum ohne alle naturwissenschaftliche Terminologie, ganz aus dem Erleben heraus, kann kurz besprochen werden, wie verschieden es unten im Erdboden aussieht, wie es übereinander liegende Erdschichten gibt, wie sie gefärbt sein können, wie sie sich in der Hand anfühlen usw. Der Lehrer mag von Pflanzen berichten, die außerordentlich abhängig sind von der Beschaffenheit des Erdbodens, und solchen, die von der Erde fast nichts, aber dafür gute Luft verlangen. Die Leberblümchen sind äußerst widerstandsfähig gegen Kälte – man trifft Exemplare an, die unter dem Schnee gedeihen –, aber sie stehen immer nur auf den allerfruchtbarsten Waldböden; gewisse Flechtenarten können auf hartem Stein wachsen, aber sie sterben aus, wenn

Links: Die beiden Erdhälften als zwei aufeinandergestellte Berge mit den Vegetationszonen rings herum (Stockholm).

die Luft zu viele Verunreinigungen enthält. Ihnen muß die Luft das Wasser bringen.
Nachdem die Grundbedingungen des Wachstums anschaulich geschildert worden sind, kann man dazu übergehen, verschiedene Pflanzen in ihrer natürlichen Umgebung darzustellen, die den meisten Kindern aus der Anschauung wenigstens etwas bekannt sind.

Die Lebensräume der Pflanzen

Welches sind die häufigsten Pflanzen auf einer Wiese, wo man Vieh grasen läßt, oder auf einer, wo nicht geweidet wird, in der Heide, in Tälern und auf Berghängen, in Sümpfen und an Bachufern, in einem Fichten-, Föhren-, Buchen-, Birkenwald? Was sehen wir auf einem Fleck, wo der Mensch das Wachstum gestört hat, ohne es zu pflegen (z. B. bei einem Schutthaufen, wo Brennesseln wachsen), und was können wir erleben in einem gut gepflegten Garten? Wie ändern sich die Vegetationsarten mit den Jahreszeiten?
Wenn man diese Einsichten, die sich aus solchen Betrachtungen ergeben, vertieft, treten die Probleme der Landwirtschaft, die ja schon in der Sachkunde der dritten Klasse besprochen wurden, den Kindern von einer neuen Seite entgegen. Der Lehrer beschreibt zum Beispiel drastisch, welchen Unterschied es ausmacht, wenn der Bauer eine alte Weide umpflügt, wo Tierdung und Weißklee seit Jahrzehnten den Boden fruchtbar gemacht haben, oder wenn er eine Erdschicht bearbeitet, an der der Mensch in seiner Habsucht durch zu intensive Bewirtschaftung Raubbau getrieben hat.

Überblicke

Wie aber soll nun der Lehrer, wenn er innerhalb des Konkreten, Bildhaften stehen bleibt, solche Darstellungen geben können, die den Schülern einen wenn auch nur sehr elementaren Überblick über die Gesamtheit der Pflanzenwelt vermitteln?
Es gibt die Möglichkeit (auf die Steiner hinweist), verschiedene Stufen des Pflanzenreiches (Pilze, Flechten, Algen, Moose, Schachtelhalme, Farnkräuter, Blütenpflanzen) mit den Entwicklungsstadien des Kindes zu vergleichen. Die Pilze, die schnell wachsen, im übrigen aber ziemlich unentwickelte Organismen sind, lassen sich mit Säuglingen vergleichen, die mit fertiger Nahrung gefüttert werden müssen; die Blütenpflanzen – durch ihre im Verhältnis zu den niederen Pflanzen weiter entwickelten Fähigkeiten – mit schulreif gewordenen Kindern. Bei den Anregungen, die Rudolf Steiner in seinem Semi-

Rechts: Vignette mit Farnkräutern (aus einem englischen Arbeitsheft).

Unten: Den einzelnen Zweigen und Sprossen gegenüber erfüllt der alte Baumstamm die gleiche Funktion wie ein Erdhügel, auf dem die Pflanzen wachen (5. Klasse Stockholm).

Rose und Lilie – zwei Farbstimmungen (6. Klasse Stuttgart und Ulm).

narvortrag vom 2. 9. 1919 gegeben hat, handelt es sich nicht um ein bloßes Spielen mit Analogien, sondern um wirklich aufschlußreiche und gerade für das Kindesalter besonders anregende Gesichtspunkte. Gerbert Grohmann hat sie als fachkundiger Botaniker aus einer vieljährigen waldorfpädagogischen Praxis heraus bestätigt, unter anderem in den Werken «Die Pflanze» und «Lesebuch der Pflanzenkunde».

Ein anderer Weg zu einem Überblick über die Pflanzenwelt kann der sein, in der Phantasie einen hohen tropischen Berg, etwa den Kilimandscharo, zu besteigen. Die verschiedenen Vegetationszonen der Erde, Regenwald, Mischwälder, Moos-Flechtenzone, ewiger Schnee, passieren hier Revue, als ob man eine Reise vom Äquator bis zum Nordpol machte. So betrachtet, sind die beiden Erdhälften wie zwei aufeinandergestellte, riesige Berge. Die Pflanzenkunde weitet sich zur Geographie.

Methodik und Ziele

Welches ist nun das Ziel eines solchen Unterrichts? Ein Vergleich mit der Tierkunde kann hier aufschlußreich sein. Die Zoologie der 4. und 5. Klasse wirkt, durch das intime Sichhineinleben in die Eigenart der Tiergattungen und durch das stete Hinblicken auf die Sonderstellung des Menschen, stark auf die Empfindung der Kinder. In der Botanik ist dies anders. Die Pflanzen stehen uns ferner als die Tiere. Wir werden, indem wir sie studieren, hinausgeführt in eine Welt objektiver, vom Menschen unabhängiger Gesetzmäßigkeiten. Auch dieser Unterricht spricht natürlich das Gefühl an (das muß jeder Stoff auf dieser Altersstufe), wendet sich aber darüber hinaus besonders an das Denken. Dieses Denken muß jedoch so sein, daß es ganz im Bildhaft-Konkreten verläuft. Die Kinder müssen sich intensiv freuen können, wenn ihnen über kleine Einzelheiten und weite Zusammenhänge «die Augen aufgehen».

Durch einen solchen botanischen Unterricht ein freudiges, verständnisvolles Interesse für das Pflanzenwachstum und seine Bedingungen hervorzurufen, ist heute eine dringende Kulturnotwendigkeit. Rudolf Steiner hat wiederholt darauf aufmerksam gemacht, wie etwa das Zurückgehen der Qualität der landwirtschaftlichen Produkte damit zusammenhängt, daß der moderne Mensch nicht durch Erziehung und Unterricht ein genügend starkes Verständnis für die Düngung, für das Erhalten der natürlichen Fruchtbarkeit des Erdbodens bekommt: «Will man erkennen, wie die Erde mit der Pflanze zusammengehört, dann muß man wissen, in welche Art von Erde eine Pflanze hineingehört: und wie man diese Erde noch düngen muß, das kann man nur dadurch wirklich erkennen, daß man Erde und Pflanzenwelt als eine Einheit betrachtet, daß man wirklich die Erde wie einen Organismus anschaut, und die Pflanze als etwas, was innerhalb dieses Organismus wächst.» (Vortrag vom 14. 8. 1924). Die Probleme, die Rudolf Steiner hier erörtert, sind uns inzwischen immer näher gerückt. Die ungeheure Steigerung des Stickstoffverbrauchs in der modernen Landwirtschaft hat wesentlich dazu beigetragen, die angebauten Pflanzen den Angriffen von Insekten und Pilzen auszusetzen, und die Schädlingsbekämpfung mit Giften, die hierdurch notwendig wurde, führt dauernd zu Verheerungen, deren Ausmaß wir erst zu ahnen beginnen, aber noch gar nicht voll überblicken. Durch ungeeignete Landwirtschaftsmethoden, Waldzerstörung und Urbanisierung hat der Mensch während der letzten hundert Jahre eine Humuszerstörung bewirkt, die in der Weltgeschichte nicht ihresgleichen hat. (Nach der Statistik von FAO sind heute etwa 38 % der festen Erdoberfläche bedeckt von Wüsten und Stadtgebieten; nach den Zahlen, die R. Doane und G. Borgström berechnet haben, war die entsprechende Zahl um 1880 etwa 17 %.) Parallel mit dem Anwachsen dieser Schwierigkeiten geht die gegenwärtige schnelle Akzeleration der Bevölkerungszunahme in großen Teilen der Welt. Falls die Landwirtschaftsprobleme der Zukunft

Der Löwenzahn, in den vier Temperamenten gespiegelt.

Links oben: Sanguinisch zart und graziös heben sich diese Stengel aus einer Erde, die keine Schwere oder Dunkelheit kennt. Ein Blatt wurde fein detailliert gemalt, aber dann war die Arbeit schon langweilig. Links unten: Die Blätter sind ziemlich schmächtig und haben dennoch eine gewisse Schwere, in keinem der anderen Bilder ruhen so viele Blätter auf dem Boden. Die Pflanze hat einen Zug von Melancholie. Rechts oben: Phlegmatisch-behäbig reihen sich diese Pflänzchen aneinander. Das vegetative Element ist auffallend stark betont. Der Pflanzensaft scheint sogar den Erdboden zu durchziehen. Rechts unten: Der Boden ist dunkel, die Pflanze besonders kräftig und knorrig – wir spüren, daß ein Choleriker hinter dem Bilde steht (5. Klasse Stockholm).

Rechts: Beginnende Exaktheit in der Darstellungsweise (5. Klasse Stuttgart).

erfolgreich in Angriff genommen werden sollen, müssen sich nicht nur Bauern, Forscher und Behörden an ihnen beteiligen, sondern – wegen der entstehenden Kosten – auch die gewöhnlichen Konsumenten. Die einseitig ausbeutende Einstellung zur Natur muß nach und nach dadurch überwunden werden, daß sich bei vielen Menschen immer stärker ein vertiefter Blick für die biologischen Zusammenhänge entwickelt. Werden unsere Kinder zu einem solchen Umdenken und seinen praktischen Konsequenzen bereit sein, wenn sie nicht schon in frühen Schuljahren einen Unterricht erhalten haben, der ihnen die ersten Grundlagen dazu bietet?

GEOGRAPHIE

Falls wir erreichen wollen, daß die knappen Rohstoffe und übrigen Produktionsmittel der Erde in der Zukunft nicht den Sonderinteressen industrieller oder staatlicher Machtgruppen, sondern letzten Endes der ganzen Menschheit dienen sollen, wird der Geographieunterricht eines der wichtigsten Instrumente sein. Es gibt wohl kein andereres Fach, wo wir ohne jedes Moralisieren so stark den Sinn für wirtschaftliche Brüderlichkeit ansprechen können wie durch die Erdkunde in den späteren Volksschuljahren.

Wenn im 5. Schuljahr die Heimatkunde in die eigentliche Geographie übergeht, betreten die Kinder ein Tatsachengebiet, dem nach der Auffassung Rudolf Steiners kein anderes der Orientierungsfächer an Wichtigkeit gleichkommt: «Wenn wir das wirklich anschaulich betreiben, dann stellen wir den Menschen in den Raum hinein, wir bilden insbesondere dasjenige in ihm aus, was ihm ein Weltinteresse beibringt, und das wird sich in der verschiedensten Weise in der Wirkung zeigen. Ein Mensch, mit dem wir verständig Geographie treiben, steht liebevoller seinen Mitmenschen gegenüber als ein solcher, der nicht das Danebenstehen im Raume erlernt. Er lernt das Danebenstehen neben den anderen Menschen, er berücksichtigt die anderen. Diese Dinge gehen stark in die moralische Bildung hinüber; und das Zurückdrängen der Geographie bedeutet nichts anderes als eine Aversion gegen die Nächstenliebe . . .» (Vortrag vom 14. 6. 1921).

Verschiedene Naturbedingungen

Wie wirken verschiedene Landschaften auf den Menschen? Wie lebt man an den Küsten der Polarmeere, wo es manchmal notwendig ist, sich mit dem Boot zwischen den Eisschollen hindurchzukämpfen? Welches Lebensgefühl hat man in einem vulkanischen Gebiet, wo man mit Aschenregen und Erdbeben zu rechnen hat? Im Sichhineinleben in die verschiedensten Daseinsbedingungen des Menschen ergeben sich wichtige und künstlerisch interessante Bildmotive.

Wenn Karten gemalt werden sollen, stellt sich die Aufgabe anders. Der Übergang vom einfachen Situationsplan der unmittelbaren Umgebung, wie er in der Heimatkunde gemalt worden ist, zur eigentlichen Karte bezeichnet einen wichtigen Schritt in der Entwicklung des Kindes. Die Karte enthält wenig oder manchmal gar nichts von solchen Dingen, die unseren Augen sichtbar sind; wer sie richtig verstehen will, braucht die Fähigkeit zur Abstraktion und zu Überblicken, die sich erst etwa mit dem elften oder zwölften Lebensjahre des Kindes voll entfaltet.

Der beste Weg zum Erfassen der Karte ist der, sie selber zu malen. Verschiedene Motive – eine Wüste, ein tropischer Urwald, eine Berglandschaft – stellen ganz verschiedene künstlerische Forderungen. Hier drei charakteristische Beispiele, alle aus Nordeuropa:

Die Entstehung und die Konturen Hollands, dieses zum großen Teil dem Meer abgerungenen Gebietes, können im recht geführten Zusammenströmen der Wasserfarben unmittelbar zu einem starken Erlebnis werden.

Will man darstellen, wie stark die finnische

Links: Fritjof Nansens Schiff kämpft sich durch das Polareis hindurch.
Vulkanausbruch (Bergen).

Bis in die kleinsten Einzelheiten der Farben und Formen hinein spricht die Darstellung der beiden kontrastierenden Motive von wirklicher Intensität des Erlebens.

Landschaft durch ihre Binnengewässer bestimmt ist, wird man viel blaue Farbe verwenden.
Wer Norwegen mit seinen vielen und engen Bergtälern durch eine Bildkarte veranschaulichen möchte, muß eine sehr differenzierte Kleinarbeit leisten.

Wirtschaftsfragen

In der 5. Klasse schildert man ein größeres, naturgeographisch oder wirtschaftlich zusammenhängendes Gebiet, zu dem die eigene Heimat gehört (Europa, Nord- oder Südamerika, Afrika, Asien oder auch eine besondere Partie eines dieser Weltteile).
In der Altersstufe der 6. Klasse erleben die Schüler ihre erwachenden Denk- und Urteilskräfte; es beginnt das Verständnis für physikalische und chemische Gesetzmäßigkeiten. Der Geographieunterricht muß ihnen nun mit Tatsachen entgegenkommen, die ihren Horizont immer mehr erweitern. Ihr Blick wird gelenkt auf Gebiete wie Wetterkunde, Astronomie, Mineralogie; man unternimmt Bergwanderungen, besucht eine Kohlengrube oder dergleichen. Vor allem beschäftigt man die Kinder mit den Wirtschaftsverhältnissen verschiedener Regionen; das Feld der Betrachtungen dehnt sich allmählich über die ganze Erde aus.

Wer eine solche Karte von Holland malt, wird nicht so leicht vergessen können, daß das Land zum großen Teil aus umgewandeltem Meeresboden besteht (5. Klasse Leiden).

Die meisten Waldorfschulen liegen in der gemäßigten Zone in Gegenden mit relativ günstigen Bedingungen für das Pflanzenwachstum und hoher industrieller Produktion. Die Schüler müssen natürlich Klima, Landwirtschaftsmethoden, Verkehrs- und Betriebsverhältnisse dieser Zonen kennenlernen. Aber fast noch wichtiger ist, daß sie bis in die Einzelheiten hinein erfahren, welche Bedingungen des Daseins zum Beispiel die in den Tropen lebenden Menschen ertragen müssen. Die ungeheuren Niederschläge der Regenzeiten laugen den Boden aus; wenn der Mensch im tropischen Urwald einen breiten Acker rodet, wird der mineral- und humusarme Boden durch dauernden Sonnenschein hart wie Zementmörtel und durch anhaltenden Platzregen aufgelöst und fortgeschwemmt; die meisten unserer gewöhnlichen Kulturpflanzen werden in der brennenden Hitze versengt. Durch den Zustand der Böden ist das Gras oft arm an Nährkraft; die Viehherden müssen über weite Gebiete wandern, um weiden zu können, und verlieren viel an Gewicht. Im heiß-feuchten Klima werden die Ernten von Pilzen, Maden und Insekten angegriffen, und eine große Anzahl von Menschen und Haustieren werden durch die charakteristischen Krankheiten dieser Regionen (Parasiten, Würmer, Typhus, Cholera, Ruhr) heimgesucht. Der Hungrige wird leichter angesteckt,

Finnland ist das Land der Seen (5. Klasse Helsinki).

die Infektionen verhindern die Arbeit und tragen zur Vermehrung des Hungers bei. – Wenn der Lehrer die Schwierigkeiten der Landwirtschaft und der Lebensmittelversorgung verschiedener tropischer Gebiete anschaulich geschildert hat, kann er dazu übergehen, die Bedingungen des Handels darzustellen: Im Verhältnis zur Bevölkerungszahl ist die Ausfuhr gering, und die Preise der exportierten Rohprodukte (etwa Kakao, Kaffee, Tee, Erdnüsse, Gummi, Kopra, Ölkuchen u. a.) sind zum großen Teil – wegen der Handelspolitik der reichen Länder – niedrig. Der Mangel an Devisen und geschulten Facharbeitern, die ungeheure, klimabedingte Korrosion der Maschinen und noch viele andere Umstände erschweren die Errichtung von Industrien.
Daß fast sämtliche tropische Gebiete, in einem breiten Gürtel um den Äquator herum, «Entwicklungsländer» sind, ist Kindern im Alter von 12–13 Jahren vollkommen durchschaubar; ihr Weltverständnis vertieft sich.

Kulturverhältnisse

Die Betrachtungen über die Wirtschaftsfragen werden im 7. und 8. Schuljahr dann so weitergeführt, daß dabei mit steigender Lernfähigkeit der Kinder die Menge der geschilderten Tatsachen zunimmt. Schüler in diesem Alter haben ja meistens eine besondere Vorliebe für Tabellen, Diagramme, Aufzählungen von Namen und dergleichen. Außerdem wirkt sich ein neuer Einschlag im Unterricht aus: Die Kulturtradition, das Geistesleben der verschiedenen Völker werden immer mehr in den Darstellungen berücksichtigt. Manchmal gelingt es, mit einer charakteristischen, einprägsamen Tatsache auf das «Kulturklima» eines ganzen Erdgebietes schlagartig ein Licht zu werfen. Einige solcher exemplarischen Beispiele sollen hier angedeutet werden.

Aus China

«Es war in Koulun, dem auf dem Festland gelegenen Stadtteil Hong Kongs, wo ich ein Antiquitätengeschäft aufsuchte, da ich einen bestimmten, kleinen Gegenstand zu kaufen wünschte. Ich war kaum eingetreten und hatte, fast noch in der Türe stehend, gerade sehen können, daß Hunderte und aber Hunderte von Gegenständen den Laden füllten – das was ich suchte, war nicht zu sehen – als der Inhaber, ein Chinese, mich begrüßte. Dann schaute er mich nachdenklich an, ein Anschauen, das mehr ein Hineinhören in mein Schweigen war, und sagte lächelnd, als sei es die natürlichste Sache der

Welt: ‹Mein Herr, ich glaube, Sie suchen einen kleinen Halter für Räucherstäbchen; aus Jade?› Ich konnte es nur bejahen. Es war genau das, was ich suchte. ... Ich habe in Asien fast tagtäglich Erfahrungen gemacht, die der soeben geschilderten glichen. Es handelt sich ... um Gedankenlesen.» (Jean Gebser, «Asienfibel»)

«Eines Tages ging ich durch die Liu Li-Chang, eine immer von Menschen wimmelnde Straße in der Altstadt Pekings. Ein Mann im Alter von 50 Jahren oder mehr, sicher ein Arbeiter, war gerade unterwegs nach Hause auf seinem alten Fahrrad. Er radelte langsam und schwer. Plötzlich brach die Vorderradgabel, und er fiel vornüber auf die Straße. Die Männer und Frauen, die die enge Straße entlanggingen, kehrten sich nicht um und blieben nicht stehen, bogen nur ein bißchen zur Seite, um ihn zu umgehen. Niemand half dem Mann. Allmählich erhob er sich wieder, ganz blutig am Munde. Diese Art von Gleichgültigkeit war eines der Kennzeichen des alten China.» (Marc Riboud, «The three banners of China»)

Aus den Vereinigten Staaten

«Die Männer sehen stark und frisch aus, sie sind gewöhnlich mager und wachsen stark in die Höhe. Bei Männern über dem Jünglingsalter sinken die Backen ein, und die Gesichtsbildung nähert sich dem indianischen Typ.» (Die schwedische Verfasserin Fredrika Bremer in einer Reisebeschreibung aus Amerika, in den Jahren 1853–54 geschrieben.)

«New York», schrieb ein Reisender um 1840, «ist die geschäftigste Stadt, die man sich überhaupt vorstellen kann. In den Straßen ist alles in Eile und Hetze, nicht einmal die Wagen werden im Schritt gezogen, sondern meistens im Trab und manchmal im Galopp.» «Alle Menschen auf der Straße», fuhr er fort, «befinden sich wohl bei diesem Tempo und verfallen ihm, als fürchteten sie, zu spät zu kommen.» «Die Nervosität wurde allgemein. Alle Beobachter aus dieser Zeit notieren, daß die Amerikaner ihr Essen verschlingen und schnell den Tisch verlassen. Die Kiefer beginnen ihre ununterbrochene Bewegung, und der Gebrauch von Kautabak – dem Vorgänger des Kaugummis – wurde allgemein.» Ein anderer Reisender schrieb von dem Neu-Engländer: «Wenn seine Füße nicht in Bewegung sind, müssen seine Finger irgend etwas haben, womit sie sich beschäftigen können, er muß an einem Holzstück schnitzen, an einer Stuhllehne Kerben oder Ritzen in die Tischkante machen ...» (James Truslow Adams, «The epic of America»)

Hat der Maler erfaßt, daß Norwegen sich nicht nur in geographischer, sondern auch in kultureller Hinsicht recht deutlich von Schweden unterscheidet? (5. Klasse Stockholm).

GESCHICHTE

Wenn wir uns entschließen, statt des Nationalismus den Sinn für das Menschheitliche bei unseren Kindern anzusprechen, können wir nicht die ruhmreiche Vergangenheit des eigenen Volkes als Ausgangspunkt unserer Betrachtungen wählen. Wir müssen den Geschichtsunterricht auf eine neue Basis stellen. Schon dem Elfjährigen kann die weltgeschichtliche Perspektive als sinnvoll erscheinen, wenn sie ihm als Stufengang der allgemeinen Kulturentwicklung in großen, farbenreichen Bildern an Hand greifbarer Tatsachen geschildert wird.

Seite 123: Daß die altindische Kultur wie ein üppiger, blühender Garten war, kommt in diesem stark imaginativen Bild deutlich zum Ausdruck. Das Vermögen, die Vielfalt zur Einheit zusammenzufassen, zeugt von einer wichtigen Stufe in der Entwicklung des Kindes.

Seite 124: Stimmungsbild aus dem Sagenkreis des irisch-keltischen Kulturgebietes.

Seiten 125, 126: Hannibals Elefanten auf dem Marsch über die Alpen und auf dem Schlachtfeld (6. Klasse Antwerpen und Oslo).

Methodische Probleme

Man spricht heute bereits von einer «geschichtslosen» Jugend. Das Interesse für geschichtliche Zusammenhänge muß also erst geweckt werden. Denn nur aus dem Verständnis der Vergangenheit kann ja die Gegenwart wirklich bewältigt, die Zukunft gestaltet werden. Dem Geschichtsunterricht der frühen Schuljahre kommt hier eine besondere Bedeutung zu, weil er oft bleibende und nachwirkende Eindrücke vermittelt.
Was sich heute als Gesichtspunkt durchzusetzen beginnt: daß nicht das Nationale, sondern das Menschheitliche den Bildungshorizont bestimmen muß, ist im Lehrplan der Waldorfschulen von vornherein veranlagt.
In der 4. Klasse wurde die Vergangenheit des eigenen Heimatortes besprochen. In der 5. Klasse behandelt man nun nicht die Geschichte des eigenen Volkes; der Geschichtshorizont verschiebt sich nicht konzentrisch. Er wird beim Übergang in die 5. Klasse sofort weltweit.
Aber wie kann man erreichen, daß sich Kinder im Alter von 10–11 Jahren für Menschheitsgeschichte interessieren? An welchem Punkt der historischen Entwicklung soll der Lehrer mit seinen Betrachtungen einsetzen?

Stufen der Menschheitsentwicklung

Die religiösen Urkunden der Alten Welt zeugen von bestimmten Stufen, in denen sich die Kulturentwicklung der Menschheit vollzogen hat.
Der in Meditation versunkene heilige Yogi ist in der Bhagavad-Gita als das Höchststehende aller irdischen Wesen geschildert. Im persischen Zend-Avest wird ein ganz anderes Ideal in den Vordergrund gerückt: der fleißige Bauer mit fetten Viehherden und üppigen Getreidefeldern. In einem der babylonischen Schöpfungsmythen wird hervorgehoben, es sei die wichtigste Aufgabe des Menschen, große Göttertempel zu bauen. Der griechische Held, um den sich die Schilderung der homerischen Epik nach dem Tod des gewaltigen Achilleus immer mehr konzentriert, ist der kluge Odysseus, der durch seine götterinspirierte List Troja erobert und die vielen Abenteuer der Heimfahrt besteht.
In diesen Bildern enthüllen sich vier Schritte im Werdegang unserer Kultur: die gewissermaßen erdflüchtigen, götterzugewandten Religionsvorstellungen der nomadisierenden Lebensform, die erdnahe Frömmigkeit des seßhaften Bauern, das in den irdischen Bereich tief eingreifende Zivilisationsstreben der ersten Hochkulturvölker, die im alten Griechenland zum erstenmal erwachende erd-umwandelnde Denkfähigkeit des Menschen.

Der im wesentlichen von Osten nach Westen gehende Entwicklungsweg, der allmählich zur abendländischen Kultur hinführte, begann im nordöstlichen Indien um 10 000–8 000 v. Chr. und verbreitete sich im Verlauf der folgenden Jahrtausende mit dem Anfang des eigentlichen Ackerbaus über den Iran nach Mesopotamien und Ägypten, wo die ersten Hochbauten und die ersten Schriftzeichen um 3 000 v. Chr. entstanden; im Laufe der letzten zwei Jahrtausende vor der Zeitenwende breitete sich dieser Strom über das ganze Mittelmeergebiet aus.
Ein Lehrer, der in einer 5. Klasse an Hand geistesgeschichtlicher und archäologischer Tatsachen diesen Weg lebendig und bildhaft schildert, kann bemerken, wie tief die Kinder gerade in diesem Alter durch das Bekanntwerden mit den Werdestufen des ganzen Menschengeschlechts gefesselt werden. In einer solchen Darstellung gehören die mythologisch-dichterischen Bilder zu den wichtigsten Hilfsmitteln. Die Welt der alten Sagen und Mythen, die den Schülern an sich wohl bekannt ist, kommt ihnen jetzt auf neuer Ebene entgegen: als Hintergrund wirklicher historischer Vorgänge.

Subjektive oder objektive Darstellungsweise?

Wenn der Stoff den Kindern in erster Linie durch den Lehrer und nicht durch Lehrbücher übermittelt wird, ergibt sich ein Problem, das sich in allen Fächern bemerkbar macht, im Geschichtsunterricht aber besonders deutlich zum Ausdruck kommt: wie kann der notwendige Grad von Objektivität gewährleistet werden?
Ein konkretes Beispiel mag Aufschluß darüber geben, wie man innerhalb der Arbeitsweise einer Waldorfschule dieser wichtigen Forderung gerecht werden kann.
Der Geschichtsunterricht der 7. Klasse soll den Schülern eine Vorstellung geben von solchen Ereignissen des 15. und 16. Jahrhunderts, die es berechtigt erscheinen lassen, den Beginn der «Neuzeit» gerade in diese Epoche zu verlegen, die Zeit der Renaissance, der Reformation, der großen geographischen und astronomischen Entdeckungen.
Eine «objektive» Schilderung, die sich auf das kühle Registrieren von Tatsachen beschränkt und die Gefühlsanteilnahme der Schüler bewußt ausschließen möchte, wäre, das versteht sich von selbst, eine pädagogische Unmöglichkeit. Wenn man Dreizehnjährige interessieren möchte für Luthers fünfundneunzig Thesen am Tor des Wittenberger Doms, für sein Auftreten auf dem Reichstag zu Worms und für seine Reformen in Sachsen, kann man nicht umhin, die Verfallserscheinungen innerhalb der damaligen katholischen Kirche und vor allem Luthers

Kira

Diese Marionettenpuppen zeugen von einem Motiv, das im Geschichtsunterricht der betreffenden 6. Klasse eine wichtige Rolle spielte: römische Redner, die mit zündenden Worten den Senat und die Volksversammlung in ihren Bann ziehen.

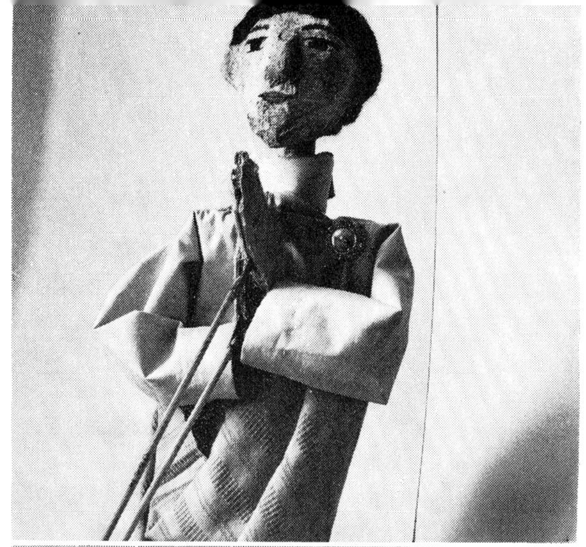

männliches, kühnes Auftreten in kräftigen Farben auszumalen. Wie soll sich der Lehrer nun stellen? Soll er im Namen der Objektivität eine gleich drastische Schilderung geben von Luthers religiöser Engstirnigkeit, seiner einseitigen Staatsgläubigkeit und seiner im Grunde verständnislosen Einstellung gegenüber den aufrührerischen Bauern? Historisch gesehen wäre es berechtigt, diese Züge hervorzuheben. Aber wenn sie allzu kraftvoll betont werden, bleibt es fast unvermeidlich, daß die Schüler Luther nicht mehr bewundern können.
Hier besteht ein wirkliches Dilemma. Einer heute gängigen Auffassung zufolge sollen wir gar keine «Helden» haben. Aber für junge Menschen ist es ein Lebensbedürfnis, solchen Gestalten zu begegnen, die man verehren kann: es ist eine Hilfe, sich im Dasein zu orientieren. Wenn der Schulunterricht nicht Menschen schildert, die eine gewisse Begeisterung hervorrufen können, stehen oft keine anderen Heroen zur Verfügung als diejenigen, die durch die Reklame und die Massenmedien geliefert werden und die spätestens nach ein paar Jahren, wenn sie gegen neue Stars ausgetauscht werden, schnell ihren Glanz verlieren.
Ein Klassenlehrer, der eine Geschichtsepoche in der 7. Klasse plante, ging an das Problem in folgender Weise heran: Er stellte zunächst die Reformation in ein vorteilhaftes Licht und schilderte Luther nicht unnuanciert, aber doch mit einem deutlichen Unterton von Bewunderung. Nach einigen Tagen waren die Sympathien in der Klasse entschieden auf seiten der Protestanten, und harte Worte wurden gefällt über die Widersacher der Lutheraner. Jetzt ging der Lehrer dazu über, die katholische Welt zu schildern. Er hielt sich besonders auf bei dem harten Kampf, den der Papst und die anderen katholischen Herrscher gegen die Türken zu bestehen hatten. Er beschrieb ausführlich die Verheerungen der Türken in den eroberten Gebieten, das vollständige Ausbleiben der Hilfe seitens der protestantischen Fürsten und schilderte in anschaulicher Weise den ritterlichen und mutigen Halbbruder Philipps des Zweiten, Juan d'Austria, der die katholische Flotte bei Lepanto 1571 zum Siege führte. Jetzt schlug die Stimmung in der Klasse völlig um. Einer der Engagiertesten fragte entrüstet: «Aber da waren es doch viele, die zum Katholizismus übergingen?»

DRAMATISCHE SPIELE

Was bedeuten die Spiele in der Waldorfschule, und was versteht man darunter? Ja, Spiele sind alle Arten Theaterstücke, von Fünf-Minuten-Szenen in den hohen, schwebenden Kinderstimmen der Siebenjährigen bis zu den Dramen von Schiller und Shakespeare, aufgeführt mit der genialen Hingebung des Jugendlichen. Es ist Gewohnheit geworden, daß die achte Klasse vor dem Abschluß der Unterstufe etwas Größeres spielt und daß die zwölfte Klasse eine Aufführung macht, die ein Stück aus der großen Theaterliteratur zeigt. Hier soll aber nur etwas darüber gesagt werden, was an Spielen in den Monatsfeiern aufgeführt wird.

Was spielt zum Beispiel die zweite Klasse? Es kann eine Fabel oder eine Legende sein oder ein kleines Gedicht, das zu einem Spiel wird. Die Klasse bildet einen Sprechchor, und einer oder mehrere haben iroend eine kleine Mütze auf – und hokus pokus ist es ein Spiel! Manchmal sind sie alle verkleidet, und dann wird es ein unvergleichliches Erlebnis.

Das Bemerkenswerteste und wohl auch Wesentlichste findet man in den etwas höheren Klassen, etwa in der vierten oder fünften. Vielfach war man früher der Ansicht, beim Theaterspielen mit Zehn-, Elfjährigen taugten nicht mehr die netten Verslein, sondern es müßte «richtiges» Theater sein mit individuellen Rollen und durchgeführten Dialogen. Es herrscht Mangel an solchen Stücken, die existierenden sind oft unglaublich banal und ohne Niveau.

Nun macht man bald die Erfahrung, daß Zehn- und Elfjährige, ja sogar 13- und 14jährige es nur in Ausnahmefällen fertigbringen, individuelle Rollen auszufüllen. Sie bekommen viel zu viele Ermahnungen zu hören, daß sie «natürlich sprechen müssen»; «so sagt man doch nicht in der Alltagssprache». In kurzer Zeit haben sie daher alle Lust verloren, Theater zu spielen. Sehr oft zieht dann der Lehrer den falschen Schluß, daß Spiele und Theater etwas sind, was man nur mit den Kleinkindern oder mit besonders interessierten oder begabten größeren Kindern machen kann.

Wenn Elfjährige – ausgenommen einige, die man Theaterbegabungen zu nennen pflegt – keine Lust mehr haben, Theater zu spielen, nachdem sie «Robbie und Fiffi und der verborgene Schatz» gespielt haben (Titel frei erfunden!), so muß das nicht bedeuten, daß Theater nicht zu diesem Alter gehört. Es kann auch bedeuten, daß sie diese Kost verweigern, weil sie ungenießbar ist.

Kinder brauchen «seelische Milch».

Ebensowenig wie ein Säugling Nahrung aus Speisen für Erwachsene ziehen kann, so kann auch ein Schulkind vor der Pubertät keine seelische Nahrung aus einem Material gewinnen, das platt auf die harte Erde versetzt ist. Der Prosadialog ist als Stilelement des Künstlerischen noch zu schwer zu handhaben, die rhythmische Sprache besitzt an sich schon die Qualität einer «seelischen Milch».

Es gibt eine Möglichkeit, in solchen Fragen zur Klarheit zu kommen: man macht die Erfahrung, wie es in der Realität aussieht. Treten wir in eine fünfte Klasse ein:

«Schande doch, Argos Söhne, ihr Jünglinge!
Euch ja vertraut ich,
Daß ihr mit tapferem Arm errettet unsere Schiffe!
Aber wenn ihr der Gefahr euch entzieht des verderblichen Kampfes,
Dann ist erschienen der Tag, da der Troer Gewalt uns bezwinget!»

Da steht der hellumstrahlte Hektor und dort der schnellfüßige Achilles. Und die da auf dem Turm von Stühlen auf dem Tisch, die müssen Zeus selbst, der Wolkenballer, und die lilienarmige Hera sein. Wahrlich! Hier erleben wir die Ilias.

Die Augen leuchten und die Wangen glühen. Keiner ist befangen, denn niemand braucht sich zu genieren, wenn die Bewegungen und Stimmen nicht «realistisch» werden. Der Rhythmus trägt die Stimmen, daß es im Zimmer dröhnt. Es paßt ausgezeichnet, daß Agamemnon einfach einen Schritt vorwärts macht und mit seinem hölzernen Schwert ein bißchen fuchtelt; die Feinde fallen wie Kegel vor diesem Angriff. Oder betrachten wir eine vierte Klasse, welche die nordische Götterlehre spielt. Unzählige Riesen und Rimthursen sind auf den Dielen der Waldorfschulen unter Thors Hammer Mjölnir gefallen. Der Sprechchor, der bald das eine, bald das andere darstellt, steht für alle und jede Architektur, die das Bühnenbild gerade verlangt: eine Wand, einen Wald, ein Haus, eine Straße. Wer im Augenblick nicht agiert, verschmilzt mit dem Chor. Es kann sehr lehrreich sein, der Versuchung zu erliegen, naturalistische Effekte einzusetzen: es zeigt sich rasch, wie sehr das gegen die Forderungen dieses Theaters verstößt.

Dagegen duldet ein Spiel sehr drastische und komische Einschläge. Eine sechste Klasse übte ein Spiel von König Artus und dem Zauberer Merlin. Sie spielten übrigens auf Englisch und hatten es gerade bis zu dem dramatischen Augenblick gelernt, wo das Schwert im Amboß seine Bedeutung zeigt. Da fand ihr Lehrer, daß man eigentlich Pferde auf der Bühne sehen sollte. Die Klasse war tief beleidigt, als er vorschlug, daß man Steckenpferde mit Stoff behängen sollte. Auf diese Pferde könnten sich dann die Helden leicht schwingen, um in ihren verschiedenen Verrichtungen auf eigenen Beinen über die Bühne zu sprengen. Nachher zeigte es

Das realistische oder gar das naturalistische Stilideal liegt dem Kind noch recht fern. Wenn wir dauernd verlangen, daß es «natürlich» spricht und sich bewegt, können wir ihm die Freude an der szenischen Darbietung sehr leicht verderben. Eine überpersönliche, stilisierte Darstellungsart kommt seinem Wesen mehr entgegen. Kurze Spiele mit Verstexten und sagenhaftem oder mythologischem Inhalt werden deshalb in den früheren Schuljahren oft bevorzugt.

Oben: Märchenspiel (Detroit).

Unten: Dramatisierung der Sigurd-Sage aus der Edda (4. Klasse Rotterdam).

sich, daß diese stilisierten, nur angedeuteten Pferdegeschöpfe das einzig richtige waren.

Oft kommen Requisiten vor, die ebenso erstaunlich sind wie die Plastik der Agierenden. Meterlange, vergoldete Hörner an den Böcken Thors, eine bemalte Pappscheibe, die eine Schiffsseite in der Schlacht von Salamis darstellt, ein siebenköpfiger Drache mit sieben lächelnden, blauäugigen Kinderköpfen, jeder mit einem Kragen, aus je einem Loch des Stoffdrachen hervorguckend: all das steigt einem in der Erinnerung auf.

Die Schlacht von Salamis! Das war ein unvergeßliches Spiel! Diese Kinder, die kerzengerade dastanden und ihre Verse rezitierten, waren plötzlich anschaubares Griechenland, das man in archaischen Skulpturen sieht, das man bei Homer hört. Der ganze Chor war weiß gekleidet und gewann den Charakter einer Schicksalsmacht, in deren Hand es lag, das Geschehen zu verbergen (wenn er sich vorne an der Rampe gruppierte) oder zu enthüllen (wenn er an die Seitenwände zurückwich). Dieses unirdische Element ist die Quintessenz dessen, was auf einer Bühne zu geschehen hat, wenn Kinder spielen.

Wären diese Spiele einmalige Ereignisse im Schuljahr, etwa bei der Feier des Schulabschlusses, so würden die Eindrücke keinen bleibenden Wert haben. Durch die Monatsfeiern aber gehören die Spiele zum Alltag der Schule. Sie müssen ja lange vor den Aufführungen eingeübt werden, und die anderen Schüler erleben sie immer wieder als Zuschauer. Sie werden dadurch zu Erziehungsmitteln.

Durch das Anschauen und Selbermachen, durch Worte, Gesten, Rhythmen, Bewegungen aller Art werden Gefühle zum Dasein erweckt, die vielleicht sonst ein Leben lang schlafen würden. Stilgefühl, Taktgefühl, Formsinn – solche Empfindungen haben ja, wenn man es recht bedenkt, ihre schicksalhafte Bedeutung für das ganze Leben – und wahrscheinlich nicht nur eine äußerliche, ästhetisierende Wirkung für den Augenblick.

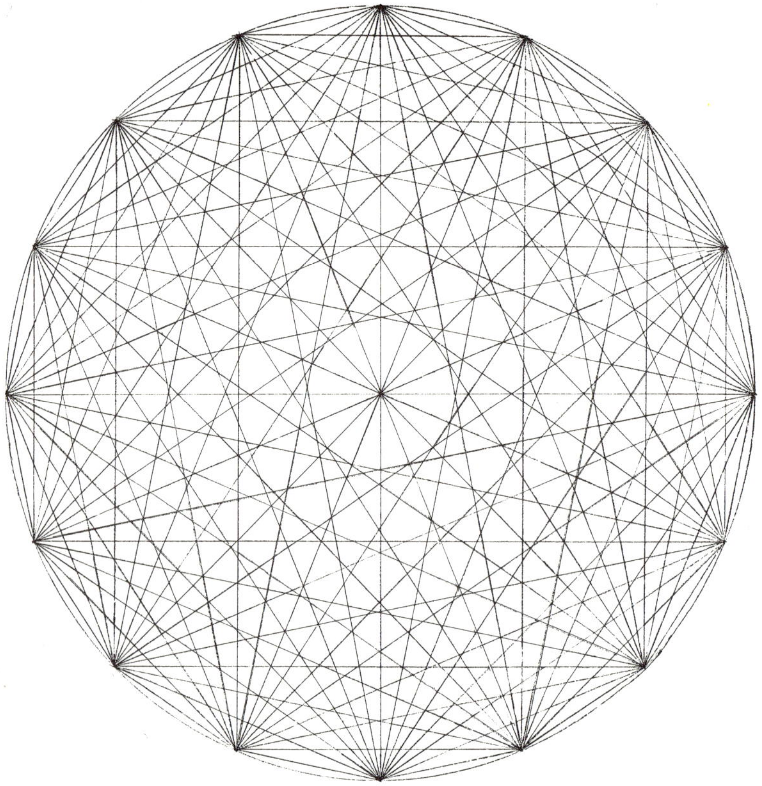

GEOMETRIE

Ein zehnjähriger Junge schaute mit seinen Eltern zusammen ein Buch an, in dem geometrisch-künstlerische Konstruktionen abgebildet waren. Plötzlich sagte er: «Schau, das hier wird in dem nächsten Bilde dort zu dieser Form!» Die eine Konstruktion war eine Abwandlung der anderen. Der Knabe hatte Metamorphosen entdeckt, die seinen Eltern entgangen waren. Sein auffallend sicherer Blick war wohl durch die Tatsache mitbedingt, daß er Waldorfschüler war und seit der ersten Klasse Formenzeichnen geübt hatte.

In den Rudolf-Steiner-Schulen dürfen die Kinder manchmal schon in der vierten oder fünften Klasse mit Hilfe von Lineal und Zirkel die schönsten geometrischen Formen zeichnen. Die eigentlichen Konstruktionen mit diesen Instrumenten werden jedoch erst in der sechsten Klasse eingeführt.

Die meisten unter uns sind gewohnt, den Begriff «Geometrie» mit langen und schwierigen Beweisketten zu verbinden. Hier ist aber etwas ganz anderes gemeint: Die Geometrie kann «erlebt» werden, noch lange bevor man irgend etwas aus ihr «beweisen» kann.

Was geschieht, wenn man ein regelmäßiges Achtzehn-Eck konstruiert und jeden Eckpunkt mit allen anderen verbindet? Was entsteht, wenn man auf eine Kreislinie sechsmal den Radius abträgt und um die sechs Schnittpunkte herum Kreise mit dem gleichen Radius zeichnet? Oder wenn man nach demselben Prinzip zwölf oder mehr Kreise konstruiert? Welche Figuren ergeben sich, wenn man ein System von «rotierenden» Halbkreisen mit verschieden gelegenen Mittelpunkten in den großen Kreis hineinzeichnet? So betrieben, wird Geometrie zur Entdeckungsfahrt in eine Formenwelt von schier unbegrenztem Reichtum.

Wie aber findet man jetzt den Weg von der Poesie des Konstruierens zur Prosa des Beweisens? Daß der pythagoreische Lehrsatz als Station auf diesem Pfade dienen kann, mag seinem alten Spitznamen «die Eselsbrücke» abgelesen werden und bewährt sich durch die unmittelbare Praxis. Wenn die Kinder ein rechtwinkliges Dreieck zeichnen, über seinen Seiten Quadrate konstruieren und die beiden kleinen nach dem einen oder anderen der in den zwei Bildern angegebenen Prinzipien zerschneiden, können sie unmittelbar erfahren, daß *sämtliche* Teile des großen Quadrats von den so entstandenen Figuren bedeckt werden. Die Schüler können angehalten werden, die der ganzen Konstruktion zugrundeliegenden Dreiecke so verschieden wie nur möglich zu gestalten: Das Prinzip bewährt sich immer. Die Flächen der beiden kleinen Quadrate decken sich exakt mit dem großen.

Solche Aufgaben bleiben noch ganz innerhalb des Bildhaft-Konkreten, können aber als Vorübung dessen gelten, was später kommt. Zum eigentlichen Beweisen soll man erst dann übergehen, wenn bei den Kindern das Entwicklungsstadium erreicht ist, wo das Kausalitätsbedürfnis erwacht und damit die Freude an Abstraktionen wie z. B. der Buchstabenrechnung, also erst nach Vollendung des zwölften Lebensjahres.

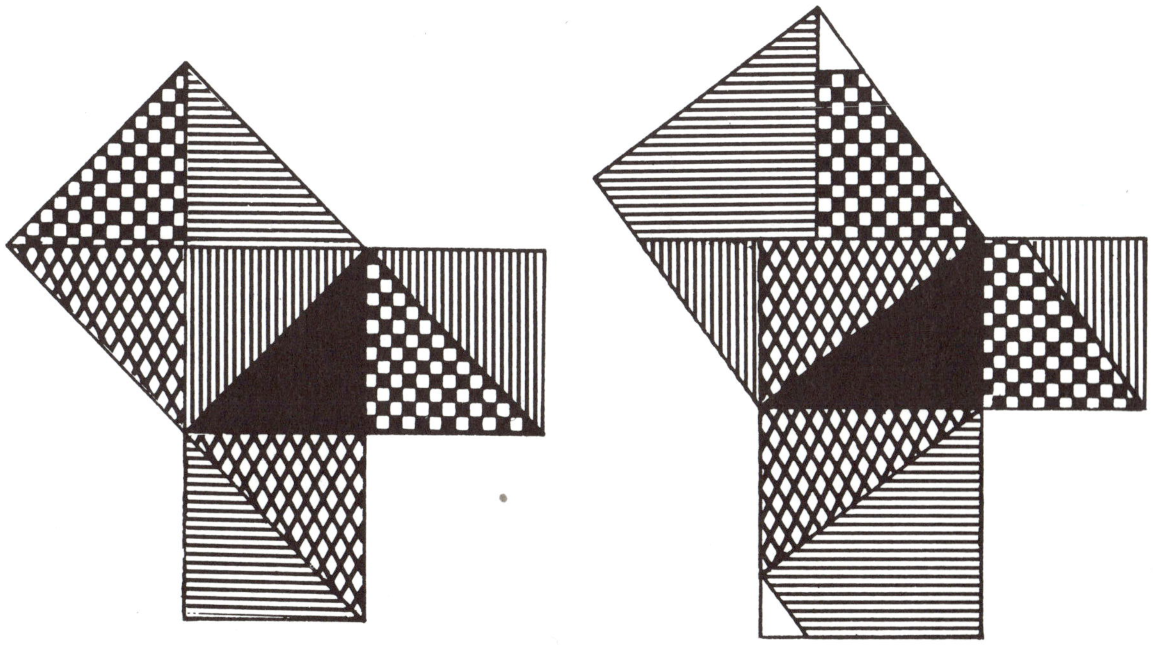

Die herkömmliche Art des geometrischen Beweisens ist für Zwölfjährige langweilig, aber im Konstruieren wesentliche Gesetze selber finden, ist ein begeisterndes Erlebnis.

Rechts: Anschauliches Beweisen – der pythagoräische Lehrsatz in zwei verschiedenen Darstellungen.

DAS ZWÖLFTE LEBENSJAHR

Gertis Charakter schien immer sehr bieder. Ihre Schreibhefte und Handarbeiten waren vorbildlich genau ausgeführt. In ihrem Verhalten war sie gutmütig und freundlich. Im sechsten Schuljahr ging eine auffallende Veränderung mit ihr vor. Es begann damit, daß sie eine Reihe ganz unterschiedlicher Handschriften ausprobierte: eine aufrechtstehende, eine nach hinten gekippte, eine nach vorn gelehnte, eine große und eine kleine Schrift; sie versuchte sogar, die Schrift auf den Kopf zu stellen. Die nächste Phase war das Experimentieren mit dem Gesicht (Augenschatten, gefärbte Wimpern, neue Mienen). In den Stunden wurde sie immer geschwätziger und lehnte sich auf gegen Gesang und Rezitation. In Eurythmie und Turnen hatte sie sich früher geschmeidig und leicht bewegt. Nun sind ihr diese Übungen sehr anstrengend geworden; wenn sie nicht direkt beschäftigt ist, möchte sie am liebsten dauernd auf dem Boden liegen. Ihre Laune und ihre Glieder sind plötzlich schwerfällig geworden. Aber die Stimmungen ändern sich schnell, je nachdem, was sich gerade in der Umgebung abspielt. Ein einziger Scherz, und Gerti ist plötzlich wieder fröhlich und leicht.

Nach ihrer «Neunjahreskrisis» gehen die meisten Kinder in eine harmonische Epoche hinein; Zehnjährige sind oft auffallend aktiv und gut gelaunt: «Wenn der Zehnjährige auf der Höhe ist, bietet er ein so reich fazettiertes Bild von Gleichgewicht, daß er als ein vollendeter Ausdruck der Schöpferkraft der Natur erscheint.» (Arnold Gesell, «Youth, the years from ten to sixteen»)

Im Alter von elf und vor allen Dingen von zwölf Jahren ändert sich das Bild. Das Knochengerüst wird schwerer, und die Bewegungen verlieren – besonders bei den Jungen – ihre Anmut, werden eckig und derb. Die Oppositionslust nimmt zu. Die tiefgehende innere Umwandlung, die als Begleiterscheinung der physischen Pubertät auftritt, wirft ihre Schatten voraus. Aber auch ihr Licht: es gibt Verstandeskräfte und Verantwortungsgefühl, denen der Lehrer nur Nahrung zu geben braucht, um die Schönheit und Kraft dieser Lebensstufe hervortreten zu sehen! In bisher unbekannten Tiefen des Gefühls werden Einsamkeit und echte Freundschaft, Selbstbezogenheit und hingebendes Sachinteresse, Tod und Liebe zu ganz persönlicher Erfahrung. Das eigenständige Gefühlsleben erwacht, verwandelt die Beziehung zum eigenen Körper, zur Umwelt, zu den Ideen und Ideologien; es spiegelt sich sowohl in Weltinteresse und Liebefähigkeit als auch in dem Bedürfnis, Kausalitäten einzusehen und Urteile zu fällen.

In diesen Jahren werden immer neue Fächer in den Unterricht aufgenommen, die selbständiges Denken und eigene Aktivität verlangen. Die Hausarbeiten nehmen an Umfang zu und werden zur Pflicht, die man einzusehen, ja zu schätzen beginnt.

GESETZE, DIE MAN SEHEN UND HÖREN KANN

Walter Heitler, der bekannte Physiker, schreibt über die Wirkung des naturwissenschaftlichen Denkens auf den Menschen (in »Industrielle Organisation, Schweizerische Zeitschrift für Betriebswissenschaft» Nr. 10, 1963):

«Wenn wir heute Atomwissenschaft oder Kosmologie betreiben oder gar das modernste Gebiet der Physik, die Physik der Elementarpartikel, dann hat das mit dem menschlichen Leben schon nicht mehr das geringste zu tun. Dagegen ist die Gedankenschärfe auf eine unerhört hohe Spitze getrieben... Wenn Gedankenschärfe dermaßen auf die Spitze getrieben wird und einen derart großen Raum einnimmt in der Tätigkeit eines Menschen, dann ist es vielleicht verständlich, daß das oft, vielleicht nicht immer, auf Kosten zum Beispiel des Gefühlslebens gehen muß. *Man kann hier vielleicht von einer gewissen Art von Entseelung des Menschen sprechen, und man kann sie, wenn man genau hinsieht, auch beobachten.*

Es ist natürlich gar nicht schlimm, wenn sich das auf eine Reihe von Wissenschaftlern beschränkt, es sei denn vielleicht, daß diese Wissenschaftler dann auch einen entscheidenden Einfluß auf das öffentliche Leben haben, wie das ja zum Teil der Fall ist. Aber es scheint mir, daß es schlimm werden könnte, vielleicht auch zum Teil schon ist, wenn diese Richtung der Abstraktion auf weite Bevölkerungskreise über-

Einige der bekannten chladnischen Klangfiguren, durch verschiedene Töne hervorgebracht (Physikunterricht 6. Klasse Stuttgart).

greift, das heißt also, wenn man junge Menschen schon von vornherein in dieser Richtung erzieht und wenn man dafür sorgt, daß möglichst viele Menschen sich das abstrakte Denken in hohem Maße aneignen ...

Es ist in Amerika der Vorschlag gemacht worden, man solle doch den Physikunterricht mit den elementaren Bausteinen der Materie beginnen, also mit Elektronen, Protonen usw. Dann baut man allmählich in der Schule das Atom auf (natürlich nur in Gedanken), und aus dem Atom werden dann die Moleküle, und aus den Molekülen wird schließlich ein Stück Kreide oder ein Stein, der zu Boden fällt. Das ist etwa das Umgekehrte von dem, was ich aufs entschiedenste befürworten möchte. Der Ausgangspunkt muß vielmehr das erlebte Phänomen sein, die Beobachtung dann ergänzt werden durch das Experiment, und dann erst darf die Abstraktion kommen. Begriffe, wie zum Beispiel die Atome oder Moleküle in der Chemie, sollten erst zuletzt kommen.»

Erster Physikunterricht

Ein zwölfjähriges phlegmatisches Mädchen, das sich sonst wenig um seine Schulaufgaben kümmert, kommt nach Hause und stellt energisch eine Reihe von Spitzgläsern auf den Tisch, füllt sie mit Wasser in verschiedenen Mengen, schlägt mit einer Gabel daran und gießt das Wasser aus und ein, bis sie eine kleine Tonskala herausgefunden hat. «Was hast du denn heute gehabt?» – «Physik – zum erstenmal.» Sie strahlt vor Glück.

Es gibt wohl wenige Fächer, die so aufweckend wirken wie Physik. Die Kinder freuen sich oft intensiv darauf. Der Physikunterricht beginnt in der 6. Klasse mit Erscheinungen aus den verschiedensten Beobachtungsgebieten.

Es ist gut, den Anfang mit der Akustik zu machen. Man geht von den Erfahrungen aus, die die Kinder an verschiedenen, ihnen bekannten Musikinstrumenten gemacht haben. Dann erweitert man das Beobachtungsfeld unter Umständen mit unbekannten Instrumenten. Erst allmählich wächst die physikalische Behandlung der Akustik aus dem künstlerischen Musikerleben heraus. Man beginnt zu experimentieren und hängt z. B. die verschiedensten Gegenstände an einer Schnur auf: Man schlägt daran, lauscht, vergleicht bei verschiedenen Hölzern oder Platten der bekanntesten Metalle die im Ton wahrnehmbaren Qualitäten, erfindet neue Versuchsanordnungen. Den Kindern sollte die Gelegenheit gegeben werden, alle möglichen Entdeckungen selbst zu machen. Schließlich spannt man eine Saite über einen Klangboden, und zwar so, daß man den vibrierenden Teil durch untergeschobene Stege beliebig verkürzen oder verlängern kann. Die Violinspieler werden sofort heraushaben, daß man durch Verkürzung der vibrierenden Saite intervallische Klänge erzeugen kann. Für die anderen wird es etwas länger dauern. Aber da es sich hier um eine grundlegende Erfahrung handelt, sollte man mit Geduld abwarten können, was sie zutage bringen. Wann ertönt die Oktave? Wenn man die Saite um die Hälfte verkürzt. Schwingen $^2/_3$ der ganzen Saite, erklingt die Quint, bei $^3/_4$ die Quart, bei $^3/_5$ die Sexte usw. Man kann sich vorläufig mit dem Messen begnügen; von den Schwingungszahlen – die den Kindern ja nicht unmittelbar wahrnehmbar sind – wird später gesprochen. – Man streut Sand auf eine im Mittelpunkt festgeschraubte Scheibe aus Leichtmetall, streicht diese am Rand mit einem Violinbogen an, und die herrlichen chladnischen Klangfiguren entstehen durch die tanzenden Körner. Auch hier legt man großen Wert auf das Erlebnis, das die Kinder an der Tatsache haben, daß Töne gestaltend wirken können. Man zeichnet so genau wie möglich, welche Figuren bei verschiedenen Tönen entstehen. Der Zusammenhang zwischen Schwingungszahl und Schwingungsform wird also schon auf dieser Stufe anschaubar erlebt.

Dann werden optische Erscheinungen behandelt. Als Beispiel einer leicht beobachtbaren und eindrucksvollen Erscheinung kann man den Schülern das Goethesche Urphänomen der Farbe zeigen. Die Farbe eines leuchtenden oder dunklen Gegenstandes ändert sich stark, wenn sie durch ein «trübes Medium» (gefärbte Glasscheiben, Flüssigkeiten, Rauchwolken usw.) betrachtet wird. Das folgende Experiment kann die Erscheinungen zusammenfassen. Man tropft Seifenlauge in eine Glaswanne mit Wasser und erzeugt so eine trübe Lösung. Die dahinter leuchtende Lampe läßt plötzlich eine warme Farbe entstehen. Stellen wir die Lampe seitlich neben den Behälter, dann sehen wir gegen einen dunklen Hintergrund eine kalte Farbe. Bei geeigneter Beleuchtung und Trübung sieht man in einem Fall Rubinrot, im anderen ein leuchtendes Blau. Jetzt kann man die Schüler daran erinnern, daß wir an schönen Abenden oft genau dasselbe erleben: die untergehende Sonne ist leuchtend rot, die Luft am entgegen-

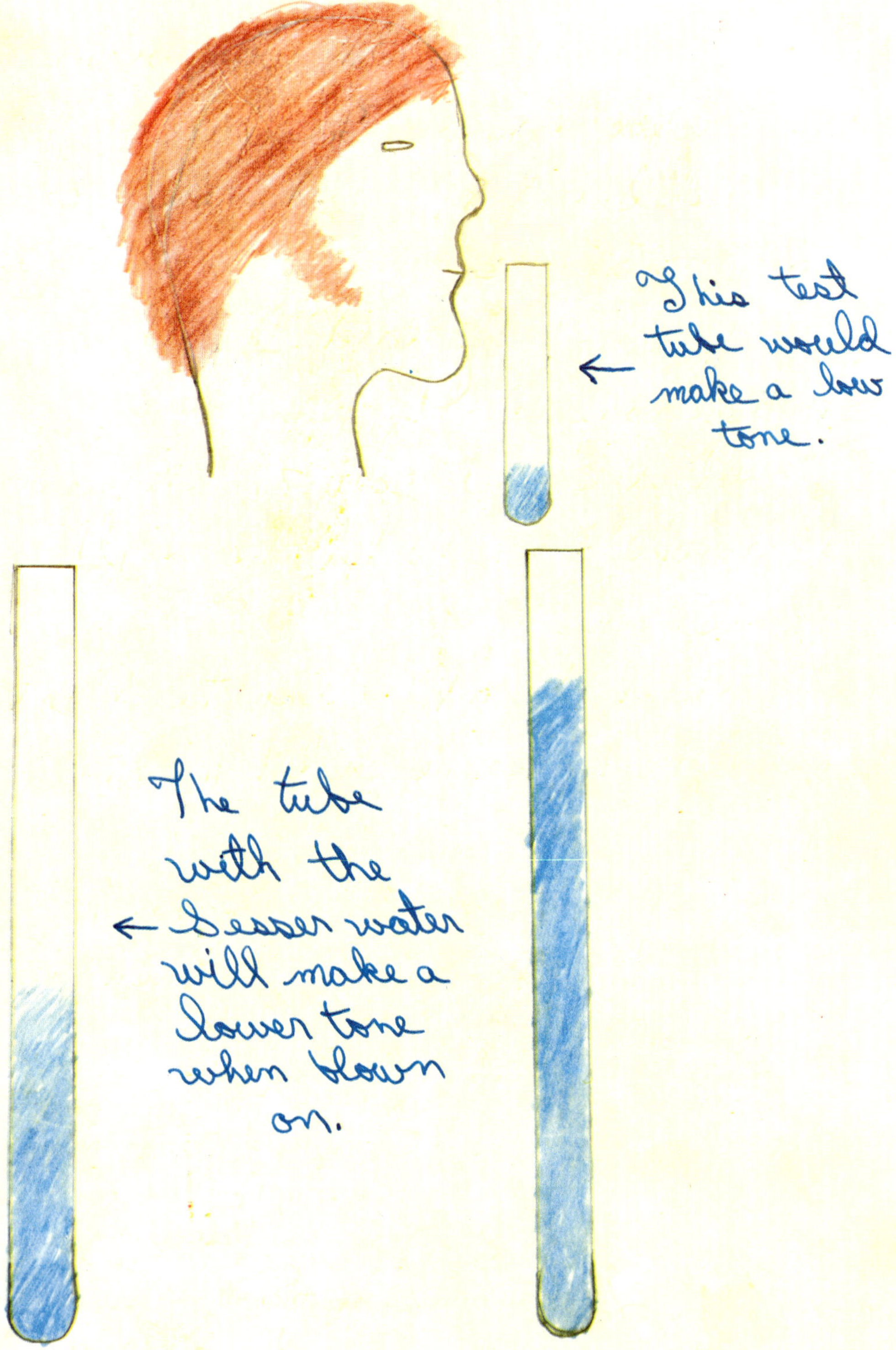

Wenn der Experimentator bläst, entsteht ein Ton, der je nach der Menge der vorhandenen Flüssigkeit verschieden hoch ist. Das Bild zeigt, wie stark der Schüler sich in die Versuchssituation hineingelebt hat (New York).

gesetzten Horizont tiefblau. – Helle, durch ein trübes Medium betrachtet, erscheint uns gelb oder rot. Dunkles, durch ein erleuchtetes Medium gesehen, erscheint blau. Eine nicht gedanklich erschlossene, sondern den Sinnen unmittelbar wahrnehmbare Gesetzmäßigkeit (ein «Urphänomen» im Sinne von Goethes Farbenlehre) ist den Kindern vor Augen getreten. Die anschauende Urteilskraft wird geübt.

Noch in derselben Unterrichtsepoche, zumindest im selben Schuljahr gibt man den Schülern auch einen ersten Einblick in die anderen Bereiche der klassischen Physik durch Vorführen einfacher Phänomene der Wärmelehre, der Elektrizität und des Magnetismus. Nur die Mechanik bespricht man erst in der 7. Klasse, während man sich in der 8. Klasse einige Grundbegriffe der Hydraulik, der Aeromechanik und der Wetterkunde erarbeitet und alle anderen Gebiete vertieft.

Der Weg zur Chemie

Am Anfang des Chemieunterrichts steht die Erfahrung, daß der Verbrennungsprozeß bei verschiedenen Naturstoffen in ganz verschiedener Weise verläuft. Warum brennen manche Flammen so hell, während andere leicht ins Glühen übergehen? Warum dieser qualmende Rauch? Wie kommt es, daß eine Flamme rußt? Man kann sich einmal die Zeit nehmen, die verschiedenen Erscheinungen des Feuers in Experimentserien einander gegenüberzustellen. Man bestaunt die knisternden Flammen eines verharzten Holzscheits, betrachtet das heiße, intensive Glühen im Innern von Sägemehl, das nach außen hin kaum in Erscheinung tritt (es wird dabei so viel Wärme entwickelt, daß sich sogar Keramik darin brennen läßt). Man ruft das helle Entzücken sanguinischer Kinder hervor, wenn man alte Schilfwedel schnell lodernd aufflammen läßt. Andere Kinder interessieren sich mehr für die schleichenden bläulichen Flammenzungen, die langsam und ganz allmählich den mit Wasser vermischten Spiritus verzehren. Zunächst einmal sind es nicht die großen wissenschaftlichen Resultate, an denen sich die Kinder begeistern können. Wesentlicher scheint es, zu erreichen, daß möglichst jedes Kind die Erfahrung macht, wie das Denken die manchmal verwirrende Mannigfaltigkeit der Sinneseindrücke ordnen kann. Man kann die Erscheinungen unter dem Aspekt der Polarität einfach einander gegenüberstellen, etwa so:

heftig knatterndes, explosives Brennen

lodierndes, züngelndes Aufflammen	schleichendes, stilles Verzehren

heißes, glühendes Verkohlen

Mars, der Gott des Eisens, schaut auf Manhattan hinunter. Das Bild entstand in spontaner Weise in Anknüpfung an eine Darstellung der Rolle des Eisens im heutigen Leben (New York).

Erst am Tage nach der experimentellen Erfahrung folgt die weitere denkerische Bearbeitung. Die Kinder haben Fragen, sie diskutieren, schlagen weitere Experimente vor. Man wird durch die gemeinsame Forschertätigkeit dazu geführt, die Rolle der Luft bei jeglicher Verbrennung zu untersuchen, man bewegt sich auf die Entdeckung des Sauerstoffs zu. Zahlreich sind auch die Erfahrungen der Kinder aus dem praktischen Leben. Die meisten haben irgendwann einmal gezündelt. Manche wissen sehr wohl, wie man Feuer löscht oder auch im nassen Wald anfachen kann. Der Chemieunterricht kann mitten im Erleben der Kinder sein und auch verbleiben. Er kann die Brücken schlagen zum großen Leben in der Welt, nicht zuletzt auch zum Industrieprozeß.

Nach und nach dehnt man das Studium aus auf andere Naturvorgänge (Kreislauf des Kalks und des Wassers in der Natur) und auch auf handwerkliche und industrielle Prozesse wie Glasherstellung, Hochofenprozeß und die Bedeutung der Metalle für den Menschen.

Wenn im Geschichtsunterricht der 8. Klasse die Entwicklung der modernen Industrie geschildert wird, ist es angebracht, in der Chemie besonders eindringlich das Metall zu studieren, das – neben dem Gold – im Leben der ganzen Menschheit die wichtigste Rolle gespielt hat: das Eisen.

Maschinenbau und moderne Industrie konnten sich nur in dem Maße entfalten, wie die Eisenproduktion und die Eisentechnik es ermöglicht haben. Ohne Corts «Flammenofen» (erfunden 1783/1784) wäre die frühe industrielle Entwicklung in England kaum zustande gekommen, ohne die modernen Verfahren zur Stahlherstellung (Bessemerprozeß 1858, Siemens-Martin-Prozeß 1865, Thomasprozeß 1878) hätten wir keine Ozeandampfer, kein weltweites Eisenbahnnetz, keine Autos, keine moderne Landwirtschaft und keine riesigen Großstädte erbauen können. Jeder Mensch müßte wenigstens im Prinzip wissen, wie man in einem Hochofen Eisen aus Eisenerz gewinnt. Wenn ein Schüler den Gott des Eisens, Mars, aus den Wolken heraus auf Manhattan hinabschauen läßt, hat er ein Bild geschaffen, das zugleich seltsam und sinnvoll erscheint.

Wenn die verschiedenen Welten der Physik, der Chemie und der Astronomie im Laufe der letzten Grundschuljahre sich allmählich zu öffnen beginnen, ist es wichtig, daß die Aufmerksamkeit der Kinder gleich auf die sinnenfälligen Phänomene gelenkt wird und zunächst dort verweilen darf. Falls der Unterricht gleich auf dem Feld des abstrakten Denkens einsetzt, sind die Schüler in der Regel weitgehend darauf angewiesen, mathematisch ableitbare Gesetze oder gar unbewiesene Hypothesen in autoritärer Weise auswendig zu lernen. Die beste Grundlage für die Selbständigkeit des Denkens wird gelegt, wenn die Urteilsfähigkeit zunächst an Hand des sorgfältigen Beobachtens – wofür unverdorbene Kinder in diesem Alter immer eine gute natürliche Veranlagung besitzen – geübt werden kann.

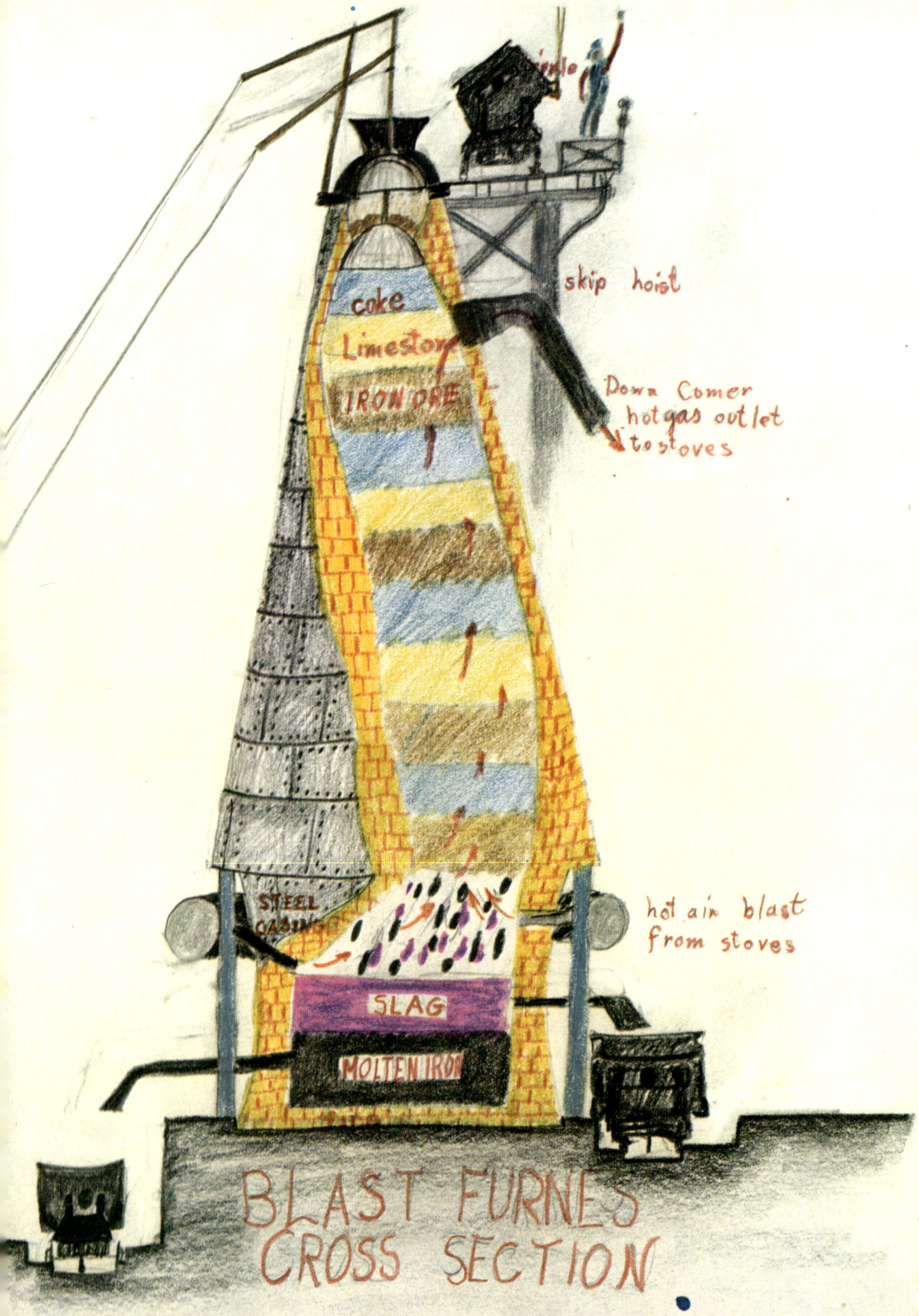

DIE HIMMELSERSCHEINUNGEN, WIE WIR SIE SEHEN

Ist es eigentlich wahr, daß die Kinder durch das frühe Bekanntwerden mit den Ergebnissen der modernen Raumforschung heute dazu kommen, sich im Weltall «wie zu Hause» zu fühlen?

Oberflächlich gesehen, ist es unbestreitbar. Sie «wissen» in der Regel unvergleichlich viel mehr über den Mond, den Mars, die Venus und unser ganzes Sonnensystem als Gleichaltrige vor nur 20 Jahren. Daß man den Abstand zu den Fixsternen in «Lichtjahren» berechnet und daß man keine Grenzen des Weltalls kennt, haben sie sicher auch gehört. Aber inwiefern kann man sich im Weltall der heutigen Astronomie eigentlich zu Hause fühlen?

Es gibt ein modernes Versepos, in dem die Problematik der Raumfahrt mit seltsamer Phantasie ausgemalt wird: «Aniara» von dem schwedischen Dichter Harry Martinson. Die «Aniara» ist ein gigantisches Raumschiff, das einige tausend Menschen von der durch Atomkrieg verseuchten Erde hinweg zum inzwischen bewohnbar gemachten Mars hinübertransportieren soll; aber durch einen Maschinenfehler gerät es unterwegs aus dem Kurs und steuert, mit der Spitze gegen das Sternbild der Leier gerichtet, ins Weltall hinaus. Abgeworfene Planetenschlakken, ausgebrannte Sonnen säumen den Weg. Den Menschen an Bord ist der Kosmos ein unendlicher Friedhof, den ihre Leichen noch während 15 Millionen Jahren auf dem Weg zum fernen Ziel durchkreuzen werden.

Durch eine solche «Erzählung» kann es uns bewußt werden, was die ständigen Raumfahrtberichte eigentlich an uns und vor allem an unseren Kindern bewirken. Ein Zweifaches wird erreicht. Wir werden auf der einen Seite durch die unwiderstehliche Faszination der Tatsachen in eine tote, menschenfeindliche Welt hineingerissen, in der wir selber nur unter den allerkünstlichsten Bedingungen physisch existieren könnten. Auf der anderen Seite werden wir, wenigstens durch die gewalttätige Inanspruchnahme unserer Phantasie, der Erde und ihren Aufgaben ein wenig entfremdet.

Wenn die zukünftige Menschheit davor bewahrt bleiben soll, im träumerischen Hinstarren auf die Fernsehübertragungen kommender Mars- und Venusfahrten einen großen Teil ihrer Zeit vergeuden zu wollen, müssen wir versuchen, bei unseren Kindern eine möglichst starke Liebe zur Erde und ihren Aufgaben zu erwecken.

Durch ihre Angaben über den Mond, die Venus, den Mars und den Jupiter kann hier die neueste Raumforschung selbst einen wichtigen Beitrag liefern. Noch nie hatten wir so viel Anlaß, uns des Einzigartigen unserer Erde mit ihrer Atmosphäre, ihren Temperaturverhältnissen und ihrem Wasserkreislauf dankbar bewußt zu werden. Sache der Schule ist es, dahin zu wir-

Links: Hochofen (New York).

Die Bewegungen der Sterne, vom Äquator aus gesehen (oben nach Norden oder Süden, unten nach Osten oder Westen geblickt) (Kopenhagen).

ken, daß diese Einsicht nicht nur eine theoretische bleibt. In der Waldorfschule ist die Himmelskunde in den Geographieunterricht eingegliedert. Es ergibt sich wie von selbst, die Lebensbedingungen der Erde mit denjenigen im übrigen Sonnensystem immer wieder bis in die Einzelheiten hinein zu vergleichen. Aber noch wichtiger ist vielleicht die Art, wie man Himmelserscheinungen zunächst betrachtet.

Mit zwölfjährigen Kindern kann ein Lehrer recht gut zu einer etwas ungewöhnlichen Vereinbarung kommen: wir entschließen uns jetzt, vorläufig so wenig als nur möglich irgendeiner wissenschaftlichen Autorität zu trauen. Wir wollen allein ausgehen von dem, was die Sinne und der Menschenverstand uns sagen können. Wir verfolgen die Bahnen der Himmelskörper so, wie wir sie von der Erde aus sehen. Wir versuchen uns vorzustellen, wie sie verlaufen, wenn man sie vom Äquator her betrachtet. Wie sieht die Bahn der Sterne an den Polen, an den Wendekreisen aus? Wir beobachten die Mondphasen, die Veränderungen der Sonnenbahn im Wechsel der Jahreszeiten.

Diese «phänomenologische» Haltung kann man nun konsequent in den oberen Klassen fortsetzen und die Schüler veranlassen, die Planetenbahnen wenigstens fragmentarisch so zu zeichnen, wie sie Ptolemäus gesehen und aufgefaßt hat, um dann die Entfaltung der neuzeitlichen Astronomie geschichtlich zu verfolgen.

Sie dürfen dabeisein in der Stunde, wo Kopernikus aus rein geometrischen Gründen auf die Idee kam, die Planetenbahnen durch eine heliozentrische Konstruktion aufzuzeichnen, wo Galilei zum erstenmal durch das Fernrohr die Jupitermonde entdeckte und damit den sichtbaren Beweis dafür lieferte, daß es Himmelskörper gibt, die nicht-geozentrische Bahnen beschreiben, oder wo Kepler im Aufzeichnen der elliptischen Planetenbahnen das Gefühl hatte, in die Schöpfungsgeheimnisse Gottes als des Weltengeometers hineinzuschauen. Vielleicht ist das Bemühen um eigenes Beobachten und denkerisches Erfassen der Gesetze der Himmelsbewegungen und der Jahreszeiten ein notwendiger erster Schritt, sich sowohl auf Erden wie in unserem Sonnensystem *wirklich* «daheim» zu fühlen.

Die letzten vier Schuljahre

DIE PUBERTÄT IN UNSERER ZEIT

Ilse ist 14 Jahre alt, sieht aber wie 18 aus. Sie ist heiter und unbefangen. Um den Mund hat sie einen entschlossenen Zug. Die Eigenschaft, die am meisten auffällt, ist ihr unbändiges Selbständigkeitsbedürfnis. Mit 13 Jahren hat sie eine Stelle als Stewardeß eines großen Passagierdampfers bekommen, und sie ist damit fertig geworden. In der Schule ist sie – obwohl sie recht begabt ist – meistens faul und uninteressiert. Die Eltern sind indifferent, d. h. sie stellen keine Forderungen. Ilses Kontakt zu der Mutter ist nicht besonders eng. Mit dem Vater versteht sie sich gut, sie gehen kameradschaftlich miteinander um. Sie hat ein großes Bedürfnis, sich mit ihm über alles mögliche auszusprechen. Ohne direkt hübsch zu sein, wirkt Ilse immer auf die «Herren». Ihre Umgangsformen sind ungezwungen, sehr «frei». Mit 15 Jahren verlangt sie plötzlich, eine eigene Wohnung zu bekommen. Nach einigem Sträuben entschließen sich die Eltern, ihrem Wunsch nachzukommen. In die Wohnung zieht zusammen mit Ilse ein 20jähriger Junge. Er ist recht primitiv und teilt nicht ihre intellektuellen Interessen. Ilse löst die «Verlobung» allmählich auf. Er zieht weg, kommt aber immer wieder zurück. Es tut ihr leid um ihn, und sie nimmt sich seiner wieder an; bald macht sie wieder Schluß. Über das Telefon teilt sie dem Vater alles mit, erklärt aber, daß sie diese Sache allein regeln will. Manchmal, wenn sie abends allein ist, ruft sie den Vater sehr spät an, weil sie sich im Dunkeln fürchtet. Nach manchen Komplikationen gelingt es ihr, sich von dem Jungen endgültig freizumachen. Sie ist noch nicht 17 Jahre alt.

Der nächste Schritt in ihrer Entwicklung: sie fängt an, die katholische Lehre zu studieren. Sie liest, macht Notizen, nimmt an Kursen teil. Sie liebt Diskussionen, aber ihre Gedanken sind völlig unselbständig. Sie wiederholt nur, was sie gelernt hat. Dabei ist ihr Bedürfnis zu glauben enorm. Ihre Augen werden ganz schwärmerisch, wenn sie jemandem zuhört, dessen Ansichten ihr gefallen. Begegnen ihr andere Auffassungen, zieht sie sich in sich selbst zurück, wird still und stur. In einem Alter, in dem intellektuell begabte Jugendliche nach innerer Unabhängigkeit zu streben pflegen, unterwirft sich Ilse willig einer unerbittlichen Autorität.

Mit 15 Jahren wurde Ilse als Schülerin in eine Waldorfschule aufgenommen. Nach ihrer eigenen und der Eltern Ansicht hat sie dadurch ein neues Interesse am Lernen gewonnen. Trotz der zeitweise sehr bedrückenden persönlichen Probleme hat sie meistens eifrig gearbeitet.

Ilses Lebenssituation scheint ein Spezialfall zu sein, und doch ist sie in gewisser Hinsicht repräsentativ. Man notiert besonders den starken Kontrast zwischen Frühreife auf einigen Gebieten (die Selbständigkeit, die «Verlobung», das Bedürfnis nach einer eigenen Lebensanschauung) und zurückgebliebener Kindlichkeit auf der anderen Seite (das Bedürfnis nach Kontakt mit dem Vater, der Schrecken vor der Finsternis, der Autoritätsglaube).

Beschleunigte physische Reife

Die Pubertät wird durch eine Reihe durchgreifender leiblicher Symptome eingeleitet. Das Körperwachstum geht schneller, Knochengerüst und Muskulatur werden verstärkt. Manchmal treten Fettansätze auf, denen oft ein Abmagerungsprozeß folgt. Aus guten Gründen wird angenommen, daß all diese Veränderungen durch die gesteigerte Aussonderung von Geschlechtshormonen veranlaßt werden, die einige Jahre vor der Pubertät einzusetzen pflegt.

In unserer Zeit fangen diese Veränderungen immer früher an. Es handelt sich um eine ganze Gruppe von Phänomenen, die in den industrialisierten Teilen der Welt eindeutig beschrieben worden sind. Es scheint, daß sie sich schon im vorigen Jahrhundert gezeigt haben. Sie treten seit den zwanziger Jahren unseres Jahrhunderts deutlich hervor und wurden 1935 wissenschaftlich untersucht (als der Stadtarzt in Leipzig, E. Koch, zum erstenmal ihre Existenz statistisch belegte).

Die Menschen sind größer als früher. Das Geburtsgewicht ist durchschnittlich höher. Zahnwechsel und Geschlechtsreife treten in der Regel wesentlich früher ein. Viele Psychologen sprechen auch von einer beschleunigten intellektuellen Entwicklung.

Worauf beruht das alles? Da gehen die Ansichten weit auseinander. Die wissenschaftliche Diskussion ist besonders in Deutschland lebhaft gewesen. Eine große Gruppe von Forschern, unter ihnen W. Lenz, behaupten, daß die einzige wesentliche Ursache der Verfrühung der steigende Konsum von Fett und Eiweiß sei. Nach einer anderen Auffassung, die vom Kinderarzt B. de Rudder besonders energisch vertreten worden ist, handelt es sich nicht nur um die Zunahme der Nahrung, die Veränderungen hervorgerufen hat, sondern es sind auch der ganze Urbanisierungsprozeß und besonders die unerhörte Steigerung der Sinneseindrücke an Menge und Intensität, die das Kind beeinflussen. Die Vertreter dieser Auffassung haben nachdrücklich auf die Tatsache hingewiesen, daß der Körperlängenzuwachs der Kleinkinder (im Gegensatz zum Körpergewichtszuwachs) sich nach Untersuchungen in deutschen Großstädten unabhängig von den Hungerjahren 1945–47 fortgesetzt hat.

Auch wenn die Ursachen der Beschleunigung nicht endgültig klargelegt worden sind – die

Folgen des Geschehens sind uns allen dennoch sichtbar: die Kinder werden heutzutage schneller «erwachsen».
Ist es wirklich so einfach? Um diese Frage erläutern zu können, müssen wir das Problem auch von einer anderen Seite aus betrachten.

Körperliche und seelische Reife

Da die entscheidenden physischen Pubertätsveränderungen vor den psychischen eintreten, liegt es nahe zu glauben, daß die letzteren sekundär sind. Viele Psychologen nehmen das auch als gegeben an. Nach Rudolf Steiner verhält es sich aber nicht so. Er weist darauf hin, daß der natürlichen Grazie der Kinder schon um das zwölfte Jahr oder früher eine kantige und täppische Bewegungsart bei den Jungen, eine gewisse Schwere und Müdigkeit bei den Mädchen zu folgen pflegt; er betont, daß es die gleichen inneren Kräfte sind, die sich als eine Art «Musikalität der Gliedmaßen» gezeigt hatten, die jetzt eine Metamorphose durchgehen und in verwandelter Form auftreten, als neue Fähigkeiten nämlich auf dem Gebiet des Gefühls- und Vorstellungslebens. In der «Erziehung des Kindes vom Gesichtspunkte der Geisteswissenschaft» schildert er, daß die biologischen Veränderungen eintreten, wenn diese inneren Kräfte sich vom Leibe freimachen und nun als seelische Fähigkeiten einer bisher unbekannten Art schrittweise erwachen.
Für Steiner ist diese Seite der Pubertät die wesentliche. Der leiblichen Fähigkeit, sich zu reproduzieren, entspricht auf der seelischen Ebene die Fähigkeit, sich im Inneren widerspiegeln zu können, also zu erleben und zu verstehen, was in der ganzen Menschheit lebt. Die rein physische Anziehung von Menschen des anderen Geschlechts ist nur der begrenzte Ausdruck einer viel umfassenderen Liebeskraft, die – wenn sie sich gesund entwickelt – als vertieftes Interesse für die ganze Welt hervortritt. Wo dieses Interesse fehlt, weil die physischen Triebe sich in den Vordergrund schieben, liegt eine verkümmerte seelische Entwicklung vor.
Steiner hielt den Ausdruck «Geschlechtsreife» für viel zu eng und ersetzte ihn gern durch die Bezeichnung «Erdenreife».
Die inneren Kräfte, mit denen es der Lehrer bei Schülern dieses Alters zu tun hat, können sich bei gesund entwickelten Persönlichkeiten mit manchmal ganz verblüffender Stärke äußern. Wer sich mit 16-, 17jährigen ernsthaft unterhält, erlebt eine Reife, die vor einigen Jahren überhaupt noch nicht vorhanden war. Damals waren die Jugendlichen ihrer Denkweise nach noch ganz Kinder. Heute gibt es kaum große Lebensfragen auf wissenschaftlichem, künstlerischem oder menschlichem Gebiet, von denen ein junger Mensch nicht gefesselt werden könnte.
Vor allem unter den hochbegabten Jugendlichen fällt ein Phänomen auf. Ihre Wachheit für Zeitsymptome und Zeitbedürfnisse, ihre Gedankenschärfe und Formulierungsfähigkeit zeugen oft von einem Bewußtsein und einer inneren Reife, die einen tief beeindrucken. Aber dieselben Individualitäten haben die ausgeprägte Fähigkeit, ihre eigenen menschlichen Beziehungen zu verwirren, besonders auf erotischem Gebiet. Das Bewußtsein ihrer reichen inneren Ausstattung und die in weiten Kreisen herrschende Auffassung, daß Geschlechtsreife auch Erwachsensein bedeute, verleiten sie oft dazu, ihren Reifegrad zu überschätzen und sich in Lebenssituationen hineinzubegeben, die ihnen das Leben sehr schwer machen. Der Fall Ilse ist dafür ein charakteristisches Beispiel.
Es gibt aber andere Gruppen von Jugendlichen, bei denen die Diskrepanz zwischen physischer und seelischer Reife noch deutlicher hervortritt. Die vielfach sonderbaren Manifestationen der Teenager auf dem Gebiet der Kleidung, der Frisur, der Musik und des Umgangsstils haben manchmal – auch vom Gesichtspunkt der Älteren – einen gewissen Reiz oder wenigstens einen gewissen Unterhaltungswert. Sie entspringen oft einer voll verständlichen Opposition gegen die Spießbürgerlichkeit und Phantasielosigkeit der älteren Generationen. Die plötzlich auftauchenden Modeströmungen haben aber auch eine andere, gar nicht unwesentliche Seite. Presse, Rundfunk und Fernsehen verbreiten diese Impulse mit einer enormen Effektivität. Viele Jugendliche sind heute in ihren Gedanken und in ihrer Freizeit hochgradig mit Dingen beschäftigt, die «man» tun «muß», weil sie «alle» tun. So wird ein Nachahmungsinstinkt, der eigentlich dem frühen Kindesalter zugehört, gepflegt und bewahrt.
Nicht nur die relativ harmlosen Teenagermoden, sondern auch die wirklich ernsten, asozialen Symptome werden aber weitgehend durch undurchdachte Nachahmung von Aktionsmustern hervorgerufen, die durch die Massenmedien oder in der unmittelbaren Umgebung erlebt werden: Wahnsinnsfahrten in geliehenen oder gestohlenen Autos, Jugendverbrechen, sexuelle Gewalttätigkeit, Narkotika- und Alkoholmißbrauch.

Pubertätsprobleme und Kleinkinderziehung

Jede Schilderung des Hintergrundes krimineller und anderer schwerer sozialer Entartungen pflegt eine Erzählung von elementaren menschlichen Anlagen zu sein, die durch unzureichende Pflege vernachlässigt worden sind: in der Regel mangelnder seelischer Kontakt mit der nächsten Umgebung während der frühesten Kinderjahre. (Vgl. die Untersuchungen von René Spitz.) Auch viele andere, geringere Jugendprobleme können als «Mangelkrankheiten» betrachtet werden, die schon im frühen Kindesalter veranlaßt worden sind.
In einem pädagogischen Kurs in Holland 1924 berührte Rudolf Steiner bei einer Gelegenheit die Problematik, die sich hier zeigt. Er betonte, wie Haltungen bewahrt werden können, die einem gewissen Lebensalter zugehören und denen der Mensch normalerweise entwächst, wie etwa die Nachahmungsbereitschaft des Vorschulalters und das Autoritätsbedürfnis der Schuljahre bis zur Pubertät. Dann wird der Leib wohl weiter ausgebildet, aber das Seelische bleibt, zumindest teilweise, auf einer Entwicklungsstufe stehen, die viel kindlicher ist als das biologische Alter besagt. In einem anderen Vortrag im selben Jahr gab Steiner ein Beispiel, wie eine solche Verzögerung zustande kommen kann. Wenn die Fähigkeit des abstrakten Denkens im Menschen durch seinen Eintritt in die Pubertät erwacht, muß die Gedankenkraft aus einem reich entwickelten Willens- und Gefühlsleben dauernd Nahrung bekommen. Wenn der junge Mensch an innerer Armut leidet, weil die tiefer liegenden Seelenschichten nicht genügend ausgebildet sind, greift er gewissermaßen in die Leere mit seiner neugewonnenen intellektuellen Kapazität. Er orientiert sich dann im Dasein nicht etwa mit dem Denken, sondern durch Nachahmung und Autoritätsglauben. «Das gibt ihm Haltlosigkeit, das bringt ihn dazu, in jenem Lebensalter, wo er eigentlich schon in sich bis zu einem gewissen Grade gefestigt sein müßte, sich in allerlei Allotria einzulassen, dies und jenes nachzumachen, sich zu gefallen, nachzuahmen in den Rüpel- und Flegeljahren dasjenige, was ihm gerade gefällt – meist ist es etwas, was den anderen, die eben auf die Nützlichkeit des Lebens ausgehen, nicht gefällt – das nachzuahmen, weil er als Kind nicht im richtigen Nachahmen lebendig gehalten worden ist. So sehen wir viele nach der Geschlechtsreife herumlaufen, da- oder

dorthin sich anlehnend und damit das innere Freiheitserlebnis betäubend.» (Vortrag vom 17. 4. 24)

Viele junge Menschen leiden zweifellos in unseren Tagen an wahrhafter seelischer Armut und befinden sich dadurch in einer Situation, die stark an die von Rudolf Steiner hier beschriebene erinnert. Sollte sich seine Diagnose als richtig erweisen, so wäre es an der Zeit, auf dem Gebiet der Kindererziehung umzudenken. Vorbilder nachzuahmen im Vorschulalter und Autoritäten zum Verehren in der Volksschulzeit zu haben, wären tief wurzelnde Bedürfnisse, die bei jedem Menschen vorhanden sind und die während seiner Kindheit befriedigt werden müssen, wenn ihm nicht Nachahmungssucht und Kritiklosigkeit durch den Rest seines Lebens folgen sollen. Wenn man mit «freier» Erziehung eine Pädagogik meint, die die Kinder so wenig wie möglich beeinflussen will, und die dadurch versäumt, die zwei genannten elementaren Bedürfnisse zu erfüllen, dann ist das paradoxe Resultat einer solchen Erziehung innere Unfreiheit.

Was die Schulzeit bedeuten kann

Kann die Schularbeit selber zu einer harmonischeren Entwicklung von Jugendlichen beitragen, die durch das, was sie in ihrer frühen Kindheit erlebt oder verpaßt haben, an seelischer Unterernährung leiden?

Zur Beleuchtung dieser Frage sei ein konkretes Beispiel angeführt.

In seinem ersten Lebensjahr wurde an Martin sehr viel versäumt, bis er schließlich zu einer Pflegemutter kam, einer redlichen und klugen Frau, die sehr lieb zu ihm war. Da sie aber berufstätig war, hatte sie nicht viel Zeit für ihn. Er streunte oft durch die Straßen.

Die Pflegemutter wünschte, ihn individueller zu pflegen, und da wurde ihr von Bekannten geraten, ihn möglichst in eine Rudolf-Steiner-Schule zu geben. Martin war gesund und normal schulreif und durfte in der ersten Klasse beginnen. Zeitweise war er sehr rastlos. Sein Gesicht trug deutlich die Spuren der Verwahrlosung seiner Kleinkinderzeit, aber auch die Wachheit einer scharfen Intelligenz. Beim Rechnen war er einer der Ersten. Seine sprachliche Entwicklung dagegen ging sehr langsam voran; erst in der fünften Klasse lernte er lesen. Manchmal fiel seine Härte gegen andere Kinder auf. Er fühlte sich aber wohl in der Schule und wurde mit der Zeit heiter und offen. Er besaß ein ausgeprägt sanguinisches Temperament. Als er 16 Jahre alt war, starb die Pflegemutter unter tragischen Umständen. Martin stand jetzt allein im Leben, wurde aber von einer geordneten Familie aufgenommen. Er scheint sich nach dem Tod der Pflegemutter schnell erholt zu haben. Die Folgen der Verwahrlosung in seiner frühen Kindheit traten jetzt aber stark hervor, vor allem sein unverhüllter Egoismus. Er liebte Schokolade und war z. B. ohne weiteres imstande, vor dem Essen in die Speisekammer einer fremden Familie, die ihn zum Mittagessen eingeladen hatte, zu schleichen und die ganze Schokoladennachspeise herunterzuschlingen.

In seiner krassen Lebenseinstellung betrachtete er Fächer wie Mathematik, Naturwissenschaften, moderne Geschichte, Gegenwartskunde und Handwerk als schön und nützlich. Trotz seiner ziemlich großen Faulheit erreichte er oft erstaunlich gute Resultate, nicht zuletzt dank seines außerordentlich guten Gedächtnisses. Seine sprachliche Ausdrucksfähigkeit blieb rudimentär. Lese- und Schreibschwierigkeit, (Legasthenie) scheint es nicht gewesen zu sein, aber er verleugnete völlig seine Schriftsprache. Rechtschreibung und Satzbau waren oft haarsträubend mangelhaft. In den künstlerischen Fächern zeigte er sich gänzlich uninteressiert, manchmal direkt unverschämt. In den Stunden, in denen ihn der Unterricht nicht berührte, saß er oft mit offenem Munde (hin und wieder mit dem Daumen darin) und mit einem schlaffen Gesichtsausdruck unter dem kurzgeschorenen, filzigen Haar. Er hatte nur wenige Moralbegriffe, und die waren primitiv und verschwommen. Wenn er es für nötig hielt – z. B. um «einem Kameraden zu helfen» – log er unverfroren. Außerhalb der Schule verkehrte er eine Zeitlang in einem Kameradenkreis, der gewisse kriminelle Tendenzen zeigte. Es hat sich später herausgestellt, daß er es vermied, in irgendwelche strafbaren Handlungen hineingezogen zu werden. Da er leicht verführbar war, gab es aber eine Periode, in der man Befürchtungen haben mußte, ob Martins Entwicklung allmählich doch noch in positive Bahnen käme. In erster Linie wurzelte bei ihm alles in seinem tiefen Kontaktbedürfnis. Er zog sich nie auf sich zurück. Wenn eine Gruppe von Kameraden mit einem Lehrer im Korridor ein Gespräch führte, trat Martin eigentlich immer hinzu, legte ihnen seine Arme auf die Schultern und mischte sich mit einem fröhlichen Grinsen ins Gespräch. Die Lehrer wußten, wie wichtig das für ihn war, und schenkten ihm so viel Zeit, wie sie nur konnten. Einige Jahre nachdem er die Abschlußklasse verlassen hatte, sagte er einmal: «Die Schule war mein Elternhaus.»

Schon in der zwölften Klasse wurden die ersten Anzeichen einer Verwandlung spürbar, die allmählich sehr tief ging. Martin wurde ausgesprochen fleißig. Er begann einen Blick für die Bedürfnisse und Probleme anderer Menschen zu entwickeln. Die Geselligkeit wurde zur Herzlichkeit. Der Umkreis seiner Interessen erweiterte sich kräftig. Er verfolgte intensiv und kritisch die Kulturfragen und wurde ein treuer Theaterbesucher. Er wurde in die Universität aufgenommen, lebte äußerst sparsam und erreichte sehr gute Studienresultate.

Zusammenfassende Gesichtspunkte

Genauso wenig wie andere Berichte über Einzelfälle können die Erzählungen von Ilse und Martin etwas über den spezifischen Wert der Waldorfpädagogik «beweisen». Sie können aber dazu beitragen, die praktische Zielsetzung der Arbeit einer Waldorfschule zu beleuchten.

Es ist nicht zu bezweifeln, daß sich Ilse ernsthaften Arbeitsgewohnheiten angepaßt hat, nachdem sie in die Waldorfschule übergegangen war. Im übrigen konnte an ihrer Lebenssituation nicht viel geändert werden; was sie erlebte, hätte sich wohl ähnlich abgespielt, auch wenn sie eine andere Schule besucht hätte. Was Martin betrifft, scheinen seine Erlebnisse in der Waldorfschule eine tiefer gehende Bedeutung gewonnen zu haben. Dabei ist bestimmt ein wichtiger Umstand der, daß er schon von der ersten Klasse an in einer Waldorfschule war. Die späteren Schuljahre sind deshalb nicht unwesentlich; wäre er schon nach der achten Klasse weggegangen, dann hätte die Wirkung seiner Schulzeit gewiß nicht so befestigt und über Krisen hinweg vertieft werden können.

Es kann nicht oft genug wiederholt werden, daß die Waldorfschulen für gesunde Kinder mit normalen Begabungen eingerichtet wurden und daß sie keine Institutionen für «Problemkinder» sind. Denoch müssen, wie in anderen Schulen, auch hier Kinder aufgenommen werden, die sich in schweren Lebenssituationen befinden. Es zeigt sich dann, daß die Schulzeit in der Regel größere Bedeutung gewinnt, wenn das Kind früh, möglichst schon in der ersten Klasse, beginnen darf; wenn es im Schutze der «geliebten Autorität» des Klassenlehrers und seiner Klassengemeinschaft durch die Krisen des 9. und 12. Lebensjahres hindurchgehen kann; wenn es mit der rechten «Seelennahrung» gespeist, selbständig und kraftvoll in seinen Interessen, auf die Wende der Pubertät vorbereitet ist.

Denn die Krisen der Pubertätszeit müssen bewältigt werden, bevor sie ausbrechen. Schülern zu helfen, die erst in der Oberstufe in eine Waldorfschule kommen, ist oft schwer oder unmöglich.

Die Beschreibung von Martin bestätigt auch eine andere Regel. Das allerwichtigste für die innere Entwicklung während der Jugendjahre ist der fortgesetzte Kontakt mit verantwortungfühlenden, erwachsenen Menschen. In einer Zeit, da der seelische Reifeprozeß oft aus verschiedenen Gründen disharmonisch wird, ist dieser Kontakt wesentlicher denn je.

SCHWARZ-WEISS IN DER 7. UND 8. KLASSE

Die Schüler stehen im Alter von 14–15 Jahren in einer Zeit der Kontraste. Im Beginn des Schwarz-Weiß-Malens erlebt man die beiden Polaritäten zunächst als Phänomene, um sie dann wie von selbst als Symbole von Licht und Finsternis zu erfassen. Eine Welt des Licht-Dunkels kann jetzt erobert werden, wenn verschiedene Arten des Lichtes charakterisiert werden (der Schein der Sonne, des Mondes, der Straßenlaterne usw.). Am Ende des Übungsweges, der sich hier ergibt, steht das Porträt.

Oben: Aufgabe aus der Schattenlehre (Konstruktion).

Unten: Identifikation mit Licht und Finsternis (aus der Phantasie gezeichnet).

Die Welt und besonders die Menschen der eigenen Umgebung ganz «schwarz-weiß» zu erleben, gehört zu den Urphänomenen der Pubertätszeit. Es kann wohltuend sein, in diesen Jahren seine Empfindungen mit Hilfe des Kohlestiftes zu objektivieren und in eine Form zu bringen.

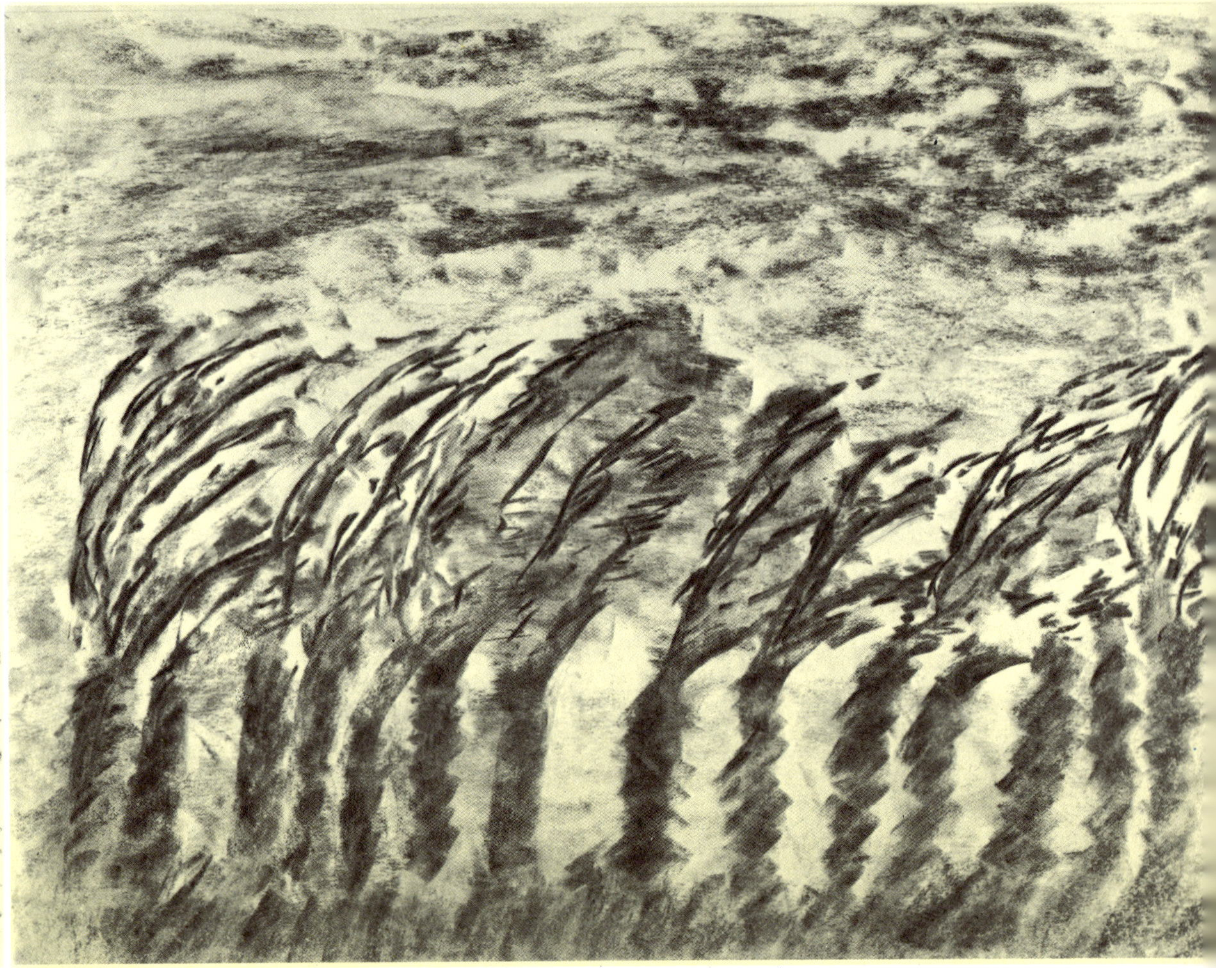

Zwei Hell-Dunkel-Studien, aus der Phantasie dargestellt (Stuttgart).

Zwei Hell-Dunkel-Studien, nach der Beobachtung gezeichnet.

Lotta

VON DER 9. ZUR 12. KLASSE (OBERSTUFE)

Seite 144: Perspektivische Probleme, nach der Beobachtung gezeichnet. Erster Versuch eines Portraits (Beides 9. Klasse).

Wichtige Seelenanlagen erwachen normalerweise im Menschen erst in den Jugendjahren, zum Beispiel die Fähigkeit, individuelle Interessen und einen persönlichen Geschmack zu entwickeln, und das Streben nach selbständigen Urteilen in Erkenntnisfragen. Die ständige Nachahmungsbereitschaft jedoch, die im vorigen Kapitel geschildert wurde und die ohne Zweifel ein wichtiger Faktor der gegenwärtigen Zivilisationsentwicklung ist, macht es dem einzelnen schwer, die genannten Fähigkeiten zu entfalten und zu behaupten.

Werden die Unglückspropheten recht behalten, die voraussagen, daß die Massenmedien langsam aber sicher Massenmenschen erzeugen, die ausschließlich kollektive Impulse haben? Wie soll der einzelne in diesem Strom starker, oft suggestiver Beeinflussungen seinen eigenen Lebensstil finden können, seinen individuellen Weg durch das Dasein?

Der Unterricht, der den Schülern in den Klassen 9–12 (in der Waldorfschule «die Oberstufe») zuteil wird, kann in dieser Hinsicht eine Hilfe bedeuten.

Die wissenschaftliche Haltung

Strenggenommen kann man zu einem selbständigen Urteil über eine Frage nur durch eine Haltung kommen, die man als wissenschaftlich bezeichnen könnte: sie läßt keine vorgefaßten Meinungen zu, keine Emotionen dürfen das ruhige Betrachten stören.

Man braucht nicht Forscher zu sein, um dieses Prinzip anzuwenden. Es genügt, wenn man bestrebt ist, in einer wirklich zeitgemäßen, das heißt bewußten Weise zu leben und zu denken. Insofern kann unsere Epoche mit vollem Recht ein Zeitalter der Wissenschaft genannt werden. Wie viele Menschen gibt es aber eigentlich, die heute wissenschaftlich *leben* in dem Sinne, daß sie in Erkenntnisfragen, die sie selber angehen, ohne Leidenschaft Stellung nehmen, ohne sich von Lieblingsgedanken, von Schlagwörtern ohne Deckung oder von «Forschungsresultaten» beirren zu lassen, die in Wirklichkeit nur schwach begründete Hypothesen sind? Es ist ein tragischer Widerspruch, daß der unerhörte wissenschaftliche Aufschwung, der mehr als irgend etwas anderes dazu beigetragen hat, alte Überzeugungen auszuräumen, gleichzeitig einen Autoritätsglauben gezeitigt hat, der sich oft an Blindheit mit den alten Glaubensformen messen kann.

Der Unterricht in den obersten Klassen einer Waldorfschule will dazu beitragen, den Grund einer Lebenshaltung zu legen, die nicht nur auf der Oberfläche, sondern auch in der Tiefe wissenschaftlich ist in dem Sinne, wie das Wort hier verstanden wird. Die allerersten Schritte auf diesem Wege sind, wie wir gesehen haben, schon in den letzten Unterstufenjahren angelegt worden. Von der neunten Klasse an folgen jetzt im Unterricht durchgreifende Veränderungen, die in dieselbe Richtung zielen, aber wesentlich weiter führen.

Der Unterricht wird von Fachlehrern übernommen, in den wissenschaftlichen Fächern hauptsächlich von Akademikern. Der Lehrer hat auf dieser Stufe keine selbstverständliche Autorität mehr. Es ist zwar wichtig, daß die Schüler vor seinen Fachkenntnissen und seinem pädagogischen Können Achtung haben. Er muß aber bereit sein, für alles, was er sagt, Rechenschaft abzulegen, sowohl auf der fachlichen als auch auf der menschlichen Ebene. Alle Aussagen können in Frage gestellt werden, und alle begründeten Fragen sind der Behandlung wert. Die Stunden bestehen deshalb oft zum großen Teil aus Gesprächen und Diskussionen.

Die naturwissenschaftlichen Epochen (Biologie, Klimatologie, Geologie, Chemie, Physik, Mathematik usw.) eignen sich natürlich besonders zum Üben der Beobachtungs- und Denkfähigkeit. Die Experimente des Lehrers und die Versuche der Schüler spielen bis hinauf in die 12. Klasse eine grundlegende Rolle im Unterricht. Größte Genauigkeit ist bei der Durchführung notwendig, sonst kann das Resultat ganz irreführend werden. Wenn Schlüsse gezogen werden, heißt es, keinen Schritt zu tun, der nicht durch die beobachteten Phänomene voll belegbar ist. – In der Mathematik sollen die Schüler vor allem soweit wie möglich die durchzuführenden Operationen verstehen; das Einüben der mathematischen Routine, die an und für sich sehr wichtig ist, steht an zweiter Stelle. – In den kulturwissenschaftlichen Fächern Geschichte, Literatur- und Kunstgeschichte, Geographie ist die Situation teilweise ganz anders. Wenn man z. B. über soziale, wirtschaftliche und politische Fragen, über einzelne Menschenschicksale und über Kunstwerke spricht, kann der Zuhörer, besonders bei lebendiger Schilderung, sehr persönlich berührt werden. Im Grunde heißt die Aufgabe oft, den Schülern bei der Überwindung privater Sympathien und Antipathien zu helfen und auf der anderen Seite zu versuchen, ihnen ein auf Erkenntnis gegründetes Gefühl für menschliches Schicksal zu vermitteln, von dem sie früher nicht gewußt oder aus dem sie sich früher nichts gemacht haben. Man erstrebt mit anderen Worten eine objektive Haltung auch in der Sphäre der Emotionen.

Der Stoff, der den Schülern in den Oberstufenjahren geboten wird, ist sehr umfangreich. Das Lernen fordert in zunehmendem Maße ihren selbständigen Einsatz in der Arbeit an Epochenheften, Hausaufsätzen und Referaten. In der 11. und vor allem in der 12. Klasse werden außerdem gründliche Einzelarbeiten nach freier Wahl durchgeführt. Einige Schüler wählen eine künstlerische oder handwerkliche Aufgabe, andere untersuchen eine wissenschaftliche Fragestellung oder bauen eine naturwissenschaftliche Versuchsreihe auf.

Es zeigt sich in der Praxis, daß die Schüler, die schon von Anfang an eine Waldorfschule besuchten, zumeist auffallend gute Voraussetzungen für eine solche Arbeitsweise mitbringen. Ihr Intellekt ist nicht zu frühzeitig in Anspruch genommen worden, und sie haben nicht vorzeitig ein Übermaß abstrakten Wissens aufnehmen müssen. Sie sehen mit Spannung all dem Stoff und all den neuen Perspektiven entgegen, die sie in den höheren Klassen erwarten. Ihre Haltung ist in der Regel von einer wachen Kritik gekennzeichnet, nicht von einer müden Skepsis. Ihre Mitwirkung wird besonders aktiv, wenn es sich zum Beispiel darum handelt, große menschliche Lebensfragen durch wissenschaftliche Tatsachen zu beleuchten. Ihr Bedürfnis, in den Erkenntnisfragen eigene Urteile zu bilden, führt oft zu wissenschaftlich bestimmten Interessen in der Freizeit.

Einige prinzipielle Gesichtspunkte

Im Jahre 2000 wird nach Aussage der Zukunftsforscher die Wissenschaft eine noch größere Rolle spielen als heute. Wenn wir unsere Kinder und Jugendlichen auf diese «Wissensexplosion» vorbereiten wollen, gibt es – nach der herrschenden Auffassung – keine andere Möglichkeit, als ihnen ohne eingehendere Erklärungen «Gedankenmodelle» zu vermitteln, d. h. Hypothesen oder Ansichten, in deren wissenschaftliche Grundlage der Schüler kaum Einblick gewinnen kann. Die Zielsetzung des Unterrichts wird dadurch verschoben. Die Ausrichtung von Lehrerbildung, Lehrbüchern, Hilfsmitteln und Lernmethoden auf diese neue Zielsetzung ist in den hochindustrialisierten Ländern in vollem Gange.

Angesichts dieser Entwicklung ist die Frage berechtigt, ob man nicht mit einer solchen Unterrichtsweise – vielleicht ohne es bewußt anzustreben – den Schülern eine fertige Lebensanschauung aufoktroyiert. Es kann zwar eingewendet werden, daß die moderne wissenschaftliche Forschung sich in ständiger Veränderung befinde und schon aus diesem Grund – wenn ihre Resultate adäquat vorgelegt werden – das Entstehen einer statischen Weltauffassung verhindere. Man kann aber kaum leugnen, daß die Entwicklung in bestimmten, sich allmählich verkomplizierenden Bahnen verläuft, die nicht nur die Untersuchungsmethoden, die Definitionen und die Theorien, sondern auch die Fragestellungen selber bestimmen und unser Menschen- und Weltbild stark prägen. Wenn gerade diese Gedankenbahnen in immer größerem Umfang Gegenstand eines mehr oder weniger unreflektierten Einlernens werden, ist die Gefahr einer geistigen Unfreiheit offenbar.

Das Ziel, das den Oberstufenlehrern der wissenschaftlichen Fächer an einer Waldorfschule vor Augen steht, ist ein «phänomenologisch» orientierter Unterricht, der lieber charakterisiert als definiert und der es den Schülern ermöglicht, wenigstens in gewissem Umfang die Grundlagen einiger heute repräsentativer «Gedankenmodelle» und wissenschaftlicher Anschauungen zu verstehen und zu beurteilen.

Man könnte natürlich fragen, ob nicht der naturwissenschaftliche Unterricht an einer Waldorfschule – die ja ihr geistiges Fundament durch Rudolf Steiner erhalten hat – einer besonderen Gefahr der Einseitigkeit ausgesetzt ist. Über die Gesichtspunkte hinaus, die bereits in dem Kapitel über das Freiheitsmotiv angeführt wurden, muß hier darauf hingewiesen werden, daß die anthroposophische Weltsicht – die für die meisten Lehrer die Grundlage ihrer Lebensauffassung bildet – tolerant ist, nicht nur in dem Sinne, daß sie das Dasein anderer Betrachtungsweisen bejaht, sondern auch insofern als sie eine Hilfe bietet, in fremde Gedankenrichtungen einzudringen und sie zu verstehen. Dies ausführlich zu motivieren, würde hier zu weit führen. Ein kleines Beispiel mag verdeutlichen, was gemeint ist. Ein Geschichtslehrer versuchte, der 11. Klasse ein Bild des Marxismus zu geben. Er hatte sich in den Stoff intensiv eingelebt und brachte ihn mit einer solchen Begeisterung, daß die Schüler eine Zeitlang glaubten, er sei tatsächlich Marxist. Eine solche Darstellung gelingt natürlich nicht immer, man kann aber versuchen, eines der wichtigsten Ziele der ganzen Erkenntnisarbeit in der Oberstufe zu verwirklichen: so zu unterrichten, daß der Lehrer nicht nur verschiedene Gedankenalternativen zur Verfügung stellt, sondern sich auch bis zu einem gewissen Grade für jede einzelne zu engagieren vermag.

Die soziale Gemeinschaft einer Klasse

Wie kann man aber in einer Schule, in der es keine Begabtenauslese gibt, einen Unterricht durchführen, der zunehmend verhältnismäßig hohe Ansprüche an die Erkenntnisfähigkeiten der Schüler stellt?

Ein wesentlicher Grundsatz der Steinerschen Pädagogik ist, daß jeder Mensch mit normalen Voraussetzungen im Prinzip die Chance haben sollte, zwölf Jahre hindurch die Schule zu besuchen. Die Praxis zeigt aber, daß einzelne Schüler, die am Unterricht der Unterstufe noch rege teilnehmen, aus verschiedenen Gründen der Arbeit der letzten Schuljahre nicht folgen können. Sie gehen meist in eine handwerkliche Berufsausbildung oder besuchen einen der sogenannten praktischen Zweige, die an verschiedenen Waldorfschulen eingerichtet wurden. Aber auch unter den verbleibenden Schülern gibt es bis in die 12. Klasse hinauf sehr große Unterschiede in den Begabungsvoraussetzungen und der Arbeitsfähigkeit. Es soll betont werden, daß die Waldorfschulen dies voll und ganz bejahen. Man muß sich nur darüber klar sein, daß die individuellen Leistungen entsprechend variieren. Begabte und energische Schüler haben nach absolvierter Abgangsklasse die Hochschul-

reife erlangt, andere weisen noch erhebliche Wissensmängel auf, haben aber in der Regel doch einen Stand von Allgemeinbildung erreicht, der ihnen recht gute Möglichkeiten vermittelt, den Anforderungen des modernen Lebens gewachsen zu sein.
Die Frage liegt natürlich nahe, ob nicht die intellektuell veranlagten Schüler von ihren anders veranlagten Kameraden gehemmt werden. Gewiß kann ein gemeinsamer Unterricht manche Verzögerungen verursachen, da der Lehrer einzelner Schüler wegen zu Abweichungen, Sondererklärungen usw. veranlaßt wird. Auf der anderen Seite kann dies einem Egoismus und Strebertum bei den Begabtesten entgegenwirken, die zudem durch Sonderaufgaben ihren Kräften entsprechend gefördert werden können. Im ganzen kann man sagen, daß die Arbeit durch die Anwesenheit der mehr praktisch als theoretisch veranlagten Schüler nicht wesentlich gehemmt wird, solange diese ihr Bestes tun.
Kann aber nicht das Entgegengesetzte eintreten: daß diejenigen, die keinen direkten Hang zu wissenschaftlicher Arbeit haben, durch die Leistungen der anderen mutlos werden? Diese Gefahr besteht; doch ist das Schulleben so vielseitig, daß es Möglichkeiten gibt, sich auf einem anderen Felde als dem theoretischen zu behaupten. Außerdem entwickelt sich so in den oberen Klassen ein guter sozialer Geist, und meistens liegt den Schülern genausoviel daran wie den Lehrern, einen jeden nach seinen eigenen Voraussetzungen einzuschätzen.

Die Rolle der Kunst auf der Oberstufe

Als ein Gegengewicht gegen die wissenschaftlichen Anforderungen wirkt sich der Unterricht in Eurythmie, Rezitation, Malen, Zeichnen, Modellieren und Kunsthandwerk aus bis in die 12. Klasse hinauf.
Auf dieser Altersstufe kann die Kunst eine neue Bedeutung im Leben des Menschen gewinnen. Er kann sich jetzt viel bewußter als früher in das Material hineinleben, mit dem in den verschiedenen Kunstarten gearbeitet wird (Töne, Laute, Farben, Holz, Ton, Metall usw.). «Kunstgeschichte» ist ein eigenes Unterrichtsfach des Oberstufenlehrplans. Viele Schüler beschäftigen sich künstlerisch in ihrer Freizeit. So wird ihnen allmählich immer deutlicher erfahrbar, daß das Leben reicher und vielseitiger für sie wird, daß es bestimmte, psychologisch-ästhetische Gesetze gibt, die sie nur kennenlernen, sofern sie künstlerisch tätig sind und Kunst betrachten lernen. Damit wachsen auch die Möglichkeiten zu verstehen, zu genießen, wohlbegründete Urteile zu fällen und mit der Zeit – unabhängig von der Berufswahl – einen individuellen Geschmack und Lebensstil zu entwickeln.

MATHEMATIK UND GEOMETRIE

Neunte Klasse

Spätestens beim Übergang in die Oberstufe wird sich die Mehrzahl der Schüler dessen bewußt, wie wichtig es ist, etwas von Mathematik zu verstehen. Sie erfahren, daß der Zutritt zu mehreren theoretischen und praktischen Berufsausbildungswegen nur für denjenigen offen steht, der gute mathematische Kenntnisse besitzt. Die Mathematik hat hohes Ansehen innerhalb der heutigen Gesellschaftsordnung. Dies könnte als ein günstiger Wind für das Wachrufen neuer Interessen gefaßt werden. Der Lehrer muß dennoch der Versuchung widerstehen, diesen Wind allzusehr auszunutzen. Der Mathematik-Unterricht soll die ganze Schulzeit hindurch der Entwicklung der Persönlichkeit dienen und dadurch einen Eigenwert besitzen.
Vielleicht hat sich am schönsten über die Bedeutung des mathematischen Übens Platon ausgesprochen. Im «Staat» schreibt er: «Durch die Mathematik wird ein Werkzeug der Seele gereinigt und wie in läuterndem Feuer zu neuer Lebenskraft geweckt, während andere Beschäftigungen es vernichten und seiner Sehkraft berauben, wo es doch weit mehr verdiente erhalten zu werden als tausend leibliche Augen, denn durch diese allein wird die Wahrheit gesehen.»
Wie weit entfernt von einer solchen Betrachtungsweise steht doch der Sechzehnjährige! «Wozu soll das gut sein?» ist eine symptomatische Frage. Dort in der Klasse sitzen die Jugendlichen mit neu erweckten intellektuellen Kräften und mit dem Drang, etwas Praktisches in der Welt verrichten zu können. Es ist jedoch nicht schwierig, sie für ein Problem zu engagieren, das gar nicht aufs Praktische ausgerichtet ist, falls die gestellte Aufgabe sie nur in ihrem Prozeß der inneren Entfaltung anspricht.
Das Problem der Türme in Hanoi kann als Beispiel dienen für eine Aufgabe, die sich zunächst an den kombinierenden Verstand wendet und dann wesentlich darüber hinausführt. Ein Hanoi-Turm besteht aus einer Anzahl von durchlöcherten Steinen, an einer vertikalen Stange aufgereiht. Vom untersten, größten an werden die Steine sukzessive immer kleiner, bis zum obersten hin. Außerdem stehen zwei leere Stangen zur Verfügung. Die Frage ist jetzt: wie viele Versetzungen einzelner Steine braucht es, um den Turm auf einer der leeren Stangen aufzubauen, wenn als Bedingung gilt, daß ein größerer Stein niemals über einem kleineren liegen darf?
Wir nehmen an, daß wir vier Steine haben. Es dauert nicht lange, bis die Schüler durch Probieren herausgefunden haben, daß $x = 15$ Versetzungen notwendig sind, um den Turm wie

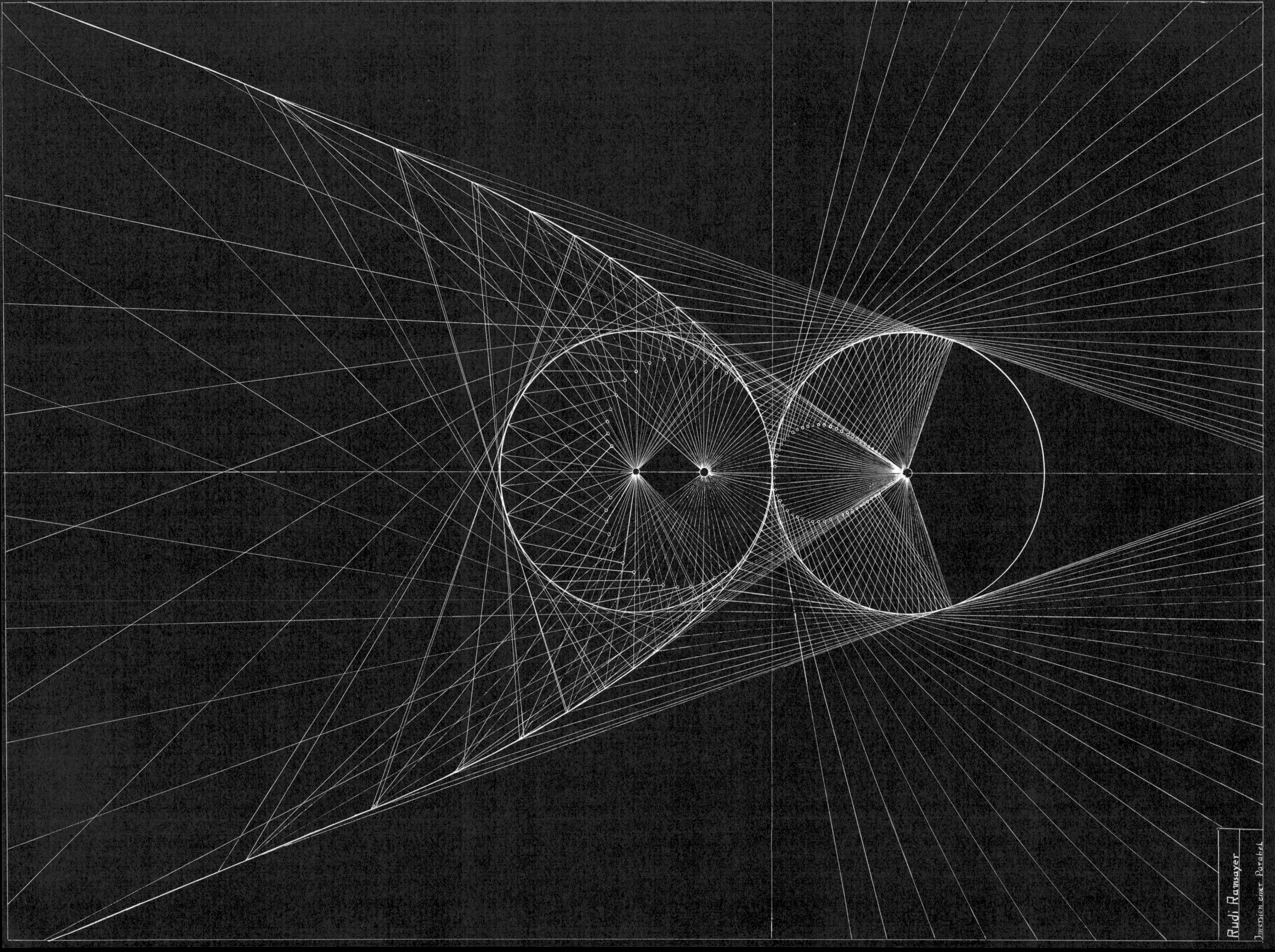
Rudi Ramsayer
Inversion einer Parabel

Durch die Geometrie können wir lernen, mit Hilfe des Denkens zu sehen. Um dahin zu gelangen, müssen wir uns aber abgewöhnen, beispielsweise den Punkt als einen Nadelstich, die Linie als eine Stange, die Parallele als zwei Eisenbahngleise zu erleben. Erst im Bemühen um ein völlig «sinnlichkeitsfreies» Vorstellen können wir uns zum echt geometrischen Anschauen erheben.

Links: Geometrische Konstruktion (11. Klasse Engelberg).

Rechts: Verschiedene Vielecke, einmal im Sinne der euklidischen Geometrie, wie wir sie als fest umgrenzte Flächen gewohnt sind, zum anderen im Sinne der projektiven Geometrie, wo das entsprechende Gebilde sich bis in die Unendlichkeit ausdehnt. So etwas zu konstruieren, verlangt viel größere Anstrengungen, man kommt dabei aber auch zu viel interessanteren Ergebnissen.

erfordert aufzubauen. Die Klasse wird sich sofort von selber fragen, wie viele Versetzungen bei einer beliebigen Anzahl Steinen nötig sind. Einige erforschen, wie die Sache sich verhält, wenn es weniger als vier Steine sind, und kommen darauf: ein Stein verlangt eine Versetzung, zwei verlangen drei, und drei Steine verlangen sieben Versetzungen. Gibt es in der Zahlenfolge 1, 3, 7, 15 irgendeine charakteristische Gesetzmäßigkeit, die auf eine generelle Formel hindeuten kann? Und wenn diese Spur gefunden ist: führt sie auf den rechten Weg? Ist die Annahme richtig? Die Schüler prüfen sie am Fall mit fünf Steinen – ja, die Mutmaßung stimmt!

Aber wie sollen wir sie für eine beliebige Anzahl von Steinen beweisen? Wir können nicht dadurch weiterkommen, daß wir immer größere Türme bauen. Die Methode, sich in der Sinnenwelt durch Probieren zu helfen, hilft nicht beliebig weit. Wir müssen denken, intensiv nach einem entscheidenden Punkt suchen, bis wir in Gedanken unbegrenzt große Türme bemeistern können. Wo ist dieser entscheidende Punkt? Wir untersuchen also, wie die Anzahl der Versetzungen wächst, wenn die Anzahl der Steine um eins vergrößert wird. Der Fünfer-Turm muß so aufgebaut werden, daß der Vierer-Turm (der vier kleineren Steine) zunächst auf der zweiten Stange aufgebaut wird. Danach muß der fünfte Stein zur Stange Nr. 3 versetzt werden. Zuletzt können wir auf dieser Stange den ganzen Vierer-Turm aufbauen. Die Anzahl der Versetzungen ist also $x_5 = x_4 + 1 + x_4 = 15 + 1 + 15 = 31$. In der gleichen Weise verhält es sich mit beliebig großen Türmen: wir können den Schritt von vier bis fünf, von fünf bis sechs machen, und so weiter in Unendlichkeit. Aus dieser Entdeckung läßt sich die Formel der Anzahl der Versetzungen unbegrenzt großer Türme ableiten.

Wenn die Mühe groß war, sind die Früchte um so wertvoller. Die Schüler erleben, daß sie durch einen Gedankenprozeß ein Ergebnis erzielen können, das mit technischen Hilfsmitteln (auch mit den schnellsten Computern) unerreichbar ist. Sie haben auch ihr eigenes Denken beobachten gelernt. Sie lernen es, zu *erleben,* wann sie richtig und wann sie falsch denken. Dies Erlebnis ist wesentlich. Das Gefühl des sicher-bewußten Stehens auf dem Boden der Wahrheit findet sich ein, wenn wir das Problem selber mit seinem Ideen-Inhalt in uns sprechen lassen, wenn wir in uns das Objektive des Problems wahrnehmen.

In der Regel können die Schüler der Klasse 9 nicht zu einer *so* bewußten Wahrnehmung des Denkens gelangen, manche nicht einmal in der 12. Klasse. Das Wesentliche ist, daß sie, je nach

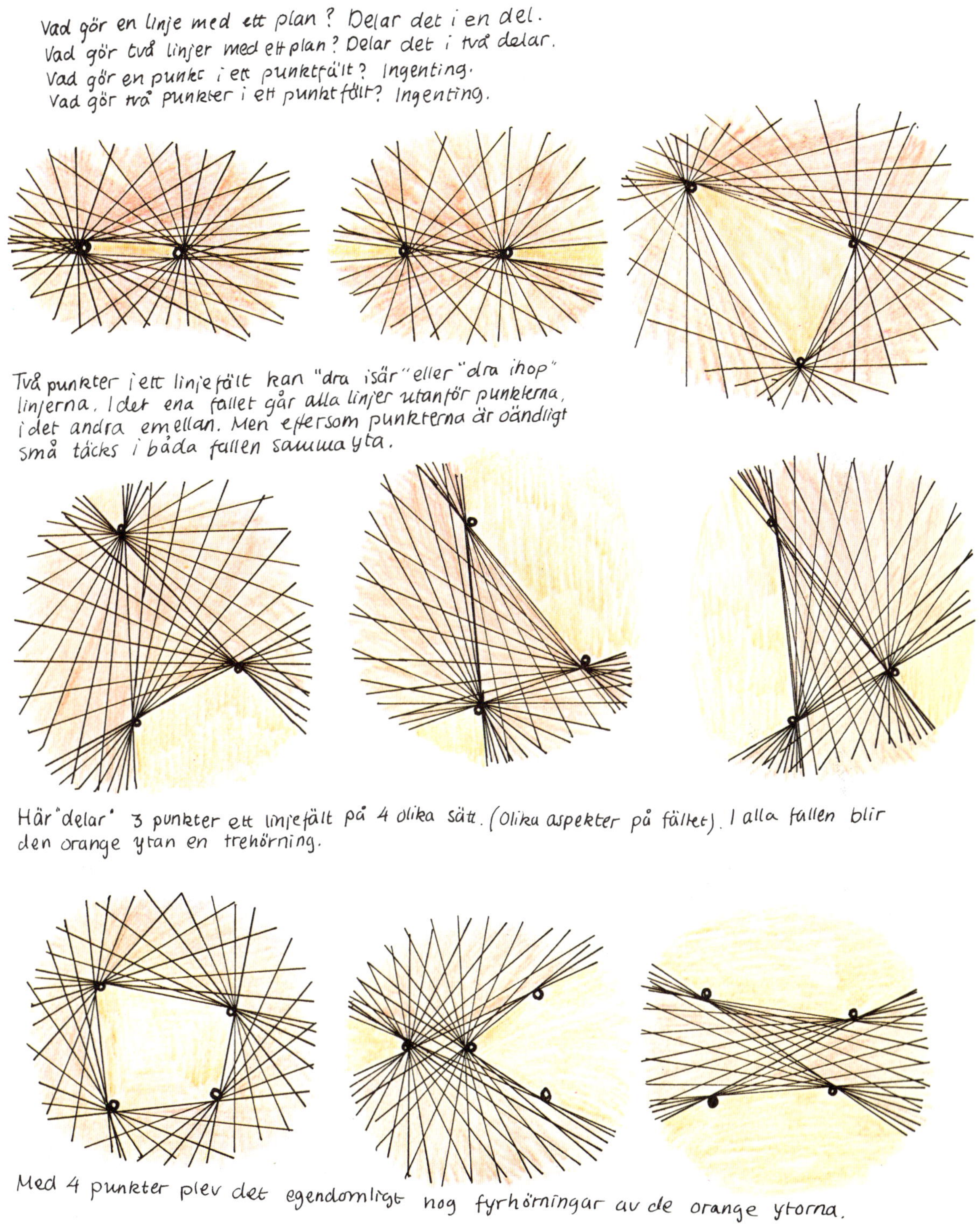

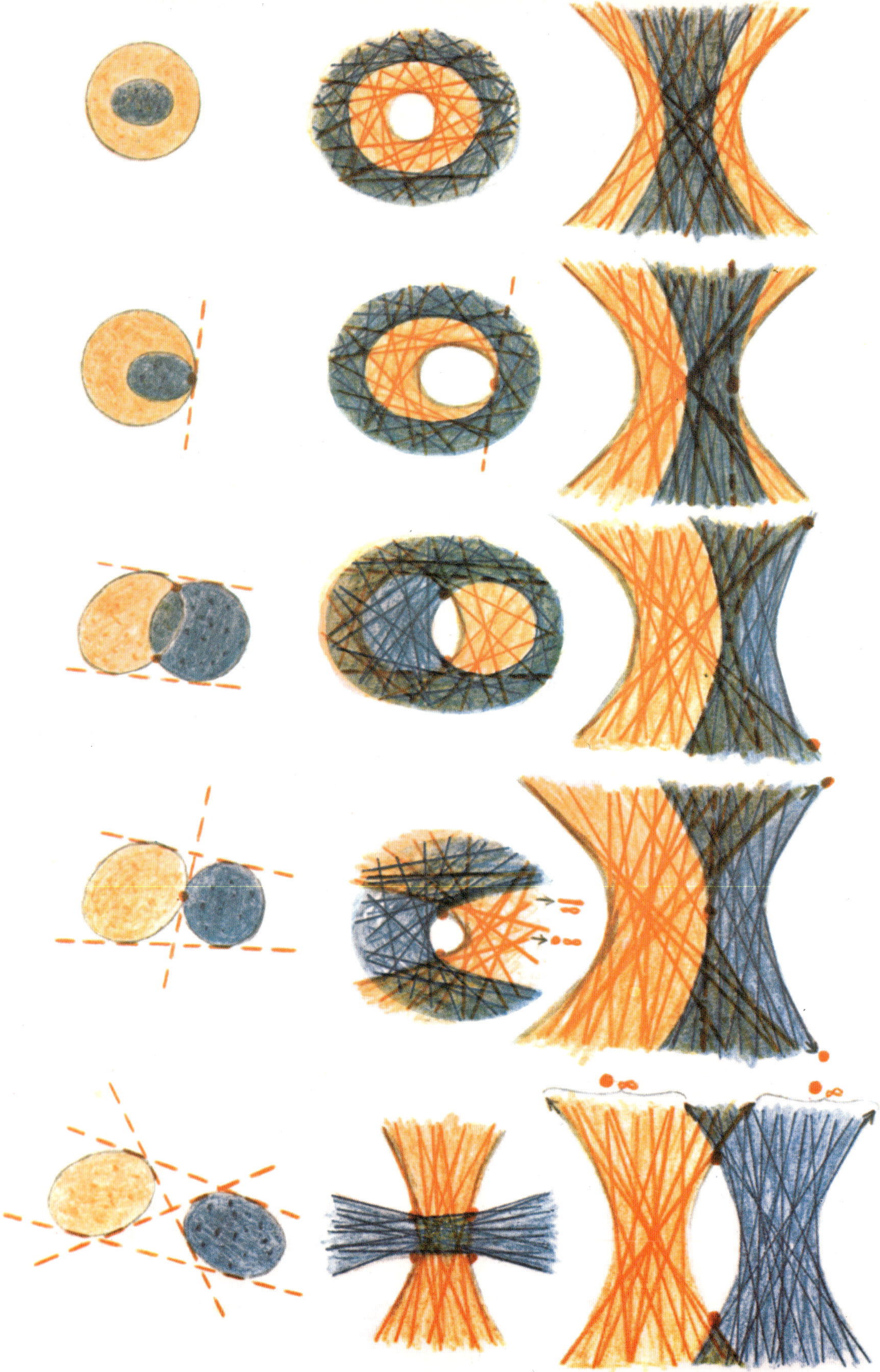

Die Figuren zeigen Stadien eines beweglichen Verhältnisses zwischen zwei Punktgebieten (links) und Beispiele der Dualisierung des Prozesses in eine Relation zwischen Linienhüllen (in der Mitte und rechts) (12. Klasse).

den individuellen Fähigkeiten, immer mehr erleben, was klares Denken ist.

Im 9. Schuljahr steigert sich das Bedürfnis, auf eigenen Beinen zu stehen. Der Lehrer tritt, bildlich gesprochen, immer mehr zur Seite und das Fach im entsprechenden Maße in den Vordergrund. Wie geeignet ist doch das Ausüben der Mathematik, sich von der Bindung an die Erwachsenen freizumachen! Denn jeder muß selber die Wahrheit finden. – In der Mathematik spielen aber die verschiedenen Begabungsvoraussetzungen eine große Rolle. Wie können die träumenden, nicht intellektuell orientierten Schüler zu ihrem Recht kommen?

Der Lehrer muß ganze Register von Problemen finden, von einfachen bis zu komplizierten, er muß – wie der fachliche Ausdruck lautet – «im Rahmen der Klasse differenzieren können». Im 9. Schuljahr übt man die Rechenarten aufs neue – aber in anderen Zahlensystemen als dem Dezimalsystem. Was innerhalb dieses Systems zur Routine geworden ist, soll nun durch ein konsequentes Üben etwa innerhalb des binären Systems bewußt erobert werden. Dies wirkt befreiend. Und es gibt Aufgaben aller Schwierigkeitsgrade, von der Addition bis zum Wurzelziehen und zu den verschiedenen Teilbarkeitsregeln.

Permutationen, Kombinationsschlösser, Chancen und Risiken geben den Schülern ein reiches Material zum Üben der Gedankenkräfte. In der Geometrie können durch das Studium verschiedener Kurven entsprechende Möglichkeiten geboten werden. Helfen uns Erfahrungen mit begrenzten Kurven (Kreis, Ellipse) bei der Frage, wie Kurven mit unendlicher Reichweite wie die Parabel und die Hyperbel verlaufen? Die Überraschungen können hier groß und lehrreich werden. Die Schüler bekommen einen Einblick, wie sicher und bequem die analytische Geometrie mit ihren Gleichungen zum Ziel führt. Eine rein geometrische Methode ist in der Regel mehr zeitraubend, gibt aber dafür reicheren Gewinn; auf dem Weg zum Ziel können wichtige Entdeckungen gemacht werden, der Weg als solcher wird interessant.

Zehnte bis zwölfte Klasse

Im 10. Schuljahr werden zwei große Abschnitte des Lehrplans abgeschlossen. Die Planimetrie erhält ihre Krönung durch die Trigonometrie. Die Schüler, die sich früher damit begnügen mußten, spezielle Dreiecke und andere Figuren zu behandeln, können nun ihre Freude daran haben, mit der Hilfe trigonometrischer Methoden durch Tabellen oder Rechenschieber alle denkbaren Dreiecke zu beherrschen. Besonders groß wird die Befriedigung, wenn die Fähigkeiten innerhalb des Feldmessens zur direkten und tätigen Anwendung kommen. Im Rahmen dieses Unterrichts erlebt man, wie der Theodolit genaue Winkelwerte gibt für das Netz von Dreiecken, durch das die werdende Karte Stabilität und Präzision erhält.

Der zweite Abschnitt führt in die Logarithmen ein. Die negativen Zahlen, die Bruchzahlen und die Zahl Null stellen neue, aber in natürlicher Weise erweiterte Aufgaben im Potenzrechnen. Die Frage wird dann stets zu stellen sein, ob die «alten» Rechenregeln auch auf dem neuen

Feld, auf das man sich jetzt hinausgewagt hat, noch funktionieren. Dies erweist sich als möglich, ja mehr als das: wir erblicken die Rechenarten in erweiterter Perspektive und lernen gleichzeitig rein technisch, wie wir sonst allzu zeitraubende Probleme bemeistern können.

Die Freude darüber, schärfere Werkzeuge erwerben und benutzen zu können, vertieft das Interesse daran, die mathematische «Architektur» als solche auf neuen, sorgfältig innerhalb des Lehrplans ausgewählten Gebieten studieren zu können. Nach dem Triumph, den die Beherrschung der Ebene im 10. Schuljahr bereitete, liegt es nahe, den Versuch zu machen, Geometrien für gekrümmte Flächen aufzubauen. Als praktische Ziele setzen wir Berechnungen von Abständen und Flächen auf dem Erdglobus, Navigationsaufgaben nach den Gestirnen und die Aufgabe, den Globus oder Teile davon auf eine Ebene zu projizieren, also eine Karte von einem sphärischen Gebiet zu verfertigen. Die Klasse wird hier vor ganz neue Situationen gestellt und muß für die Karten einsehen, daß es nicht unmöglich ist, ein sphärisches Gebiet «längentreu» zu projizieren. Das Merkwürdige ist, daß beispielsweise die Seekarte nicht die Projektion eines sphärischen Gebietes ist, sondern eine sorgfältig berechnete Abbildung, so beschaffen, daß sie die richtigen Winkel zeigt, also «winkeltreu» ist und deshalb für das Finden des richtigen Kurses bei der Seefahrt geeignet ist.

Zu den Motiven, die zur Entwicklung der Persönlichkeit beitragen können, zählen auch Fragen, die sich an den Begriff der Unendlichkeit anknüpfen. Zu dieser Problematik hinführen können das perspektivische Zeichnen und die Beschäftigung mit dem Begriff des Grenzwertes und mit den Elementen der Mengenlehre Georg Cantors. Gibt es mehr Punkte auf einer Geraden als Zahlen? Und wie ist dann eine Gerade oder eine Kurve aus Punkten «zusammengesetzt»? Die Fragen nach dem «unendlich Großen» und dem «unendlich Kleinen» gehen zurück bis auf die Paradoxien, die Zenon von Elea vor 2500 Jahren formulierte.

In nahem Zusammenhang mit diesem Kapitel wird der Funktionsbegriff geübt und vertieft, so etwa die Funktion als Instrument des kausalen Denkens, das durch Galilei, Newton, Leibniz und andere entfaltet und mathematisch erhärtet wurde. Die Begriffe der Geschwindigkeit und Beschleunigung werden wesentlich generalisiert und ermöglichen Bestimmungen der Maximal- und Minimal-Werte, eine Errungenschaft, die später als die Optimierungslehre dazu beitrug, die Perfektion der Technik zu fördern.

Studien von Unendlichkeitsbegriff und Funktionslehre bewirken eine Abstrahierung des Denkens in dem Maß, wie die Probleme sich vom Sinnlich-Anschaulichen entfernen. Es ist unvermeidlich, daß manche Schüler sich in solchen Abschnitten mit der allgemeinen Orientierung und mit gewissen einfachen Grundbegriffen begnügen müssen. Vielleicht entsteht dann bei einigen eine Aversion gegenüber dem x, y, z der Gleichungen. Sie können neues Interesse durch konstruktive Aufgaben gewinnen, z. B. auf dem wichtigen Gebiet der projektiven Geometrie. Eine Gruppe französischer Mathematiker (Poncelet, Brianchon, Carnot

Das Wachsen eines Fünfecks in einer allumfassenden Ebene (12. Klasse).

und andere Schüler des großen Konstruktions-Geometers Monge) begeisterte sich zu Beginn des 19. Jahrhunderts für die rein geometrischen Methoden und wollte zeigen, daß man mit ihnen weiter kommen kann als mit den nicht anschaulichen Gleichungen der analytischen Geometrie. Carnot wollte «die Geometrie von den Hieroglyphen der Analyse befreien».

So entwickelte sich im Lauf des 19. Jahrhunderts die projektive Geometrie. Sie gibt dem Lehrer einen ausgezeichneten Stoff. Es ist erstaunlich, daß sie nicht vom allgemeinen Schulwesen in weiterem Maße aufgegriffen worden ist. Die projektive Geometrie bietet den Schülern außerordentlich gute Gelegenheiten, Probleme und Zusammenhänge sowohl bildlich wie buchstäblich unter verschiedenen Perspektiven zu betrachten. Neben der gewöhnlichen, atomistisch geprägten Vorstellungsweise, die eine Ebene oder eine Linie als aus Punkten zusammengesetzt denkt, stellt die projektive Geometrie den Punkt als ein Ebenen oder Geraden tragendes, sich zu den vorigen Gebilden dualistisches Gebilde dar. Die Ebene und die Gerade können ebenso wie der Punkt als primäre, einheitliche Elemente betrachtet werden.

Wer erfahren hat, wie oft der junge Mensch eine Situation in Schwarz oder Weiß sieht (und dies mit sehr tiefer Überzeugung), muß eine wichtige Aufgabe der Schule darin sehen, die Schüler im Bilden von Urteilen zu üben. Zu einer solchen Schulung gehört nicht zuletzt, daß die Dinge und Probleme von völlig verschiedenen Aspekten, am besten von mehreren diametral verschiedenen Gesichtspunkten aus betrachtet werden. Zu diesem Zweck bietet die projektive Geometrie schöne und interessante Übungsfelder, wo alle Schüler sich betätigen können. Als der Franzose Desargues im 17. Jahrhundert den Grund dieser Geometrie legte, griff er Probleme auf, die durch Laien, nämlich Künstler gestellt wurden. Jene Künstler suchten nach Methoden der strengen malerischen Perspektive. «Die Wissenschaft, die Desargues erschuf, ist heute eine der schönsten Zweige der Mathematik – vielleicht weil sie einst aus der Kunst heraus geboren wurde», schreibt Morris Kline in «Mathematics in Western Culture».

Wenn wir vermeiden wollen, im Alltag aneinander vorbeizureden, oder wenn wir bestrebt sind, bestimmte wissenschaftliche Forschungsergebnisse zu begreifen, dann müssen wir uns und anderen klarmachen, aus welchen Grundvorstellungen heraus wir uns in einen Ideenzusammenhang hineingearbeitet haben. In den Wissenschaften steht diese Frage oft im Vordergrund: Welche Axiome oder Urphänomene legen wir zugrunde? Wir streben danach, so objektiv wie möglich zu erkennen, was sich auf dem Feld unserer Untersuchungen ereignet – sei es ein Naturprozeß, ein Experiment, sei es ein psychologisches oder ein geschichtliches Geschehen. In der 12. Klasse einer Waldorfschule erhalten die Schüler weite Ausblicke innerhalb der verschiedenen Fächer. In der Mathematik können wir erleben, wie man durch geschickte Auswahl wesentlicher Axiome verschiedene Geometrien (die euklidische, nicht-euklidische, analytische, synthetische usw.) und auch verschiedene Arten von Algebra («ungewöhnliche», Boolesche, Vektor-Algebra usw.) gewinnen kann. Der Forscher wählt also das für ihn adäquate Werkzeug. Man könnte sagen: er läßt das Problem durch die Sache wählen. Die Schüler lernen in diesem Zusammenhang Beispiele dafür kennen, wie eine mathematische Schöpfung manches Mal während langer Zeiten bloß als «Literatur», vielleicht nur vom Interesse des Kuriosen halber, gegolten hat, aber plötzlich zur dienenden Hand innerhalb mehrerer Forschungsgebiete wurde (Booles Algebra innerhalb der logischen Analyse, der Wahrscheinlichkeitsrechnung und der elektrischen Netz-Theorie).

Zusammenfassend kann man sagen, daß der mathematische Unterricht aus übenden und orientierenden Momenten zusammengesetzt ist. Je intimer diese miteinander verbunden werden können, desto größer wird der Arbeitseinsatz der Schüler. Reines Üben wird auf die Dauer zum tötenden Exerzieren, reine Orientierung vernachlässigt den Tätigkeitsdrang der Schüler. Wenn es Beweise und Ableitungen zu betrachten gilt, dann sagt eine goldene Regel, daß das Erlebbare der lebendige Mittelweg ist zwischen einer stringenten, aber pedantisch-trockenen Darstellungsweise und einer schematisch-überblickenden, aber konturlosen Gedankenfolge.

Parallel mit dem übenden Erlernen des Problemlösens geben die orientierenden Gespräche Einblicke in die Art, wie mathematische Gesetze in die Natur und nicht zuletzt in die menschliche Gestalt hineinverwoben sind. Die allergrößte Bedeutung hat aber die Mathematik (und dies in einem Ausmaße, das über andere Fächer hinausgeht) insofern, als sie den Übenden zum reinen Denken und zum Vertrauen in dieses Denken hineinführt, d. h. zu jenem Denken, das wir uns erarbeiten durch eine Tätigkeit, die zugleich subjektiv und objektiv ist.

PHYSIK

Neunte Klasse

Im Physikunterricht des sechsten, siebten und achten Schuljahres haben die Schüler elementare Phänomene unter anderem der Akustik, Optik, der Mechanik (mit Hydrostatik und Aeromechanik) studiert und eine Reihe ihrer praktischen Anwendungen kennengelernt (vgl. S. 133 f.). In der 9. Klasse geht es nun darum, sowohl durch qualitatives Erleben als auch durch mathematisch-rechnerisches Behandeln bestimmte Erscheinungen auf den Gebieten der Wärme- und Elektrizitätslehre so gründlich verstehen zu lernen, daß die Dampfmaschine, der Verbrennungsmotor, das Telefon und noch andere grundlegende Erfindungen ganz und gar durchschaut werden können.

Die Art, wie man in der 9. Klasse vorgehen kann, soll hier am Beispiel der Wärmelehre veranschaulicht werden. So sollte etwa Boyles Gesetz über Druck und Volumen eines Gases hauptsächlich dem Erleben dienen, wie das Mathematische im Verhalten der Materie herausgearbeitet werden kann. Die Materie reagiert nicht willkürlich auf das Eingreifen der Entität Wärme. Ausdehnung, Wärmeaufnahme, Schmelz- und Verdampfungswärme, Siede- und Gefrierpunkte sind spezifische Zahlenwerte, die den verschiedenen Stoffen zugeordnet sind. Dabei können weitere zugesetzte

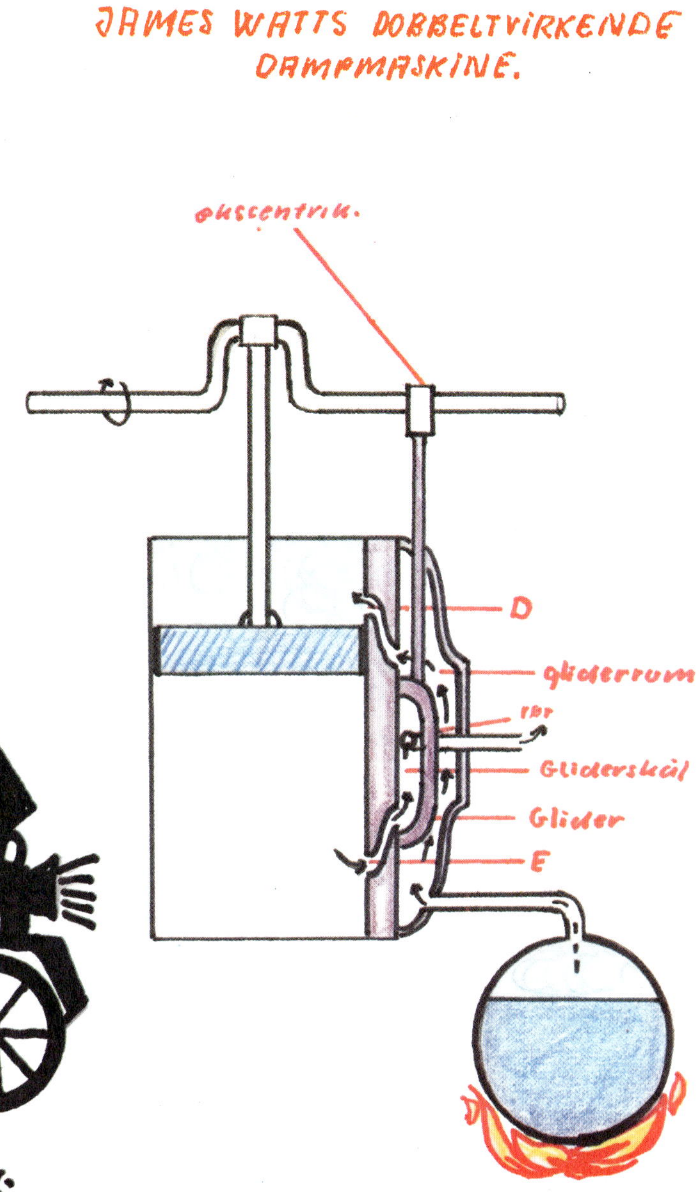

Stoffe den Siedepunkt erhöhen, den Schmelzpunkt erniedrigen, ja sogar eine Verschiebung des Siedepunktes von Legierungen tritt auf, die dem Verstand zunächst völlig zu widersprechen scheint.

Das Staunen der Schüler über solche Naturvorgänge ist in diesem Alter besonders wichtig und fruchtbar. Merkwürdigerweise ist das Wasser, der Stoff, der am meisten auf der Erde vorkommt, eine Ausnahme im Ausdehnen durch Erwärmung. Die Tatsache, daß es bei 4° C seine größte Dichte hat, macht es möglich, daß das Leben im Winter bei starker Kälte vor dem Erfrieren bewahrt bleibt. – Besondere Bedeutung hat auch die bemerkenswerte Eigenschaft der Flüssigkeiten, mit abnehmendem Druck bei immer niedrigeren Temperaturen zu sieden. Die Sättigungskurve verschiedener Stoffe läßt sich leicht im Diagramm festhalten und wird ganz besonders interessant, wenn wir entdecken, daß alle diese Kurven vom sogenannten absoluten Nullpunkt auszugehen scheinen, auf der anderen Seite aber plötzlich in einem Punkt enden: der kritische Zustand der Materie. Gas oder Flüssigkeit sind nicht mehr zu unterscheiden, die Verdampfungswärme ist Null. Die Natur selbst

Der Physikunterricht in der 9. Klasse führt unter anderem zum Verständnis der Dampfmaschine. Das Bild der Lokomotive stammt von einem Mädchen und knüpft noch an das Kindheitserlebnis des imponierenden Ungetüms auf dem Schienenstrang an. Die Skizze rechts ist gemalt von einem Jungen, der sich in erster Linie bemüht hat, alle technischen Details der Wattschen Dampfmaschine genau zu verstehen und im Epochenheft wiederzugeben (Stockholm und Aarhus).

Im Physikunterricht der 11. Klasse liegt der Schwerpunkt der Epochenheft-Illustrationen häufig auf der technischen Skizze. Es handelt sich ja darum, die Geräte des Alltagslebens in Bau und Funktion durchschauen zu lernen.

Seite 155 oben: Ein Gleichstrom-Generator, unten: Ein Universal-Motor für Gleich- und Wechselstrom.

setzt einen Punkt für jede Flüssigkeit, unter welchem sie nicht zu Gas werden kann und über welchem kein Gas verflüssigt werden kann.

Wenn wir mit derartigen Gesetzmäßigkeiten arbeiten und bemüht sind, die Schüler zum rechten Verstehen anzuregen, merken wir sehr bald, welch untergeordnete Rolle das bloße Rechnen spielt. Wenn auch die Technik und die Industrie an dem Qualitativen der Phänomene gerade in der Wärmelehre gern vorbeigeht und vor allen Dingen Mitarbeiter sucht, die das rein Mathematische der Physik gut beherrschen, so sollte man sich doch bewußt sein, daß hier eine in ihrer Bedeutung oft unterschätzte pädagogisch bildende Aufgabe vorliegt.

Ein besonders interessantes, aber auch schwieriges Phänomen ist dabei das der latenten Wärme. Ohne daß die Temperatur uns eine Erwärmung oder Abkühlung anzeigt, nehmen die Stoffe beträchtliche Wärmemengen auf, die sich jedoch nicht als Erwärmung kundtun. Sie verwandeln statt dessen den Aggregatzustand der Materie. Wenn es also schneit, wird es nicht kalt, weil latente Wärme, Verdampfungswärme, frei wird und die Umgebung erwärmt. Oder wir frieren, wenn wir naß sind, weil die Verdampfungswärme unter allen Umständen verlorengeht und sie in diesem Fall dem Körper entzogen wird.

Ausdehnung erfolgt im allgemeinen durch Erwärmen. Der Körper nimmt also Wärme auf und reagiert mit Volumenvergrößerung. Wenn aber nun ohne Wärmezufuhr das Volumen vergrößert wird – was geschieht dann? Es wird kälter. Es ist gar nicht so leicht, den Schülern dies völlig klarzumachen, aber es ist ein ganz analoges Geschehen: jede Volumenvergrößerung benötigt Wärme. Wenn nun zwar das Volumen, z. B. durch Ausströmen eines Gases aus einem Druckbehälter, vergrößert, aber das Gas *nicht* gleichzeitig erwärmt wird, so verliert es innere Energie und wird kälter. Kohlensäure-Schnee kann leicht im warmen Klassenzimmer hergestellt werden.

Andererseits zieht sich das Gas bei Abkühlung zusammen. Volumenabnahme bedeutet also Wärmeabnahme. Das erklärt natürlich auch, daß beim Komprimieren ein Gas warm wird: Wärme wird frei. Das heißt, daß ein Festwerden, Zusammenziehen, Formbilden stets einem Wärmeverlust entspricht. Demgegenüber ist Wärmeaufnahme mit Verdünnen, Formauflösung, Auseinanderstreben verbunden. In diesem Sinne könnte man sogar die Wärme als den Gegenpol der Schwere ansprechen: Wärme wirkt in der Materie nach außen, leichter machend, auseinandertreibend, verflüchtigend, formauflösend. Die Schwere zieht zusammen, verfestigt, formt.

Wie kann man Wärme messen? Genau genommen: überhaupt nicht.

Auf dem Wege zur Lösung der Frage nach dem Wesen der Wärme gewährt folgendes eine wichtige Einsicht: Man mißt die Wärme, indem man sie auf eine bestimmte Menge Wasser wirken läßt und dann definiert: wird 1 Gramm Wasser um 1° C erwärmt, so nennen wir das eine «Wärmemenge von einer Kalorie».

Hier kann man nun eine Reihe von Berechnungen anführen, die mit Vorteil auch in den laufenden Rechenstunden ausgeführt werden. – Auch hier begegnen wir einem Hauptmotiv in der Waldorfpädagogik: in erster Linie geht es um ein lebendiges Interesse an den Phänomenen der Naturwissenschaft, um ein Verständnis der Zusammenhänge. Das Mathematisieren kommt in zweiter Linie.

Die ganze Wärmelehre kann demnach ohne irgendeinen Versuch zur Erklärung dessen, was Wärme ist, entwickelt werden. Die Frage, ob es die Wärme ist, die die Moleküle bewegt, oder ob die Bewegung der Moleküle sich als Wärme äußert, sollte noch einige Jahre warten können. Sie paßt eigentlich am besten in die 11. Klasse.

In der 9. Klasse sollten wir uns ganz an die Phänomene halten, die ja Anlaß genug zum Staunen und Untersuchen bieten.

Zehnte Klasse

Dieses Alter ist der klassischen Physik mit all ihrer Schönheit und Exaktheit gewidmet. Die mathematischen Grundlagen sind wohlvorbereitet: Trigonometrie, quadratische Gleichungen, Eigenschaften der Parabel und der Ellipse, Reihen, Proportionen, Logarithmen und Rechenschieber geben die Unterlagen ab für das Verständnis der physikalischen Gesetze Galileis, Keplers und Newtons.

Es ist das Erwachen des sich erweiternden menschlichen Denkens, das sich wie die Planetensphären des Ptolemäus weiter und weiter in den Kosmos hinein entfaltet. Seine geozentrische Weltauffassung wird durch Kopernikus' heliozentrische abgelöst. Warum? Was geschieht hier?

Der Schüler erlebt das Große in den neuen Gedanken: sie sind klarer, logischer, sie befriedigen die moderne Seele mehr als die bisherigen. Mühselig hatte Ptolemäus mit Hilfe des vollendetsten aller geometrischen Figuren, des Kreises, die Schleifenbewegungen der Planeten erklärt. Die Schüler zeichnen und konstruieren einige dieser interessanten Gebilde, die sich ja auch heute noch vor unseren Augen am Fixsternhimmel in der gleichen Weise offenbaren wie damals. Seit Jahrtausenden sind diese Bewegungen dieselben. Aber der Mensch betrachtet sie stets von neuen Standpunkten aus. Kopernikus sieht sie vom Kosmos aus mit der Sonne im Zentrum. Das ist einfacher zu denken, das leuchtet dem Menschengeist ein, der inzwischen mit Geschwindigkeiten und Abständen umzugehen gelernt hat. Wie sollten auch die vielen Sterne täglich einmal diesen Riesenweg um die Erde beschreiben? Und alle gleich schnell? Das nüchterne Denken wollte das nicht einsehen. Aber auch Kopernikus konnte nicht anders als in Kreisen denken, und erst Kepler, der durch sein eigenartiges Schicksal gerade noch rechtzeitig mit dem großen Sternenbeobachter Tycho Brahe zusammentreffen konnte, vermochte nachzuweisen, daß alle Planetenbahnen Ellipsen sind. (Die Biographien solcher Persönlichkeiten sind ganz besonders geeignet, das Neue im physikalischen Weltbild den Schülern deutlich zu machen.)

Damit war für Kepler die göttliche Harmonie vollständig, die Sphärenharmonie offenbarte sich als Schönheit durch die mathematischen Gesetze. Der Kosmos beweist Gottes Existenz, es waltet kein Zufall – alles ist geordnet. Die Schüler wenden die Keplerschen Gesetze auf die Monde der Planeten, ja auf die künstlichen Satelliten an und sehen, daß sie stimmen.

Der Mensch beherrscht die Bewegungen am Himmel, und man weiß im voraus: sollte sich einmal ein neuer Planet zeigen, so ist seine Bahn nicht willkürlich. Ein bestimmter Abstand fordert eine entsprechende Umlaufzeit. Hat der Planet andererseits eine bestimmte Umlaufzeit, so ist der Abstand zur Sonne festgelegt.

An dieser Stelle der Physikepoche kann von einem Schüler eine entscheidende Frage gestellt werden, die in der Menschheitsentwicklung Wesentliches und Entscheidendes hervorgerufen hat. Jetzt, wo die Bewegungen am Himmel und durch Galilei auch die auf der Erde dem Menschen völlig klargeworden sind, wo das fast religiöse Erlebnis einer Weltenordnung die Seelen durchströmt, da wird die Frage wach: *warum* gelten denn diese Gesetze? Was ist die *Ursache* dieser Bewegungen?

An diesem Punkt der Entwicklung der Physik tritt nun Isaac Newton auf. Der fallende Apfel, durch den er – der Anekdote nach – als Kind auf das Phänomen der Schwerkraft aufmerksam wird, kann wahrlich wie ein Symbol dafür anmuten, daß die Menschheit ihren Fall auf die Erde angetreten hat. Nichts Göttliches wird als Ursache mehr anerkannt, sondern die sogenannte Gravitation. Kräfte sind es, die die Körper bewegen, Kräfte sind es, die sie bremsen, Kräfte sind es, die die Planeten in ihren Bahnen halten oder aus der Bahn werfen. Trägheitskräfte, Schwerkräfte, Friktionskräfte, Fliehkräfte – sie sind die Grundlage der Newtonschen Mechanik.

Newtons Gravitationsgesetz wird zum Universalgesetz im Kosmos: ohne jemals dort gewesen zu sein, können wir die Masse der Sonne und die sämtlicher Planeten berechnen. Ein wahrlich stolzes Gefühl, mit dem eine Physikepoche der 10. Klasse abschließen kann.

Je nach Möglichkeit kann die Lehre der Bewegungen und die Lehre der Kräfte mit Hilfe der Kraft- und Geschwindigkeitsparallelogramme rechnerisch-mathematisch befestigt werden. Doch sollte das «Rechnen-Können» nicht vor dem Verstehen der qualitativen physikalischen Gesetze kommen. Gute Möglichkeiten der Differenzierung sind, wie aus dem Angeführten hervorgeht, zur Genüge gegeben.

Das Feldmessen und die Geographie-Epoche verstärken dann noch die Überzeugung: der Mensch ist wieder im Mittelpunkt des Kosmos – diesmal nicht geozentrisch im Sinne der physischen Erde, sondern durch sein gesichertes Denken. Newton hat den menschlichen Geist ins Zentrum des Kosmos gerückt. Vom «Staubkorn Erde» aus können wir die fernsten Galaxien berechnen und unserem Sonnensystem seinen bestimmten Platz zuweisen.

Elfte Klasse

Spätestens in dieser Epoche wird der Lehrer vor die Entscheidung gestellt, was er aus einer nahezu unbegrenzten Stoffmenge auswählen soll. Eine Fülle von Experimenten steht zur Verfügung, eine gewaltige Industrie beschäftigt sich mit dem Bau von Geräten und Maschinen, wobei direkt oder indirekt die Elektrizitätslehre zur praktischen Anwendung kommt.

Was sollte denn jeder Mensch von der Elektrizität wissen? Der Lehrer muß in einigen Wochen Epochenunterricht das Wesen der Elektrizität und ihre Anwendung im täglichen Leben so darstellen, daß alle Schüler, unter ihnen also auch der werdende Elektrospezialist, etwas Wesentliches fürs Leben mitbekommen. Das Telefon, den Rundfunk, den Motor und den Generator z. B. sollte jeder von Grund auf beherrschen. Der tägliche Umgang mit diesen Dingen gibt dem Menschen ein sicheres Lebensgefühl, wenn er sie einmal durchschaut hat. Es kann ja nicht die Absicht sein, die Schüler im üblichen Sinne mit all den Details der Elektronentheorie oder der Mathematisierung der Physik zu plagen, die speziell für den angehenden Elektro-Ingenieur wichtig sind.

Die Epoche steht im Zeichen der Spannungen: durch Gasentladungen in luftverdünnten Räumen und mit Hilfe der sogenannten Kathodenstrahlung arbeiten wir die eine Vorstellung heraus: Elektrizität sind Elektronen, sind Partikel in Bewegung. Über den Begriff des elektrischen und magnetischen Feldes kommen wir zu der anderen Vorstellung: elektrische Energie bewegt sich als Welle (elektromagnetische Schwingung) durch den Raum. Am besten sogar durch den leeren Raum, das Vakuum, das Weltall. Mit Lichtgeschwindigkeit kreuz und quer, millionenfach, ohne sich zu stören. Der «leere» Raum erweist sich als angefüllt von elektromagnetischen Feldern. Er hat die Eigenschaft, elektromagnetische Wellen nach allen Seiten hin ungestört und unbegrenzt «durchzulassen». Welle oder Partikel? Was ist in Wirklichkeit Elektrizität? Wir lernen in diesem wichtigen

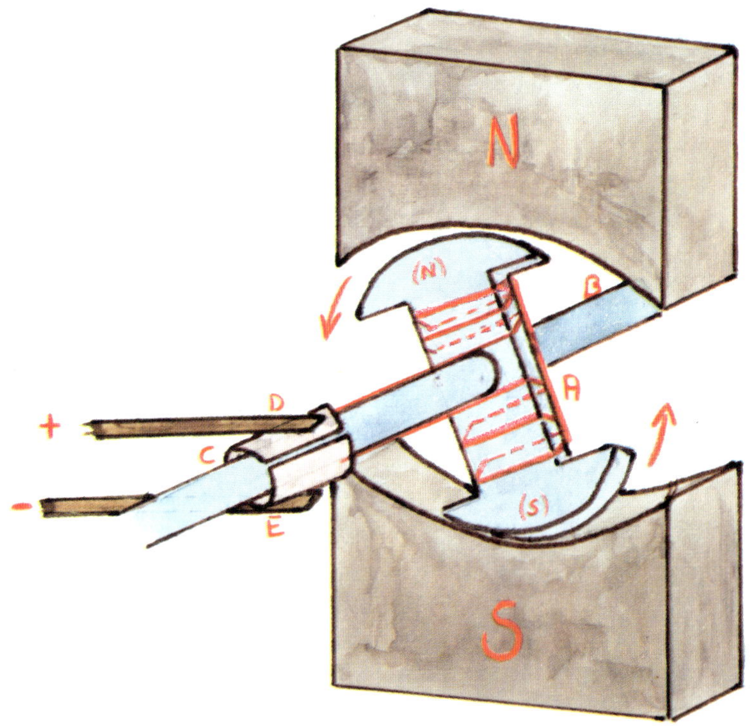

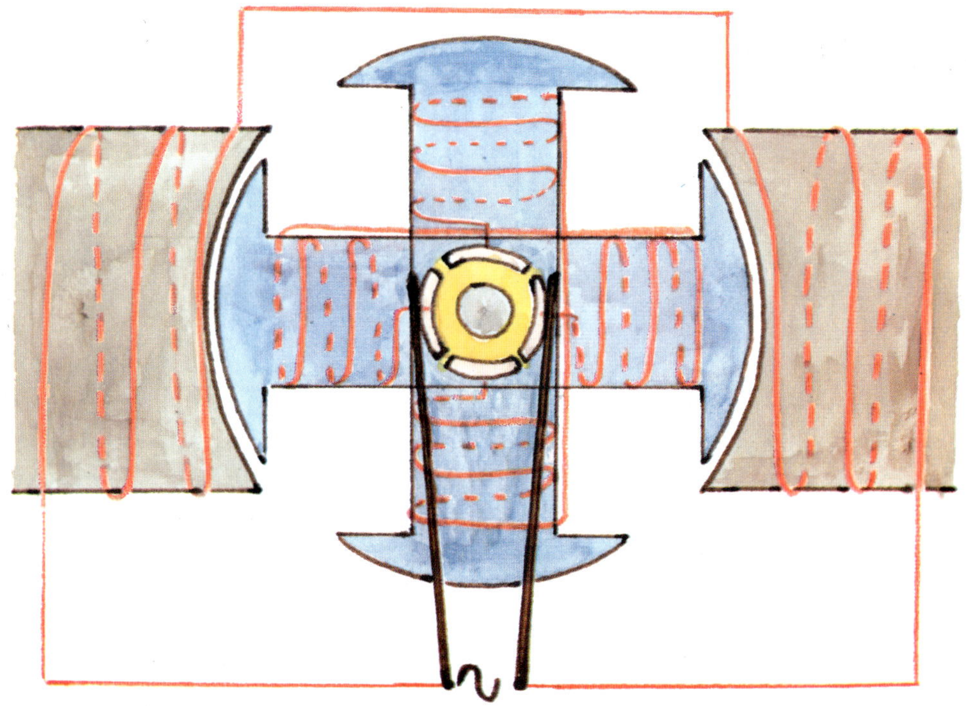

Augenblick die Bedeutung der Goetheschen Art, solche Phänomene zu betrachten, und «fragen nicht, ‹was *ist* Elektrizität›, sondern wir fragen: ‹wie *wird* Elektrizität› und ‹was *tut* Elektrizität›».

Überall begegnen uns in dieser Epoche Polaritäten: Elektrizität äußert sich niemals einseitig. Sie ist immer polar, wir nennen es *plus* und *minus*, Glaselektrizität oder Harzelektrizität (Faraday). Veränderliche elektrische und magnetische Felder bedingen und produzieren einander in ständiger Wechselwirkung. Partikel und Welle treten als Polarität auf, Kapazität und Induktivität wirken polar. Ein eindrucksvolles Bild der letzteren ist der elektrische Schwingungskreis, der als Resultat der Polarität Induktivität–Kapazität die Resonanz entstehen läßt, mit der wir (z. B. im Radio) eine einzige von Millionen elektro-magnetischer Schwingungen herauszugreifen vermögen. Oder die Polarität der Metalle, die uns im galvanischen Element, in der Fotozelle oder im Thermoelement die Spannung erzeugt.

Elektrizitätslehre ist die Epoche der Spannung, der Dualität, der Polarität. Die Entdeckungen Örsteds und Faradays z. B. sind greifbar im Mikrophon und Hörer des Fernsprechers oder in der Polarität Motor–Generator.

Das Wesen der Elektrizität ist vielseitig und tiefgründig. Was messen wir z. B. mit den elektrischen Meßgeräten? Alles andere, nur keine Elektrizität. Wir messen Wärme (genauer gesagt die Ausdehnung eines erwärmten Drahtes), oder wir messen die magnetische Kraft, die durch Elektrizität entstanden ist. Die Elektrizität vergeht hier im Augenblick des Entstehens. Sie verwandelt sich in Wärme und Kraft. Elektrizität ist unsichtbar, nicht rein herstellbar, wir besitzen kein Sinnesorgan für sie, und im Augenblick des Entstehens metamorphosiert sie sich zu anderen physikalischen Offenbarungsformen; auch die elektrischen Felder der statischen Elektrizität äußern sich nicht als reine Elektrizität, sondern als mechanische Kräfte. Auch eine Batterie enthält keine Elektrizität, und im sogenannten elektrischen Funken finden wir glühende, leuchtende Materie. Vor allen Dingen aber sollten wir den Schülern einer 11. Klasse die Dualität: Phänomen–Modell nicht vorenthalten. Wir werden scharf unterscheiden zwischen solchen Experimenten, die einen Teil der mit den Sinnesorganen wahrnehmbaren Welt darstellen, und solchen Bildern, die unsere Vorstellungen, Ideen, Hypothesen, Modelle abbilden. In Lehrbüchern werden oft Experiment und Vorstellungen vermischt, und beim Beschreiben von ausgeführten Versuchen sollten wir uns daher bemühen, sauber zu scheiden zwischen wirklicher Beobachtung und Theorie. Die Arbeitsmethode des Forschers und das physikalische Weltbild der Naturwissenschaft bilden somit einen ständigen Unterton im Unterricht der Oberstufe.

Die Einheit, die Harmonie der 10. Klasse ist jetzt endgültig verlorengegangen. In der 11. Klasse herrscht die Polarität, die Dualität, die Spannung. Kann man denn keine eindeutige Klarheit über das Wesen der Elektrizität gewinnen? Vielleicht schließt die Epoche mit einer solchen Frage.

Zwölfte Klasse

Die Phänomene der geometrischen Optik sowie die der mechanischen Schwingungen leiten die etwa vierwöchige Epoche ein. Reflexion, Brechung, Beugung, Polarisation und Interferenz sind Eigenschaften des Lichtes, die Klarheit in eine Reihe alltäglicher Erscheinungen bringen, welche uns heute umgeben. Gleichzeitig bilden diese Phänomene die Grundlage zum Verständnis der bedeutenden Rolle, die die dualistische Auffassung des Lichtes in der Geschichte der Physik gespielt hat. Ein Mann wie Newton hält lange an der sogenannten Korpuskeltheorie fest, obwohl die Undulationstheorie (Wellentheorie) von Huygens sich bei den meisten schon durchgesetzt hatte. Erst der Nachweis von Beugungs- und Interferenzerscheinungen durch Fresnel und andere läßt die Jünger Newtons endgültig die Partikelvorstellung aufgeben. Das Licht «ist also eine Welle». Aber in welchem Medium? Eine Welle konnte man sich nicht anders als analog zur Wasserwelle vorstellen. Deshalb wurde der Äther erfunden. Aber es wollte dem Menschengeist nicht gelingen, diesen unsichtbaren, unwägbaren «Stoff» befriedigend zu denken, bis sich endlich die Fortsetzungs-Bahnen von Elektrizität und Optik kreuzten: Maxwell erklärt das Licht für eine elektromagnetische Schwingung und stuft sie in die schon bekannten Schwingungen ein. Als dann auch endlich die Röntgenstrahlen zur Interferenz gebracht werden konnten, ordneten sich schließlich alle bekannten Schwingungsphänomene in die Skala der elektromagnetischen Schwingungen ein.

Diese Einheit in der Erkenntnis währte jedoch nicht lange.

Es ist Max Planck, der die entscheidenden Entdeckungen macht. Und die schnell entstehende Quantentheorie läßt keinen Zweifel mehr: das Licht muß auch «als Partikel (Photon) gedacht» werden können. Auch das Licht erweist sich letzten Endes als dualistisch – es äußert sich je nach Umständen entweder als Welle oder als Partikel. Die Schwierigkeiten des Verstehens physikalischer Vorgänge erreicht schließlich seinen Höhepunkt, wenn wir den Schülern die Entwicklung des Atommodells bis zum heutigen Stand der Erkenntnis schildern: Auch die Materie selbst zeigt Interferenzerscheinungen und muß somit auch Wellencharakter haben. Die Wellenmechanik entsteht. Dalton erdachte das erste Atommodell, und damit begann eine interessante Entwicklung. Wenn wir verstehen wollen, wie man atomares Geschehen wirklich zu beobachten versucht, kann Rutherfords berühmter Versuch als Beispiel behandelt werden: Er schickte Strahlungen durch eine dünne Goldfolie. Sie werden an wenigen Stellen derart abgelenkt, daß Rutherford elektrische Konzentrationen mit der Idee eines Atomkernes identifiziert. «Rutherford entdeckte den Atomkern.» Bis auf den heutigen Tag behält man Rutherfords Idee bei, das Atom bestehe in der Hauptsache aus nichts. Niels Bohr schlägt dann ein neues Atombild vor, welches die neuen Phänomene der Quantenphysik berücksichtigt.

Heisenberg über Bohr: «Es war ganz unmittelbar zu spüren, daß Bohr seine Resultate nicht durch Berechnungen und Beweise, sondern durch Einfühlen und Erraten gewonnen hatte.» Bohr selbst sagt: «Der Ausgangspunkt war ja nicht der Gedanke, daß das Atom ein Planetensystem im Kleinen sei und daß man hier die Gesetze der Astronomie anwenden könnte. So wörtlich habe ich das alles nie genommen. Sondern für mich war der Ausgangspunkt die Stabilität der Materie, die ja vom Standpunkt der bisherigen Physik aus ein reines Wunder ist ... Wegen der Stabilität der Materie kann die Newtonsche Physik im Inneren des Atoms nicht richtig sein, sie kann bestenfalls gelegentlich einen Anhaltspunkt geben. Und daher wird es auch keine anschauliche Beschreibung der Struktur des Atoms geben können, da eine solche – eben weil sie anschaulich sein sollte – sich der Begriffe der klassischen Physik bedienen müßte, die aber das Geschehen nicht mehr ergreifen.» Heisenberg: «Werden wir denn dann die Atome überhaupt jemals verstehen?» Bohr: «Doch. Aber wir werden dabei gleichzeitig erst lernen, was das Wort ‹verstehen› bedeutet.» (Heisenberg, «Der Teil und das Ganze»)

Trotz dieser Erkenntnisse haben die Schüler Bohrs und Heisenbergs in Tausenden von Lehr-

CHEMIE

büchern das Atommodell so beschrieben, daß es den jungen Menschen zu einer Realität geworden ist. Der Chemiker z. B. arbeitet ausgezeichnet mit einem Atommodell, das erkenntnistheoretisch bereits veraltet ist, das seinen Zwecken aber noch vollauf genügt. Die Aufgabe der Schule sollte es jedoch sein, in dem Menschen ein starkes Erlebnis der geheimnisvollen, wohlstrukturierten Materie zu erwecken und ihm die Problematik einer wahren Erkenntnis der Materie nahe zu bringen.
«Auch wenn die moderne Naturwissenschaft über die Formen der Atome spricht, so kann das Wort Form hier nur in seiner allgemeinsten Bedeutung verstanden werden, als Struktur in Raum und Zeit, als Symmetrieeigenschaft von Kräften, als Möglichkeit zur Bindung an andere Atome. Beim Atom werden Vorstellung und Ding nicht mehr auseinandertreten, weil das Atom eigentlich beides nicht mehr ist.» (Heisenberg)
Es ist nicht selbstverständlich, daß ein kompliziertes Gebilde wie das Atom besser verstanden werden kann, wenn wir ein «einfaches Modell» davon machen. Eine solche Vereinfachung führt zwar oft zur Möglichkeit von Berechnungen physikalischer Vorgänge, trägt aber andererseits immer die Tendenz des Unwahren in sich. Denn jede «Modell»-Vorstellung hat ihre Gültigkeitsgrenzen und kann zur Lüge werden, wenn wir uns solcher Grenzen nicht bewußt sind.

In diesem Zusammenhang sagt Walter Heitler: «Ich finde es ungerecht, wenn man versucht, in vereinfachter Form höhere, abstrakte Gebiete der Wissenschaft ans Gymnasium zu verlegen, die in Wirklichkeit nur an der Universität verstanden werden können.»
Wir sollten nie vergessen, daß viele Schüler kaum nochmals im Leben Physik lernen. Das Bild, der Eindruck, den wir ihnen von den modernen, schwierigsten Gebieten der naturwissenschaftlichen Weltauffassung vermitteln, sollen Eindrücke fürs Leben sein. Auch diejenigen, die später naturwissenschaftliche Studien betreiben werden, sollten den Eindruck mitnehmen, daß die Größten der heutigen Forscher noch um Einsichten ringen, die von den praktisch Tätigen oft gar nicht beachtet werden.

Wie kommt es, daß wir alltäglich mit chemischen Erscheinungen in Berührung kommen, daß chemische Prozesse mannigfaltiger Art sich in unserem eigenen Organismus abspielen, daß jedoch viele von uns der chemischen Wissenschaft zeitlebens fremd gegenüberstehen? Hängt dies etwa mit dem schwerverständlichen Charakter der chemischen Erscheinungen selbst zusammen oder mit der Art und Weise unserer Schulmethoden?
In neuerer Zeit stehen solche Fragen mehr denn je vor Lehrern, Eltern und nicht zuletzt vor den Schülern. In vielen westlichen Ländern wird eine Revision der Chemielehrpläne und Lehrmethoden vollzogen mit dem Ziel einer beschleunigten Beherrschung chemischer Vorgänge. Dieses erhoffen sich vor allem verschiedene amerikanische Lehrmethoden durch frühen Umgang des Schülers mit der als wesenhaft aufgefaßten Welt der Modelle und Formeln. Die angestellten Experimente dienen dann vor allem dazu, die vorgebrachten Gedankenmodelle zu erläutern und zu bekräftigen.
Was bewirkt der Lehrer einer Waldorfschule, wenn er in der 7. Klasse die Kinder unmittelbar an die Fülle der Erscheinungen heranführt (vgl. S. 134 f.)? Er sieht zu, daß z. B. eine Feuererscheinung sich nicht auf die kleine, mehr oder weniger gebändigte Flamme des Bunsenbrenners beschränkt. Führt er den Kindern einen Waldbrand vor? Vielleicht nicht gerade das, aber er sorgt nach Möglichkeit dafür, daß jedes Kind die Gelegenheit hat, vor dem Knastern, Brausen, ja vor der verzehrenden Gewalt des Feuers etwas den Atem anzuhalten und sich an der Größe und Schönheit des Ereignisses zu begeistern. Die chemischen Erscheinungen drohen uns immer wieder zu überwältigen. Das ist ihr Charakter. Es ist deshalb notwendig, die Phänomene durch das Denken zu ordnen, sie aufeinander zu beziehen, ohne ihnen jedoch die Gültigkeit als Phänomene abzusprechen. Durch groß angelegte Experimente bewirkt der Lehrer zunächst Staunen beim Schüler. Dann wird sich dieser auch danach sehnen, die Sache zu verstehen. Das Schulexperiment ist überschaubarer als die unmittelbare Erfahrung an der Natur, es ist oft speziell lehrreich, weil es einer besonderen Frage entspringt, die wir an die Natur stellen.
Das Verständnis vieler chemischer Prozesse hat die Menschheit manche Mühe gekostet. Man würde den Schülern wesentliche Erfahrungen vorenthalten, ließe man sie nicht teilnehmen an den grundlegenden Entdeckungen. Für dieses Unterrichtsgebiet ist es daher besonders wichtig, daß der Lehrer nicht nur selbst erzählt, sondern immer wieder den Boden bereitet für die Fragen der Schüler, für ihre Lust am Experimentieren und für ihr Bedürfnis, die vielfältigen

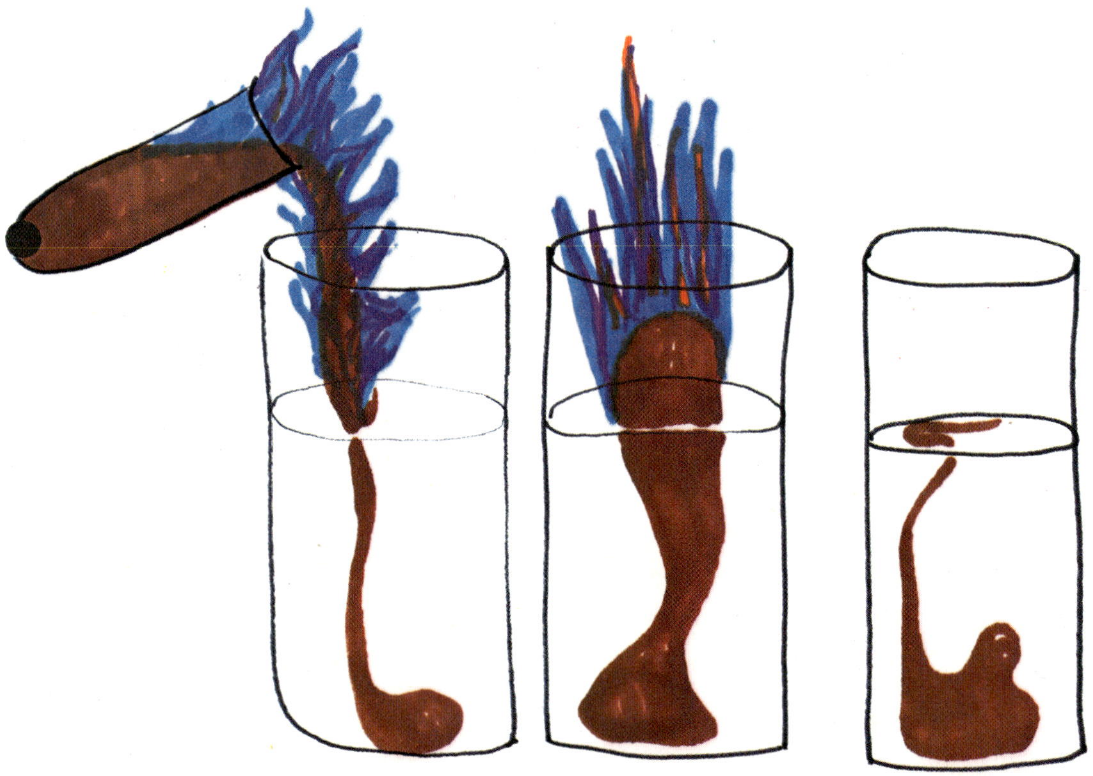

Die Gerüche, die Farben, die Laute – der ganze Reichtum der beobachteten Phänomene muß beiseite gelassen werden, wenn ein chemischer Prozeß durch Buchstaben und Zahlen, das heißt durch Formeln zum Ausdruck kommen soll. Diesen Weg von der vielfältigen Wahrnehmung bis zur abstrakten Definition hat die ganze Menschheit durchgemacht, und im Chemieunterricht der obersten Klassen wird er wenigstens in großen Zügen nacherlebt.

Die hier wiedergegebenen Bilder stammen aus Epochenheften der 11. Klasse und sind von zwei verschiedenen Schülerinnen verfertigt. Man hat im Unterricht das chemische Verhalten des Schwefels studiert. Der im Reagenzglas stark erhitzte, brennende Schwefel wird plötzlich in ein von unten her beleuchtetes Glas gegossen, das kaltes Wasser enthält. Hier bekommt man ausgesprochen wilde Erscheinungen zu sehen. Der Schwefelklumpen pustet und faucht unter Umständen feurig, bis er schließlich matt in sich zusammensinkt (links unten). Mit Eisen vermischt brennt die Schwefelblume gleichmäßig, aber unter intensivem Glühen und Funkensprühen. Zurück bleibt eine lavaähnliche Kruste: Schwefeleisen (links oben). Das Bild rechts macht die verschiedenen Modifikationen anschaulich, in denen der Schwefel in fester Form auftritt.

Ganz anderes offenbart die Phänomenologie des Phosphors, hier von denselben Schülerinnen anschaulich gemacht. Aus der Knochenasche erhebt sich im Verlaufe des Experiments zaghaft, aber wie unruhig atmend die kühle Phosphorflamme. Man muß genau zusehen, denn nur spukhaft-schnell zuckt die Lichterscheinung durchs Gefäß, wenn Sauerstoff hinzutritt.

In den Phänomenen der verschiedenen charakteristischen Experimente spricht sich so das Wesen der Stoffe selbst aus.

Erfahrungen nach und nach zu verstehen, für ihre nicht immer bewußte Sehnsucht, die Natur als Ganzheit, als Totalität zu erleben.
Auch auf der Oberstufe, etwa in der 10. Klasse, kann die Chemie nicht nur zur Wissensvermehrung, sondern auch zur inneren Entwicklung der Schüler Wichtiges beitragen. Im Verlauf der Versuche zeigen sich immer wieder die großen chemischen Polaritäten Säure und Lauge. Es zeigen sich aber auch Gegensätze anderer Art, etwa derjenige von Metall und Nichtmetall.
Nun ist schon manche experimentelle Erfahrung und denkerische Anstrengung erforderlich, um die verschiedenen Phänomene übersichtlich zusammenzubringen. Hängen Basen immer mit Metallen zusammen? Haben Säuren in erster Linie mit Sauerstoff zu tun, wie ja Lavoisier meinte, indem er von einem säureschaffenden Stoff sprach (Oxygenium)? Welche Rolle spielen die Nichtmetalle im chemischen Zusammenwirken der Stoffe? Man stellt oft sehr schnell Erfahrungsregeln auf und stößt bald danach auf die berühmten Ausnahmen. In solcher Lage bietet sich als Ausweg leicht eine Hypothese an, die man mit Hilfe von Hilfshypothesen über die Ausnahmen hinweg noch einige Zeit retten kann. Gibt es einen methodischen Weg, der zu einem Naturbild führt, bei dem Ausnahmen nicht als peinlich empfunden oder gar verschwiegen werden? Es müßte ein Weg sein, der frei von Hypothesen sein will, ein Weg, der sich gerade für die Ausnahmen der Erfahrungsregeln interessiert.
Lavoisiers Gedanken über die Rolle des Sauerstoffs bei der Säurenbildung erwiesen sich bei näherem Betrachten nicht als allgemein gültig. Da gibt es ja Halogenwasserstoffsäuren, also scharfe, saure Stoffe mit allen deutlichen Säureeigenschaften, die ohne Beteiligung des Sauerstoffs zustande kommen! Welche Stoffe treten in diesem Fall als Säurebildner auf? Es sind Fluor, Chlor, Brom und Jod, fürwahr Stoffe eigentümlicher Art, die man gerade auf diese Weise, also durch Beachtung ihrer Ausnahmestellung, näher kennenlernen kann. Sie bilden mithin eine Art besonderer Chemie.
Besonders im Verlauf der 11. Klasse entsteht auf diese Art langsam das Bedürfnis, zu einer übersichtlichen Gliederung aller Stoffe und auch der wesentlichen chemischen Prozesse zu kommen. Es ergeben sich verschiedene Möglichkeiten der Anordnung, die, jede für sich, Interessantes zeigen können. Ob man sich das periodische System der Elemente oder andere Zusammenstellungen vor Augen hält, immer wieder wird deutlich, daß die Natur sich in Polaritäten offenbart und im Zusammenwirken der Polaritäten eine Steigerung erfährt.
Für manche Schüler ist dies *gedanklich* ohne größere Mühe zu erfassen, in einer undifferenzierten Klasse ist es aber immer wieder notwendig, allen Schülern *bildhafte* Erlebnisse zu vermitteln. Manchmal kann der Verlauf eines großen Experimentes selber sich zum Bild verdichten. Das Wesentliche eines Bildes ist ja, daß es auf verschiedenen Ebenen seine Gültigkeit erweist. Nachdem die Zusammenhänge von Lauge und Säure mit anderen Naturerscheinungen herausgearbeitet sind, kann der Lehrer einmal unter größter Vorsicht konzentrierte Schwefelsäure in eine Schale Natronlauge gießen. Beide sind glasklare Flüssigkeiten, und doch – hier treffen scharfe Gegensätze aufeinander. Harte, fauchende Töne, heftiges, gefährliches Spritzen ist das Resultat des Aufeinanderprallens. Schnell erhitzt sich die Mischung und kocht wild und laut. Erst nach und nach beruhigt sich die Sache. Man sieht, daß sich manche Schüler durch das allmähliche Abflauen des Brodelns recht erleichtert fühlen. Schließlich wird es ganz still. Nach einer Zeit der Abkühlung verdichtet sich Salz aus der Lösung. Aus dem Chaos entsteht streng geordnete, kristallisierte Form.
Wie im geschichtlichen Verlauf der Chemie tritt auch im Chemieunterricht das Bedürfnis auf, zu übersichtlichen Bezeichnungen und schnell verständlichen Zusammenstellungen zu kommen. Die gebräuchlichen chemischen Symbole werden im allgemeinen von den Schülern schnell aufgefaßt und gelernt. Manche machen sogar mit Eifer eine Art Sport daraus. Schwieriger wird schon das Verständnis der Mengenverhältnisse, die bei chemischen Umsetzungen auftreten. Doch ergeben sich durch das Zusammenwirken von Chemie- und Mathematikunterricht interessante und wesentliche Erfahrungen auf dem Gebiet der Proportionen.
Auch auf anderen Naturgebieten, wie etwa der Biologie, ist die Proportionalität deutlich und wesentlich. Die chemische Formelschrift ist in erster Linie Ausdruck von Gewichts- und Mengenverhältnissen und kann direkt daraus abgeleitet werden. Schwierig jedoch ist dabei die Denkarbeit. Daher bahnten sich gerade an diesem Punkt die Modellvorstellungen der Chemie an. Auch in der Schulchemie wählt man heute zumeist den didaktisch viel leichteren Weg über die Atommodelle, die allerdings dann einfach undurchschaut hingenommen werden müssen. Das Verständnis des Zustandekommens dieser Modelle setzt schwierig zu erlangende experimentelle Erfahrungen und reife mathematische Kenntnisse voraus. Es stellt sich für den Pädagogen hier die entscheidende Frage, ob seine Schüler dem Unterrichtsstoff gegenüber frei bleiben können. Durch das vorschnelle Einführen der nicht sauber abgeleiteten Modelle (nach gewissen Plänen schon im Kindergarten!) wird das Kind zu einem falschen Autoritätsglauben erzogen, von dem es sich schwerlich je wird befreien können. Eine solche Methode widerspricht auch der grundlegenden naturwissenschaftlichen Zielsetzung. Zudem rückt die Natur selbst dem Kinde ferner und ferner.
Die Geschichte der modernen Chemie kam am Ende des 19. Jahrhunderts an einen entscheidenden Wendepunkt. Noch in der ersten Hälfte des Jahrhunderts hatte sich der geniale Faraday darum bemüht, *Phänomene* aufzuzeigen. Wir erfahren die Wirksamkeit von Kräften im chemischen Geschehen, haben jedoch keine Sinneserfahrung der Kräfte selbst. Auch hier bieten sich Modelle an (z. B. für die chemische Bindung), die eine Sinneswirklichkeit substituieren. Chemiker wie Wilhelm Ostwald bemerkten die Grenzüberschreitung in die Welt der nicht direkt zu beweisenden Hypothesen und versuchten, sich diesem Weg zu entziehen. Die heutige wissenschaftliche Chemie ist jedoch ohne die hypothetischen Modellvorstellungen nicht mehr verständlich. Deshalb wird es auch an einer Waldorfschule berechtigt, ja notwendig sein, diesen Weg an geeigneten Beispielen aufzuzeigen. Man kann beim Studium dieses einseitigen Denkens «hinter die Phänomene» wiederum mancherlei erfahren. Nicht zuletzt begegnet man hier der sozialen Problematik, in die sich viele Schüler ohnedies hineingestoßen fühlen. Die Welt der synthetischen Präparate, die oft genug aus dem Kreislauf der Natur herausfallen und als Giftstoffe wirken, stellt Fragen an uns alle. Es ist nicht damit getan, deshalb die moderne chemische Technik abzulehnen. Die Chemie läßt sich immer noch, vielleicht in völlig anderer Richtung, weiterentwickeln. Dazu sind erweiterte und vertiefte Einsichten in die Wechselwirkungen und Verwandlungsprozesse der Stoffe im ökologischen Zusammenhang notwendig wie auch genauere Kenntnisse der feineren Wirkungen auf den Menschen, die wir uns allmählich und mühsam erwerben müssen.
Diese Erkenntnisse rufen zu einem wachen Verständnis für das Dilemma der modernen Chemie auf, das allmählich für uns alle in Erscheinung tritt; sie schenkt uns viel Macht, entfremdet uns aber der Welt, sofern sie sich nicht einer ganzheitlichen Naturbetrachtung einfügt.

GEOGRAPHIE

Aus dem Geologieunterricht der 9. Klasse.

In Gegenden, wo der Boden weggeschwemmt wurde und der nackte Fels zutage tritt, kann man beobachten, wie sich die Erde langsam mit einer lebendigen Haut bedeckt und die verschiedenen Pflanzengesellschaften einander ablösen. Am Ende hat sich auch unter Mitwirken der Pflanzen wieder Mutterboden gebildet (England).

Neunte bis zehnte Klasse

Die moderne Raumforschung hat uns gezeigt, daß der alte Traum von der physischen Bewohnbarkeit anderer Planeten (für andere als für wissenschaftliche Zwecke) endgültig ad acta gelegt werden muß. Die Erde ist und bleibt unser Lebensraum. Gleichzeitig wird immer klarer, daß wir durch unsere Maßnahmen die Daseinsbedingungen des organischen Lebens in mancher Hinsicht tiefgehend beeinflußt haben, und daß wir auch im Stande sind, sie durch den Gebrauch physikalischer und biologischer Waffen zu vernichten. Die Frage, mit welcher inneren Einstellung wir unsere Erde betrachten, war noch nie so wichtig wie in unserem Zeitalter.
Der erdkundliche Oberstufenunterricht der Waldorfschulen ist nun daraufhin orientiert, zu einem vertieften, erkenntnismäßig gut fundierten Gefühl für die Vorgänge des ganzen Erdballs beizutragen.
Nachdem in der 5.–8. Klasse hauptsächlich Länderkunde betrieben worden ist, geht man in der Oberstufe nach und nach dazu über, erdumfassende Prozesse zu betrachten.
Der Unterricht muß so angelegt sein, daß man die Schüler unmittelbar an die Naturerscheinungen heranbringt.
In der 9. Klasse wird Geologie betrieben. Der Unterricht im Schulraum muß durch Exkursionen ergänzt werden (ein längerer gemeinsamer Aufenthalt in einem geologisch interessanten Bergmassiv ist zu empfehlen). An Erosionsvorgängen kann man deutlich sehen, daß die Erde veränderlich ist. Pflanzen und Bäume wandeln erstarrtes Gestein in fruchtbaren Boden. Das fließende Wasser formt die Landschaft um.
Als polarer Gegensatz zu den Zerfallsvorgängen wirken innerhalb der Erdgestaltung die Entstehungsprozesse der Gebirge. Sie schaffen gewissermaßen das Rückgrat der Kontinente. Die Gebirge, die den Pazifischen Ozean umsäumen, haben vorwiegend nord-südliche Richtung, während die Gebirge der alpinen Faltung hauptsächlich in west-östlicher Richtung verlaufen. Hierdurch entsteht – global gesehen – eine Art Kreuz. Eine zusammenfassende Schilderung der gewaltigen Vorgänge, die das jetzige Antlitz der Erde geprägt haben, ist in diesem Alter für die Schüler außerordentlich fesselnd.

In der 10. Klasse betätigen sich die Schüler auf der einen Seite mit dem direkten messenden Erforschen eines begrenzten kleinen Gebietes. Sie fertigen eine Landkarte an. Auf der anderen Seite betrachtet man die ganze Erde aus großer perspektivischer Sicht. Durch die neueren physikalischen Entdeckungen ist die Vorstellung von der Erde als totem Weltenkörper wenigstens in der Praxis deutlich überwunden. Die

Links: Verschiedene Erosionsformen eines Flusses. Das strömende Wasser wirkt an der Ausformung der Landschaft mit (Forest Row/England).

Unten: Die Schüler können sich im Pubertätsalter oft an Mineralogie begeistern, besonders wenn sie dieses Gebiet hämmernd und sammelnd erobern. Auch ein kleiner Bergkristall, den man selbst gefunden hat, ist ein wahrer Schatz.

Rechts: Im Geologieunterricht der 9. Klasse erarbeitet man sich zeichnend und malend die komplizierten Zusammenhänge der alpinen Gebirgsschichten. Das Bild zeigt, wie verschieden drei Schüler dasselbe geologische Motiv dargestellt haben.

Rechts außen: Aus dem Unterricht im Feldmessen, 10. Klasse. Die Schüler zeigen manchmal mit großem Stolz eine solche selbstaufgenommene Karte und erklären etwa: «Jetzt kann ich mir über jedes Gebiet auf der ganzen Erde Klarheit verschaffen.»

Erde zeigt uns schon in der Lithosphäre eine heute klar belegte und immer noch anhaltende Beweglichkeit sowohl in vertikaler als auch in horizontaler Richtung (die Hebung Skandinaviens, die Verschiebung der Kontinente). Je mehr wir uns von der Erdrinde nach außen bewegen, desto intensiver wird die Dynamik der Kräfte. Die Schüler studieren die Gestalt der Kontinente, sie erfahren, daß die Erde u. a. in Land- und Wasserhalbkugel eine deutliche Polarität zeigt, sie zeichnen und malen nicht nur die Erhöhungen der Gebirge, sondern auch die Tiefen des Meeres, sie erleben die großen Zirkulationsprozesse in den Weltmeeren mit und erfassen im künstlerischen Gestalten das lebendige Bild der Vegetationsdecke in seinen vielfältigen Differenzierungen über die Erdoberfläche. Auch die Erscheinungen in der Atmosphäre werden recht gründlich behandelt. Nicht zuletzt die äußersten Hüllen der Erde zeigen uns hier eine Steigerung der ganzen Dynamik. Nicht nur Meteoriten, auch andere Stoffe kommen ständig zur Erde. In der Magnetosphäre spielt sich eine dauernde, auch materielle Umsetzung zwischen Kosmos und Erde ab: Indem die Erde in einem dauernden Strom Wasserstoff an den Weltraum verliert, empfängt sie täglich einen Zuschuß an kosmischen Substanzen in der Größenordnung von 1000–10 000 Tonnen. Die Erde ist von ihren äußersten Hüllen bis zum Erdkern hin weisheitsvoll durchorganisiert; sie ist ein Organismus.

Solche Perspektiven sind geeignet, in dem jungen Menschen ein Verantwortungsgefühl gegenüber der Erde und ihren Funktionen zu erwekken.

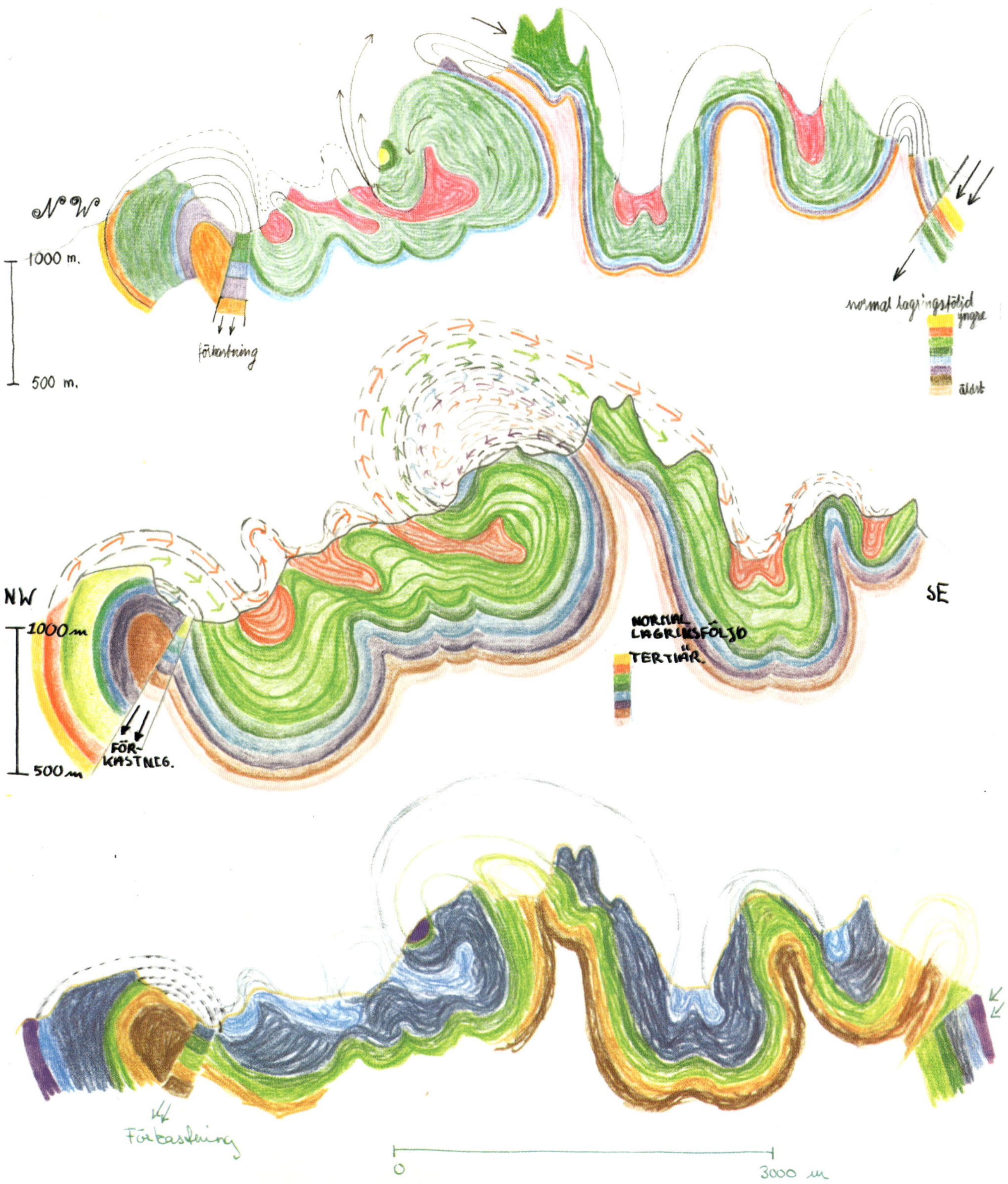

NW
1000 m.
500 m.
förkastning
normal lagringsföljd
yngre
äldst
NW
1000 m
500 m
FÖR-
KASTNING.
NORMAL
LAGRINGSFÖLJD
TERTIÄR.
SE
Förkastning
0
3000 m

N
THORSÄTRA
SKALA 1:400

Unten: Aus der Erdkunde in der 10. Klasse. Die Erde kann heute wieder als Organismus erfaßt und verstanden werden. Sie hat ihr charakteristisches Antlitz mit Wasserhalbkugel und Landhalbkugel.

Rechts: Im Atlantischen Ozean haben neuere Forschungen ergeben, daß sich die typischen südamerikanischen und afrikanischen Küstenformen im mittelatlantischen Rücken noch ein drittes Mal signaturhaft aussprechen. Diese Formen haben sich aus anderen Formen heraus entwickelt.

Diese Karte macht die großen Zirkulationsströmungen im Ozean deutlich (Holland).

Im Erdkundeunterricht kann man auch versuchen, Karten ganz aus dem Malerischen heraus zu gestalten. Dabei werden die Großformen der Erde aus dem Flüssigen heraus erarbeitet und auch die Vegetationsgebiete in großen Zügen in die Erfahrung mit einbezogen (10. Klasse).

Für die heutigen Schüler ist es ein großes Bedürfnis, den verschiedenen Kulturströmungen auf der Erde zu begegnen. In einer Ethnographie-Epoche kann in der 11. Klasse am überlieferten Geistesgut der Völker wie Mythen und Märchen und in vielen anderen Kulturschätzen erlebt werden, welcher Reichtum sich in der Menschheit zur Erscheinung bringt. Man lernt aussterbende alte Kulturen kennen und auch neue, zur Entwicklung drängende Völkergemeinschaften.

Manche Schüler wählen einen besonderen Kulturkreis, in den sie sich besonders vertiefen. Die drei linken Bilder kommen aus einer Arbeit über die Papuavölker. Das Bild rechts oben bringt einen Mythos der Ahtena-Indianer zum Ausdruck, und darunter ist eine Buschmann-Felszeichnung aus Südafrika wiedergegeben.

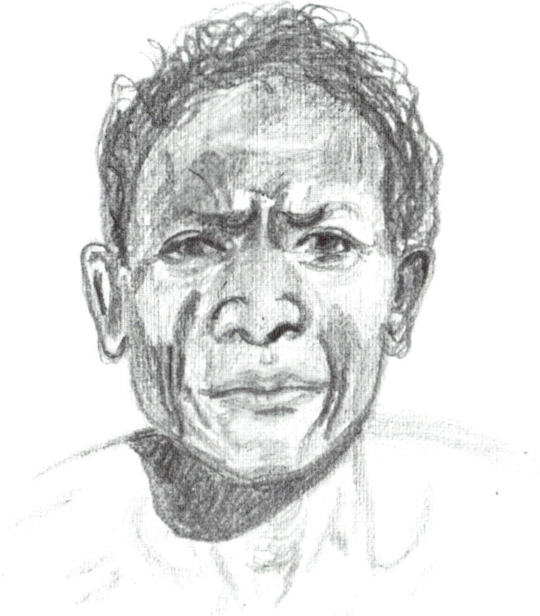

5.

Levern
Njuren
Njurven
Njurartär
Njurbarken
Urin-
ledaren
Märgen

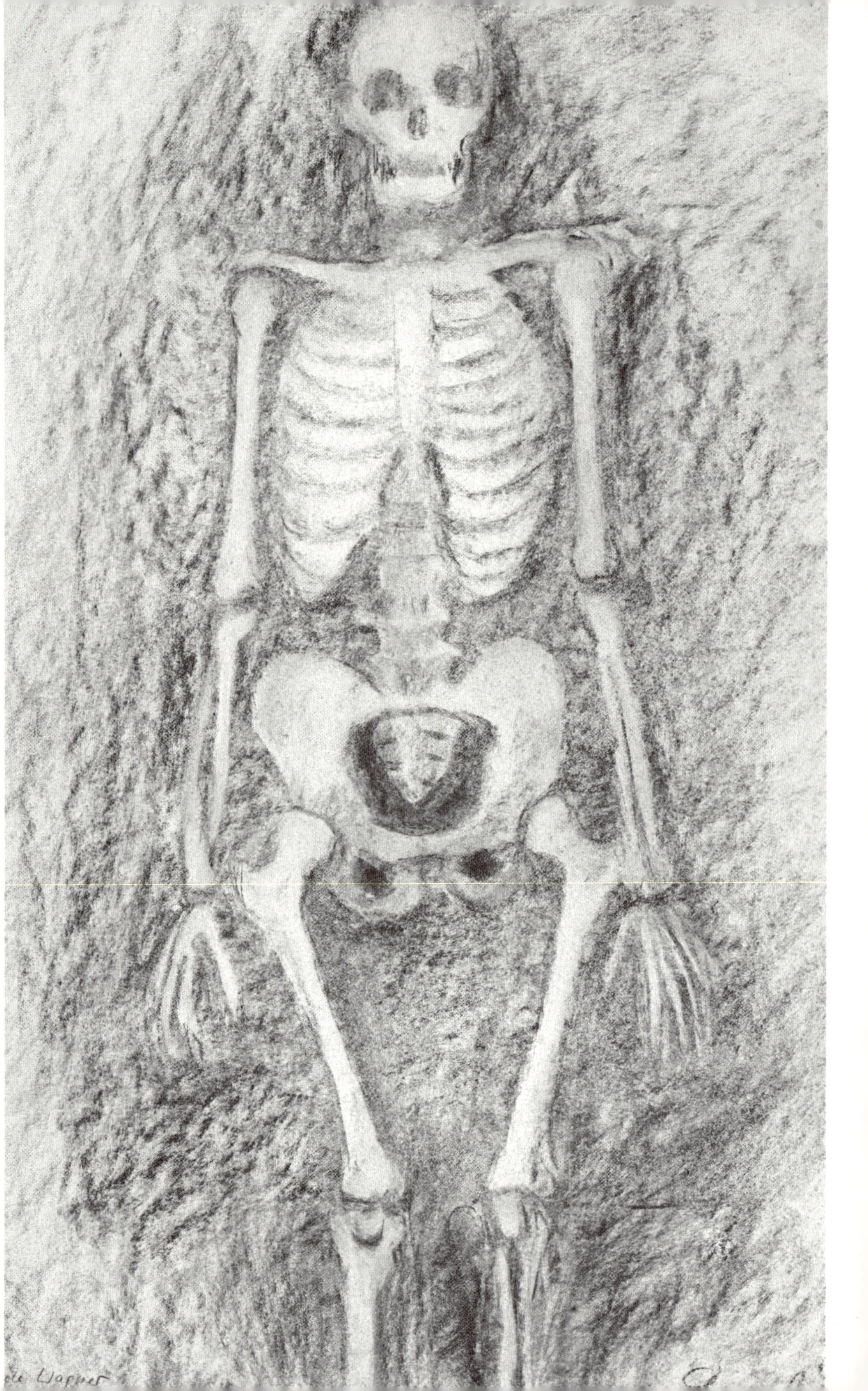

MENSCHENKUNDE UND BIOLOGIE

Links: Im ersten menschenkundlichen Unterricht in der 7. Klasse werden die Verschiedenheiten der inneren Organe oft nur zaghaft erfaßt, andererseits bringt sich in den Zeichnungen noch das Lebendige, Fließende des Organ-Geschehens zum Ausdruck.

Rechts: Später werden die Illustrationen schrittweise konkreter und reicher an anatomischen Details.

Unter all den Vorstellungsinhalten, die wir im Leben mit uns herumtragen, gibt es wenige, die unser Handeln so tief und nachhaltig beeinflussen wie das Bild, das wir uns vom eigentlichen Kern des Menschenwesens machen. Versuchen wir, von allen Sekundärphänomenen abzusehen und das wirklich Wesentliche ins Auge zu fassen: wer ist eigentlich der Mensch?

Ist er ein Produkt seiner sozialen Umgebung? Dies ist die Überzeugung der Marxisten, und sie ziehen daraus ihre Folgerungen vom Recht des Kollektivs, das Dasein des einzelnen zu prägen.

Ist er ein unverbesserlicher Egoist, von seinen Trieben und Begierden regiert? Diese Auffassung liegt, wenn auch nicht immer in der Theorie, so doch in der Praxis, dem kapitalistischen System zugrunde. In der modernen Konsumgesellschaft planen Industrieleiter und Werbeexperten, wie man die Konsumenten mit Hilfe von Bedürfnissen, die durch die Reklame unterhalten und teilweise erst geschaffen werden, «steuern» kann.

Ist er eine spezifische Gen-Kombination? Dies ist heute die durchweg übliche wissenschaftliche Ansicht, von Forschern und auch immer mehr von Laien vertreten. Auch hier geht es oft um eine Folgerung, die auf Dirigismus ausläuft: wenn es möglich wird, unsere Erbanlagen zu manipulieren, ist es auch berechtigt.

Es gibt auch andere Urteile, die zu weitgehenden praktischen Konsequenzen Anlaß geben können: «Der Mensch ist, was er ißt.» – «Der Mensch ist ein höheres Tier.» – «Der Mensch ist ein nackter Affe.»

Eben weil das Bild des Menschen, das wir uns machen, unsere eigene Lebensführung so tief beeinflussen kann, ist es besonders wichtig, daß die Lehrer – und auch die Schulbücher, die vielleicht zum Selbststudium benutzt werden – sich aller vorschnellen Urteile enthalten.

Im Hinblick auf die Menschenkunde Rudolf Steiners, die ja seiner Pädagogik zugrunde liegt, könnte mancher Leser fragen, ob es nicht häufig geschieht, daß Waldorflehrer ihren Schülern gegenüber ein ähnliches fertiges Urteil aussprechen – vielleicht etwa «Der Mensch ist ein unsterbliches seelisch-geistiges Wesen, das durch wiederholte Erdenleben geht?» Darauf kann man nur antworten: wenn das vorkommt, ist es ebenso unpädagogisch wie alles andere Definieren. Jedes «der Mensch ist ...», das in der Schule ausgesprochen wird, ist ein Unding.

Die Schüler haben das Recht, mitzuerleben, wie sich das Bild des Menschen nach und nach entfaltet in seiner ganzen Vielschichtigkeit, aus einem nahezu unbegrenzten Reichtum von Phänomenen heraus. Eine der wichtigsten Aufgaben des Lehrers besteht darin, die Arbeit so zu lenken, daß jedes Urteil, das gefällt, und

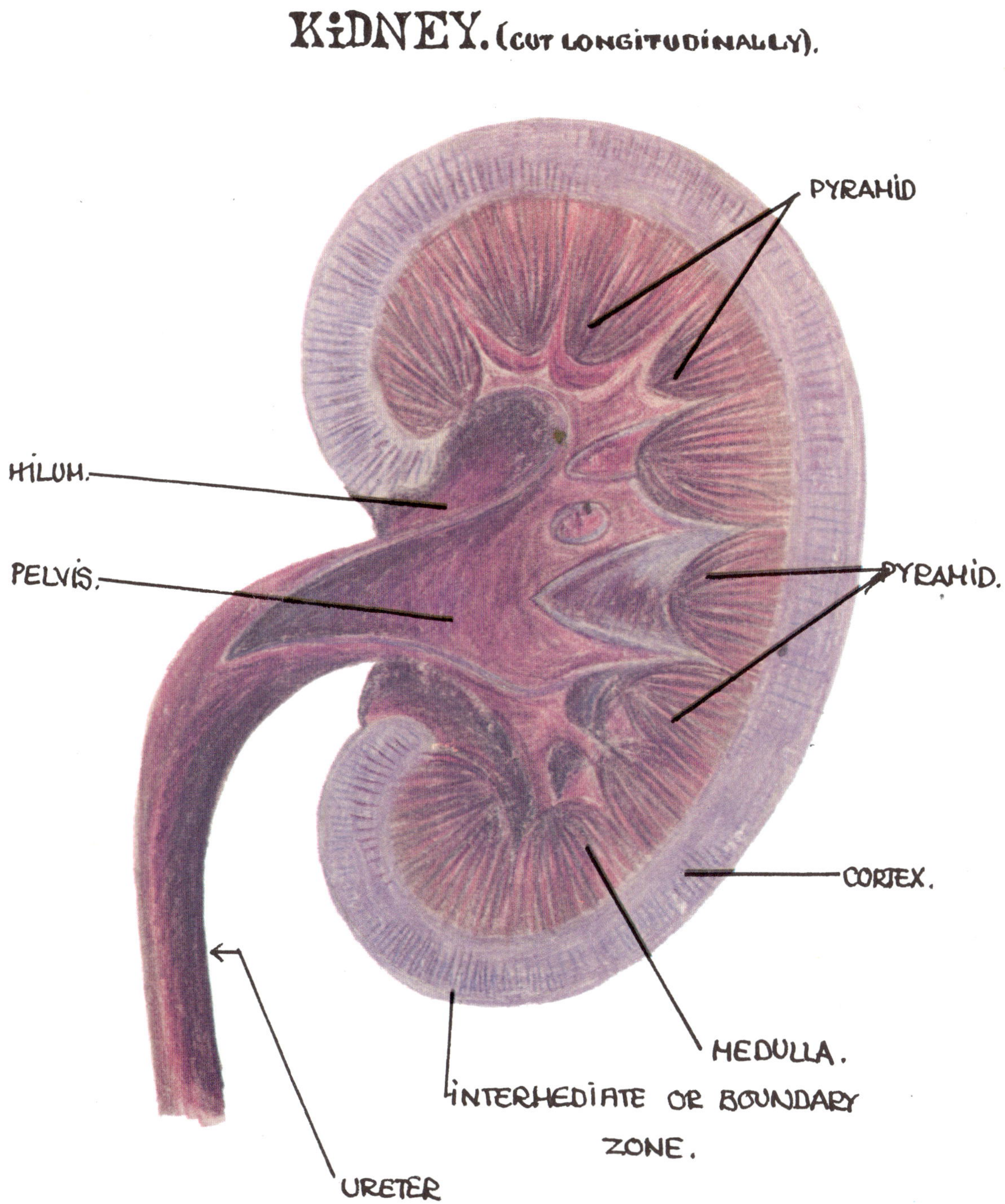

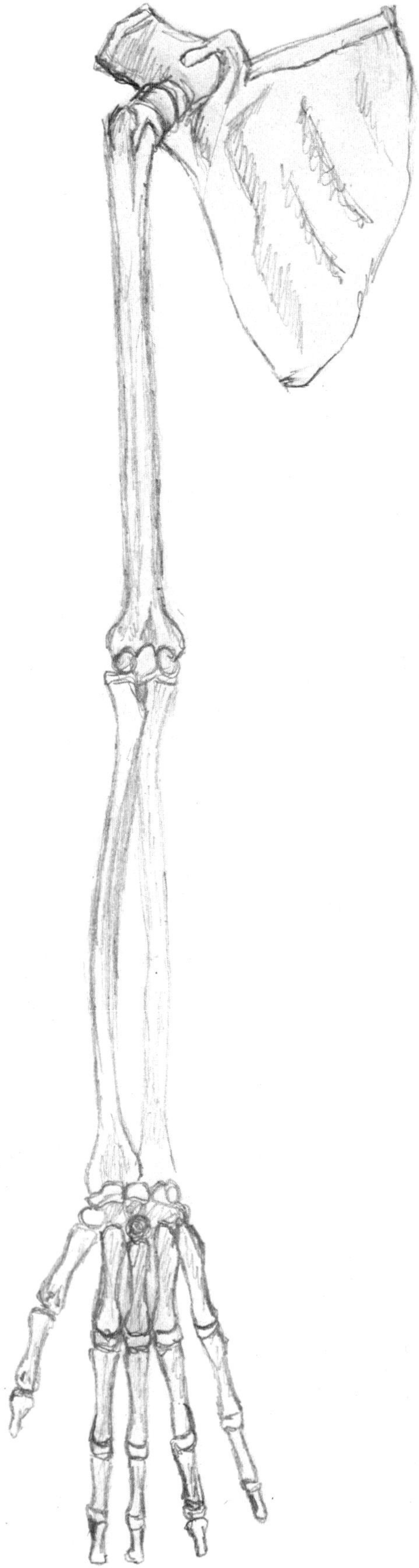

«Es ist das Schönste, was man dem Kinde von der Schule ins spätere Leben mitgeben kann, die Idee, die möglichst vielseitige, möglichst viel enthaltende Idee vom Menschen.» Rudolf Steiner, Allgemeine Menschenkunde.

Im Gegensatz zur dynamischen Organfunktion steht das Skelett, das am meisten Verhärtete im Menschen. Für denjenigen, der sich dafür einen Blick angeeignet hat, kommt aber gerade im Knochengerüst das Individuelle des Menschen besonders deutlich zum Ausdruck.

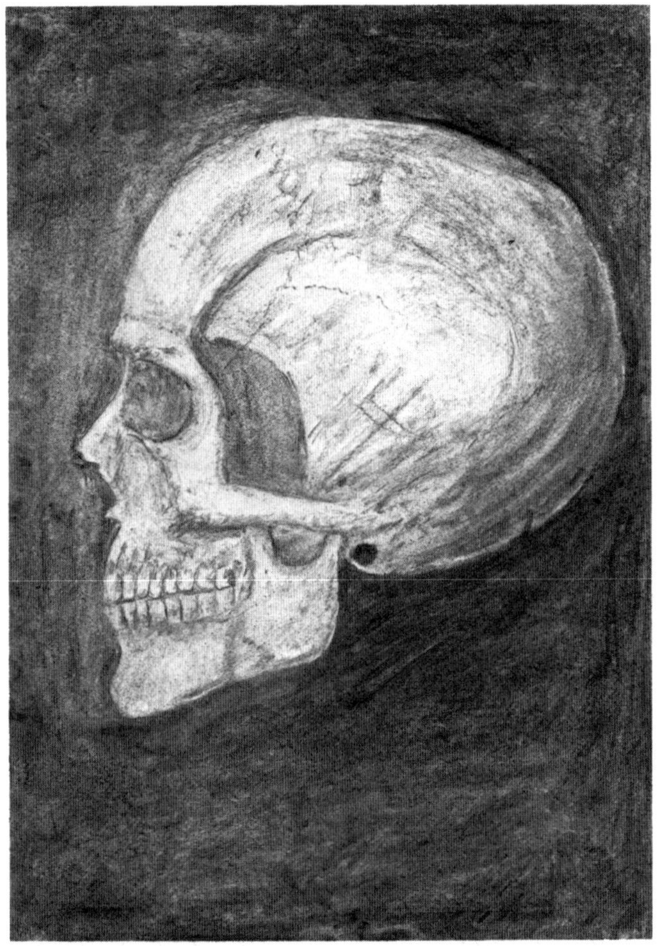

jede Folgerung, die gezogen wird, dem behandelten Stoff und dem Altersstadium der Schüler so gut wie nur irgend möglich angepaßt wird.

Aus dem Lehrplan

Die eigentliche Menschenkunde beginnt in der 7. Klasse mit einer Übersicht über einige grundlegende Gesundheits- und Ernährungsprobleme. Jeder Mensch, der einmal in einem Ärztebuch gelesen hat, kennt die Gefahr, die hier lauert: daß man glaubt, überall krank zu sein. In den Pubertätsjahren ist diese Ängstlichkeit oft sehr gesteigert. Es ist deshalb wichtig, daß diese Fragen so früh wie möglich besprochen werden; vor dieser Stufe wären die meisten Kinder allerdings kaum imstande, den Stoff aufzunehmen. Ein solcher Unterricht ist eine wahre Wohltat. Nie zuvor und vielleicht auch niemals später ißt der Mensch so viel und so schnell wie in diesem Alter. Viel besser als lange Predigten über das Kauen, die Qualität der Nahrungsmittel und ähnliche Dinge ist es, den Weg der Nahrung durch den Mund, die Speiseröhre, den Magen, das Darmsystem, die Leber, das Blut, die Nieren lebendig zu schildern und die Schüler über Form und Hauptfunktionen der wichtigsten Innenorgane wenigstens in großen Zügen durch eigenes Abbilden arbeiten zu lassen. Wer einmal klar erfaßt hat, wie die verschiedenen Organe bei ungekauter, schlecht zubereiteter, schwerverdaulicher, verdorbener oder gar vergifteter Nahrung reagieren, kann sein Leben lang ein gesundes «Mitgefühl» mit ihnen verspüren.

In der 8. Klasse sind die Kinder so weit, daß sie einen neuen, wichtigen Schritt in der Menschenkunde vollziehen können. Sie haben inzwischen eine Reihe von elementaren mechanischen Gesetzen kennengelernt. Mit einem oft auffallenden Interesse verfolgen sie nun, wie solche Phänomene auch im Menschenleib in Erscheinung treten: in der Dunkelkammer des Auges, im Hebelsystem des Skeletts, um nur einige zu nennen. Die Folgerung, die hieraus gezogen werden kann, soll keineswegs die sein, daß sich *alle* Funktionen des Menschenleibes auf mechanische Weise erklären lassen; man wird vielmehr weit vorsichtiger formulieren, was sich aus dem direkten Beobachten ergibt: wir haben im Menschenleib eine Reihe von Vorgängen, die physikalisch verständlich sind.

Aus der Gestaltung des Lehrplans ergibt sich, daß der Oberstufenlehrer, der spätestens im 9. Schuljahr den menschenkundlich-biologischen Unterricht übernimmt, die Arbeit in dieser Klasse den Vorkenntnissen und Bedürfnissen der Kinder weitgehend anpassen kann; er kann also Lücken ausfüllen oder besonders wichtige

Erst im künstlerischen Schaffen wird die Dynamik der Formen und die Besonderheit der Gestaltung richtig erfaßt.

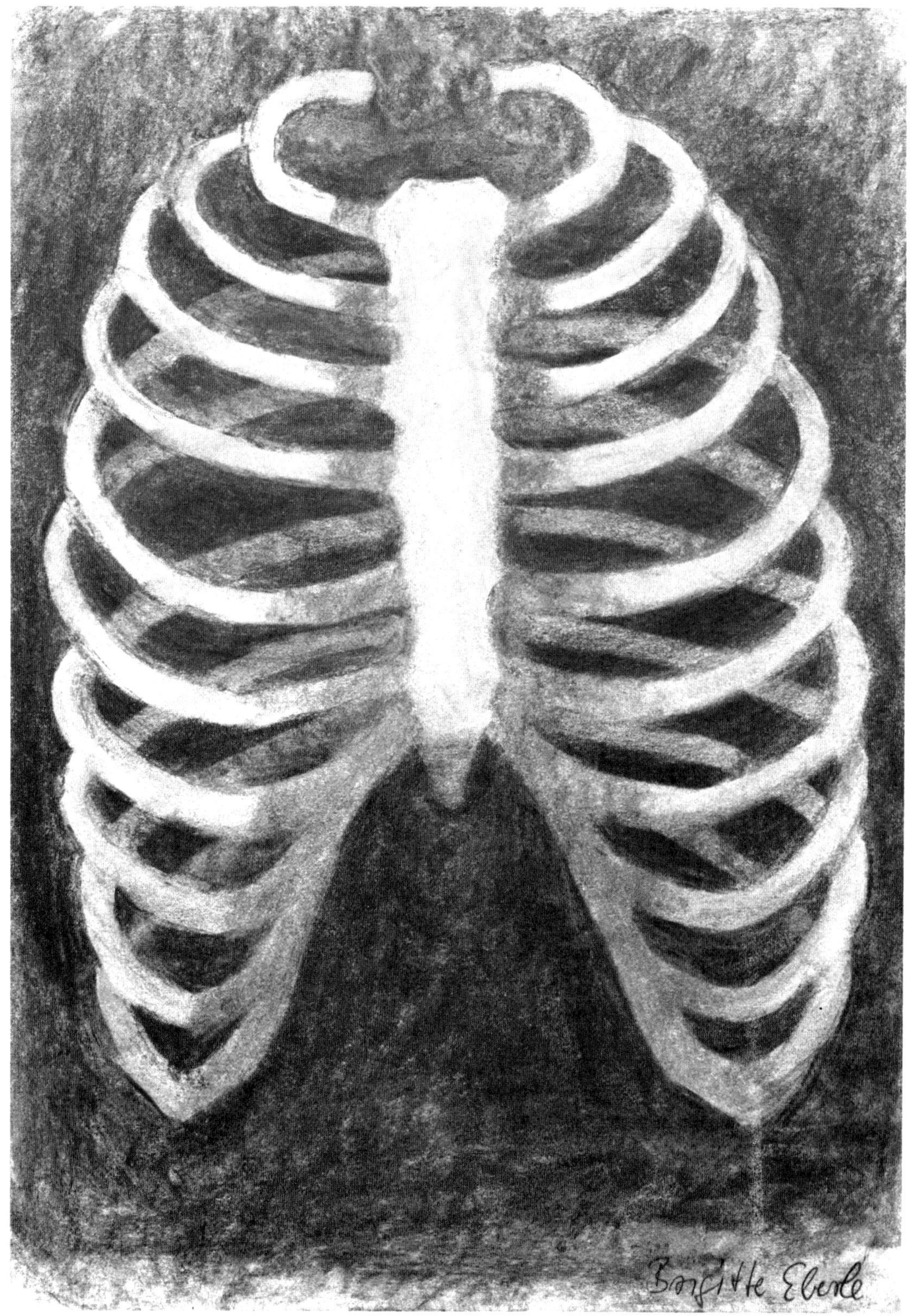

Abschnitte wiederholen und erweitern. Er kann Tier- und Naturbeschreibungen einflechten und vergleichen, wie Tier und Mensch in die Welt, in ihre Umwelt hineingestellt sind.
In der 10. Klasse wird dann eine neue Stufe erklommen; die seelisch-geistigen Funktionen des Menschen werden ins Bild mit einbezogen. Was vollzieht sich eigentlich im Leib und im Vorstellungsleben des Menschen, wenn er einen Bleistift ergreift? An solchen einfachen Beispielen kann der Bau des Nervensystems und der Muskulatur erläutert werden. Dazu kommen nun die verschiedenen Bewußtseinszustände: die Wachheit, in der wir mit unseren Sinnen, unserem Denken eine solche Tat verfolgen können; das Träumerische, das in den Gefühlsregungen waltet, die mit dem Ergreifen vielleicht verbunden sind; das total Unbewußte der Willensfunktionen, durch die wir die Handlung – etwa einen Schritt – vollziehen. Indem nun verschiedene Organe und Organsysteme des Menschen hier in ihrem Zusammenhang mit seinem Innenleben geschildert werden, ergibt es sich von selbst, daß die Darstellung auf dieser Stufe viel komplizierter wird als in der 7. Klasse.
In der 11. Klasse wird Zellenlehre besprochen. Hier ist nun die Gelegenheit, beispielsweise auf Phänomene der Zellteilung, der Regeneration, der Fortpflanzung, der Vererbung und der Ontogenese einzugehen. Auch die mannigfaltigen Probleme, die durch die heutige Genetik aufgeworfen werden, können besprochen werden. – Im Fortgang dieses Schuljahrs wird auch eine Übersicht über das ganze Pflanzenreich begonnen, die im 12. Schuljahr fortgesetzt wird; den Abschluß des gesamten Biologieunterrichts bildet ein großer Überblick über die verschiedenen Hauptformen der Tiere und über das ganze Evolutionsgeschehen.

Die große Frage: Verwandtschaft von Mensch und Tier

Eines der wichtigsten Probleme, die im gesamten Schulunterricht aufgeworfen werden können, ergibt sich ganz unmittelbar aus dem Stoff, der im Biologieunterricht der letzten Schuljahre behandelt wird: die Frage, wie es sich eigentlich verhält mit der Verwandtschaft von Mensch und Tier.
Das Rätsel, das hier vorliegt, ist keineswegs nur ein theoretisches. Es ergibt sich direkt aus dem Leben des jungen Menschen.
In seiner Kindheit und nicht zuletzt im Übergang zum Jugendalter hat der Mensch sehr oft das elementare Bedürfnis, sich mit der Tierwelt in der einen oder anderen Weise zu identifizieren. In einer 9. Klasse stellt ein Mädchen die

Frage: «Warum hat der Igel eigentlich Stacheln?» Ohne zu wissen, daß er das Problem selber veranschaulicht, antwortet ein Junge, der gut verschanzt ist hinter dickem Haarschopf und derber Lederjacke: «Klar, um sich zusammenkauern und verteidigen zu können.»

Ein ausgeprägter Choleriker möchte immer wieder Vorträge über das Nashorn halten, wobei er niemals vergißt, die Wutausbrüche dieser nicht gerade sanftmütigen Tiere besonders anschaulich zu schildern. Ein schüchternes kleines Mädchen fügt, ohne jeden äußeren Anlaß, in sein naturkundliches Epochenheft eine Art von «seelischem Selbstporträt» ein: das Bild eines scheuen Rehs. Ein Phlegmatiker gibt in seinem Heft eine ausführliche, offenbar tief empfundene Schilderung von einem Orang-Utan, der, auf dem Ast eines Baumes lässig ruhend, die herrlichsten Früchte genießt. Das instinktive Sich-Hingezogenfühlen zum Animalischen kann freilich auch einen weit primitiveren Ausdruck finden.

Was kann nun der Biologielehrer, wenn er von einer rein phänomenologischen Betrachtungsweise ausgehen möchte, zu diesem ganzen Problem zusammenfassend sagen?

Als Ernst Haeckel in den neunziger Jahren des vorigen Jahrhunderts seine Gedanken über die Abstammung des Menschen im Bilde entwarf, schrieb er unbekümmert die Namen von Affenformen auf den Stammbaum, der in gerader Linie zum Menschen hinaufführt. Seit dieser Zeit hat sich in der Evolutionsforschung sehr viel ereignet. So hat der belgische Paläontologe Louis Dollo nachgewiesen, daß spezialisierte Organe sich nicht zurückbilden und in eine andersgeartete spezialisierte Richtung umformen lassen. Nun ist aber der Mensch in mancher Beziehung außerordentlich unspezialisiert. Hier kann der Lehrer die Schüler erinnern an die Stunden der 4. Klasse, wo die Hände des Menschen mit den entsprechenden vorderen Gliedmaßen der Säugetiere verglichen wurden. Daß der Mensch von Vorfahren abstammen sollte, die in ihrer Lebensart und Körperentwicklung bestimmte, weitgehende Einseitigkeiten im Bau des Kopfes oder der Extremitäten entwickelt haben, ist biologisch nicht denkbar. In den modernen Stammbäumen sind die Namen der Menschenaffen deshalb meistens in die Seitenzweige übergeführt worden, und es wird angenommen, daß sowohl Menschen als auch Menschenaffen von gemeinsamen Vorfahren abstammen. Da auch die neuesten Funde keine sicheren Rückschlüsse auf das Aussehen dieser Stammformen erlauben, mußte man zu Vorväter-«Modellen» greifen, die verständlicherweise von Forscher zu Forscher stark variieren. Es scheint durchaus möglich, daß die kommenden Jahrzehnte weitgehende Wandlungen bringen werden in bezug auf die Vorstellung, die wir uns über unsere Abstammung machen.

Aber wie steht es denn mit der offenbaren *seelischen Verwandtschaft*, auf die in der modernen Verhaltensforschung – der Ethologie – so energisch hingewiesen worden ist? Beim Menschen gibt es offenbar gewisse «tierische» Bedürfnisse (Sexual- und Reviertrieb) und bei vielen Tieren eine Reihe von «menschlichen» Eigenschaften (Geltungsbedürfnis, Aggressionstrieb). Der Mensch ist durch seine technischen Machtmittel aber unvergleichlich viel gefährlicher als irgendeine Tierart. Falls man wirklich ernst machen sollte mit der Idee der Gleichstellung von Mensch und Tier, sind die Konsequenzen so durchgreifend wie nur möglich. Dann müßte es das wichtigste Ziel unserer Erziehung sein, den besonders riskanten Aggressionstrieb durch Sport oder andere harmlose physische Betätigungen aufzufangen und im übrigen das Triebleben auf andere Gebiete abzulenken.

Alle solche Fragestellungen führen wohl fast unvermeidlich zu der Feststellung, daß wir vor einer entscheidenden Alternative stehen. Betrachten wir den Menschen als ein bloßes Instinktwesen, dann braucht er geistige, ökonomische und politische Dressur. Sehen wir ihn aber als ein selbstbewußtes Ich, das sich selbst erziehen kann, dann ist es sinnvoll, große Ziele wie Freiheit, Solidarität und Demokratie zu erstreben.

Welches Recht haben wir, vom Menschen als von einem «Ich-Wesen» zu sprechen? Diese Frage läßt sich gewiß im Biologieunterricht erörtern, etwa anhand detaillierter Vergleiche zwischen den Instinktfunktionen bei Tier und Mensch. Dennoch geht es hier um ein Problem, das die Naturwissenschaft niemals allein beantworten kann. Gerade beim Erörtern einer solchen Existenzfrage zeigt es sich, wie wichtig die «humanistischen» Fächer im Rahmen des Schulunterrichts eigentlich sind.

Im Biologieunterricht der 11. und 12. Klasse achten manche Schüler besonders auf das Bildhafte der verschiedenen Pflanzen und Tiere. Jede Pflanze, jedes Tier hat eine äußere oder auch mehr verinnerlichte Gebärde.

Links: Kolonienbildende Kieselalgen.

Rechts: Der Tintenfisch kann Stimmungen im wechselnden Farben- und Formenspiel zum Ausdruck bringen.

KOLONIENBILDENDE KIESELALGEN

Diatomeen

i vattnet kan bläckfisken för-svinna från platsen. Då en skräck uppstår, den känner sig hotad tillgriper den denna metod

andlöppning.

magen.

mun, käkar. I munhålan ligger en radula med tänder grupperade i regelbundna tvärrader. Det finns även ett par kraftiga, spetsiga kitin tänder, som tillsammans (bildar) liknar en spetsig papegojnäbb med vilken den slavs- ar i sig födan. mjukdelarna.

gälar i mantelhålan vilka syre-sätter blodet.

En slags tratt i mantelhålans slut i vilken vatten drivs ut, bläck-fisken simmar då bakåt. Framåt kryper den genom att ta tag med sing sugkoppiga armar.

Blötdjur (Mollusca)

Karaktäristiskt för dessa är deras onto genes (= utveckling ur ägget)

(Phylo genes = hela djurgruppens – släktets utveckling.)

Ägg – spermier, sammansmältning, delning, morula, blastula.

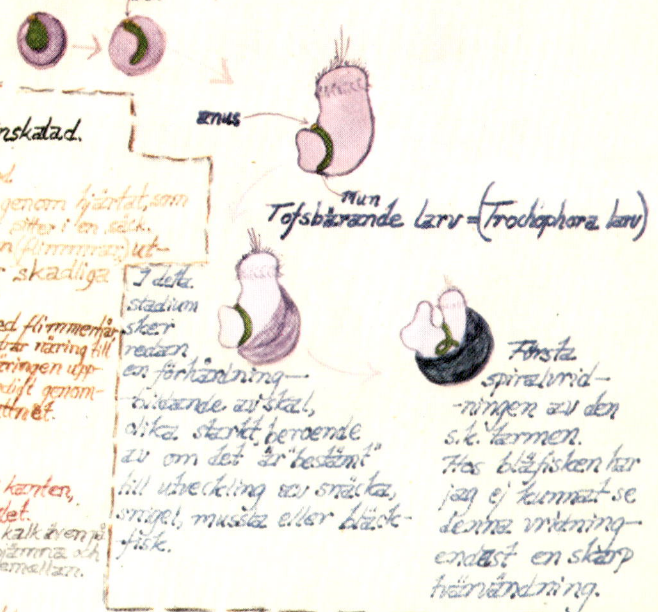

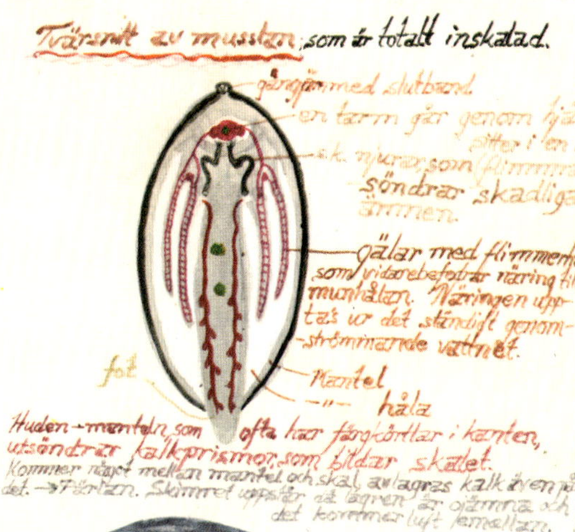

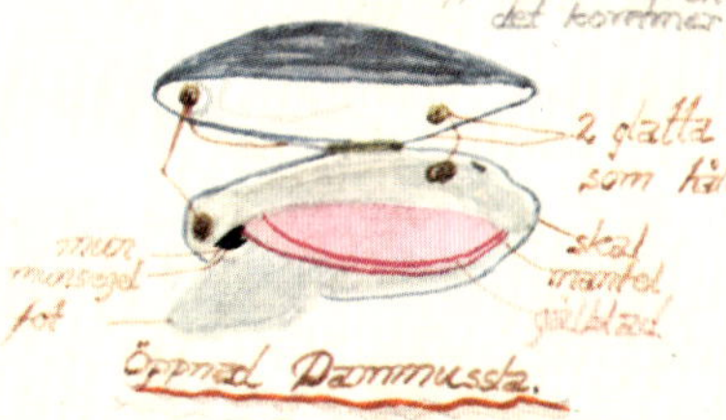

En del musslor har vågiga skalkanter, så är de kanske ämnade till att förhindra sidoförskjutning.

Kammusslan har i skalranden ett 60-tal blå ögon, med vilka de endast förnimmer ljusväxlingar.

Den har egenheten att hoppa fram på sin fot, medan andra förflyttar sig genom att långsamt men säkert skjuta foten ut och sega sig fram genom åter inhölja foten.

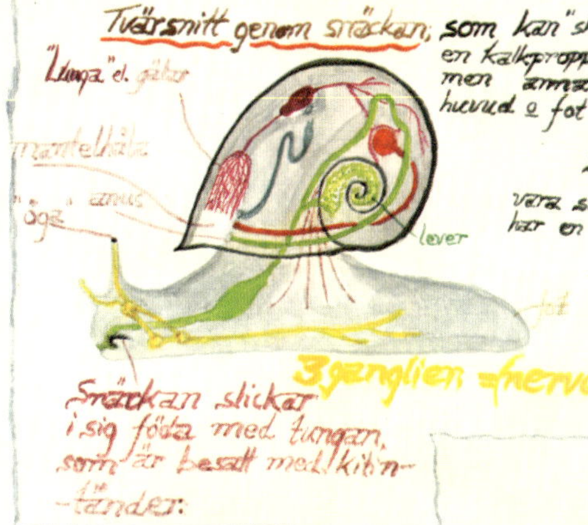

En del bläckfiskar har lysorgan.

Armarna kan bli 3–4 m. långa.

De kallas även – cefalopoda (= huvudfot)

Vattnet i mantelhålan sprutas ut genom tratten, varvid djuret "simmar" bakåt.

De som lever på djupa, mörka vatten har ej bläckpung.

"Nautilus" (= pärlbåt) lever i ett inrullat skal.

Argonautahonan har en utvecklad arm.

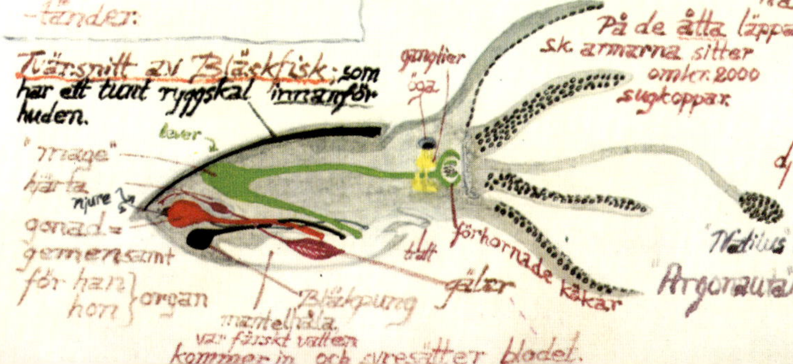

Links: Manche Schüler entwickeln ihre Auffassung für die großen Zusammenhänge in der Natur, wie sie sich in der Ökologie oder in der Systematik offenbaren.

Der Aufsatz auf dieser Seite ist das Resultat einer eingehenden Naturbeobachtung: Wie baut die Spinne ihr Netz?

SPIDERS

All spiders do not make webs for catching their victims. But I am now going to describe how the spider Aranea diadema makes its webs. I have got the description form the book «The Spider» or «Spindlar» written by John Crompton. The book is a rather fascinating one and it gave me a fine general survey of spiders.
In the country-side the spiders can fasten the webs to the vegetation and underwood, but for making it easier «my» spider is going to make its web in a rectangle. The spider goes to A (see figure) where she (I say she because you meet more female spiders than male spiders) ropes herself down to B. From B she goes to C which later will be the centre. With a loose-hanging rope she hurries up to D and she fastens the rope in the same way as at A, B und C. On the newly built rope (D-C) she goes to the centre where a new rope is fastened, down to B and then to E where this new rope is fastened (See fig. 4). From E she starts making a new spoke and goes to the right repeating the same pattern and does this till the whole wheel is spoked.
Now she has to weave the spiral rope. But the first spiral is only a reinforcement. The spiral A–B is a kind of building construction which will be destroyed when the real web is made.

1

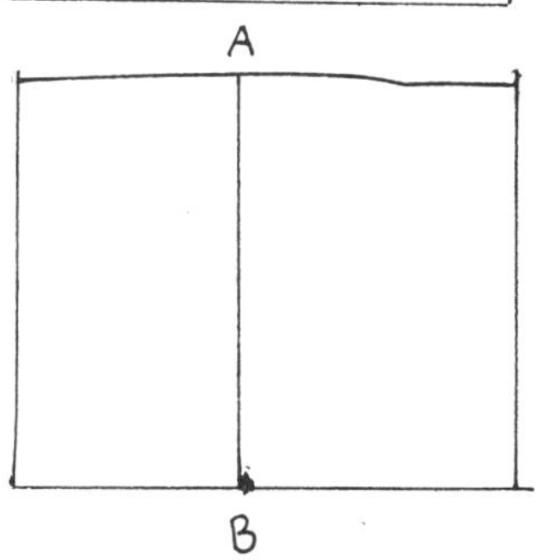

2

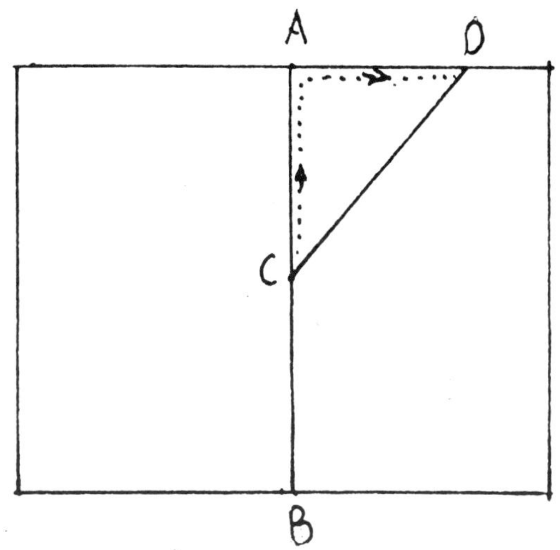

3

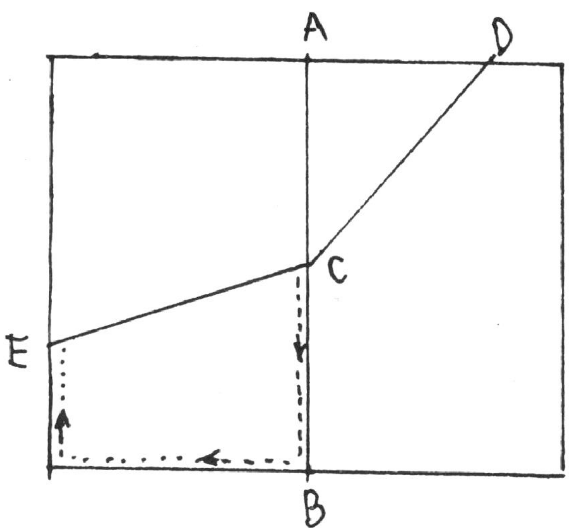

4

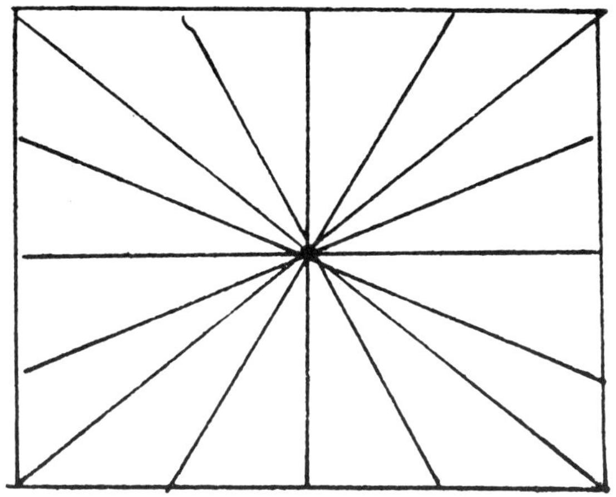

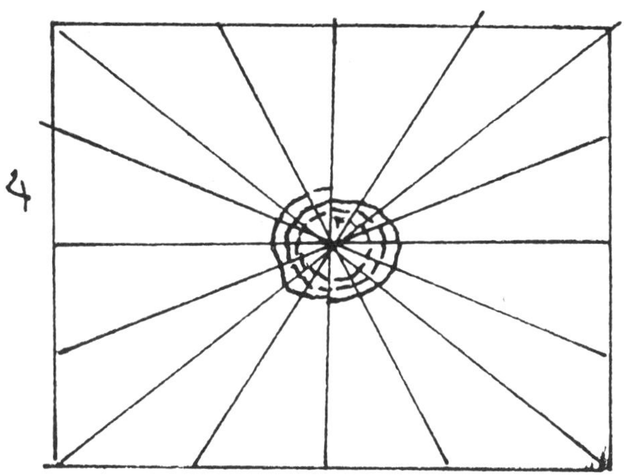

She starts with the real construction from the periphery and goes to the centre. This spiral is much denser than the building construction.

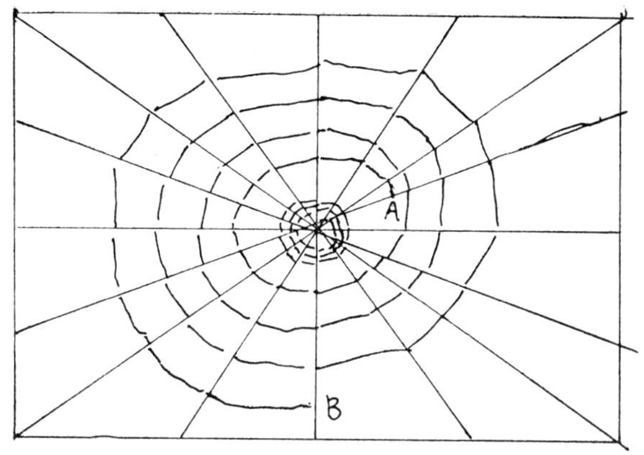

While she works with the real web she destroys the building construction and puts cement on the catching-rope.

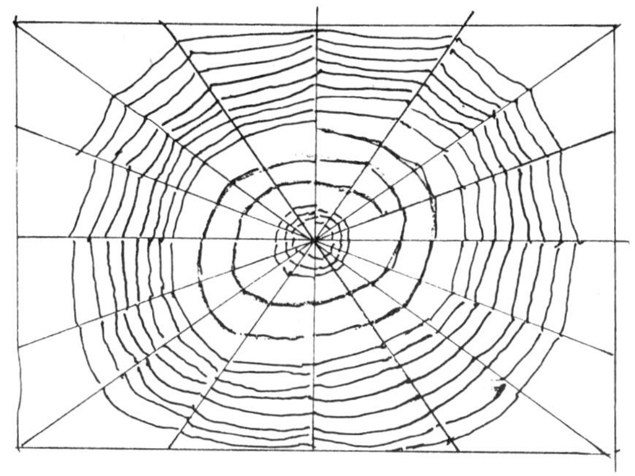

If you are interested I shall tell you by word of mouth how the spider cements the catching-rope.

blågrönt. Bålen består hos de enklaste byggda formerna av (oregel) ogrenade eller greniga cellfrådar eller tunna, bladartade skivor. Hos andra uppkommer genom sammanslåtning och hopkittning av cellfrådar en bål av mera invecklad byggnad, ofta med inre differentiering som hos brunalgerna. Flera arter har också en yttre differentiering i stam- och bladliknande

Links: In der 11. und 12. Klasse richtet sich die Aufmerksamkeit auf die niederen Pflanzenformen, auf ihre wäßrigen, nicht immer so klaren und abgegrenzten Formen. Im Gegensatz dazu stehen die höheren Pflanzen, die eingehend studiert werden. (Links: Rotalgen; rechts: Algenpilze.)

Aus der Arbeit mit Lilien- und Rosengewächsen.

Unten rechts: Blattmetamorphosen.

GESCHICHTE UND SOZIALKUNDE

In der 8. und 9. Klasse sind die Schüler – vor allen Dingen natürlich die Jungen – begierig, so viel wie möglich über ihre eigene Zeit zu erfahren. Der Geschichtsunterricht dieser Jahre ist darauf angelegt, diesem Bedürfnis entgegenzukommen. In der 8. Klasse wird die Geschichte vom 16. Jahrhundert bis zur Gegenwart besprochen, wobei besonderer Wert gelegt wird auf die Wirtschaftsgeschichte: die großen technischen Erfindungen und die Entwicklung von Handel und Industrie.

In der 9. Klasse wird der gleiche Zeitraum noch einmal behandelt, aber nun stehen die kulturellen, sozialen und politischen Ereignisse im Vordergrund: das Heraufkommen der modernen Nationalstaaten, die Geschichte des Kolonialismus und die Auseinandersetzungen zwischen den Europäern und den anderen Rassen, die soziale Frage. Wer keine Ahnung hat von diesen Grundlagen, kann von unserer heutigen Zeit nicht viel verstehen.

Wenn der Hunger nach moderner Geschichte wenigstens vorläufig gestillt ist, kann man – aus neuer Perspektive – wiederum in entlegene Zeiträume zurückschauen. In der 10. Klasse werden die antiken Hochkulturen noch einmal durchgenommen, aber jetzt von anderen Gesichtspunkten aus: die Bedeutung der geographischen und soziologischen Verhältnisse für das Spezifische der Lebensart in China, Indien, Persien, Mesopotamien, Ägypten und Griechenland. Dabei wird in dieser wie in der Epoche des folgenden Jahres ausdrücklich die Beziehung zur Gegenwart aufgezeigt.

In der 11. Klasse wird, parallel mit dem Literaturunterricht, das Mittelalter behandelt; vor allem werden jetzt die verschiedenen kulturgeschichtlichen und religiösen Strömungen betrachtet.

Die 12. Klasse bringt, wenn die Schüler den Ablauf der Geschichte überschauen, Vergleiche, Überbleibsel, Querschnitte, um Symptomatisches zu erfassen. Von den vielen wichtigen Aspekten, die besprochen werden können, soll nur einer hier als Beispiel hervorgehoben werden.

Das Gesellschaftsleben im alten Ägypten und im sumerischen Städtestaat war ganz und gar einheitlich: der Priesterkönig, der als Gott betrachtet wurde, war nicht nur Oberpriester und damit Verwalter des gesamten Kulturlebens; er war zugleich oberster Richter und Kriegsherr und – wenigstens in geschichtlicher Frühzeit – Besitzer alles Eigentums.

In der folgenden Entwicklung sehen wir, wie sich das weltliche Fürstentum aus der Vormundschaft der Religion nach und nach herauslöst, wie sich Herrscher und Priester als zwei voneinander getrennte Gewalten – manchmal als Feinde – gegenüberstehen (Konsul und Pontifex maximus im alten Rom, Kaiser und Papst im mittelalterlichen Europa). Im Übergang zur neueren Zeit greift mit dem Heraufkommen des Städtewesens, der Gilden und der Zünfte ein dritter mächtiger Gesellschaftsfaktor, das erstarkende Wirtschaftsleben, ins geschichtliche Werden bestimmend ein. Die Ansätze zu einer «dreigliedrigen» Gesellschaftsordnung, in der sich die Institutionen des geistigen, des wirtschaftlichen und des politischen Lebens in einem gewissen Gleichgewicht befanden, werden von dem im 15., 16. und 17. Jahrhundert mit aller Gewalt sich durchsetzenden Absolutismus vernichtet oder gelähmt; die Gesamtkonzeption des alten Priesterstaates wiederholt sich in neuer, verweltlichter Version. Mit der Französischen Revolution beginnt der Fürstenstaat ein Volksstaat zu werden; die Demokratisierung, die in vieler Hinsicht durchaus notwendig ist, hat zur tragischen Folge, daß die Gegensätze zwischen den Königen sich in Feindseligkeiten zwischen den Nationen verwandeln. Mit der Industrialisierung und der modernen Informationstechnik erhält der Volksstaat die wirtschaftlichen und geistigen Hilfsmittel, durch die er zur Gefahr für den anderen, gleich stark gerüsteten Staat werden kann; das führt zur Konfrontation der Großmächte in der gegenwärtigen Weltlage.

Aus solchen Erwägungen heraus ergibt sich notwendig das Eingehen auf verschiedene soziale Anschauungen, die diese Problematik überwinden möchten: auf den Marxismus, dessen dialektische Überlegungen in die Vorschau auf den sich selbst auflösenden Staat einmünden; auf den Weltföderalismus, der alle Machtblöcke in einem demokratischen Universalstaat zusammenfassen möchte; auf den Glauben an

das Terror-Gleichgewicht, das den verschiedenen Staaten ermöglicht, durch geschicktes diplomatisches und technisches Manipulieren einander einigermaßen im Schach zu halten; auf den Dreigliederungsgedanken Rudolf Steiners, demzufolge die Gefahr der «Superstaaten» nur durch das zielbewußte Herauslösen des Wirtschafts- und Geisteslebens aus der ungeheuren Dominanz des Staates neutralisiert werden kann. Welche Anschauung ist die wirklichkeitsgemäßeste, und welche kann aus der gegenwärtigen Lage herausführen? Darüber mögen die Schüler selber entscheiden. Die Aufgabe des Schulunterrichtes ist es, mit aller Schärfe hinzuweisen auf die heutigen Weltprobleme und auf die wichtigsten Vorschläge, die bisher zu ihrer Bewältigung entwickelt worden sind.
Der Geschichtsunterricht auf der Oberstufe hat natürlich in erster Linie die Aufgabe, große Zusammenhänge herauszuarbeiten. Es bleibt oft nicht viel Zeit übrig, auf einzelne Menschenschicksale einzugehen; dennoch ist das Heranziehen von Biographien von größter Bedeutung. An Hand solcher Schilderungen (zu denen natürlich auch die Schüler selbst in Form von Referaten manches beitragen können) wird eines ganz deutlich: das Ich des Menschen – wie man nun auch seine Taten beurteilen mag – braucht kein machtloser Zuschauer einer mehr oder weniger «automatisch» abrollenden Menschheitsevolution zu bleiben; es trägt seine Impulse hinein in das geschichtliche Werden und kann, wenn die Voraussetzungen vorhanden sind, einer ganzen Strömung eine neue Richtung geben. Aber es kann auch passiv bleiben und damit eine entscheidende Möglichkeit versäumen.

Solche Kurzbiographien, die eine tragische menschliche Problematik zum Ausdruck bringen, wie dies in der modernen Geschichte so oft der Fall ist, rufen bei den Schülern ausgesprochen positive Wirkungen hervor. Ein Schüler, dessen Willens- und Gefühlsleben durch schwere Lebensschicksale in Unordnung gekommen war und der infolgedessen seine Schulpflichten in eklatanter Weise vernachlässigte, hörte eines Tages vom Leben Bismarcks und den schwer auf ihm lastenden Depressionen, die sein politisches Wirken begleiteten und deren Auswirkungen er nur mit äußerster Anstrengung meisterte. Der Schüler kam nach einigen Tagen zum Lehrer und sagte: «Der Bismarck, der war doch ein Kerl.» Danach raffte er sich auf und leistete während der ganzen folgenden Epoche ausgezeichnete Arbeit.

Markante Gestalten des 19. Jahrhunderts; von links: König Louis Philippe von Frankreich, Clemens von Metternich, Robert Peel, Kaiser Franz Joseph und Otto von Bismarck.
Solche besonderen Leistungen zeigen sich ab und zu in den Arbeitsheften der Schüler.

Die heute existierenden Staatsformen sind eine Frucht der Idee des modernen Einheitsstaates, wie er etwa im 15. Jahrhundert zum ersten Mal in Westeuropa verwirklicht wurde. Der geschichtliche und sozialkundliche Unterricht in den Oberklassen einer Waldorfschule kann nicht die Aufgabe haben, den Schülern die bestehende oder eine andere Ordnung als fertiges, abgeschlossenes Ideal einzuprägen. Aber er kann, wenn die Probleme der Gegenwart in genügend weiter geschichtlicher Perspektive betrachtet werden, zum Bewußtsein bringen, daß tiefgehende Strukturveränderungen des heutigen Gesellschaftssystems nötig und durchführbar sind.

KUNSTUNTERRICHT

Links und rechts außen: Im Rahmen des Kunstunterrichts der 9. Klasse kann man die Aufgabe stellen, solche Licht-Schatten-Probleme, die von Rembrandt aufgeworfen wurden, in freier farblicher Gestaltung zu lösen (Berlin und Stockholm).

Rechts: Gotische und romanische Kathedrale (Hamburg).

Mit den wachsenden Denkkräften meldet sich in der Oberstufe bei vielen Schülern das Bedürfnis, die Kunstausübung mit Kunstverständnis zu durchdringen. Sie möchten nicht nur erfahren, *wie* man in der einen oder anderen Kunstart verfährt, sondern auch, *weshalb* es gerade so gemacht wird. Ein besonderer Kunstunterricht, der wie die anderen wissenschaftlichen Fächer als Vormittagsepoche gegeben wird, gehört deshalb zum Lehrplan der Waldorfschulen. Hier muß betont werden, daß der Kunstunterricht der 10. Klasse dem Gebiet der Dichtung und derjenige der 11. Klasse der Musik gewidmet ist und in den Kapiteln über Literaturgeschichte bzw. Musik behandelt wird (S. 184 ff. und S. 189 f.).

Die bildenden Künste

Kunstunterricht in einer 9. Klasse: Der Lehrer erzählt vom Leben und Werk Leonardo da Vincis, berichtet kurz von seinen Leistungen auf den verschiedensten Gebieten (Malerei, Zeichnen, Skulptur, Architektur, Dichtung, Musik, Botanik, Mathematik, Mechanik, Anatomie), schildert seine fast einzigartige Fähigkeit, einen einmal wahrgenommenen Eindruck – etwa den eines menschlichen Gesichtes – in der Erinnerung festzuhalten und dann bis in die kleinsten Einzelheiten hinein mit dem Zeichenstift so wiederzugeben, als ob der Gegenstand im Raum anwesend wäre, und endet mit einem Aphorismus, in dem Leonardos herbe Lebensweisheit mit aller Klarheit zum Ausdruck kommt: «Wer nicht das erreichen kann, was er will, sollte das wollen, wozu er fähig ist.»

Mit überragender menschlicher Größe konfrontiert zu werden, kann befeuernd wirken – aber auch bedrückend. Ein Schüler kommt mit einer Frage, die der ganzen Unsicherheit des Pubertätsalters entstammt: «Wie soll man wissen, ob man fähig ist?»

Es ist nicht leicht, solche Fragen zu beantworten. Es ist auch nicht immer notwendig. Das wichtigste ist oft, durch den Unterricht die Schüler menschlich so zu engagieren, daß wichtige Lebensfragen überhaupt zur Sprache kommen.

Der Kunstunterricht der 9. Klasse behandelt die Geschichte der bildenden Künste vom Altertum bis zu Rembrandt. Die Übergänge von einer Stilrichtung zu anderen bieten besondere Möglichkeiten, wichtige Menschenrätsel bewußt zu machen. In den ernsten, massiven romanischen Bauwerken und den kühnen, alle Schwere überwindenden gotischen Domen etwa spiegeln sich zwei tief verschiedene menschliche Seelenhaltungen. Eine reiche Empfindungs-

Wenn man die großen Meister der verschiedenen Künste im Hinblick auf ihre soziale Herkunft, ihr individuelles Schicksal, ihre Stilrichtung und ihr ganzes Zeitalter studiert, ist es meistens nicht mehr möglich, ihre Werke mit dem einfachen Urteil abzufertigen: «Dies finde ich gut», «das gefällt mir nicht». Die Weite des Horizonts, die Beweglichkeit der Seele, die zu einer nuancierten Urteilsbildung nötig sind, kann man schon während der Schulzeit fördern durch einen speziellen Unterricht, in dem die Eigenart der verschiedenen Künste und Kunstepochen ins Licht des Bewußtseins gerückt wird.

Gaudi (links) und Le Corbusier (unten) – zwei Polaritäten (Architekturgeschichte 12. Klasse).

skala kommt in der Entwicklung der Malerei zum Ausdruck. Die fromme, imaginative Bilderwelt der mittelalterlichen Künstler wird im Süden abgelöst von der überwältigenden Sinnesfreudigkeit der italienischen Renaissancemaler und im Norden von einer verinnerlichten, manchmal auch sehr problematischen Seelenlandschaft (so Grünewald, Dürer, Rembrandt). Die oft nur andeutenden, in dramatischen Licht- und Schattenkontrasten webenden Werke Rembrandts können zum Gegenstand interessanter Farbstudien werden.

Architekturgeschichte

In der 12. Klasse wird die Geschichte der Baukunst besprochen. Aus dem unübersehbaren Reichtum des Materials, das sich anbietet, soll hier ein Beispiel hervorgehoben werden, das ein Verständnis für die Probleme der heutigen Architektur eröffnen kann.

Der spanische Architekt Antonio Gaudi (1852 bis 1926) sah in der geraden Linie den Ausdruck der menschlichen Vernunft, in der Kurve die Spiegelung der Tätigkeit schöpferischer Gottheiten. Er suchte seine Inspiration in der Natur, im gärenden Reichtum der lebendigen Wachstumskräfte und schuf so seine kühne, oft phantastische Formenwelt. Der großartige Impuls, der in seiner Kunst zum Ausdruck kam, ging ins Extrem und verlor sich in der unarchitektonischen, naturalistischen Pflanzenornamentik des Jugendstils. In energischer Reaktion gegen diese Dekadenzerscheinungen verwarf Le Corbusier (1887–1965) in einer bestimmten Phase seines Schaffens die Kurve – er nannte sie den «Weg des Esels» – und wollte Räume schaffen, in denen die gerade Linie als Ausdruck der Vernunft allein waltete; mit dem ausschließlichen Streben nach rationaler Verwendbarkeit («das Haus ist eine Wohnmaschine») wurde er zum Urheber des modernen Funktionalismus. Die Verwendung von Computern und von zusammensetzbaren Bauelementen ist das entgegengesetzte Extrem, das das Dasein des Großstadtmenschen in eine gleichgeschaltete, vollkommen seelenlose Raumwelt hineinzuzwingen droht.

Die in den letzten Jahrzehnten wiederholt – nicht zuletzt von Le Corbusier selbst – unternommenen Versuche, durch ein Element starker Bewegung die moderne Baukunst wiederum zu «vermenschlichen», zeugen davon, wie schwierig es ist, eine gültige Alternative zur heute allgemein verwendeten Formensprache zu finden.

Sind wir nun dazu verurteilt, uns für die eine oder die andere dieser zwei Hauptrichtungen zu entscheiden, oder gibt es die Möglichkeit, einen Ausgleich zwischen den beiden zu finden?

Es ist motiviert, in diesem Zusammenhang die Bestrebungen Rudolf Steiners auf dem Gebiete der Baukunst zu erwähnen. Er vertrat die Anschauung, daß die Tätigkeit, die sich in einem Hause abspielen soll, in der ganzen Formgebung zum Ausdruck kommen sollte; wer «funktionsgemäß» bauen will, muß nicht nur nach technisch einwandfreien Lösungen suchen, sondern auch nach einer architektonischen Sprache, die die seelisch-geistigen Bedürfnisse der dort Wohnenden oder Tätigen berücksichtigt. In dem zweiten Goetheanum wollte er demgemäß einen architektonischen Impuls verwirklichen, den man als ein «Suchen nach Gleichgewicht» beschreiben könnte: ein Bemühen, die Bewegung, die in den einzelnen Flächen und Linien herrscht, in der Gesamtheit zur harmonischen Ruhe zu bringen.

Architekturgeschichte 12. Klasse, aus verschiedenen Arbeitsheften.

«Falling water» von Frank Lloyd Wright, entstanden um 1936.

Windyhill house, Kilmacolm 1899–1901, Charles Rennie Macintosh

Goetheanum in Dornach von Rudolf Steiner, entstanden 1925–28.

LITERATUR-GESCHICHTE

Wozu brauchen wir eigentlich die Dichtung? Leben wir nicht in einer Zeit, in der die Wirklichkeit in vieler Hinsicht alle Dichtung übertrifft und in der die realen Probleme unserer Mitmenschen uns unvergleichlich viel wichtiger sein müßten als die fiktiven Schicksale irgendwelcher Romanhelden? Welchen Sinn hat es, im Rahmen eines Unterrichts, der wirklich zeitgemäß sein möchte, Gebiete wie Poesie, Poetik und Literaturgeschichte ausführlich zu behandeln?

Man könnte natürlich die Frage dadurch beantworten, daß man nur die moderne und modernste Literatur behandelt und zeigt, mit welcher Wucht die Problematik unserer Zeit gerade dort zum Ausdruck kommt. Viele Schüler würden eine solche Orientierung zweifelsohne begrüßen. Andere würden mehr oder weniger deutlich spüren, daß die Perspektive, die man durch ein solches Vorgehen erreicht, verfälscht ist. Es geht hier um die Frage: ist die ältere Literatur ein kultureller Ballast, den wir nur aus konservativen Rücksichten von Generation zu Generation mitschleppen, oder haben die klassischen Dichter uns vielleicht etwas zu sagen, was wir von unseren Zeitgenossen nur schwer oder überhaupt nicht erfahren können?

Tatsächlich sind die großen Probleme unserer Gegenwart ja nicht nur von den heutigen Verfassern bis in alle Konsequenzen hinein durchlitten und künstlerisch gestaltet worden. Der literarische Stoff, der in der Oberstufe der Waldorfschulen behandelt wird, zeigt sehr deutlich, daß die Motive und Gestalten der älteren Dichter manchmal für junge Menschen der heutigen Zeit besonders aktuell und engagierend sein können.

Aus dem Lehrplan

Gleichzeitig mit der geschichtlichen Entwicklung bis zur Moderne behandelt man im Literaturunterricht Gestalten und Werke vom Ende des 18. und Beginn des 19. Jahrhunderts. Erst allmählich merken die Schüler, wie aufschlußreich ein solches Studium ist für das Verständnis unserer Zeit. Als die Stürme der Französischen Revolution und der Napoleonischen Kriege über Europa losbrachen, meinten viele Menschen, eine Epoche apokalyptischer Umwälzungen habe begonnen. Diese politisch gesehen chaotischen Jahrzehnte wurden nun aber auf kultureller Ebene zu einem wahren «goldenen Zeitalter», in dem eine fast einzigartige Fülle musikalischer, philosophischer und vor allem dichterischer Begabungen nebeneinander im europäischen Raume wirkte. Von Einsamkeit, Menschenkonflikten, zerrütteten Ehen, Lebensangst, Todesfurcht, Verzweiflung an

Links: Zwei Zeichnungen von Schülern einer 12. Klasse, während einer Studienreise in Italien ausgeführt (Forest Row/England).

In einem großen Teil der modernen Literatur tritt uns – in vielfältigen, oft mit echter Genialität dargestellten Variationen – eine tiefe Verzweiflung über die Ausweglosigkeit des Gegenwartsmenschen entgegen. Diese pessimistische Haltung wird oft, nicht zuletzt unter jungen Menschen, als durchaus ehrlich und zeitgemäß empfunden. Wenn wir solchen Gesichtspunkten und Wünschen dadurch entgegenkommen, daß wir den Literaturunterricht im wesentlichen auf Autoren und Werke des 20. Jahrhunderts beschränken, ist es nicht möglich, ein wirklichkeitsgemäßes Bild von der Entwicklung der Dichtkunst und von den vielfältigen Beispielen menschlicher Selbstverwirklichung zu vermitteln. Die Perspektive wird weiter und wahrer, wenn wir uns bemühen, Ausblicke auf die gesamte Weltliteratur zu geben.

Rechts: Die Schülerin hat Szenen aus Wolfram von Eschenbachs «Parzifal» im Stil mittelalterlicher Illuminationen wiedergegeben (11. Klasse).

Seite 186: 11. Klasse New York.

Gott und der Welt und auch von Krieg und Hungersnot wußten manche von ihnen recht viel, vielleicht nicht weniger als die heutigen Künstler. Aber sie hatten oft in höchstem Grade die Fähigkeit, ihre Leiden, ihre tiefe innere Problematik künstlerisch zu gestalten in Werken, deren Formensprache und geistiger Gehalt für lange Zeit wegweisend bleibt. Ein überragendes Beispiel ist Goethe, der in diesem Zusammenhang nicht als deutsche, sondern als europäische Kulturgestalt betrachtet werden sollte. Bei der Behandlung eines solchen Stoffes können wichtige menschliche Fragen zur Sprache kommen.

Wie beeindruckend die Konfrontation mit der intensiven geistigen Regsamkeit der führenden Kulturgestalten jenes Zeitalters für die Schüler werden kann, mag an einem kleinen Beispiel veranschaulicht werden. Ein Lehrer hatte in einer Literaturepoche einer 9. Klasse geschildert, wie Heinrich von Kleist mit seinem starken Sinn für innere Konsequenz nach dem Bekanntwerden mit Kants resignierender Erkenntnistheorie beschloß, alle Forschung aufzugeben und sich nur dem «schönen Schein» als Dichter zu widmen. Eine Schülerin fand die Perspektive, daß es im Sinne dieser Gedankenrichtung keinen Weg zum Erkennen der wahren Wirklichkeit (dem «Ding an sich») geben soll, einfach unerträglich. Ihr Arm fuhr blitzschnell empor. Sie fragte mit wirklicher Empörung: «Wie starb eigentlich Kant? Durch Selbstmord?»

Der Lebensernst, der in einer solchen Epoche zum Ausdruck kommt, findet sein Gegengewicht in der Behandlung des Humors und humoristischer Dichter (R. Steiner empfahl für diese Klasse als Ausgangspunkt Jean Pauls Betrachtungen zu diesem Thema).

In der 10. Klasse sind die Schüler etwa 16 Jahre alt und erleben den Übergang einer mehr oder weniger familiären Lebensform zum Dasein des Einzelmenschen. Das Hauptmotiv des Literaturunterrichts schildert nun den gleichen Wandel, wie er sich in der Geschichte in großem Ausmaß vollzogen hat; in der altnordischen Dichtung fand er einen mächtigen Niederschlag. In den ältesten Versionen der Edda entscheidet sich Gudrun im Kampf zwischen ihrem Ehegatten und den Vertretern ihrer eigenen Sippe für die Blutsverwandten, obwohl diese einst Sigurd, ihren Geliebten, getötet hatten. In den späteren Sagen und im Nibelungenlied wird geschildert, wie dieselbe Frauengestalt – ob sie nun Gudrun oder Kriemhild genannt wird – an ihren eigenen Brüdern furchtbare Rache für den ermordeten Gatten vollzieht. Zwischen diesen beiden Fassungen des alten Motivs liegt ein gewaltiger historischer Umschwung: das Erlebnis, daß sich das Menschen-Ich aus den Banden der Blutsverwandtschaft löst und zum Einzelwesen wird. Ein ähnliches altgermanisches Lebensmotiv, das in der Edda und besonders in den isländischen Erzählungen – etwa in der Njalsaga – zum Ausdruck kommt, ist das Streben des Individuums, Einsamkeit, Leid und Tod in ungebrochener innerer Haltung zu ertragen. In solchen Darstellungen könnte man die Geburt eines Ideals erblicken, das später in immer neuen Abwandlungen durch die ganze abendländische Geschichte geht: die starke Betonung des Individualismus.

Im Rahmen des Kunstunterrichts werden in der 10. Klasse in einer Epoche die Grundbegriffe von Metrik und Poetik behandelt. Die verschiedenen Dichtungsformen, Gedichtarten, Versmaße von der Antike bis zur Gegenwart können hier als repräsentative Bewußtseinsphänomene verschiedener Epochen betrachtet werden. Im Aufbau verschiedener Dramen, epischer Erzählungen und lyrischer Gedichte kann man gemeinsam die wichtigsten künstlerischen und psychologischen Gesetzmäßigkeiten entdecken.

In der 11. Klasse ist der Ausgangspunkt die Betrachtung mittelalterlicher Literaturwerke, vor allem jenes Epos, das aus der Welt der Rittererzählungen wie eine frühe, mächtige Faust-Dichtung emporragt: der «Parzival»

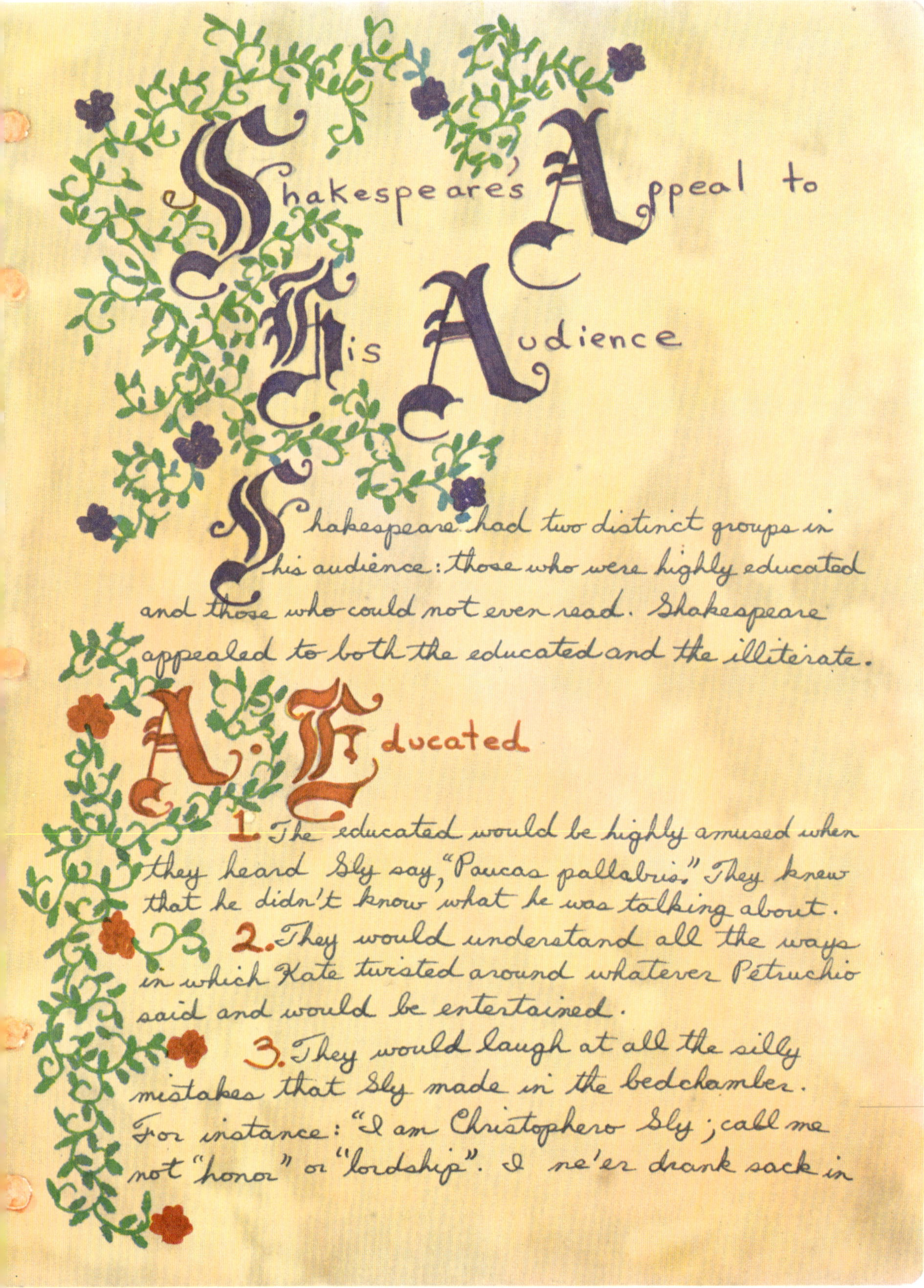

Wolfram von Eschenbachs. Parzivals Weg geht von den manchmal recht törichten Äußerungen und Verhaltensweisen jugendlicher Naivität («tumpheit») über Unsicherheit, Trotz und Zweifel des Mißlingens und der Gottesferne («zwîfel») zum Erleben einer geistigen Neugeburt, zu einem vertieften Sich-selbst-Finden (der «saelde»). Der Lebensweg, den Wolfram in seinem Versepos schildert, hat etwas Allgemeingültiges: wer diese drei Stadien näher studiert, kann sie wenigstens als Möglichkeiten im Leben eines jeden Menschen wiedererkennen. Schüler und Lehrer können nun gemeinsam erfassen, daß es manche ältere, naive Dichter gibt, die im Grunde genommen ihr Leben lang im Stadium der «tumpheit» verblieben sind, daß viele moderne Verfasser nie aus dem Erleben des «zwîfels» herauskommen, und daß es auch eine Gruppe von bedeutenden Gestalten gibt, die die früheren Stufen durchlebt haben, um dann gegen Ende ihres Lebens in der einen oder anderen Art die Stufe der «saelde» zu erreichen. Die Treue zum Ziel bestimmt hier, allen Widerständen zum Trotz, das Schicksal, den Weg des einzelnen bis zum Dienst in der höheren Gemeinschaft.

In der 12. Klasse wird – nach einer zusammenfassenden Übersicht über die frühere Entwicklung – moderne Literatur besprochen. In vielen Schulen steht zu Beginn die Beschäftigung mit Goethes «Faust», dem Repräsentanten des ringenden Menschen der Neuzeit. Nietzsche, Ibsen, Tolstoi und Dostojewski können dann den Übergang bilden zur modernen Literatur, die die ganze Not und Größe unserer eigenen Epoche erfaßt.

Die Auswahl der Beispiele wird verschieden sein, aber sie wird immer bestimmt durch das Bestreben, den Schüler bekannt zu machen mit solchen künstlerisch ernst zu nehmenden Werken, die ein echter Ausdruck ihrer Zeit und zugleich «Fährtensucher» in die Zukunft sind.

DRAMATIK

In einer der Oberstufenklassen – der 10. oder der 12. – wird ein ganzes, größeres Drama eingeübt. Die Schüler erleben nun, was es heißt, nicht nur aus dem selbstverständlichen Spieltrieb des Kindseins, sondern aus bewußtem künstlerischem Stilgefühl heraus zu arbeiten. Von den Erfahrungen, die der Regisseur und die jungen Schauspieler jetzt machen können, berichtet die Dramatiklehrerin der Stockholmer Waldorfschule:

«Ein Kernwort der antiken Bühnentheorie hieß: Mitleid! In eine Rolle hineinkriechen, sich so tief dafür interessieren, daß man dasselbe leidet wie die darzustellende Person . . .
Der Beginn aller Liebe ist das Interesse. Mitleid ist gesteigertes Interesse. Hier entsteht nun ein pädagogisches Problem. Wie kann der Lehrer dem Schüler so helfen, daß dieser nicht ermüdet, sondern sich auch weiterhin für die Rolle interessiert? Es geht nur, wenn es einem immer wieder gelingt, der Rolle neue Farben, neue Nuancen abzulocken. Da erhält die Rolle Wirklichkeitscharakter, da wird sie zum Leben. – Dies Interesse, das zum Mitleid gesteigert werden kann, ist etwas anderes als das Amateurinteresse, das sich nur auf der Bühne zeigen und dort sich selber spielen will. Das Mit-Leid, von dem man in der alten Dramaturgie sprach, enthält wesentlich mehr: ein Leiden, das durch

Erst in den Jahren der Pubertät ist der Mensch imstande, eine fremde individuelle Gestalt auf der Bühne zum Ausdruck zu bringen. Dieses völlig neue Erlebnis kann eines der stärksten Mittel überhaupt sein, um das zu erreichen, was der junge Mensch mehr als alles andere braucht: das Schicksal des Mitmenschen so stark zu empfinden, daß man dabei die eigenen Lebensprobleme wenigstens ab und zu vergißt.

Oben: Dramatische Übung (10. und 11. Klasse Stockholm).

Unten: «A sleep of prisoners» von Christopher Fry (England).

Seite 187 oben: «Die Braut von Messina» von Schiller (8. Klasse), unten: «Undine» von Giraudoux (11. Klasse Den Haag).

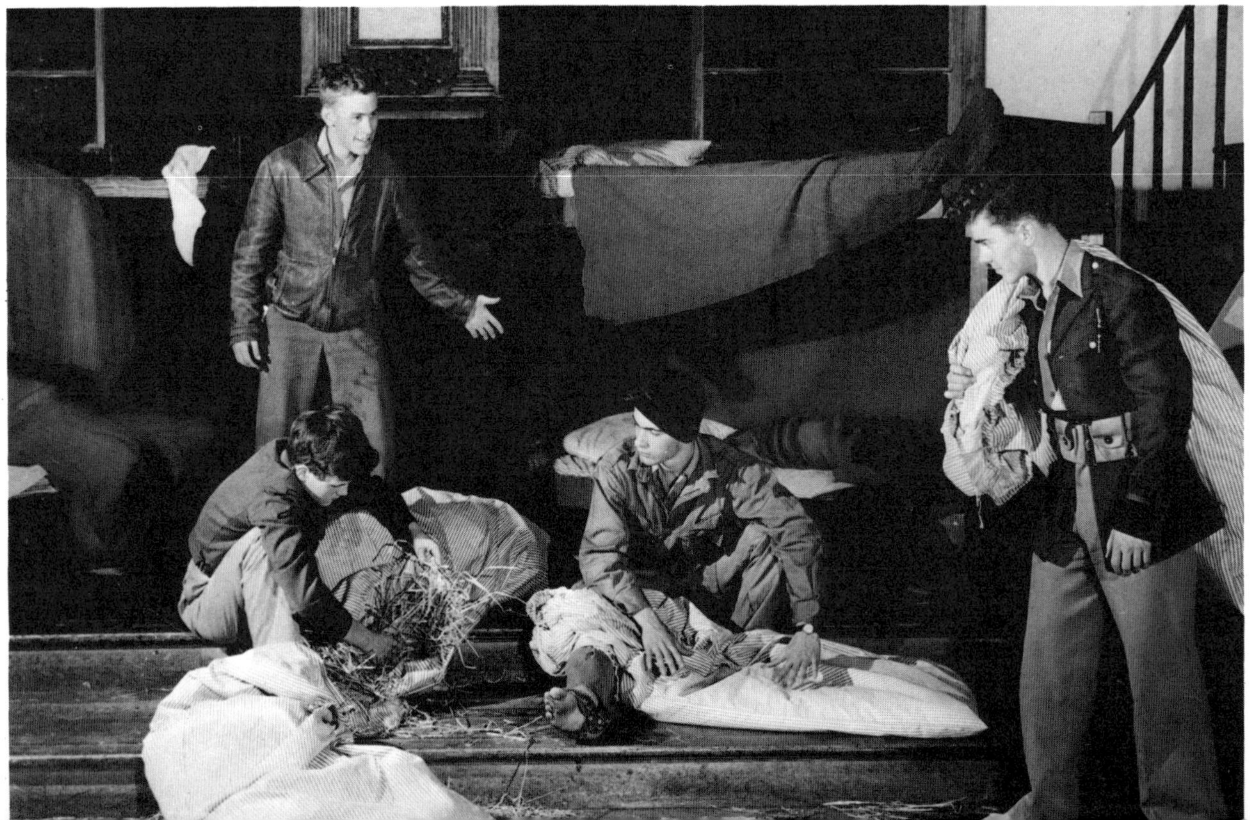

einen dramatischen Höhepunkt hindurchgeht und bis zur Befreiung, zur Erlösung gelangt. Die antike Bühnentheorie sprach auch von der Katharsis, der Reinigung und Läuterung als der Endphase des dramatischen Erlebens. Diese Begriffe sind im Laufe vieler Jahrhunderte in verschiedener Weise ausgelegt worden. Aber in der dramatischen Arbeit mit einer 12. Klasse kann man die Realität dieser Worte ahnend erleben. Ja, jeder Schüler wird vielleicht merken, daß er im Kampf mit seiner Rolle ein anderer geworden ist, als er vorher war. Die ganze Klassengemeinschaft kann eine neue Farbe annehmen. Man hat einander kennengelernt in einer Weise, von der man früher keine Ahnung hatte. Die Schüler stehen in einem neuen, objektiveren Verhältnis sowohl zur eigenen Persönlichkeit als auch zu derjenigen der Kameraden. Viel hat sich im Laufe der Arbeit ereignet – eine Katharsis.» (Louise Björneboe in «På väg», Stockholm, 2/68)

MUSIK

Wer jemals eine Monatsfeier in einer größeren Waldorfschule miterlebt hat, weiß, daß Chor und Orchester im Dasein der Schule und ihrer Schüler eine wesentliche Bildungsaufgabe erfüllen. Handelt es sich um eine Schule, in der sich in Jahren des Aufbaues ein wirkliches Musikleben herausgebildet hat, spielen die Schüler der Oberstufe die symphonischen Konzertwerke der großen Musikliteratur. Im Musikunterricht wird natürlich angestrebt, daß auch die relativ «unmusikalischen» Schüler wenigstens zum Singen kommen. Das rein «phänomenologische» Studium der Eigenart verschiedener Intervalle und Tonarten spielt eine wichtige Rolle. Charakteristische Volkslieder aus verschiedenen Weltteilen werden eingeübt – oft im Anschluß an aktuelle Unterrichtsepochen (Geschichte, Geographie usw.).

Damit die Schüler mit dem unmittelbaren, lebendigen Musizieren in nahe und ständige Berührung kommen – was dann vielen unter ihnen zu einem selbstverständlichen Lebensbedürfnis wird –, werden die musikalischen Beispiele so weit wie möglich durch Gesang oder Instrumente zum Ausdruck gebracht. Die Frage nach der Wirkung der technischen Hilfsmittel (Plattenspieler, Verstärker usw.) wird zu einem zentralen Gesprächsthema.

Neben dem praktischen Üben ist in den oberen Klassen die Musiktheorie und besonders die musikgeschichtliche Epoche im Kunstunterricht der 11. Klasse ein äußerst wichtiger Faktor. Das Charakterisieren verschiedener Strömungen und Stilrichtungen gibt Anlaß, zentrale Fragen des Künstlertums und des Menschseins zu berühren.

Der uralte, von Nietzsche herausgearbeitete Gegensatz von «Apollinischem» und «Dionysischem» im Wesen des Griechentums wurde zunächst in der Welt der Göttermythen erlebt und prägte sich im ganzen hellenischen Kulturleben und besonders auch in der Musik aus. In der abendländischen Musikentwicklung kann man diese Polarität immer wieder hervortreten sehen. Epochen, in denen das «Apollinische» überwiegt, besitzen doch stets einzelne Künstler, die das entgegengesetzte Element vertreten wie z. B. G. de Machault im Musikleben des 14., Monteverdi im Anfang des 17. Jahrhunderts. Die «klassische» abendländische Musik gehört zu den selbstverständlich gepflegten Kulturgütern unserer Menschenbildung. Die großen Meister der Barock- und Rokokozeit bis Mozart betrachten – um die bekannten Worte E. von Hanslicks zu verwenden – die Musik als ein «Spiel tönend bewegter Formen». Ihre Grundhaltung zur Kunst und zum Leben ist – bei aller Intensität des musikalischem Ausdrucks – im wesentlichen «apollinisch». Einer der ersten, die in radikaler Weise einen neuen Menschentypus

Chinesisches Motiv (Musikgeschichte 11. Klasse).

vertreten, ist Beethoven. Er beherrscht vollkommen das Register der traditionellen musikalischen Formen, durchbricht aber, besonders in seiner letzten Schaffensperiode, immer wieder bewußt ihre Grenzen. In dem Freiheitsraum, den er sich schafft, nach neuen Ausdrucksformen suchend, greift er in entscheidenden Momenten zu Hilfsmitteln, die in anderen Kunstarten zu Hause sind: in der sechsten Symphonie malt und erzählt er, in der neunten muß ein gewaltiger Chor Beistand leisten, um sein inneres Anliegen hörbar zu machen. – In der Folgezeit entwickelt sich die Annäherung zwischen Musik und Dichtung (z. B. bei Weber, Schubert, Schumann, Berlioz und Liszt). In den Opern Richard Wagners erreicht das Bemühen um Verschmelzung der verschiedenen Künste (Drama, Bild, Instrumentation, Gesang) einen Höhepunkt und erstrebt in seiner Wucht und Vielseitigkeit Wirkungen auf das Gefühlsleben des Publikums, die alle bisherigen Grenzen aufreißen. Wagner rang in seinen letzten Jahren sehr intensiv um Erlösung aus der Welt der Leidenschaften. Hat er das im «Parzival» eigentlich erreicht, oder ist es wahr, was oft behauptet wird, daß auch in den rein sakralen Partien ein triebhaftes, stark emotionelles Element zum Ausdruck kommt? Da das Parzival-Thema eine Art Leitmotiv des Unterrichts der 11. Klasse darstellt, kann eine solche Frage zu einem zentralen Gesprächsthema werden.

Mit wenigen Ausnahmen – worunter vielleicht besonders Mendelssohn und Bruckner erwähnt werden sollten – kann die Grundhaltung der romantischen Komponisten überwiegend als «dionysisch» beschrieben werden. In die moderne Musik wirken nun Bestrebungen hinein, die durchaus als «apollinische» gelten können, die aber ihre Inspirationsquellen nicht in erster Linie – wie die alten Meister – in der religiösen Sphäre suchen, sondern eher in der Welt der Naturwissenschaft und der Technik. Bei Schönberg tritt diese Tendenz mehr mathematisch-konstruktiv, bei Hindemith und Strawinski mehr naiv-musikalisch zu Tage. Es wird immer deutlicher, daß sich nun wiederum ein neuer Menschentyp im Musikalischen vorstellt. Bei aller formalen Freiheit betrachten die heutigen Komponisten ihre Werke selten als Produkte eines selbstherrlichen, souveränen Künstlertums. Sie schaffen nicht fertige Kompositionen, sie «legen Rechenschaft ab über ein musikalisches Material». Ihre menschliche Haltung ist oft echt demütig und suchend.

Ist es wahrscheinlich, daß das nunmehr mögliche, intime Studium solcher Musikwelten, die sich ganz unabhängig vom abendländischen Geschehen entwickelt haben, neue, fruchtbare Impulse bringen kann? Jedenfalls ist es schade, wenn die Schulen die Gelegenheit versäumen, eine Bekanntschaft mit den außergewöhnlich interessanten Musiktraditionen etwa Chinas und Indiens zu vermitteln.

Links: Indisches Motiv.

Oben: Vignette mit zwei Musikern der Barockzeit (Musikgeschichte 11. Klasse).

MALEN

Freie Farbübungen als «Wiederentdeckung der Farbe» nach den Jahren des Schwarz-Weiß-Zeichnens.

Oben: Kalte und warme Werte in der blauen Farbe.

Unten: Spannungsverhältnisse zwischen gelben Farbtönen (10. Klasse).

Nach den Schwarz-Weiß-Bildern der 8. und 9. Klasse (vgl. S. 141 ff.) kehrt man in der 10. zur Farbe zurück. Der folgende Ausspruch Rudolf Steiners kann für die nun einsetzende Arbeit als richtungweisend gelten: «Man sollte ein Verständnis dafür haben, daß man ja auch nicht ein besonderes Malen für die Kinder einzurichten habe, sondern wenn man findet, daß die Kinder ins Malen in irgend einer Weise hineinwachsen sollen, dann müssen die Prinzipien aus der lebendigen Malkunst heraus, nicht aus einer pädagogisch besonders zurechtgeschusterten Methode geholt werden. Es muß das wirklich Künstlerische dann in die Schule hineingetragen werden, nicht ein wiederum verstandesmäßig Ausgedachtes ...» (Vortrag vom 17. 8. 1923).

Die hier wiedergegebenen Arbeiten zeigen, wie man – ohne direkte Anlehnung an die eine oder andere Manier – versuchen kann, in die Farbenwelt so einzudringen, wie es große moderne Maler getan haben: sie erfaßten das Charakteristische des Blauen, des Gelben, der warmen und der kalten Farben, die Form- und Ausdruckskräfte der Farbe. Goethes Farbenlehre ist für dieses Erleben eine unerschöpfliche Inspirationsquelle. Es entfalten sich freie coloristische Kompositionen.

Die Erfahrungen im Arbeiten mit den Aquarellfarben sind beim Malen der Unterstufe noch lange nicht ausgeschöpft worden. Die Technik des Schichtens eröffnet neue, besonders interessante Farbwirkungen. Jede Farbschicht wird für sich hingesetzt und muß trocknen. Sie bleibt transparent, d. h. das schon Gearbeitete schimmert hindurch. Die neuen Situationen, die so entstehen, regen die Phantasie an. Das Motiv gestaltet sich im Entstehungsprozeß, aus der Farbe heraus, und nicht aus einer Vorstellung, die man schon von Anfang an fertig im Bewußtsein trägt.

In der 11. Klasse wird nun auf andere Art die Aufmerksamkeit auf die Umwelt gerichtet. Wie sprechend erleben die jungen Menschen jetzt die Farben in ihrer Umgebung! Das Stilleben und die figürliche Malerei werden besonders gepflegt. Die «Impressionisten» und «Expressionisten» mit ihren diametral verschiedenen, grundlegenden menschlichen Seelenhaltungen stellen sich in ihren Bildern dar. Das Ziel dieses malerischen Weges wird in der 12. Klasse durch das Gestalten des menschlichen Antlitzes gefunden.

Freie Farbübungen.

Oben: Dreiklang mit Variationen (Stockholm).

Unten: Kalte und warme Klänge im Roten – die Farben ordnen sich zum Bild (Stockholm).

Rechts: Bei der Aquarell-Schichttechnik wird eine dünne Farbschicht aufgetragen und muß erst trocknen, bevor die nächste Schicht gemalt wird. Im Miterleben der Gesten der verschiedenen Farben wird die Phantasie zu einer Bildgestaltung angeregt. Das Motiv erscheint also erst als Ergebnis eines langen Prozesses.

Oben: Farbklangstudie (11. Klasse Stuttgart).

Unten: Landschaftsstimmung (11. Klasse Stuttgart).

Rechts: Die Schwarzweiß-Wiedergabe macht die Schichttechnik besonders deutlich.

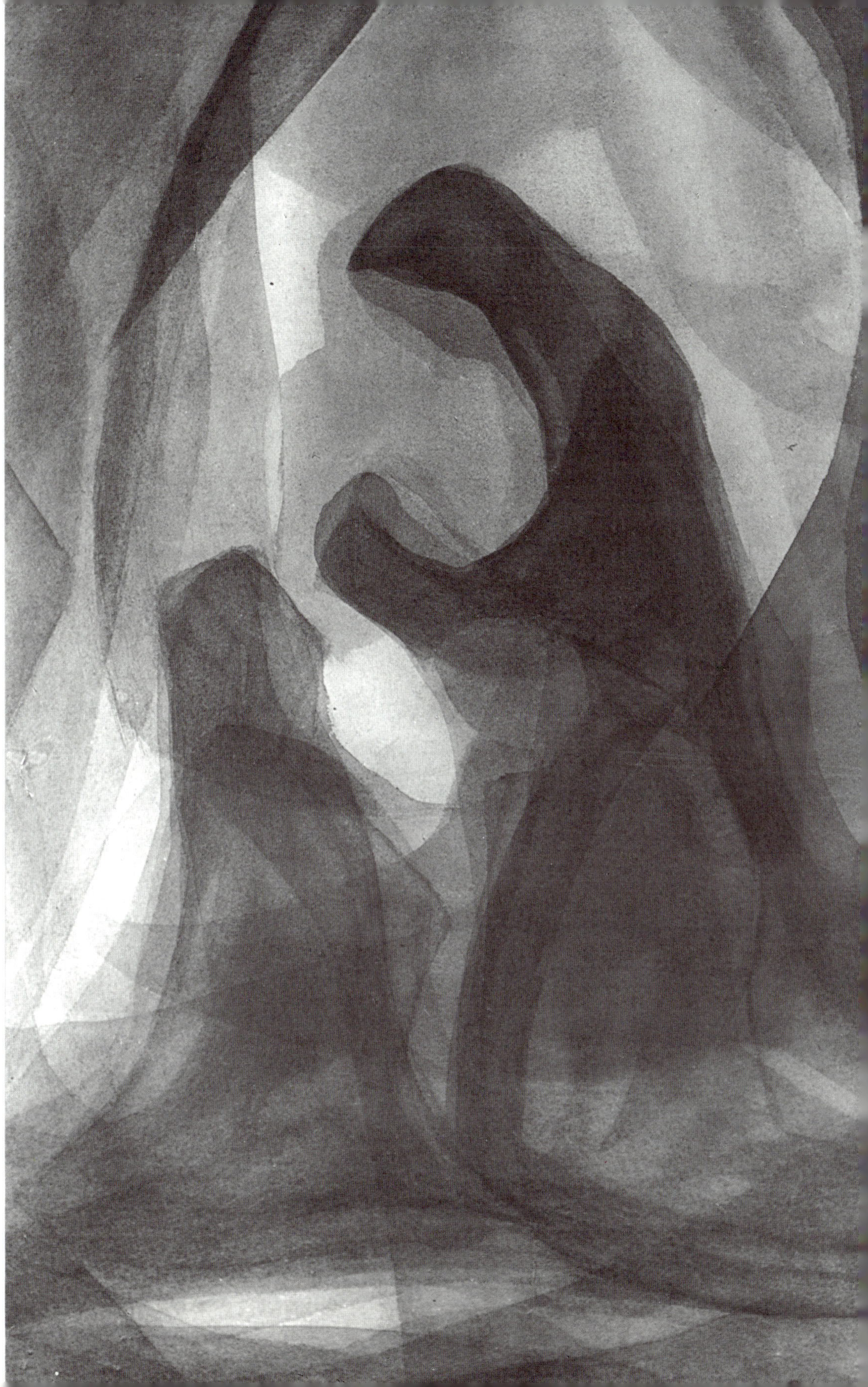

Die Entdeckung der verschiedenen Farbqualitäten durch die freien, spielerischen Malübungen, die in der 10. Klasse durchgeführt werden, ermöglicht eine Schärfung des Blickes für die farblichen Erscheinungen der Umgebung.

Das Stilleben und die Menschengestalt sind mit markanten Farbklängen aus der Beobachtung heraus wiedergegeben (Stockholm).

 Rechts: Landschaft (12. Klasse Kassel).

Weltfragen

DIE INDUSTRIALISIERTE SCHULE

Zu Beginn der fünfziger Jahre dieses Jahrhunderts kamen einzelne Sozialwissenschaftler in den USA auf eine Idee, die seither immer weitere Verbreitung gefunden hat und vermutlich die Zukunft nicht nur der Schule, sondern der ganzen Menschheit tiefgehend beeinflussen wird: Sie begannen, Ausbildung nicht nur als Konsum zu betrachten, sondern als Investierung, die zur Ausweitung des Wirtschaftslebens beiträgt (Torsten Husén, «Skola för 80-talet» «Schule für die Achtziger Jahre»). Schnell bildete sich eine neue Universitätsdisziplin, «economics of education», aus. Eine neue Art, den Unterricht anzusehen, kam auf: Die Universitäten sind die Produzenten des Wissens, die Schulen sind die Verteiler. Der amerikanische Forscher Fritz Machlup hat vor einigen Jahren dargelegt, daß sich die «Wissensindustrie» (Forschung und Schulwesen) in den USA gegenwärtig beinahe doppelt so schnell erweitert wie die übrige Industrie. Aber auch ein anderer Gesichtspunkt ist möglich: Die Schulen können auch als Produzenten betrachtet werden, wenn man sich nämlich vorstellt, daß die erzeugte Ware aus einer Anzahl jährlich ausgebildeter Schüler besteht, die mit Preisetiketten (Zeugnissen) versehen sind.

Planung für die Zukunft

Nach dem Muster anderer industrieller Projekte hat man versucht, diese Produktionsfragen in einem globalen Zusammenhang und auf lange Sicht zu betrachten. Einige Punkte in der Schilderung der Futurologen sind in den Mittelpunkt der Planungen der Schulexperten gerückt. Wenn keine großen Weltkatastrophen eintreten, wird die Entwicklung in den industrialisierten Ländern etwa so weitergehen: Die Maschinen werden in immer größerem Umfang Tätigkeiten der Menschen übernehmen. Die Anzahl der Fabrikarbeiter nimmt ab, die der Büroangestellten zu. Die wachsenden Forderungen des Berufslebens nach theoretischem Wissen, die vermehrte Freiheit, die übersteigerte Expansion der Forschung, die Bevölkerungszunahme und das steigende Verlangen des modernen Menschen nach Einblick in alle Lebensbereiche und nach Bewußtheit tragen zu einer immer weitergehenden «Bildungsexplosion» bei, die dem ganzen Leben der menschlichen Gesellschaft ihren Stempel aufprägen wird: Schulbesuch und Wissen werden in höherem Grade als jetzt die hervorragendsten Status-Symbole sein.
Wir befinden uns bereits mitten in dieser «Explosion». In den Jahren 1950–1965 wurden in den Lehranstalten der Welt für Ganztags-Unterricht ungefähr ebenso viele Schüler aufgenommen wie während der letzten tausend Jahre.
In Ländern mit zentral geleitetem Schulwesen sind die Behörden vor schwindelerregende Aufgaben gestellt worden: Es gilt ja, diese ganze Entwicklung vorauszusehen und in die gewünschten Bahnen zu lenken. Projektierung, Forschung, Lehrerausbildung und Bautätigkeit fordern allein schon aufwendige Untersuchungen und eine drastische Vermehrung der Beamten und Fachleute, die damit beauftragt werden sollen.
Das Schulwesen wie einen Produktionszweig zu betrachten, der reif ist, rationalisiert zu werden, scheint in dieser Notlage eine große Hilfe zu bedeuten. Die Unterrichtsmethoden, die heute im Mittelpunkt der pädagogischen Debatte stehen, scheinen beinahe durchgehend aus diesem industriellen Aspekt entwickelt worden zu sein und laufen darauf hinaus, den eigentlichen «Produktionsapparat» effektiver zu machen. Einige der Konsequenzen, die sich daraus ergeben, seien im folgenden hier dargestellt.

Pädagogische Konsequenzen

Da Forschung und Technik – und damit auch das Leben der Gesellschaft – immer komplizierter werden, muß sowohl der berufsbildende als auch der allgemein bildende Unterricht in Zukunft in umfassenderem Maße als bisher Tatsachenwissen vermitteln.
Da die Entwicklung in zunehmendem Maße durch eine rasche Veränderlichkeit gekennzeichnet ist und daher für große Menschengruppen eine ständig fortlaufende Weiterbildung fordert, kann die wichtigste Aufgabe der Schule nicht die sein, Wissen an und für sich zu vermitteln, sondern die Kunst, «das Lernen zu lehren».
Da der Lehrer der wertvollste «Produktionsfaktor», aber sehr rar ist, soll seine Aufgabe so weit wie möglich von selbstunterrichtenden Hilfsmitteln übernommen werden: von neuen Typen von Lehrbüchern, «Unterrichtspaketen», Maschinen, Fernsehen. Die Herstellung von Material für standardisierte Prüfungen kann von den Behörden oder einem zentralen Curriculuminstitut in die Hand genommen werden, Korrektur und Notengebung zumindest in weitem Umfang von Computern. Der Lehrer hört damit schrittweise auf, den Unterricht selbst zu erteilen, und geht dazu über, die Schüler nur anzuleiten und ihre Arbeit zu organisieren und zu überwachen.
Da ein intensiver, von Lehrern geleiteter Unterricht kleinere Gruppen von Schülern zur Voraussetzung hat, während Filmvorführun-

gen, Präsentation von Stoff, Aufgabenstellung ebensogut in großen Gruppen erfolgen kann, geht der Klassenunterricht einem «langsamen Tod entgegen» (T. Husén), und die Klassenzimmer werden durch flexible Raumeinheiten mit zweckmäßiger Ausrüstung ersetzt. Die Schüler sollen immer mehr dazu übergehen, jeder für sich zu arbeiten und wenig vom anderen zu wissen.

In allen hochindustrialisierten Ländern sind Behörden und Schulexperten damit beschäftigt, Richtlinien für die «Industrialisierung» der Schule aufzustellen. Die Gesamtschulpläne sprechen von Schuleinheiten von mindestens zweitausend Schülern, um den Betrieb mit seiner Differenzierung in zahlreiche Sachgruppierungen organisatorisch und ökonomisch rentabel leisten zu können. Und was wird aus dem Menschen, den menschlichen Beziehungen, dem tiefsten Lernen – dem Lernen vom Menschen? Dem Lernen in schicksalhaften Menschengemeinschaften?

Die Zivilisation der Gegenwart übt in unser aller Dasein – wenn die Eltern nicht bewußt andere Existenzformen der Gesellschaft schaffen – die allertiefsten Wirkungen gerade auf Kleinkinder aus: allzu viele einseitige Sinneseindrücke, unzureichende Anregungen für die «Motorik», den Willen und das Gefühlsleben. Die industrialisierte Schule mit ihrer Flut von Informationen und ihrem Mangel an gemeinschaftsbildenden Momenten läuft Gefahr, diese Tendenz auf die Spitze zu treiben. Das Gefühl von Fremdheit und Isolierung, das viele Schüler in einer solchen Schulform empfinden müssen, breitet sich weiter aus und wird stärker als bisher erlebt. Das erscheint als eine unausbleibliche Folge dessen, wohin wir unterwegs sind.

An öffentlichen Schulen, in denen die neuen Arbeitsformen noch nicht in größerem Ausmaß durchgeführt wurden, gibt es zahlreiche Lehrer, die imstande sind, eine Atmosphäre von Arbeitsfreude, Geborgenheit und Freundlichkeit um sich herum zu erzeugen. Wer solche Pädagogen kennt, kann nur den allergrößten Respekt vor ihrer Arbeit haben. In welchem Maß werden aber diese sozialen Qualitäten für die Arbeit in der Schule fruchtbar gemacht werden können, wenn die wichtigste Gelegenheit zu tieferem menschlichen Kontakt – die durch den Unterricht selbst – nicht mehr vorhanden ist und der Lehrer unaufhaltsam in die Rolle eines bloßen «Überwachers» hineingetrieben wird?

Die Frage der Bedeutung des industrialisierten Schulwesens für den Menschen muß aber in noch weiterem Zusammenhang gesehen werden.

Der Aufruhr der Jugend

Etwas Rätselhaftes liegt in der Gärung, die seit einigen Jahren in den jüngeren Generationen eingetreten und in den Revolten des Jahres 1968 in großen Teilen der Welt zu vollem Ausbruch gekommen ist.

Diese Unruhe in der Welt der Jugend kann nicht mit der Erklärung abgetan werden, es sei der übliche Trotz der jüngeren Generation gegenüber der älteren. Die Opposition richtet sich nicht gegen unsere Mängel und Schwächen, sondern gegen das, was viele gerade als die starke Seite unserer Gegenwartszivilisation angesehen haben: Die Betonung der handgreiflichen Genüsse des Lebens, die Jagd nach höheren Produktionsziffern, höheren Löhnen und höherem Lebensstandard. Man glaubte, daß diese Jagd unablässig weitergehen würde, daß stets neue, kühnere materielle Ziele sich finden würden, denen man nachstreben kann. Aber nun kommt die Jugend und greift in das Rad der Produktion: Sie will nicht länger mitmachen, sie sucht nach ganz anderen Zielen. Sie kleidet sich in geflickte Jeans und hat Holzschuhe an, sie verzögert ihre Studien, lehnt es ab, sich um ihre Karriere zu kümmern, um statt dessen an Zusammenkünften von Aktivisten, großen Meetings und Demonstrationen teilzunehmen. Das Aussehen von manchen unter ihnen gemahnt an indische Sadhus mit dem milden, abwesenden Blick hinter runden Brillen, eingerahmt von üppigem Haar- und Bartwuchs, und kann in all seiner Seltsamkeit als wichtiges Kultursymptom betrachtet werden: Das Interesse für Yoga, Zen-Buddhismus, primitive Religionen scheint ständig zu wachsen und legt Zeugnis ab von geistigen Bedürfnissen, die im Rahmen der allgemein anerkannten abendländischen Lebens-Muster nicht befriedigt werden.

Die Studentenrevolte

Was wollte eigentlich die Studentenrevolte? War sie ein Beweis für den zunehmenden «Ruck nach links», für den wachsenden Einfluß eines Marx, Marcuse und Che Guevara, für das soziale Versagen des traditionellen Kapitalismus, für die zunehmende Anteilnahme an allem, was draußen in der Welt vor sich geht, für die enormen Generationsgegensätze («trust no man over thirty»), für den Protest gegen den abendländischen Vulgärmaterialismus? Sicher war sie etwas von alledem. Die Geschichtsforscher der Zukunft werden es vermutlich schwer haben, wenn sie das wechselreiche Gewebe von ideellen Motiven und lokal bedingten Problemkomplexen durchschauen wollen. Es gibt jedoch eine grundlegende Tatsache, die sich schon jetzt in aller Klarheit heraushebt und an der man nicht vorbeigehen kann: Der weltweite Aufruhr begann beinahe überall als ein Protest gegen die institutionalisierte Art des Unterrichts an den Universitäten.

Ein schwedischer Hochschullehrer hat einige wichtige und zusammenfassende Gesichtspunkte über die eigentliche Entstehungsgeschichte dargelegt: Man kann «mit ziemlich großer Sicherheit sagen, wogegen die Studentenrevolte sich *nicht* wandte. Es war keine Revolte gegen die Professoren oder Lehrer selbst, sondern nur in dem Maße, wie sie ‹the establishment› repräsentierten oder sich ihm anschlossen und es verteidigten. Nicht in seiner Eigenschaft als akademischer Lehrer war der Rektor der Universität Roche in Paris eine Zeitlang der unpopulärste Mann dieser Stadt, sondern in seiner Stellung als hoher Regierungsbeamter und als von der Staatsverwaltung ausersehener Rektor. – Dagegen war die antibürokratische Tendenz der Revolte ganz offenbar, was nicht nur Roche zu fühlen bekam. Es waren nicht die Lehrer, die man an der Columbia- oder Berkeley-Universität loswerden wollte, sondern ‹the board of directors›, die Direktion, welche nicht aus Wissenschaftlern, sondern aus Geschäftsleuten und prominenten Gesellschaftsmitgliedern im allgemeinen bestand.» (Gunnar Brandell, «Skolreform och universitetskris»/«Schulreform und Universitätskrisis»)

Daß die Studentenrevolte gerade in Frankreich so radikale Formen annahm, hängt zweifellos mit den althergebrachten, zentralistischen Tendenzen des dortigen Bildungswesens zusammen: «Die französische Universitätsverwaltung ist Verwaltung im buchstäblichen Sinne: Prüfungsordnungen, Lehrpläne, Ernennungen von akademischen Lehrern und Rektoren, ja von Angestellten der Universität bis zum Küchenpersonal herab, wird auf gesamtstaatlicher Ebene und unter direkter Ägide des Unterrichtsministers bestimmt.» (Hans Magnus Enzenberger, Kursbuch 13). Im Jahre 1963 legte der französische Unterrichtsminister Fouchet einen Plan vor, welcher offen darauf hinauslief, die Universität und die Studenten zu «industrialisieren». «Der wichtigste Zug der Fouchet-Reform, die Zwei-Klassen-Studien, die frühe Spezialisierung, die Herabsetzung der Studienzeit, eine Inflation von Examina und Zwischenprüfungen, direkter Einfluß von Unternehmervereinen, verschärfen die staatliche Reglementierung der Bildungsinstitution noch mehr. Sie hatte ja seit der Zeit Napoleons und länger sehr tiefe Wurzeln in Frankreich.» (Enzensberger)

Mit wechselnder Kraft hat das gleiche Motiv in nahezu allen Studentenrevolten der Welt gewirkt. Der intensive Widerwille gegen die Einordnung der Studien in den Produktionsprozeß hat selten eine so präzise Formulierung gefunden wie damals, als eine Anzahl Studenten an der Berkeley-Universität gelegentlich einer Revolte die Lehranstalten anklagten, sie wollten die Studenten zu «IBM-Karten» machen.

Die «Industrialisierung» der Schulen und Universitäten zeigt sich im wesentlichen an zwei Merkmalen:

Erstens sollen Forderungen, die eine beständig weitergehende, möglichst schnelle Produktionssteigerung ermöglichen, den Studienplänen und Arbeitsordnungen zugrunde gelegt werden. Zweitens wird der Computer feststellen müssen, ob ein Mensch diesen Forderungen entspricht oder nicht.

Das ständige Reden von der Notwendigkeit einer Effektivierung kann nicht verbergen, daß diese beiden Grundprinzipien – konsequent durchgeführt – tief unhuman sind.

Die Wurzel der Revolte

Von seinem speziellen Ausgangspunkt her – der Auffassung der menschlichen Individualität als einer unverletzlichen geistigen Wirklichkeit – hat Rudolf Steiner vor ungefähr 50 Jahren eine Voraussage gemacht, die heute hoch aktuell erscheint. Rein formell gilt sie der Schule, sie ist aber auf jede Form von Unterricht anzuwenden: «. . . Geist aber läßt sich nicht unterdrücken. Einrichtungen, die aus den bloßen Gesichtspunkten einer wirtschaftlichen Ordnung das Schulwesen regeln wollten, wären der Versuch einer solchen Unterdrückung. Sie würde dazu führen, daß der freie Geist aus seinen Naturgrundlagen heraus fortdauernd revoltieren würde. Die kontinuierliche Erschütterung des Gesellschaftsbaues wäre die notwendige Folge einer Ordnung, die aus der Leitung der Produktionsprozesse zugleich das Schulwesen organisieren wollte.» (Aus dem Aufsatz «Freie Schule und Dreigliederung».)

Es ist kein Zufall, daß immer mehr Studenten an den verschiedensten Hochschulen der Welt ihre Hoffnung auf die Gründung freier Universitäten setzen und daß die Behörden in manchen Ländern – nicht zuletzt in Frankreich – Wege eröffnen wollen, die diesen Forderungen so weit wie möglich entgegenkommen.

Zeigt es sich nicht, daß das von den Forderungen des Staates und der Industrie befreite Schulwesen eine Notwendigkeit ist, wenn man eine kontinuierliche Studentenrevolte vermeiden will, die allmählich einen dauernden Schüleraufruhr an unseren Schulen im Gefolge haben würde?

DIE FREIE SCHULE

Die Frage des freien Schulwesens zeigt ihre Aktualität in vielen Zeitphänomenen, nicht nur in der Revolte der Studenten.

In den industrialisierten Ländern der Welt gibt es im Rahmen der Schule drei Gruppen von Menschen, die eigentlich zusammengehören, aber durch die Funktionsweise der modernen Gesellschaft auseinandergetrieben werden.

Recht viele Eltern fühlen vermutlich, daß ihre Kinder ihnen entgleiten: Freizeitbeschäftigungen und Wertungen, die der Atmosphäre des Elternhauses fremd sind, erhalten im Leben der jüngeren Generation eine immer größere Bedeutung. Auch mit dem Leben der Schule ist ein wirklicher Kontakt nicht vorhanden: Gewiß gibt es Einberufungen zu Elternabenden, vielleicht ruft auch einmal ein Lehrer an, wenn etwas nicht in Ordnung ist, aber innerhalb des Rahmens der Schule gibt es genaugenommen keinerlei Aufgaben, die nicht auch ohne Hilfe der Eltern gelöst werden könnten.

Viele Lehrer leiden vermutlich auch unter mangelndem Kontakt mit den Schülern: Die Forderungen des Lehrplans und der Arbeitsmethoden sowie eine Menge eingewurzelter Vorurteile bilden Barrieren, die man nicht so leicht übersteigen kann. Daß Lehrer und Schüler in ihren gegensätzlichen «Rollen» einander gegenüberstehen müssen, zeigt nur, wie weit sich die Schule von ihrem Erziehungsauftrag entfernt hat. Es gibt vermutlich auch viele Schüler, die sich bewußt oder unbewußt nach mehr menschlichem Kontakt sowohl mit den Eltern als auch mit den Lehrern sehnen. Sie leiden aber unter dem ungeschriebenen Gesetz, daß man sich so weit wie möglich der Welt der Erwachsenen entziehen müsse.

Ein Bedürfnis der heutigen Gesellschaft

Es bedarf einer Kraft, die diese drei Gruppen zur «Kooperation» zusammenführt. Eine Einrichtung kann diese Aufgabe erfüllen: Eine freie Schule, wie sie unter anderem innerhalb der Waldorfschulbewegung Modellcharakter gewonnen hat. Eltern, die eine Waldorfschule gründen, nehmen eine große Sorgenlast auf sich. Wenn das Geld nicht reicht – und das pflegt ja stets der Fall zu sein –, müssen die Eltern zu Opfern bereit sein. Wenn es gilt – zumindest während der ersten Jahre, aber im Rahmen der Klasse auch später –, zu schreinern oder anzustreichen, sind sie zur Stelle. Bazare, Schulfeste werden eingerichtet. Auf Elternabenden, in Vorträgen und Kursen wird ihnen Einblick gewährt in die konkrete Schularbeit sowie in die menschenkundlichen Grundlagen, auf denen die einzelnen Unterrichtsmaßnahmen fußen. Aus dem Miterleben des Schuldaseins können die

Eltern in dieser Weise die Kräfte zum Mittragen finden. Es entsteht ein enger Kontakt mit den Lehrern, in vielen Fällen sogar wirkliche Freundschaft. Die Bedürfnisse und Gesichtspunkte der Eltern werden im Schulleben und im gemeinsamen Bemühen um die Kinder weitgehend berücksichtigt. Die Eltern sind durch den jeweiligen Schulverein in der wirtschaftlichen Leitung und Verantwortung mitvertreten. Im gemeinsamen Ringen um das Recht der freien Schule treten Eltern vor Schulbehörden und Ministerien auf. – Die Kinder haben das Gefühl, daß es ja *ihre* Schule ist, für die ihre Eltern handgreiflich und sichtbar tätig sind.

Die Lehrer nehmen eine enorme Arbeit auf sich: Langdauernde Konferenzen, viele Schüler- und Elterngespräche, öffentliche und Klassenelternabende, manche durchwachte Nacht für die Vorbereitung der Stunden und die Arbeit mit den Heften; Sorgen für die Finanzierung, Verhandlungen mit den Behörden, öffentliche Vorträge und Diskussionen. Das Leben wird nicht leichter durch die Gründung einer Waldorfschule, aber es wird entschieden reicher.

Die Schüler nehmen die Gefahr auf sich, gewissen Schwierigkeiten zu begegnen, etwa beim Übergang in eine andere Schule oder ins Berufsleben, oft nur dadurch, daß sie geistige Ansprüche zu stellen gewohnt sind. Und sie stehen zusätzlich vor den gleichen Zivilisationsphänomenen wie andere Kinder und Jugendliche. Ihre Art darauf zu reagieren ist aber auffallend individuell, und sie haben oft wirklich umfassende Interessen. Vor allem aber hat die Art dieser Schularbeit ihnen geholfen, eine Eigenschaft zu entwickeln, die in unserem Zeitalter von unschätzbarem Wert ist: die Fähigkeit, menschliches Vertrauen aufzubringen. Man kommt als Erwachsener leicht mit ihnen ins Gespräch. Die Schule spielt in ihrem Leben wirklich eine Rolle. Meist lieben sie ihre Schule und fühlen sich in ihr geborgen wie daheim.

Es handelt sich hierbei um eine Gesellschaftsfunktion von allergrößter Bedeutung. Im Lebensmilieu der ganz durchorganisierten industriellen Gesellschaft bildet die nicht-industrialisierte, freie, das rein Menschliche pflegende Schule einen unentbehrlichen Bestandteil.

Unter den Beamten der Schulbehörden gibt es Idealisten, die allen Ernstes glauben, daß durch Einrichtung von Cafés, Demokratisierung, Freundlichkeitsfeldzügen und andere derartige Maßnahmen das nötige Gegengewicht gegen das Unpersönliche und Freudlose gebildet werden könne, das zum unausweichlichen Gefolge der industrialisierten Schule gehört.

Man kann die größte Sympathie und Achtung für viele dieser Reformbestrebungen hegen. Wer aber je daran teilgenommen hat, eine haltbare, wirklich tiefe Gemeinschaft zwischen Eltern, Lehrern und Kindern aufzubauen, und den Preis, den es kostet, dafür bezahlt hat, muß solche Maßnahmen als unzureichend ansehen. Ein solcher Zusammenhalt kann nur langsam wachsen, in Erlebnissen von Schmerz und Freude, vielleicht unter Finanzierungsschwierigkeiten, beinahe übermächtiger Arbeitslast und aufreibenden menschlichen Konflikten – aber niemals durch ausgeklügelte Organisationen. Der Preis für die Solidarität kann in ein einziges Wort zusammengefaßt werden, das hier gebraucht wird, nicht weil es schön klingt, sondern weil es einer Wirklichkeit entspricht, die ebenso schwer zu tragen ist, wie es inspiriert, damit zu leben: Freiheit.

Waldorfpädagogik in öffentlichen Schulen?

Es wird oft gefragt, ob nicht zumindest ein Teil der Methoden der Waldorfpädagogik in öffentlichen Schulen angewendet werden kann.

Trotz eines gewissen Interesses sind die Behörden einem solchen Gedanken gegenüber skeptisch. Das Motiv ist wohl zumeist die Überzeugung, daß die Lebensform der Waldorfschule schwer mit den üblichen Lehrplänen und Examensforderungen zu vereinen sei.

Wenn die Industrialisierung der Schule konsequent vorangetrieben wird, handelt es sich um zwei verschiedene Strömungen, die tatsächlich unvereinbar sind. Dennoch besteht auch berechtigte Hoffnung, daß sich der Gedanke individueller Schulgestaltung mit anerkannten individuellen Schulabschlüssen auf die Dauer gesehen in immer mehr Ländern Bahn brechen kann. Das Bündnis von Eltern und Lehrern wird dabei eine entscheidende Rolle spielen.

Das Prüfungsproblem

Die Erfahrungen in einer ganzen Reihe von Ländern scheinen zu erweisen, daß Waldorfschüler – wenn sie eine zweckmäßige Vorbereitung durchgemacht haben – innerhalb eines Examensystems von traditioneller Art gut bestehen können. Durch ihre vieljährige Praxis und die Breite ihrer Erfahrungen kann die deutsche Waldorfschulbewegung wohlunterbaute Resultate vorweisen. Sie öffnen einen Ausblick auf die Möglichkeiten der Waldorfschulpädagogik, individuelle Menschenpflege mit intensiver Wissensvermittlung zu vereinigen. In einem Rundbrief des «Bundes der Freien Waldorfschulen» vom 10. März 1969 heißt es zusammenfassend: «Unsere Resultate sind seit dem Krieg – an der Gesamtzahl der Schüler gemessen – im Vergleich zur Staatsschule gut gewesen. Es ist nicht leicht, zu einem gültigen Vergleich zu kommen, da die Staatsschule ja ab 5. Klasse laufend die nicht geeigneten Schüler ausscheidet. Interessant ist, daß unsere Abiturienten im Durchschnitt gut ein Jahr jünger sind, so wirkt sich das Nicht-Sitzenbleiben aus. Soweit man mit der Statistik an die wirklichen Verhältnisse herankommt, muß man sagen, daß wir einen etwas höheren Prozentsatz zum Abitur führen, als die staatlichen Schulen. Manche Spätentwickler werden dort ausgeschieden, die bei uns noch zu guten Ergebnissen kommen.» Ähnliche Erfahrungen liegen auch in anderen Ländern vor.

Das Problem, die Erfahrungen der Waldorfschulen für die öffentlichen Schulen nutzbar zu machen, liegt im wesentlichen auf einer ganz anderen Ebene als der von Lehrplanforderungen und Examensergebnissen.

Verschiedene methodische Einzelheiten, die sowohl die Waldorfschulen als auch andere freie oder private Schulen auszeichnen (Epochenunterricht, Arbeitshefte, starker künstlerischer Einschlag, früher Fremdsprachenunterricht usw.) sind in öffentlichen Schulen angewendet worden; weitergeführte Versuche in gleicher Richtung erweisen sich als fruchtbar.

Anthroposophie und Waldorfpädagogik

Wenn man jedoch mit «Waldorfpädagogik» die Erziehungskunst meint, die von Rudolf Steiner begründet worden ist, dann handelt es sich nicht um eine Summe von pädagogischen Methoden, sondern um eine Lebenshaltung. Was den Waldorfschulen ihre Eigenart und ihren spezifischen Wert verleiht, ist die Tatsache, daß den Mitgliedern eines Kollegiums – in einer oft recht individuellen Art – das gleiche geistige Ziel vor Augen steht. Sich dieses Ziel zu stellen, ist kein Zwang, sondern eine Hilfe. Die Regel ist, daß die Lehrer ihre täglichen Pflichten nicht ohne ein dauerndes Studium der Menschenkunde Rudolf Steiners und nicht ohne ein beständiges inneres Bemühen um den anthroposophischen Schulungsweg erfüllen könnten.

Ist die Waldorfschulbewegung deshalb dazu verurteilt, eine Erscheinung zu bilden, die nur

in sehr begrenzten Kreisen ihre Tätigkeit entfalten kann? Nein. Weder die Anthroposophie noch die Waldorfpädagogik sind ihrem Wesen nach exklusiv. Beide entsprechen tiefen inneren Bedürfnissen unserer Zeit, Bedürfnissen, die nicht wegdiskutiert werden können und die mit jedem Jahrzehnt aktueller werden.
Es wäre denkbar, daß weiterblickende Behörden mancher Länder zur Gründung staatlicher oder kommunaler Waldorfschulen mit genügend pädagogischer Freiheit ermunterten und sie finanzierten. Die etwa hundert Staatsschulen im Gebiet von Bern (Schweiz), an denen nach den Methoden der Waldorfpädagogik unterrichtet wird, können als ein interessantes Beispiel dieser Art genannt werden. Ein so großzügiges Experiment könnte mancherorts reiche Früchte bringen.
Die eigentliche Lebensluft der Waldorfpädagogik weht aber doch in einer unabhängigen, von Lehrern und Eltern in Gemeinschaft getragenen freien Schule.

Die Entwicklungsmöglichkeiten der freien Schule

In vielen Ländern bilden zur Zeit Gesetzgebung und Verwaltungspraxis Hindernisse für die Gründung solcher Schulen.
Für Behörden wie für Einzelinitiativen, deren Vertreter die einzigartige soziale Bedeutung der freien Schule erkannt haben, müßte eine interessante und wichtige Arbeitsaufgabe der Versuch sein, derartige Hindernisse aus dem Weg zu räumen. Eine der Schwierigkeiten bei der Gründung freier Waldorfschulen ist die, daß Eltern, die ihre Kinder in eine solche Schule schicken wollen, durch Schulgeld und Spenden zum Leben dieser Schule beitragen, gleichzeitig aber auch das offizielle Schulwesen durch einen Teil ihrer Steuern finanzieren müssen.

Im Ergänzungsprotokoll vom 11. Januar 1953 zur Konvention des Europarates vom 4. November 1950 zum Schutz der Menschenrechte und der Grundfreiheiten heißt es unter anderem: «Niemandem darf das Recht auf Unterricht verweigert werden. Bei der Ausübung jener Tätigkeit, welche der Staat in Bezug auf Erziehung und Unterricht auf sich nehmen kann, soll der Staat das Recht der Eltern respektieren, für ihre Kinder eine Erziehung und einen Unterricht sicherzustellen, die sich in Übereinstimmung mit der religiösen und philosophischen Überzeugung der Eltern befinden.»
In den Ländern, in denen freie Schulen noch keine öffentlichen Zuschüsse für ihre Tätigkeit erhalten, besteht die Gefahr, daß die im Protokoll aufgeführten Rechte, wie sie allen Eltern zukommen sollten, in der Praxis nur den wirtschaftlich gutsituierten erreichbar sind. Diese Lage widerspricht dem sozialen Anliegen und Ursprung der Waldorfschule und wird gewiß von vielen Menschen für tief unbefriedigend gehalten. Aber zu einer einheitlichen internationalen Meinungsbildung, die eine neue Ordnung dieser Dinge erfordert, ist es bisher noch nicht gekommen. Wenn sich einmal aus den tiefen Bedürfnissen der Zeit heraus umfassende soziale Ordnungsideen durchsetzen werden, wie sie am Anfang dieses Buches mit der Idee zur Dreigliederung des sozialen Organismus dargestellt wurden, wird der Boden bereitet sein für die Entfaltung eines freien Geisteslebens. Aus ihm heraus muß die Umgestaltung der gesellschaftlichen Verhältnisse vollzogen werden. Freie Schulen, in denen Eltern, Lehrer und Schüler zusammenarbeiten, sind in diesem Sinne Stätten, an denen die wichtigsten Pionieraufgaben der Gegenwart und nächsten Zukunft in Angriff genommen werden.

EINE WELTWEITE SCHULBEWEGUNG

Der Tod Rudolf Steiners am 30. März 1925 unterbrach die pädagogische Arbeit, die er begründet hatte, nicht. Das Werk wurde von seinen Schülern weitergeführt und breitete sich aus. Als Frucht der Vortragsreisen in verschiedene Länder wurden in einer Reihe von Städten Freie Waldorfschulen gegründet: Hamburg-Wandsbek (1922), Den Haag (1923), London (1925; diese Schule siedelte später nach Forest Row, Sussex über), Hannover (1926), Basel (1926), Lissabon (1926), Budapest (1926), Zürich (1926), Christiania-Oslo (1926 — neubegründet 1940), Berlin (1928), New York (1928), Bergen/Norwegen (1929), Dresden (1929), Breslau (1930), Kassel (1930), Hamburg-Altona (1931), Zeist (1933), Amsterdam (1933), Ilkeston (1934), Gloucester (1937), Edinburgh (1939). Nach dem zweiten Weltkrieg setzte die Ausbreitung der Waldorfschulen noch einmal ganz neu ein. Insgesamt gibt es heute (Herbst 1972) auf der ganzen Welt etwa 100 Schulen, die nach der Pädagogik Rudolf Steiners arbeiten.
Hier soll nur in großen Zügen von der Entwicklung in einigen Ländern gesprochen werden, in denen die Waldorfschulbewegung festen Fuß fassen konnte.

Deutschland

Ein großer Teil der Tätigkeit Rudolf Steiners spielte sich in Deutschland ab; es war daher nur natürlich, daß sich die Waldorfschulbewegung hier am kräftigsten entfaltete und gedieh. Die Veranstaltungen der Schulen und die pädagogischen Vorträge der Lehrer wurden gut besucht. Als den deutschen Waldorfschulen durch das nationalsozialistische Regime im Jahre 1935 verboten wurde, neue Schüler aufzunehmen, und 1938 die meisten Schulen gezwungen wurden zu schließen, traf dieser Schlag die pädagogische Bewegung mitten in einer aufstrebenden Entwicklung. Im Jahre 1945 konnte die Arbeit aufs neue beginnen. Kurz nach dem Zusammenbruch des Dritten Reiches sammelte sich in Stuttgart eine Anzahl ehemaliger Schüler und Lehrer; sie räumten den Schutt des zerbombten Hauptgebäudes der ersten Waldorfschule weg. «Wo auch ein Waldorflehrer durch den Krieg oder die Flucht gelandet war, kamen Eltern zu ihm, und so entstanden unmittelbar nach dem Zusammenbruch verschiedene Schulen.» (Ernst Weißert: «Wo stehen wir heute?» in «Erziehungskunst» 2/3/4/1961).
Heute gibt es in Deutschland 35 Rudolf-Steiner-Schulen mit über 16 000 Schülern. An fast allen Schulen besteht eine 13. Klasse für die Schüler, die das Abitur ablegen wollen und

können; die meisten besitzen auch einen Kindergarten.
Einen beachtenswerten Versuch, den von Rudolf Steiner vertretenen Einheitsschulgedanken von der beruflichen Vorbildung her neu zu verwirklichen, unternahm die Hibernia-Schule in Wanne-Eickel (Ruhrgebiet). Noch einmal entstand eine Schule in der Zusammenarbeit mit einem Industrieunternehmen, wurde rasch selbständig und vermittelt nicht nur allen Schülern eine allgemeine Bildung, ein künstlerisches Üben bis hinauf zur zwölften Klasse und in einem Kolleg die Hochschulreife, sondern auch die Möglichkeit, sich während der letzten Schuljahre einer spezialisierten Berufsausbildung zu widmen als Kindergärtnerin, Laborant, Facharbeiter, Gärtner, Tischler, Maschinenbauer, Dreher, Mechaniker, Elektriker. Andere Einrichtungen, die den Übergang zum Beruf schon an der Schule vorbereiten helfen, hat man zum Beispiel in Nürnberg, Kassel und Bochum geschaffen.

Schweiz

Auch hier hat Rudolf Steiners pädagogischer Impuls starken Widerhall gefunden, und die Arbeit konnte während des Krieges weitergehen. Außer den Schulen in größeren Städten wie Basel, Zürich, Bern, Biel und St. Gallen und drei Heimschulen gibt es im Kanton Bern etwa hundert öffentliche Dorf- und Kleinstadtschulen, an denen durch einzelne Lehrer nach der Methode der Waldorfschule unterrichtet wird.

Holland

Die holländische Waldorfschulbewegung wurde, ebenso wie die deutsche und norwegische, durch den zweiten Weltkrieg unterbrochen; allerdings wirkte sich das Unglück auch positiv aus. Als 1941 die «Vrije School» im Haag auf Befehl der Okkupationsbehörden geschlossen wurde, mußten die etwa 300 Schüler auf andere Schulen gehen. Die Art, wie sie auftraten und sich bewährten, wirkte so gut, daß die Methoden der Waldorfpädagogik an Ansehen gewannen und ihre Vertreter in engen Kontakt mit den Repräsentanten anderer Schulformen kamen. Man kennt heute die Waldorfpädagogik in Holland gut, was praktische Konsequenzen unter anderem für die Struktur der staatlichen Berufsschulen gehabt hat. Heute gibt es Rudolf-Steiner-Schulen in acht holländischen Städten.

Großbritannien

Die britischen Waldorfschulen konnten ohne Unterbrechung mit nur geringen Störungen durch den Krieg weiter arbeiten. In der Regel haben sie an die englische Tradition der Internatsschulen angeknüpft; dazu gehören die ländliche Lage, der sportliche Einschlag, eine Minorität von «externen» Schülern und anderes. Durch verhältnismäßig niedriges Schulgeld und die Struktur des Schulorganismus hat man versucht, der sozialen und intellektuellen Exklusivität der «public school» entgegenzuwirken. Die Tatsache, daß sowohl Schüler wie Lehrer innerhalb des Gebietes der Schule oder in nächster Nähe wohnen, trug dazu bei, den guten Kontakt zwischen ihnen, der die englischen Waldorfschulen auszuzeichnen scheint, zu vertiefen.

Nordamerika

Hier hat die Waldorfschulbewegung hart um ihre Ausbreitung kämpfen müssen. Die gewohnte Orientierung auf einen im äußeren Sinn «zweckbetonten» Unterricht, zum Beispiel für werdende Techniker und Geschäftsleute, trat 1957 nach dem erfolgreichen russischen Sputnikexperiment noch deutlicher in Erscheinung. Einer Pädagogik, die eine allseitige, nicht spezialisierte menschliche Bildung anstrebt und noch obendrein nicht-amerikanischen Ursprungs ist, wurde es daher nicht leicht, sich Geltung zu verschaffen. Trotzdem gibt es jetzt zehn Schulen, und sie verzeichnen gute Fortschritte. In Detroit entstand 1967 ein zweites Ausbildungszentrum für Waldorflehrer an einer Universität neben dem Adelphy College bei New York, und 1968 wurde in Toronto die erste kanadische Rudolf-Steiner-Schule gegründet.

Die nordischen Länder

In Dänemark erleichtert die liberale Schulgesetzgebung des Landes die Tätigkeit im Sinne der Waldorfpädagogik. Alle freien Schulen, auch die drei Waldorfschulen, erhalten erhebliche Zuschüsse vom Staat. – In Norwegen setzten sich einige Persönlichkeiten, die sich im öffentlichen Kulturleben einen Namen gemacht hatten, für die Waldorfschulbewegung ein; das hat viel dazu beigetragen, den Schulen in Oslo, Bergen und Baerum Farbe und Publizität zu verleihen. Ein für das freie Schulwesen vorteilhafter Gesetzesvorschlag ist jüngst im Storting angenommen worden. – In Schweden und Finnland war die Einstellung der Öffentlichkeit und der Behörden auffallend positiv und offen, so daß die Kenntnis der pädagogischen Ideen Rudolf Steiners in verhältnismäßig weite Kreise gedrungen ist. In Schweden und Finnland gibt es je drei Schulen.

Außer in den bisher genannten Ländern gibt es gegenwärtig Waldorfschulen
in *Europa:* Belgien, Österreich, Frankreich, Italien;
in *Süd- und Mittelamerika:* Argentinien, Brasilien, Mexiko;
ferner in *Australien, Neuseeland* und *Südafrika.*

Jede Waldorfschule ist durch ihre Schulgemeinde aus Lehrern, Schülern und Eltern und durch den Ort, der sie vor bestimmte soziale Aufgaben stellt, ein in sich geschlossener Organismus, eine «Schulindividualität». Das erschwert einen auch nur summarischen Überblick über die ganze Mannigfaltigkeit der Probleme und Möglichkeiten, vor die sich die Waldorfschulbewegung in den verschiedenen Teilen der Welt gestellt sieht. Hier sollen nur einige wenige Fragen herausgegriffen werden.

Zweisprachige Schulen

In einer ganzen Reihe von Ländern (Brasilien, Argentinien, Südafrika, Belgien, Finnland) muß sich eine Schule, die nicht nur einer bestimmten Bevölkerungsgruppe offensteht, sondern allgemein menschliche Ziele vertreten will, auf gleichberechtigten Unterricht in zwei Sprachen einstellen. Das führt zu höchst komplizierten Fragen: Welche Sprache soll auf den Sitzungen des Kollegiums gesprochen werden? Welche Sprache ist wichtiger, die Muttersprache – die Landessprache – welche der beiden Landessprachen? Wie soll man die pädagogische Tätigkeit finanzieren, wenn eine sprachliche Minorität gesonderte, aber kleine Klassen einzurichten wünscht? In einigen Ländern vereinigt nur die Waldorfschule zwei im nationalen Kulturkampf liegende Sprachen unter einem Dach.

Prüfungen

In manchen Ländern gibt es strenge Examensvorschriften mit offiziell festgelegten Prüfungen, die z. B. in England bereits vor der Pubertät beginnen sollen. Die Waldorfschulen kämpfen grundsätzlich gegen Prüfungen, die durch das Ausleseprinzip den Bildungsgang und die Entwicklung des Kindes nur stören. Deshalb werden in den unteren Klassen alle Prüfungen vermieden. Dagegen muß Rücksicht auf Examensvorschriften der höchsten Klassen genommen werden, um den Anschluß an die Berufsausbildung sicherzustellen. Dabei entsteht das Problem, daß durch solche Prüfungen nicht solche Unterrichtsepochen beschränkt werden, die die Menschenbildung erst vervollständigen. Verlängert man die Schulzeit um ein Jahr, dann braucht das nicht unbedingt eine ebenso lange Verzögerung für die weitere Ausbildung zu bedeuten, weil die «verlorene» Zeit ganz oder teilweise durch konzentriertes Studium und größere Reife eingeholt werden kann: Wie aber soll man sorgenvolle Eltern für eine solche Betrachtungsweise begeistern?

Die Finanzierung der Freiheit

Hinter all diesen Fragen steht die Notwendigkeit, das Bildungswesen nach den Erfordernissen eines freien Geisteslebens einzurichten und von politischen und wirtschaftlichen Zwangsvorstellungen zu befreien.

Die finanziellen und menschlich-sozialen Probleme, die mit dem Unterhalt einer freien Schule verbunden sind, können – je nach der im Lande vorliegenden Situation – in sehr unterschiedlicher Weise zum Ausdruck kommen und müssen dementsprechend verschieden gelöst werden. Es gibt Länder ohne jegliche staatlichen Zuschüsse für den laufenden Betrieb oder für Neubauten; Länder, in denen es nicht einmal möglich ist, von einzelnen Spendern erheblichere Summen zur Unterstützung zu erhalten. Wo staatliche oder kommunale Zuschüsse gegeben werden, ist oft der Steuerdruck äußerst fühlbar. Wenn aber den Eltern große Lasten auferlegt werden, wie soll man da die Gefahr vermeiden, daß die Waldorfschulen – im Gegensatz zu ihrer ursprünglichen Zielsetzung – Schulen für Kinder reicher Eltern werden? In manchen Waldorfschulen hat ein Kreis von spendenden Menschen unbemittelten Kindern den Schulbesuch ermöglicht (auch in der Schweiz, wo grundsätzlich keine öffentlichen Beiträge gegeben werden, war dies bei einigen Schulen der Fall). Aber wenn dies Problem gelöst ist, können sich andere Fragen melden. Wenn auch für viele Kinder eine Herabsetzung des Schulgeldes oder eine Freistelle bewilligt wird – wo sollen die Grenzen gezogen werden? Wie weit dürfen finanzielle Gesichtspunkte überhaupt ausschlaggebend sein in dieser Frage? Sollen Repräsentanten der Elternschaft bei der Schüleraufnahme, bei diesen Fragen nach der Sozialstruktur Beschlüsse fassen oder dem beschlußfassenden Gremium wenigstens angehören? In welchem Ausmaß dürfen, in welchem können die Lehrer mit finanziellen und administrativen Aufgaben belastet werden? – An all diesen Fragen der sozialen Gemeinschaftsbildung und des Kampfes um die Bezahlung der Freiheit im Kulturleben ist die Mitarbeit und Mitgestaltung durch eine verantwortungsbewußte Elternschaft von ausschlaggebender Bedeutung.

Das Problem der Lehrergehälter spielt in diesem Zusammenhang natürlich eine wichtige Rolle. Da die Waldorfschulen meist unter Finanzierungsschwierigkeiten leiden, sind die Lehrergehälter – mit rühmlichen Ausnahmen – oft relativ niedrig (sie liegen wohl immer unter den staatlichen Sätzen).

Wenn eine Schule die Forderungen erfüllen soll, die durch die Steinerpädagogik gestellt werden, dann müssen die Lehrer mit ihrer ganzen Existenz für ihre Aufgaben einstehen. Ein Kreis von Menschen, der sich in dieser Weise mit aller Hingabe einer gemeinsamen Arbeit verschrieben hat, kann nicht akzeptieren, daß gewisse formelle Voraussetzungen wie etwa Examina oder das Unterrichtsfach (Unterricht in den höheren Klassen oder in speziellen Gegenständen) einen Anspruch auf höhere Gehaltsstufen begründen. Dagegen gibt es ganz andere Gesichtspunkte, nach denen die Gehälter doch differenziert werden: Die Rücksicht auf die Familienverhältnisse, die Zahl der Kinder, zusätzliche soziale Verpflichtungen, die Länge des Schulweges und die Miete, alte Studiendarlehen, die abgezahlt werden müssen und anderes. So werden an den meisten Waldorfschulen die Gehaltsfragen nach sozialen Richtlinien geordnet. Es gilt, zu sozial gerechten Normen zu kommen. Es gibt einige Waldorfschulen, in denen jeder Lehrer angibt, wieviel er als Gehalt «braucht». Danach werden die Beiträge zusammengezählt und es zeigt sich erstaunlicherweise, daß die gebrauchte Summe in vielen Fällen mit dem im Budget dafür angesetzten Betrag übereinstimmt.

Die hier aufgeworfenen Fragen sind nicht konstruiert, sie entstammen dem wirklichen Leben. Menschen, die freie Schulen begründen wollen, werden nicht umhin können, sich mit ihnen auseinanderzusetzen.

Manche Waldorfschule besitzt ein zweckmäßiges modernes Gebäude, erhält große öffentliche Zuschüsse und kann gute Lehrergehälter bezahlen; andere arbeiten in provisorischen Gebäuden und unter den schwierigsten wirtschaftlichen Bedingungen. Die etwa 100 Waldorfschulen, die heute in der Welt existieren, legen durch ihr bloßes Dasein ein Zeugnis von Mut und Opferwillen ab und auch von der Tatsache, daß die Pädagogik Rudolf Steiners in unserer Zeit von immer mehr Menschen als ein Bedürfnis empfunden wird.

Die Lehrerausbildung

Ein ermutigendes Zeichen für die Zukunft ist, daß sich immer mehr junge Menschen zu Waldorflehrern ausbilden lassen möchten. Solche Ausbildungsstätten gibt es am Goetheanum in Dornach, an der Freien Waldorfschule in Stuttgart, am Emerson College in Forest Row in England, am Rudolf-Steiner-Seminar in Järna/Schweden, an der Waldorf School von Detroit und am Adelphy College bei New York. Die Ausbildung an den Seminaren umfaßt ein Studium der Menschenkunde und der Methodik, die der Arbeit an einer Rudolf-Steiner-Schule zugrunde liegen, die Teilnahme an einer Reihe künstlerischer Kurse, sowie schließlich Hospitation und eventuell praktische Arbeit an einer Waldorfschule. Rudolf Steiner hoffte eigentlich, daß eine vollständige Lehrerausbildung drei Jahre umfassen sollte. Die jetzigen Seminarkurse sind im allgemeinen ein- bis zweijährig, je nach den anthroposophischen Vorkenntnissen und anderen allgemeinen Voraussetzungen. Es muß besonders betont werden, daß eine Lehrerausbildung dieser Art nicht ein etwa notwendiges Fachstudium ersetzen kann. Der Lehrgang des Seminars ist darauf eingerichtet, die menschlich-pädagogischen Fähigkeiten auszubilden, die in jedem Fach, auf jeder Stufe für den Unterricht gebraucht werden.

ERZIEHUNG ZUR FREIHEIT

An vielen Stellen dieses Buches ist das Wort «Freiheit» gefallen. Was damit gemeint ist, sollte sich eigentlich überall unmittelbar aus dem Zusammenhang ergeben und ist im Kapitel «Vom Freiheitsmotiv» kurz dargestellt. Dennoch ist es vielleicht motiviert, am Schluß noch einmal hervorzuheben, was hier eigentlich unter «Freiheit» verstanden wird.

Je reicher die Ausdrucksmöglichkeiten sind, die sich durch den physischen Organismus und durch die Seelenfunktionen dem menschlichen Ich darbieten, und je bewußter dieses Ich die Vielfalt dieser Anlagen nach seinen eigenen, auf selbständiges Denken gegründeten Entschlüssen verwenden kann, um so größer ist seine innere Freiheit. Wenn der Mensch als Erwachsener, als voll ausgereifte Persönlichkeit, die Verantwortung für seine eigene Weiterentwicklung in die Hand nehmen kann, ist das Register, das ihm jetzt zur Verfügung steht, weitgehend abhängig von den Diensten, die ihm seine Erzieher und Lehrer leisteten, als er sich noch in den Jahren der Kindheit und Jugend befand. Eine Pädagogik, die danach strebt, so viel wie möglich von den physischen und seelischen Hindernissen hinwegzuräumen, die sich der bewußten Herrschaft des «Ich» im Erwachsenenalter in den Weg stellen können, darf eine «Erziehung zur Freiheit» genannt werden.

Das Bildmaterial und die Texte dieses Buches möchten Zeugnis ablegen von dem umfassenden Reichtum produktiver Möglichkeiten, die in Kindern und Jugendlichen durch eine in diesem Sinne arbeitende Pädagogik wachgerufen werden können. Das Ziel der künstlerischen Betätigung innerhalb einer Waldorfschule ist also nicht – noch einmal sei dies ausdrücklich betont –, daß die Schüler zu Künstlern, sondern daß sie zu schöpferischen Menschen herangebildet werden.

Die Aufgabe, den latenten inneren Anlagen des werdenden Menschen zur vollen Entfaltung zu verhelfen, kann nur von Erziehern übernommen werden, die ihn von Grund auf kennen und den pädagogischen Anforderungen, wie sie sich im Schulalltag täglich neu stellen, gewachsen sind. Wie weit diese in Elternhäusern und Schulräumen vollzogene Arbeit gelingt, bestimmt die Zukunft der Menschheit.

Die Vertreter des politischen und wirtschaftlichen Lebens müßten lernen, in diesen empfindlichen, entscheidend wichtigen Prozeß nicht durch unsachgemäße Unterrichtsmethoden, Lehrpläne und Examensforderungen einzugreifen. Solchen Lehrern und Eltern gegenüber, die ihre Aufgabe in voller pädagogischer Verantwortung übernehmen können und wollen und die in dieser Richtung eine selbständige Initiative entfalten, müßten Staat und Industrie im Bereich der Vorschulbildung und des grundlegenden Schulunterrichts sich auf die ihnen eigentlich zukommende Aufgabe konzentrieren, den Freiheitsraum und die ökonomischen Voraussetzungen zu schaffen, die für die Verwirklichung dieser selbständigen Initiativen nötig sind.

Den Beitrag, der durch ein wirklich freies Erziehungswesen zur Entwicklung der Menschheit geleistet werden kann, umschrieb Rudolf Steiner einmal (in «Freie Schule und Dreigliederung») mit wenigen Worten, die als Motto dieses Buches gelten können:

«Nicht gefragt soll werden: Was braucht der Mensch zu wissen und zu können für die soziale Ordnung, die besteht; sondern: Was ist im Menschen veranlagt und was kann in ihm entwikkelt werden? Dann wird es möglich sein, der sozialen Ordnung immer neue Kräfte aus der heranwachsenden Generation zuzuführen. Dann wird in dieser Ordnung immer das leben, was die in sie eintretenden Vollmenschen aus ihr machen; nicht aber wird aus der heranwachsenden Generation das gemacht werden, was die bestehende soziale Organisation aus ihr machen will.»

LITERATUR DER WALDORFPÄDAGOGIK

Eine Auswahl der wichtigsten Veröffentlichungen (in der jeweils letzten Auflage). Auskünfte erteilt der Bund der Freien Waldorfschulen e. V., 7 Stuttgart, Haussmannstraße 46.
Die Werke Rudolf Steiners, darunter zahlreiche pädagogische Schriften und Vortragsreihen, sind innerhalb der Gesamtausgabe im Rudolf Steiner Verlag, Dornach/Schweiz erschienen; er gibt auch Auskunft über Übersetzungen in andere Sprachen.

Pädagogische Werke Rudolf Steiners

Die Erziehung des Kindes vom Gesichtspunkt der Geisteswissenschaft. Dornach 1969.

Die Erziehungsfrage als soziale Frage. Die spirituellen, kulturgeschichtlichen und sozialen Hintergründe der Waldorfschul-Pädagogik. Sechs Vorträge, gehalten in Dornach 1919. Dornach 1960.

Neuorientierung des Erziehungswesens im Sinne eines freien Geisteslebens. Drei Vorträge über Volkspädagogik, gehalten in Stuttgart 1919. Dornach 1972.

Die Erneuerung der pädagogisch-didaktischen Kunst durch Geisteswissenschaft. 14 Vorträge, gehalten in Basel 1920. Dornach 1958.

Die pädagogische Grundlage und Zielsetzung der Waldorfschule. Drei Aufsätze. Dornach 1970.

Rudolf Steiner in der Waldorfschule. Ansprachen für die Kinder, Eltern und Lehrer 1919 bis 1924. Stuttgart 1958.

Hochschule und öffentliches Leben. Aufsätze. Dornach 1970.

Menschenkunde und Erziehungskunst. Drei Kurse, gehalten für Pädagogen bei der Begründung der Freien Waldorfschule in Stuttgart 1919. Dornach 1966–69. I. Allgemeine Menschenkunde als Grundlage der Pädagogik. Vierzehn Vorträge. II. Erziehungskunst. Methodisch-Didaktisches. Vierzehn Vorträge. III. Erziehungskunst. Seminarbesprechungen und Lehrplanvorträge. Fünfzehn Seminarbesprechungen und drei Lehrplanvorträge.

Allgemeine Darstellungen

Vom Lehrplan der Freien Waldorfschule. Bearbeitet von Caroline von Heydebrand. Stuttgart 1976.

Die Waldorfpädagogik. Eine Einführung in die Pädagogik Rudolf Steiners. Von Johannes Kiersch. Stuttgart 1976.

Erziehung aus Menschenerkenntnis. Vom pädagogischen Impuls der Anthroposophie Rudolf Steiners. Von Georg Hartmann. Dornach 1969.

Die Freie Waldorfschule. Ursprung und Zielsetzungen. Von Johannes Tautz. Stuttgart 1972.

Lehrerbildung im Sinne der Pädagogik Rudolf Steiners. Das Lehrerseminar der Freien Waldorfschulen. Von Erich Gabert. Stuttgart 1961.

Die Waldorfschule als Gesamtschule. Pädagogische Begründung einer Schulgestalt. Von Wilhelm Rauthe. Stuttgart 1975.

Die Sozialgestalt der Waldorfschule. Von Stefan Leber. Stuttgart 1974.

Pädagogische Projekte und ihre Folgen. Zur Problematik von programmiertem Unterricht, Frühlesenlernen und Neuer Mathematik. Von Ernst Michael Kranich. Stuttgart 1971.

Erlebte Pädagogik. Schicksal und Geistesweg. Von Rudolf Grosse. Dornach 1975.

Waldorfpädagogik in öffentlichen Schulen. Versuche und Erfahrungen mit der Pädagogik Rudolf Steiners. Herderbücherei, Freiburg 1976.

Waldorfschulen: Angstfrei lernen, selbstbewußt handeln. Von Christoph Lindenberg. rororo-Sachbuch, Reinbek 1975.

Leben, lehren, lernen in einer Waldorfschule. Die Rudolf-Steiner-Schule Ruhrgebiet. rororo-Sachbuch, Reinbek 1976.

Menschenkunde

Mensch und Tier. Fünf Einblicke in ihren Wesensunterschied. Von Hermann Poppelbaum. Dornach 1956.

Der dreigliedrige Mensch. Morphologische Grundlagen einer allgemeinen Menschenkunde. Von Lothar Vogel. Dornach 1967.

Die ersten drei Jahre des Kindes. Von Karl König. Stuttgart 1975.

Wesen und Ausbildung der Urteilskraft. Von Willi Aeppli. Stuttgart 1963.

Sinnesorganismus – Sinnesverlust – Sinnespflege. Die Sinneslehre Rudolf Steiners in ihrer Bedeutung für die Erziehung. Von Willi Aeppli. Stutgart 1967.

Vom Seelenwesen des Kindes. Von C. v. Heydebrand. Stuttgart 1975.

Krankheitsepochen der Kindheit. Von Walter Holtzapfel. Stuttgart 1970.

Die Strafe in der Selbsterziehung und in der Erziehung des Kindes. Von Erich Gabert. Stuttgart 1975.

Die Bedeutung der Phantasie für Emanzipation und Autonomie des Menschen. Von Erhard Fucke. Stuttgart 1972.

Vorschulerziehung. Schule und Eltern

Die ersten sieben Jahre. Ein Ratgeber zum Verständnis des Kleinkindes. Von Werner Christian Simonis. Freiburg 1969.

Erziehung im frühen Kindesalter. Der Waldorfschul-Kindergarten. Von Elisabeth M. Grunelius. Freiburg 1964.

Von der Zeichensprache des kleinen Kindes. Von Michaela Strauss. Stuttgart 1976.

Vom Spielen des Kindes. Das Kind beim Malen. Von Caroline v. Heydebrand. Stuttgart 1966.

Kinderspiel – lebensentscheidend. Von Heidi Britz-Crecelius. Stuttgart 1970.

Vom Ernst des Spielens. Eine zeitgemäße Betrachtung über Spielzeug und Spiel. Von Herbert Hahn. Stuttgart 1966.

Berufsbildung

Die Hiberniaschule als Modell einer Gesamtschule des beruflichen Bildungsweges. Von K. J. Fintelmann. Stuttgart 1969.

Berufliche und allgemeine Bildung in der Sekundarstufe II. Von Erhard Fucke. Stuttgart 1976.

Lehrlingsausbildung als soziale Aufgabe. Versuche und Erfahrungen. Von Helmut Blume. Stuttgart 1963.

Einzelne Unterrichtsgebiete

Der Anfangsunterricht im Schreiben und Lesen in seiner Bedeutung für das Lernen und die Entwicklung des Kindes. Von Erika Dühnfort und E. M. Kranich. Stuttgart 1971.

Deutsche Sprachlehre der Volksschulzeit. Menschenkundlich begründet nach Anregungen Rudolf Steiners. Von Martin Tittmann. Stuttgart 1973.

Fremdsprachlicher Anfangsunterricht und audiovisuelle Methode. Kritischer Beitrag zu einem aktuellen Problem. Von Heinrich Eltz. Zürich 1971.

Geometrie als Sprache der Formen. Von Hermann von Baravalle. Stuttgart 1963.

Projektive Geometrie. Schöpferische Polaritäten in Raum und Zeit. Von Olive Whicher. Stuttgart 1970.

Methodische Gesichtspunkte für den Aufbau des Rechenunterrichts in der Volksschule. Von Hermann von Baravalle. Stuttgart 1952.

Das Rechnen. Menschenkundliche Begründung und pädagogische Bedeutung. Von Ernst Bindel, Stuttgart 1966.

Die Arithmetik. Menschenkundliche Begründung und pädagogische Bedeutung. Von Ernst Bindel Stuttgart 1967.

Die Modernisierung des mathematischen Unterrichts. Von Ernst Schuberth. Stuttgart 1971.

Zur Pädagogik der Physik und Mathematik. Von Hermann von Baravalle. Stutgart 1964.

Physik als reine Phänomenologie. 3 Bände. Von Hermann von Baravalle. Bern 1951–55.

Grundlagen einer phänomenologischen Chemie. Stoffeswelt und Menschenbildung I und II. Von Frits H. Julius. Stuttgart 1960/1965.

Lebensstufen der Erde. Beiträge zu einer organischen Gesteins- und Mineralkunde. Von Walther Cloos. Stuttgart 1970.

Die Pflanze. Ein Weg zum Verständnis ihres Wesens. Von Gerbert Grohmann. 2 Bände. Stuttgart 1959/68.

Säugetiere und Mensch. Zur Gestaltbiologie vom Gesichtspunkt der Dreigliederung. Von Wolfgang Schad. Stuttgart 1971.

Menschenbildung aus Kunstverständnis. Beiträge zur ästhetischen Erziehung. Von Hildegard Gerbert. Stuttgart 1965.

Der künstlerische Unterricht in der Waldorfschule. Malen und Zeichnen. Von M. Jünemann und F. Weitmann, Stuttgart 1976.

Handarbeit und Kunstgewerbe. Angaben von Rudolf Steiner. Von H. Hauck. Stuttgart 1977.

Grundelemente der Eurythmie. Von Annemarie Dubach-Donath. Dornach 1961.

Eurythmie. Sonderdruck der Zeitschrift «Erziehungskunst», Stuttgart 1975.

Gymnastische Erziehung. Von Fritz Graf von Bothmer. Dornach 1959.

Leibesübung und Bewußtseinsschulung. Von Rudolf Kischnick. Basel 1955.

Was die Kinder spielen. 250 Bewegungsspiele für die Schuljugend. Von Rudolf Kischnick. Stuttgart 1976.

Zeitschriften

Erziehungskunst. Monatsschrift zur Pädagogik Rudolf Steiners. Herausgegeben vom Bund der Freien Waldorfschulen. Redaktion Dr. H. von Kügelgen / Dr. Manfred Leist. Stuttgart.

Die Menschenschule. Allgemeine Monatsschrift für Erziehungskunst im Sinne Rudolf Steiners. Redaktion Hans Rudolf Niederhäuser. Basel.

Der Elternbrief. Ratschläge und Hilfe für die Erziehungspraxis. Redaktion F. H. Hillringhaus und Dr. E. Klein. Freiburg.

Child and Man. A journal for Contemporary Education. Hrsg. von der Steiner Schools Fellowship, London.

Triades-Education. (Beilage der Zeitschrift «Triades») Edition Triades, Paris.

Vrije Opvoedkunst. Social paedagogisch tijdschrift. Redactie Mr. A. C. Henny. Den Haag.

På Väg mot en ny pedagogik. Tidskrift för Rudolf Steinerpedagogik. Redaktion F. Carlgren, A. Klingborg, W. Liebendörfer. Bromma / Schweden.

WALDORFSCHULEN IN ALLER WELT

Freie Waldorfschule Hannover

Freie Waldorfschule Uhlandshöhe, Stuttgart. Im Hintergrund das Lehrerseminar

Rudolf-Steiner-Schule Basel

Kindergarten Uhlandshöhe, Stuttgart

Green Meadow School, Spring Valley/USA

Rudolf-Steiner-Schule Berlin. Aula

Rudolf-Steiner-Schule Ruhrgebiet, Bochum

De Vrije School Den Haag/Holland

Freie Waldorfschule Kassel. Fest- und Turnsaal mit Verbindungsbau zum Klassentrakt

Freie Waldorfschule am Kräherwald, Stuttgart. Aula

Kimberton Farms School, Phoenixville/USA

Rudolf-Steiner-Schule Nürnberg. Haupteingang

Michael Hall, Forest Row, Sussex/England

Elmfield School, Stourbridge, Worcs/England

The Detroit Waldorf School, Detroit/USA

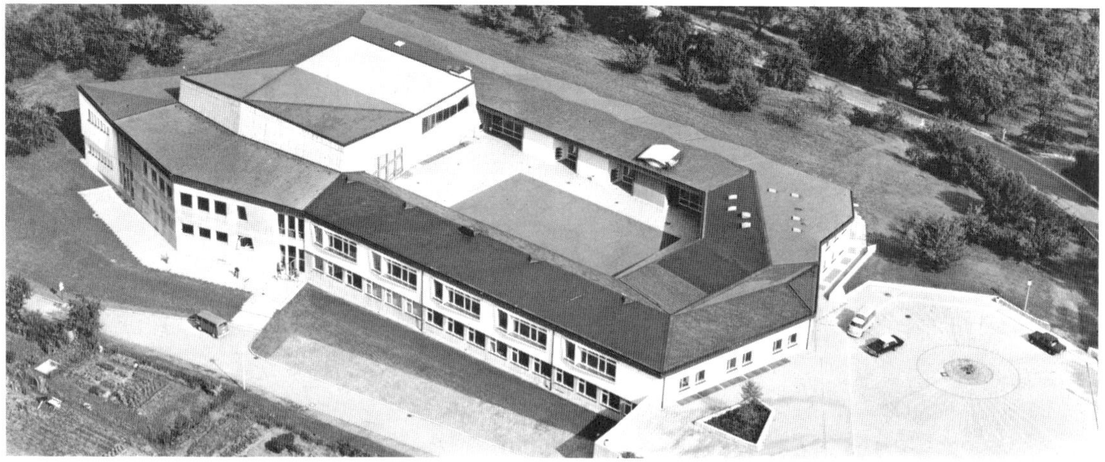

Freie Waldorfschule Engelberg, Engelberg bei Schorndorf/Württ.

Escola Higienopolis, São Paulo/Brasilien

Kristofferskolan Stockholm

Heimschule «Schlössli», Ins/Schweiz

Glenaeon-Dalcross Schools, Sydney/Australien

Rudolf-Steiner-koulu Helsinki

Rudolf Steiner School, Buenos Aires/Argentinien